Brigitte Bardot, la femme la plus belle
et la plus scandaleuse au monde

Yves Bigot

Brigitte Bardot, la femme la plus belle et la plus scandaleuse au monde

Don Quichotte éditions

www.donquichotte-editions.com

ISBN : 978-2-35949-014-5

Avant-propos

Les Américains ont Elvis. Nous avons BB. Tous deux nés aux yeux – et aux oreilles – du monde ébahi et scandalisé au même moment de rupture : 1956. Deux superstars, deux mythes, deux symboles sexuels définitifs. Deux révolutionnaires. Malgré eux, issus de familles conservatrices, bigotes, l'un *white trash, dirt poor,* né du mauvais côté des rails à Tupelo, Mississippi, dans la consanguinité pieuse et ségrégationniste des dépossédés du rêve américain qu'il représentera plus tard jusqu'à l'obésité ; l'autre bourgeoise, collet-monté, catho, droitière, élevée dans ce seizième arrondissement parisien hautain et dominant, si sûr de lui, corseté dans des certitudes bienséantes de faïence qu'elle violera bientôt de son insolente impudeur. Mais qui partagent tous deux l'insouciance, l'inconscience aussi, de leur jeunesse, la légèreté que leur offre la promesse de prospérité et l'ennui terminal de cet après-guerre figé où le tourment des nations, insidieusement, a pénétré les âmes rebelles promises au bonheur aseptisé de la paix américaine assortie d'une morale rigide régie par le souvenir encore tremblant des atrocités de la guerre et le vague désir d'un retour à l'ordre précédent.

Tous deux ont le diable au corps – et au cœur. La grâce. Animaux. Vivants, vrais, vibrants d'une énergie lumineuse. Il a donné au monde le rock('n'roll), un langage instinctif, une culture bâtarde, débridée, priapique, à vif, intime et, à ce titre comme à tant d'autres, universelle, un culte. Par elle, le *Deuxième Sexe*, nié, caché, minoré, soumis depuis dix mille ans par toutes les Églises, facultés et autres instruments d'une autorité moralement disqualifiée, va rétablir son pouvoir initial, irrésistible, irréfutable, celui de la Maternité, de la Vie, triomphant, croira-t-on tout au long des années soixante et soixante-dix, des forces noires de l'humanité et, en tout cas à plus long terme et à défaut, de la domination masculine qui l'avait honteusement asservi.

Libérateurs qui tous deux se sont cabrés ensuite devant les effets impérieux de leur Nature incontrôlable, mais finalement domptée par l'action conjuguée de leur éducation cul béni et de la peur de ce qu'ils avaient pourtant déclenché, avec générosité et ingéniosité, réactionnaires qui se sont sabotés sans jamais parvenir à maîtriser leur propre pouvoir ni ses conséquences planétaires, amers et inquiets de voir le monde et les temps changer au-delà de tout ce qu'ils avaient pu concevoir – et espérer. Tsunamis qu'ils ont provoqués sans s'en rendre compte, sans le vouloir réellement, par essence, en rayonnant, et qui ont emporté sur leur passage tempestueux bien plus qu'ils ne l'ont jamais imaginé ni souhaité, révolutionnaires à l'insu de leur plein gré, et pourtant inexorables.

Américaine, l'histoire d'Elvis, ses circonstances, ses conséquences, leur héritage, ont été chroniqués sans fin, à la perfection, de Jerry Hopkins à Peter Guralnik. Française, celle de BB a typiquement été bien moins revendiquée qu'elle ne le méritait, sans doute aussi parce que nombreux sont ceux qui craignent d'être éclaboussés par les éclats politiquement très incorrects de son franc-parler et par l'arc tragique de sa trajectoire que la mort n'est pas venue sanctifier pour lui offrir une véritable rédemption, figure maudite comme si elle devait expier une nouvelle fois le péché originel d'avoir été trop belle et trop libre dans un monde que cela terrorise encore et toujours. Pourtant, on pourrait lui appliquer sans rien y changer ce que Bob Dylan saluait en Elvis : « Il est l'incarnation de la nature et du paradis, le point commun entre le monde ordinaire et le monde divin. »

La seconde moitié du XXe siècle français aura été marquée par trois figures totémiques, qui auront dominé les années soixante : Brigitte Bardot, Charles de Gaulle et Johnny Hallyday (Piaf appartient culturellement à la première moitié). Tous de droite. On pourra(it) leur ajouter – pour équilibrer, mais pas seulement – les deux derniers monuments de la France d'avant (avant le 11 septembre 2001, le 21 avril 2002, les émeutes des banlieues de décembre 2005, la crise financière de l'automne 2008, la jobardise ambiante), plus fermement – et volontairement – ancrés qu'eux dans le monde de l'intellect et de la culture : François Mitterrand et Serge Gainsbourg (Belmondo et Delon sont des stars, comme Deneuve, mais, contrairement à Bardot, ils n'ont rien changé au monde ; Coluche n'a aucune dimension internationale ; Zidane et Platini si, mais ils n'appartiennent pas au monde de la culture, même si cela pourrait se discuter, à la marge).

S'il ne s'agit pas de mésestimer l'importance historique du Général – « Plus grand Français de tous les temps », numéro un encore validé par une série de prime time de France 2 en 2005 – ni l'influence posthume du détourneur de « La Marseillaise » (« Aux armes, etc. »), Lucien Ginsburg, sur une génération actuelle d'artistes britanniques et américains, une seule d'entre eux aura eu un effet instantané sur l'ensemble de l'humanité comme sur le destin de « l'autre moitié du ciel » (que chantera John Lennon dans « Woman ») – cette créature de Dieu qu'elle en vint à incarner si charnellement –, celle qui changera non seulement le cours des choses, mais celui des âmes... et des corps : BB.

Bébé. Tout l'amour, toute la tendresse, toute la douceur, tout l'espoir et toute la fragilité du monde, de la vie, tout le lait de la tendresse humaine, sont contenus dans ces mots, prononcés par des amants comme par de jeunes parents ou grands-parents. Une promesse de bonheur pour l'espèce tout entière, l'expression, précisément, de son humanité.

Ces « Initials BB », « marque des esclaves » mariées que Gainsbourg grava masochistement à Londres lors de l'insurrectionnel printemps 1968, juste après qu'elle l'eut largué direction Almeria – « Je t'aime, moi non plus » définitivement accompli –, elle les revendiquera comme titre de ses *Mémoires* best-sellers (Grasset, 1996).

Dans lesquels elle apparaît telle qu'en elle-même, élégante, cultivée, entière, directe, brutale parfois, conservatrice souvent, intolérante certainement, icône sexuelle qui aura inspiré toutes les libérations comme elle a inspiré Simone de Beauvoir, Bob Dylan, les Beatles, Jean-Luc Godard, Louis Malle et Andy Warhol, mais n'aura pas, contrairement à eux, aimé les changements qu'elle a pourtant elle aussi générés. C'est que, comme Elvis, si BB est une superstar planétaire des années soixante, elle appartient, malgré tous les séismes qu'elle a provoqués, à l'ère précédente, cet univers amidonné, fliqué, coincé, strict, répressif, autoritaire, traumatisé, de l'immédiat après-guerre encore judéo-chrétien qui ne pouvait décidément contenir leur fureur de vivre libres mais sera parvenu à les empêcher d'en apprécier les retombées – et à castrer au final leur mentalité, pétrie des conventions du Vieux Monde belliqueux pour aller au bout des rêves immenses qu'ils avaient pourtant initiés. Réactionnaires paranoïaques qui ont tous deux terminé leur trajectoire non loin de leurs points de départ respectifs, aussi loin que possible du zénith de l'arc superbe de leurs carrières cathartiques.

Et pourtant, chacun à sa façon, tenus qu'ils furent par le pseudo-colonel hollandais immigré clandestin Tom Parker et le dandy érotomane juif ukrainien Vadim Plémiannikov, représente encore aujourd'hui la magie et la spiritualité d'une époque que la majorité fait l'erreur de réduire à ses mœurs et à ses idéaux, feignant d'ignorer que toute expression qui exalte la vie dénigre automatiquement toutes choses qui la répriment. La politique ne se situe pas toujours là où on l'imagine, et c'est bien pourquoi on ne devrait pas l'abandonner aux hommes – et femmes – politiques. C'était sans doute ça, la démonstration des Golden Sixties, un but trop grand pour les capacités actuelles de l'humanité, sûrement. Dieu créa la femme, direction « Heartbreak Hotel ». Comme pour Brigitte, comme pour Elvis, c'est peut-être là notre condition humaine, celle du monde moderne pris entre le confort et l'ordre bourgeois haussmanniens et la bohème irrésistible et dangereuse des troubadours électriques, comédiens et rock stars, superbement exprimée par cette révolte existentielle no logo à la double négation vernaculaire : « (I Can't Get No) Satisfaction ».

Malgré les intentions affichées d'Elvis en 1958, décidé à effectuer son service militaire en Europe tant il « rêve de rencontrer Brigitte Bardot, la huitième merveille du monde », et nonobstant ses trois excursions parisiennes, ils ne se rencontreront jamais. Quand Elvis est en permission à Paris, en janvier 1960, elle vient d'accoucher. Il ne reviendra jamais en Europe, elle évitera au maximum d'aller aux USA. Aucun contact ne s'établira, même lorsque sa femme Priscilla Beaulieu chargera plus tard un agent immobilier de trouver aux Presley une villa, qu'ils n'occuperont jamais, baie des Canoubiers à Saint-Tropez. Où Brigitte se cloîtrera bientôt à La Madrague, comme Elvis à Graceland, idoles coupées d'un monde qu'elles ont transformé mais qui échappe à leur contrôle et les effraie au point qu'elles s'en isoleront volontairement – chacune à sa façon, péquenaude ou bourgeoise –, amères, viciées. Sans cesser pour autant d'incarner leur nation, King et Marianne pour toujours.

Boulogne-Billancourt : B-B ! Quelques jours après avoir fini par céder aux avances – purement éditoriales – de mon éditrice Stéphanie Chevrier, qui cherchait depuis longtemps à me convaincre de me lancer dans la biographie, sans en trouver jusque-là le sujet adéquat (entre-temps, elle m'arrachera *Quelque chose en nous de Michel Berger*), je profite de quelques rares journées de vacances pour me rendre à l'espace Landowski, pas très loin de l'ancien Hollywood parisien que constituaient le Grand Studio de Billancourt, quai du Point-du-Jour (aujourd'hui Canal Plus et ses dépendances), et les Studios de Boulogne, avenue Jean-Baptiste-Clément (ressuscités par la SFP). Il fait un froid de canard, le ciel gris-blanc de l'hiver surexpose les visages comme les immeubles, une fumée blanche s'échappe de la bouche des passants, comme si chacun venait d'élire un nouveau pape ou s'exprimait par l'intermédiaire d'une bulle de bande dessinée. Nous sommes quatre jours après Noël 2009, à l'heure du déjeuner, où j'ai pensé pouvoir profiter du plus grand calme pour explorer paisiblement et scrupuleusement l'exposition *BB, les années d'insouciance*.

Je suis loin du compte. L'endroit est bondé, et les

visiteurs s'attardent longuement sur chaque photo, chaque vidéo, chaque artefact ou document, lisent attentivement les textes explicatifs, et je dois sans cesse attendre, revenir sur mes pas, attendre de nouveau, m'imprégnant chaque minute un peu plus d'une ambiance hors du temps, heureuse, utérine, qui se lit sur les visages des spectateurs, sourires et regards illuminés, parfois embués de joie nostalgique – surtout ceux des femmes. « Les années bonheur », comme les a baptisées Patrick Sébastien, un instant retrouvées dans ce parcours du cœur battant, îlot de chaleur inattendu dans un océan glacial – les frimas du climat comme ceux de la crise, morale et financière, du moment.

En sortant, ébranlé par la ferveur du public comme par l'émotion que m'ont procurée à moi aussi ces rayons de pure lumière, j'envoie un texto de félicitations à Henry-Jean Servat, commissaire de cette exposition exceptionnelle, dont le succès nécessitera une prolongation, avant de se transporter – logiquement – à Saint-Tropez. Il se trouve justement à La Madrague, auprès de Brigitte, et me renvoie de leur part à tous les deux un message chaleureux. Ça n'est qu'un an plus tard, à l'issue d'un déjeuner avec le même bienveillant Henry-Jean, qui a toute sa confiance, que je déciderai finalement de me lancer dans l'exercice délicat de tenter d'interpréter BB au milieu de toutes les fictions, rumeurs, légendes, racontars, on-dit, semi-vérités, malveillances, contresens, entretenus depuis ses débuts, par elle-même autant que par ceux qui n'étaient pas là, comme moi.

Je ne connais pas Brigitte Bardot. Je ne l'ai jamais interviewée, ni rencontrée dans le cadre de mes activités professionnelles, et j'ai finalement décidé de ne pas le faire, de manière à traiter en conservant la distance adéquate, son personnage, extrême et controversé, plutôt que sa personne, charmante et adorable, à n'en pas douter, quoique caractérielle, comme le garantissent toutes ses connaissances.

Je n'avais même pas pu, à mon cœur défendant, accompagner Michel Drucker à Saint-Tropez, en décembre 2004, pour l'enregistrement du « Vivement dimanche » que nous lui avions consacré sur France 2. Pourtant, nous avons Saint-Tropez, où j'ai grandi jusqu'en 1973 et où mes parents vivent toujours, en commun. Je l'y ai croisée souvent, sur le port, devant Mayfair, la boutique de son ami styliste hippy de *Hair* Jean Bouquin installée dans un ancien hangar à bateaux, à l'angle du quai Frédéric-Mistral (premier Prix Nobel de littérature français, qui écrivait en provençal) ; au volant de sa Méhari verte, d'une Mini Moke, d'une Morgan ou de la Fiat 500 blanche aux volutes paisley mauves psychédéliques de Simone Bouquin ; faisant ses courses place de la Garonne, au Casino alimentaire de la rue des Commerçants, avec son panier en osier sur le marché de la place des Lices ; parfois entrant ou sortant de chez elle, à La Madrague, contre le mur rose de laquelle nous allions nous cacher, allongés sur des tapis d'algues séchées grisâtres et confites de sel cristallisé, pour flirter et nous baigner dans l'eau paisible de la baie des Canoubiers, cachés du sentier douanier du littoral au pied d'un petit escalier par l'enchevêtrement de canisses et de tamaris dont les branches retombent jusqu'à terre, protégés de tous les regards, des parents, des adultes, des promeneurs, heureux et innocents comme au paradis dont nous ne savions pas encore, contrairement à elle, l'éphémérité.

Bonjours toujours échangés, sans familiarité, dans un sourire simple : à Saint-Tropez, on dit bonjour aux gens qu'on croise, c'est naturel, convivial. On n'est pas à Paris, ni à New York ou à Hongkong, ici. Rien, en tout cas, qui me permette de dénouer l'écheveau qui aura conduit la blonde beauté libre et sauvage, symbole sexuel ultime des années pop, à pareillement renier les valeurs rebelles qu'elle portait... aux nues. Rebrousse-poil dont on ne peut espérer trouver l'origine, sinon le sens, sans trop faire de psychanalyse vaudoue, que dans un roman familial contrarié qui l'aurait finalement rendue, ayant fait le tour de tout et de tous, ayant été exposée comme personne ne l'avait jamais été avant elle, à ses stricts modèles parentaux.

La star

« Brigitte est comme Hitler. Elle a un pouvoir sur les foules », affirme Claude Autant-Lara après l'émeute qu'elle déclenche à la Mostra de Venise le 2 septembre 1958, où elle s'est rendue en Austin Healey depuis Saint-Tropez avec Sacha Distel, pour y présenter *En cas de malheur* et où des avions tracent ses initiales dans le ciel. « J'étais bousculée, étouffée. Je sentais leur "chose". Ils me tenaient enfin... »

Il est vrai qu'elle maîtrise l'image depuis son plus jeune âge, puisque son père la filmait depuis sa naissance avec une caméra huit millimètres, nue déjà, ou bien jouant avec des couverts et des lunettes de soleil, comme s'il avait la prescience de ce qui attendait cette petite fille. Tout comme sa mère qui la fit portraitiser pour ses onze ans par Marie Laurencin, éprouvée par ses atermoiements pendant l'Occupation, avec la dédicace « À madame Louis Bardot avec un grand merci, octobre 1945 ».

« Le destin l'a mise à la place exacte où le rêve et la réalité se confondent. Sa beauté, son talent, sont incontestables, mais elle possède autre chose d'inconnu qui attire les idolâtres d'un âge privé des dieux », s'exaltait Jean Cocteau à son sujet en octobre 1962 dans la revue *Stop*. BB a été la première star de l'ère moderne. « Elle était à elle seule le leitmotiv et le modèle à suivre. C'est avec elle que tout a changé », affirme A. A. Gill, le critique vedette du *Sunday Times*. « Elle menait les sans-culottes à l'assaut de Hollywood pour donner naissance à un nouvel âge de liberté, d'égalité, de fraternité et de sexualité. »

Et peu importent les rivales qu'on a voulu lui opposer, Sophia Loren, Gina Lollobrigida, Mylène Demongeot, Michèle Mercier, Michèle Morgan, Bernadette Lafont, Annette Stroyberg, Jeanne Moreau, Catherine Deneuve, Ursula Andress, Jane Fonda, Mireille Darc, Valérie Lagrange, Sophie Daumier, Marianne Faithfull, Joanna Shimkus, Nathalie Delon, Romy Schneider, Claudia Cardinale, Marlène Jobert, Ann-Margret, Faye Dunaway… « Les Beatles sont comme Brigitte Bardot, expliquait leur manager Brian Epstein au *Melody Maker* le 19 août 1967, quelques jours seulement avant sa disparition. Elle s'en tape de savoir si chaque année quarante-huit filles sont présentées comme étant la nouvelle Bardot. » Elvis Costello l'affirmera à son tour : « Avant les Beatles, seuls Brigitte Bardot et Elvis Presley avaient connu ce genre de notoriété planétaire, d'engouement surnaturel. » Johnny Hallyday, critiqué comme elle pour son absence d'académisme et auquel on a également trouvé un nouveau rival chaque année depuis son avènement, ne disait pas autre chose à *Cinémonde* le 16 décembre 1961 : « Les monstres sacrés ? Il y a Brigitte, mais après ? »

Elle incarne effectivement l'idéal mythique de liberté sexuelle pour la génération des Beatles : longs cheveux blonds, corps d'adolescente sportive et look négligé. On a l'impression qu'elle sort du lit, pas maquillée, cheveux empilés sur la tête ou tombant jusqu'aux seins. Elle porte des chemises d'homme ou des vêtements sexy qui laissent voir sa chair à une époque où ce n'est pas habituel, et donc très excitant.

Change d'amant comme de chemise – comme un mec, ce qui est très effrayant. Mais s'affiche disponible, ce qui est très engageant. Et devient l'objet d'un fétichisme inédit. À La Madrague, où à son apogée elle reçoit chaque mois deux cent mille lettres d'amour (pour rester sobre), lors d'un cambriolage, les voleurs n'emportent pas n'importe quel butin : une culotte en satin noir, deux paires de bas, des photos lestes et un chapeau de paille. On imagine aisément l'usage qu'ils en firent...

L'indécence atteint même les propositions : un jour, un homme aborde son deuxième mari, Jacques Charrier, sidéré, et lui offre la somme qu'il voudra pour lui prêter Brigitte une nuit.

« Les uns me lancent des pierres ou me crachent dessus, les autres veulent m'arracher quelque chose. Ils me font aussi peur les uns que les autres », confesse Brigitte à Michel Vianey de *L'Express* en mai 1963 sur le tournage du *Mépris*. « Je pense me retirer pour qu'on me fiche la paix. Pour mener une existence un peu plus normale. » Face à François Nourissier dans « Actuel 2 », dix ans plus tard, elle s'avoue dépassée par pareille adulation : « Cette réussite va au-delà de moi-même. Je ne m'imagine pas que je suis Brigitte Bardot. »

Dans *Les Stars* (Le Seuil, 1957), première étude sérieuse de la célébrité médiatique et populaire, Edgar Morin conçoit « le Brigidisme », où l'érotisation des corps au sortir de la Seconde Guerre mondiale s'accompagne d'une obsession du public pour la vie privée de ses icônes. « Son visage de petite chatte est ouvert à la fois sur l'enfance et la félinité : sa chevelure longue et tombante par-derrière est le symbole même du déshabillé lascif, de la nudité offerte. Son nez minuscule et mutin accentue à la fois la gaminerie et l'animalité ; la lèvre inférieure très charnue fait une moue de bébé mais est aussi une invitation au baiser. Une petite fossette au menton complète dans le sens de la gaminerie charmante ce visage qu'on calomnie en disant qu'il n'a qu'une seule expression ; il en a deux : l'érotisme et l'enfantillage. Le cinéma s'en est servi exactement comme il convenait : un petit personnage aux frontières de l'enfance, du viol, de la nymphomanie. » En combinant les rôles d'ingénue et de vamp, les archétypes d'enfant terrible et de femme fatale, Brigitte Bardot incarne l'éternel féminin dans toutes ses facettes, et ne se contente pas d'être une déesse : elle est *la* déesse, fondamentale, primordiale, définitive. Immortelle.

« C'est précisément parce qu'elle n'est pas un produit sorti de l'imagination de quelqu'un que Brigitte a su choquer, séduire, créer un style nouveau, devenir un sex symbol dans le monde entier », expliquait Vadim à l'Américain Jeffrey Robinson pour son *Bardot* (L'Archipel, 1994). « Elle est née avec un sens du dialogue très personnel, très imaginatif, avec la capacité d'électriser l'atmosphère partout où elle passe. Elle vient d'une autre dimension. »

Le 20 décembre 1958, Raymond Cartier en fait dans *Paris-Match* « un phénomène social ». « Brigitte Bardot est-elle un scandale national ? s'interroge-t-il. Ravale-t-elle la France aux yeux des étrangers ? Est-elle un défi à la morale, une apologie du vice, un outrage public à la pudeur ? »

Antoine Pinay, premier ministre des Finances de la Ve République, déclare qu'elle rapporte plus de devises étrangères à la France que la régie Renault, fleuron de l'industrie française. En décembre 1959, le magazine *Elle* détermine les trois principaux « héros » qui ont façonné les années cinquante : Charles de Gaulle, James Dean et Bardot (on voit là combien la France était autocentrée et éloignée du reste du monde : elle accuse réception de Jimmy Dean de l'Indiana mais ignore Elvis Presley et Jack Kerouac, dont l'influence sur le monde, la culture et les décennies suivantes n'aura – jusqu'aux Beatles et à Bob Dylan, leurs héritiers, cinq ans plus tard – comme rivale que celle de BB, justement).

« En incarnant aujourd'hui, elle garde cependant le reflet d'une Ève qui est de toute éternité, et mord quand même dans "demain" comme un chien dans une guenille : avec l'excitation d'un jeu. Elle dessine ses joies avec des gestes de ballerine et raconte ses peines avec une âme d'enfant. Elle a un regard où se lisent les sept péchés capitaux et une bouche maquillée de confiture. Une élégance de pur-sang », commentait *Cinémonde*. C'est effectivement là toute sa modernité : dans ce retour vers le futur, ce sens de la mythologie en marche comme saura également le créér en temps réel le rock, des Who à Bruce Springsteen, instable, imprévisible, indomptée, cathartique, comme la rock star qu'elle est sans le vouloir/savoir.

« Elle a été l'anti-Garbo, l'anti-Marlène, d'un seul coup, écrit Louis Pauwels dans *Paris-Match* en décembre 1971. La jeune Brigitte apparaît, sans préjugés ni voiles, sans souvenir du monde du péché, sans autre emploi que d'être une réussite de la création, une sauvageonne vide de morale et gorgée d'iode. Le grand jeu des salons et des alcôves se change en petit jeu sur le sable et au soleil. C'est un petit jeu aux grandes conséquences : il retire aux femmes la magie, ne leur laissant que la seule beauté pour arme, et il renvoie les hommes à leur propre corps et à la seule crudité, gaie si possible, de l'envie instinctive. » Pour *Le Nouvel Observateur*, le 22 décembre 2011, dossier « Les dix années qui ont changé le monde » : « Bardot est la femme des années soixante. »

Pareil phénomène n'échappera pas aux artistes. Les chanteurs, d'Elvis à Dylan, des Beatles aux Who, de Nougaro à Gainsbourg, de AC/DC à Jay Z, la célébreront. Les autres comédiennes, qui tentent d'une manière ou d'une autre de l'imiter, ou doivent vivre avec les conséquences de son existence. Les écrivains, Françoise Sagan, Simone de Beauvoir, Marguerite Duras, Marguerite Yourcenar, Alberto Moravia, Edgar Morin, Gregor von Rezzori, Bernard Frank, Barjavel.

Les peintres, de Picasso à Warhol, de Gerald Laing à Allen Jones, de César à Jean-Claude Forrest, qui s'inspirera d'elle pour son personnage de Barbarella. Elle s'était rendue en robe à fleurs avec Vadim pour une longue visite dans l'atelier du premier à Vallauris, villa La Galloise, en mai 1956, à l'occasion du festival de Cannes. Ni l'un ni l'autre n'ose toutefois proposer un portrait : Sylvie David (plus tard Lydia Corbett), le modèle du maître, est présente, et veille (« Sylvette », avec sa queue-de-cheval, c'est elle, et elle aurait inspiré à Vadim le look de Brigitte pour le tournage imminent de *Et Dieu créa la femme*). C'est Gunter Sachs, en revanche, qui commande son portrait au « pape du pop art » : il en réalise huit à partir d'une photo de Richard Avedon de 1959, qui se vendront jusqu'à 10 millions de dollars pièce.

Kees Van Dongen, lui, l'avait croquée dès l'automne 1954, à l'occasion d'une émission de télévision américaine, « Rendez-vous chez Maurice Chevalier », à Marnes-la-Coquette, où, encore starlette plus ou moins anonyme, elle incarne « la Parisienne ». Il réalise en direct son portrait qu'elle adore, mais qu'il ne lui offre pas, et figurera à la une du magazine *Life* du 28 mars 1960, puis illustrera l'entrée « BB » dans le dictionnaire Larousse (huile sur toile de soixante-cinq sur quarante-six centimètres et demi, aujourd'hui estimée à 160 000 livres sterling). *Paris-Match* la ramène superstar dans son atelier, 75, rue de Courcelles, le 12 septembre 1959 pour une série de grands portraits, moins réussis, intitulés curieusement *Brigitte aux yeux d'autruche,* qu'elle semble moins apprécier si on en juge par son étonnement face au travail du druide à la longue barbe et aux cheveux blancs devant sa toile grandeur nature.

Comme tout le monde, dès 1954, elle avait aussi posé pour le studio Harcourt, alors sis au 49, avenue d'Iéna : queue-de-cheval et décolleté hollywoodien, cils immenses, bouche travaillée, tête penchée en avant et tournée de trois quarts.

« Bardot, c'était la France dans le monde, un rayonnement et une beauté extraordinaires. Je la trouvais sublime », déclare à Henry-Jean Servat (*Bardot, la légende,* Hors-Collection, 2006) Alain Delon, qu'elle avait rencontré une première fois à l'initiative de *Cinémonde* en 1958 pour un shooting *hot,* consacré aux « plus beaux baisers du monde ». « Elle est l'image de la France depuis soixante ans et le sera encore très longtemps. » Il ne sera pas le seul à saluer sa majesté. Le 12 novembre 1964 sur Europe n° 1, elle annonce : « Il y a une personne que j'aimerais rencontrer, c'est De Gaulle. » À Hollywood, pour la promotion de *Viva Maria !,* on lui demande s'il est son genre d'homme : « Pour la politique, oui. » André Malraux la fait inviter à l'Élysée pour y rencontrer enfin son idole. Lorsqu'il reçoit des artistes, le 7 décembre 1967, quoique divorcée, elle est accompagnée pour cette soirée des arts et des lettres par son troisième mari, Gunter Sachs (qu'elle trompe alors publiquement avec Gainsbourg), aux côtés d'Annie Girardot, Louis de Funès, Bourvil, Fernandel, Achille Zavatta. Elle débarque telle qu'en elle-même, cheveux longs et libres, en pantalon noir et veste noire à brandebourgs or imprimé avec dorures et galons, à la *Sergeant Pepper's Lonely Hearts Club Band,* de son couturier tropézien Jean Bouquin. « Ah chic ! Un militaire », souffle le Grand Charles à Malraux.

Quand elle s'avance pour le saluer, elle lui sort : « Bonsoir, général. » En regardant son uniforme, il lui rétorque, pince-sans-rire : « C'est le cas de le dire, madame. » Le président de la République déclarera ensuite : « Cette jeune personne est dotée d'une simplicité du meilleur aloi. » Elle salue ensuite Tante Yvonne, puis Malraux, et l'un de ses fans transis, Valéry Giscard d'Estaing, dont elle portera en 1974 sur sa poitrine tant désirée le tee-shirt de campagne « Giscard à la barre » (on aurait pu économiser l'accent grave). Deux heures plus tard, elle est raccompagnée sur le perron de l'Élysée par Georges Pompidou, Premier ministre, avec lequel elle a dîné la veille chez les Rothschild avec Sachs, pour préparer. Aux journalistes qui lui demandent ses impressions, elle réplique spirituellement, comme le rapporte *L'Aurore* : « Oh, moi, vous savez, il me faut plus d'un homme pour être impressionnée. »

Les politiques ne l'impressionneront guère en effet, et elle ne se gênera jamais pour les solliciter, les interpeller, les tancer, avec un aplomb, une conscience de sa propre place centrale dans la société et dans sa propre légende tout à fait admirables – et stupéfiants. Giscard sera le plus empressé de ses courtisans. Chirac, un fan notoire, l'appelle « ma petite biche ». Elle le trouve très séduisant et regrette de ne pas s'être laissée aller un jour de 1985 où elle lui rend visite à Matignon, encombrée d'Allain Bougrain-Dubourg… Il la harcèlera au téléphone mais ne lui parlera plus que de sa carrière. Jusqu'à Fidel Castro, qui discutera de ses mérites avec Oliver Stone, Lech Walesa qu'elle rencontre sur le plateau de « Sacrée soirée » ; Vladimir Poutine, qu'elle apprécie pour son soutien à la défense des animaux (l'ours a succédé à l'URSS), est son admirateur, auquel Henry-Jean Servat apportera de sa part deux lettres – dont l'une en russe – et une photo dédicacée. « Il est très bien, il répond toujours positivement à mes demandes. Il a fait plus que n'importe quel chef d'État pour la défense des animaux. Dans un pays comme le sien, il faut *en* avoir », explique-t-elle à *Nice-Matin* le 9 avril 2012.

Avant même la gloire, alors qu'elle filme les scènes d'intérieur de *Et Dieu créa la femme* fin juin aux studios de la Victorine, en marinière, elle tombe sur Winston Churchill, costume croisé, pochette blanche, qu'elle stupéfie en lui annonçant, selon Vadim (*D'une étoile l'autre*, Éditions n° 1, 1986) :

« Quand j'étais petite, votre voix me faisait peur à la radio, mais je vous trouve plutôt mignon pour une légende. » Devant son silence gêné, elle ajoute, en bourgeoise bien éduquée qui sait ne pas laisser retomber une conversation :

« Que faites-vous à Nice ?

— Je peins », répond l'homme qui avait promis aux Britanniques « du sang, de la peine, de la sueur et des larmes » mais les a protégés de la défaite face au Blitz nazi et à la maritime bataille d'Angleterre. Toujours pas démontée, elle enchaîne, en lui affirmant que son père possède l'une de ses toiles.

« Je ne vends pas mes tableaux, corrige l'ancien Premier ministre, encore en poste quelques mois plus tôt, agacé.

— Mais vos amis les vendent, eux. La toile achetée par mon père représente une colline avec un pin parasol au premier plan et la mer au fond. Vous vous en souvenez ? »

Secoué, le Prix Nobel de littérature, qui exposait à

Paris dans les années vingt sous le pseudonyme de Charles Morin, précise :

« Et un buisson de genêts en fleurs sur la droite ?

— Oui. Vous l'aimez ?

— J'aime peindre. Mais je ne resterai pas dans l'histoire aux côtés de Cézanne.

— Vous savez, mes films sont sûrement moins bons que vos tableaux. Et moi, je n'ai pas gagné une guerre...

— Mais vous n'avez rien perdu. »

Là-dessus, il lui décoche enfin un sourire et, chapeau à la main, se dirige vers la salle de projection où il visionne *Le Monde du silence* du pacifique et secret commandant Jacques-Yves Cousteau.

Deux jours plus tard, amadoué, il souhaite l'inviter à dîner chez des amis, mais elle se débine. Pour retrouver en cachette Jean-Louis Trintignant, avec lequel elle vient de commencer une aventure torride, se convainc Vadim.

Le 1er septembre 1970, elle devient à son tour un personnage officiel dans toutes les mairies de France, Marianne, première célébrité à incarner la République, buste d'Aslan la figurant seins nus, coiffée du bonnet phrygien. À Saint-Tropez, vêtue en bleu, blanc, rouge, elle apporte elle-même à l'hôtel de ville ce symbole Femen d'altérité comme de communauté. « Je suis une grande Française », avait-elle déjà fièrement déclaré à Jacques Chancel dans *Radioscopie* le 5 février précédent. « C'était une vraie star. Quand une vraie star arrive, le monde s'arrête », témoigne Pierre Arditi de leur première rencontre dans *Bardot, un hommage photographique* (Hors-Collection, 2011) : « Pour moi, le monde s'est arrêté pendant quelques minutes ce jour-là. » Jean Cocteau s'émerveillait de son alacrité : « Elle ne ressemblait à rien, à personne, tout en étant comme tout le monde. »

« J'ai toujours eu l'impression que Brigitte Bardot avait en elle quelque chose d'*Alice au pays des merveilles* », analysait astucieusement pour sa part Louis Malle. Elle aura pourtant du mal avec la magie transformative psychédélique de la seconde partie des années soixante, comme Robert Kennedy, mais pour une raison opposée : « Les hippies veulent qu'on reconnaisse leur altérité, mais les individualités jouent un rôle décroissant dans la société », se trompait-il dans le *Time* du 7 juillet 1967 ; plus généreusement en tout cas qu'Agatha Christie, qui n'aurait pas aimé la fêtarde BB : « Je n'ai aucune patience pour la jeune fille névrotique qui danse sur du jazz jusqu'au petit matin. »

Elle est pourtant exactement cela, et ce qui fascine autant chez les stars de cette exceptionnelle magnitude : une altérité absolue, aussi longtemps que la tempête hormonale maintient en équilibre entre sa sensibilité féminine et sa détermination masculine son insoutenable rayonnement. « J'ai voulu éclater, dit-elle, faire tout le contraire de ce qu'on m'avait dit de faire. Je découvrais la vie, je découvrais les hommes. »

« Soumise à un destin de flashs, de star et de bête curieuse, mais plus encore soumise à son instinct d'animal femelle parfaitement libre de son sang et de ses impulsions… Elle prit les droits naturels de sa beauté, de sa nature, et refusa les faux devoirs avec une belle énergie de guéparde. On la dota d'hommes qu'elle rejeta un jour, de paroles qu'elle se borna à interpréter, de malaises qu'elle se refusa à ressentir ouvertement… Elle était résolument anarchique. Elle était le succès, l'argent, l'amour, et elle ne voyait pas pourquoi ni à qui rembourser. Bref, elle n'avait pas honte d'elle-même. Elle ne s'excusait pas de son complet triomphe, alors que tant d'autres s'excusaient de leur demi-succès. Et c'est pour ça qu'elle scandalisa », écrivait son amie tropézienne – et parisienne – Françoise Sagan, dans *Brigitte Bardot racontée par Françoise Sagan et vue par Ghislain Dussart* (Flammarion, 1992). « Bardot n'avait besoin de rien ni de personne pour être Bardot. Le cinéma était juste un prétexte, un catalyseur. De même qu'elle a été plus forte que la mode, que la chanson, que les photos, elle était plus forte que le cinéma. Son œuvre, c'était sa vie au jour le jour, c'était son image et ce qu'elle symbolisait, même lorsque cela la dépassait, même si cela lui échappait. »

Ce qui n'était pas toujours le cas. « D'un côté, elle utilisait les médias, et de l'autre elle tenait un discours agacé sur cette presse qui la vampirisait. J'ai rarement rencontré une telle maestria et une telle constance dans la manipulation », se plaignait en même temps qu'il l'admirait Jacques Charrier dans son amer *Ma réponse à Brigitte Bardot* (Michel Lafon, 1997). Ce que résumait calmement le grand patron de presse Pierre Lazareff, comme une idéale relation S-M : « Bardot a besoin de la presse, mais la presse a besoin de Bardot. »

Ce contrat perdure encore aujourd'hui, qu'elle décide de prendre la défense de Gérard Depardieu, des éléphantes du zoo du parc de la Tête d'or à Lyon, Baby et Népal, menacées d'euthanasie, de retrouver sa chatte Rontonton après un mois et demi de fugue (elle a promis 600 euros de récompense, empochés par mon copain Christian Nivola) ou de combattre la corrida, elle fait le bonheur du *Parisien* comme de *Var-Matin*, entre autres.

Plus probant, dans ce monde « re » de reproduction, de resucée, de remix, de remasterisation, de *replica* et de recyclage d'où la chronologie a été effacée par la virtualité généralisée, l'omniprésence médiatique de BB via la publicité et le marketing, consécutivement au succès des expositions composées par Henry-Jean Servat, à Boulogne, Saint-Tropez, Los Angeles et New York, et de l'article fleuve qu'il lui consacre dans *Vanity Fair* (édition américaine) : « The Temptress of St. Tropez ». Après le visuel des éclairs de Fauchon avec la photo de Sam Levin sur le tournage de *Babette s'en-va-t'en-guerre,* Sofia Coppola sonorise le spot Miss Dior chérie avec BB chantant « Moi je joue », suivie par la pub Shalimar de Guerlain sur « Initials BB », celles de Renault, dont elle promouvait déjà la Floride en 1959, où elle valorise respectivement la Mégane coupé (« Everybody Loves My Baby », 2011), puis Wind (« Mister Sun », 2013) et enfin le très chic (et très cher) sac Lancel de 2011, qui lui vaut pendant des mois des affiches géantes sur les murs des Champs-Élysées et du musée d'Orsay. Sans parler de la Brigitte Bardot Clothing Collection, qui commercialise la déclinaison de ses différentes parures à travers un réseau international de boutiques et d'interprétations de ses vêtements fétiches par des créateurs contemporains.

À quatre-vingts ans, elle reste le « cas » Bardot, objet d'admiration, de scandale, d'études psycho-sociologiques, étrangère au pays de la gloire au sens propre (elle la déteste) comme au figuré (elle a refusé tous les ponts d'or de Hollywood), plus grande star que la France aura connue à ce jour.

« C'est faux de dire que Vadim a créé Brigitte Bardot. Elle savait très bien ce qu'elle faisait », explique le critique cinéma du *Guardian* et de l'*Evening Standard* Derek Malcolm dans le documentaire *Une icône française* de la réalisatrice Lindy Saville, avant d'ajouter : « Elle était bien moins vulnérable que Marilyn. »

Et a réussi le tour de force de geler son image à son apogée en n'étant jamais laide, ni vieille à l'écran, diabolique beauté inversant le pacte faustien de Dorian Gray, préservant à jamais sa jeunesse dans le miroir de son époque idolâtre avant de dépérir sans barguigner, mais en maugréant pour d'autres raisons, au cours de sa seconde vie, ayant assuré la postérité inaltérée de la première. « L'éternel féminin nous élève », concluait Goethe à la fin de *Faust*. Son portrait, désormais et pour longtemps céleste, c'est celui de BB. Woody Allen, qui s'y connaît en femmes et en comédiennes, l'atteste : « Brigitte Bardot restera à tout jamais la plus belle femme du monde. Je suis intimement persuadé qu'il n'existe rien de plus beau qu'elle sur terre. »

Le sex symbol

BB, c'est le sexe. Son avènement. À travers elle, *Et Dieu créa le sexe*. Pas étonnant qu'elle fût au cœur de tant de passions, de haines, de controverses, de désirs, de tensions, d'enjeux, de représentations, de conversations et de fantasmes. Parler de Bardot, c'est automatiquement parler de cul.

« Elle tenterait même un saint », écrivait d'elle Simone de Beauvoir dans un essai de trente pages du magazine américain *Esquire* intitulé « Le syndrome de Lolita », en août 1959, quand cette phrase possédait encore tout son sens, époque où la tentation restait un dilemme et la sainteté n'était pas encore éventée. « BB n'essaie pas de scandaliser. Elle ne demande rien, elle n'est pas plus consciente de ses droits que de ses devoirs. Elle suit ses inclinations. Elle mange quand elle a faim et fait l'amour avec la même simplicité. Le désir et le plaisir lui semblent plus convaincants que les préceptes et les conventions. » C'est précisément cette liberté, cette légèreté, cette spontanéité, cette impudicité sauvages qui vont faire scandale, tout autant, sinon plus que la nudité, voire la voracité, dont on l'accuse. « Brigitte Bardot est le plus parfait spécimen de ces nymphes ambiguës. Vue de derrière, son corps mince et musclé de danseuse est presque androgyne. La féminité triomphe dans sa délicieuse poitrine. Les longues et voluptueuses tresses de Mélissande inondent ses épaules, mais sa coiffure est celle d'une négligée. Le forme de sa bouche est celle d'une muse enfantine, et elle semble en même temps faite pour le baiser. Elle va pieds nus, elle tourne le dos aux toilettes élégantes, aux bijoux, aux parfums, au maquillage, à tous ces artifices. Cependant, sa démarche est lascive et un saint vendrait son âme au diable pour la regarder danser. » Vadim en témoigne : « Ce qui m'a sidéré la première fois que je l'ai vue nue, c'était ce mélange extraordinaire d'innocence et de féminité, d'impudeur et de timidité. »

C'est bien là le problème, cette perfection divine, douloureuse pour ceux qui en sont réduits à l'admirer, sans parler de celles qui l'envient, les uns et les autres conscients de ne jamais la posséder. Pourtant Beauvoir insiste, ça n'est pas là le cadet des soucis de la trop belle pour être honnête aux yeux de ceux qu'elle dérange. « Brigitte Bardot ne se soucie pas le moins du monde des autres. Elle fait ce qui lui plaît, et c'est cela qui est troublant. » Troublant, fascinant, pour ceux qui l'apprécient, l'admirent, voire la remercient, pour qui beauté et liberté conjuguées sont les traits magiques de la divinité. « Elle n'est ni dépravée, ni vénale. Il est impossible de voir la marque de Satan en elle et, pour cette raison, elle semble encore plus diabolique aux femmes qui se sentent menacées et humiliées par sa beauté », conclut Simone de Beauvoir.

BB acquiesce : « Ce n'était pas sale puisque c'était beau », se désolait-elle auprès de Claude de Givray en 1957 dans *Les Cahiers du cinéma*, à propos de la scène censurée de *Et Dieu créa la femme* où après l'avoir sauvée du naufrage, Christian Marquand la déshabille longuement en la caressant avant de faire l'amour avec elle sur la plage de Tahiti. Mais c'est bien cette innocence-là qui enflamme ses détracteurs, pour qui elle représente l'indécence de la nature, cette promesse de transcendance génératrice de souffrances. « Elle se tient à l'endroit même où finirait la morale. Du Japon à New York et vice versa, elle représente l'aspiration inavouée de l'être humain du sexe mâle, son infidélité virtuelle d'un ordre bien particulier – celle qui l'inclinerait vers le contraire de son épouse – vers la femme de cire qu'il pourrait modeler, faire et défaire à volonté, jusqu'à la mort incluse. Nous l'appellerons de son vrai nom, la reine Bardot, tonne Marguerite Duras dans *France-Observateur* du 23 octobre 1958. Elle n'a pas la beauté fatale mais aimable. Elle est belle comme une femme mais préhensible comme une enfant. Elle a le regard simple, droit. Elle s'adresse, chez l'homme, avant tout, à l'amour narcissique de lui-même. Si une femme comme ça m'était livrée, pense l'homme, je la ferais, jusqu'à la folie, à ma façon. Elle serait dépendante de moi comme une autre, et je pourrais, à son propos, enfin exercer toute ma volonté d'asservissement. Car une femme parfaite donne toujours à l'homme, de façon plus ou moins claire, la nostalgie de la femme perfectible, à l'infini, par ses soins, une matière sur quoi exercer, jusqu'à la barbarie, son omnipotence. »

On le voit, les femmes de lettres, les féministes sont enthousiasmées par cette version idéalisée d'elles-mêmes, ce corps qui possède la perfection de leur esprit, comme le dirait Leonard Cohen. Les hommes ne sont pas indifférents, à ce titre également. « Elle a devancé son époque et ouvert la voie de la libération féministe, rappelle Jean-Claude Lamy, auteur de *Et Dieu créa les femmes* (Albin Michel, 2011), en se dénudant de façon naturelle. » Et en reprenant ostensiblement le pouvoir : « Son hyperféminité n'était pas une manière de courber l'échine devant le désir masculin. Elle incarnait le féminisme "différentialiste" qui affirme l'égalité des sexes sur fond de différence et fascinait les intellectuelles. »

C'est la raison pour laquelle Bardot va pareillement s'enthousiasmer pour la mode de Jean Bouquin, qui ouvre boutique à côté de la jetée, sur le port de Saint-Tropez. « J'ai appliqué pour les femmes les critères des vêtements d'homme en enlevant les basques et les pince-poitrines, en leur faisant des petites épaules. Paul Poiret avait enlevé le corset, moi j'ai achevé de libérer la femme. Dès 1962, la femme en général voulait le pouvoir. Sa stratégie a été de s'habiller comme un homme. Toutes les filles, comme Babette Haas, la fille du préfet de la Seine Raymond Haas-Picard, qui s'est ensuite mariée avec Michel Sardou, sa sœur Christine, la future astrologue, venaient rôder autour des pantalons d'homme chez Renoma. Elles voulaient la braguette, la poche qui permet aux hommes de placer leurs attributs – un vrai tailleur vous demande toujours si vous portez à droite ou à gauche –, les plis en haut des jambes. Les hommes se sont sentis fragilisés et ont voulu se protéger en se féminisant en retour. En 1968, David Bowie entre chez moi à Saint-Tropez. J'avais un rayon d'hommes et un rayon de femmes. Les femmes font 31, 32 de bassin, les hommes entre 21 et 23 puisque nous ne sommes pas faits pour faire des enfants. Une femme peut mettre un pantalon d'homme, pas l'inverse. Ça a basculé avec lui : il était allé directement chez les femmes, a enfilé un pantalon et il est parti à Londres avec. Mick Jagger que j'habillais régulièrement, pareil. »

BB et Bouquin partagent le même amour de l'authenticité, de la simplicité, d'une certaine pureté au service de la beauté, du panache. « Mon secret, c'est que je n'utilisais que de belles et vraies matières. C'était la mode du Nylon, qui permettait d'éviter le repassage. Moi, j'ai pris des tissus des années vingt et des années trente que tout le monde avait oubliés. J'ai habillé Rita Hayworth, Greta Garbo, Marlene Dietrich, folles de joie de retrouver leur enfance ou leur jeunesse. Brigitte, elle, ne les connaissait pas et a adoré cette façon désinvolte de traiter des matières nouvelles pour elle. Une artiste a toujours deux béquilles essentielles : son coiffeur et son couturier. Elle a laissé tout le monde à plusieurs longueurs. J'ai fait tous ses shows avec Gainsbourg, ses films, ses premières. Elle m'appelait à dix-sept heures : "Jean, je n'ai rien à me mettre pour ce soir." Je lui envoyais toujours deux tenues, pour être certain qu'une lui plaise. »

Les photographes, évidemment, l'adulent. « Il est impossible de rater une photo de Bardot », dit son ami de *Match* et *Life* Jean-Claude Sauer à France 2. Il n'est pas le seul : « La première fois où je l'ai rencontrée, c'était chez elle, au septième étage du 71, avenue Paul-Doumer, pour "Les potins de la commère" de *France-Soir*. C'était une monstrueuse célébrité, comme il n'en a pas été d'autre. Elle est la femme la plus photographiée au monde. Elle ne pouvait pas faire un pas, où que ce soit, sans que les objectifs ne cliquettent. » Henry Pessar a photographié et interviewé toutes les icônes de son époque, de John Lennon à Greta Garbo, de Mick Jagger à Mère Teresa, de Delon à Mike Tyson. Il juge malgré tout Bardot incomparable. « Elle possédait un charisme prodigieux, extraterrestre mais pas inhumain, mais totalement hors norme, un magnétisme, une présence invraisemblables, une voix tout à fait exceptionnelle, affectait un côté nunuche qui contrastait parfaitement avec son état de petite fille du seizième. Elle était d'une photogénie incroyable. Elle était toujours belle, même quand elle s'habillait n'importe comment. Sa beauté était miraculeuse, tout à fait originale. Il n'a jamais existé un être humain semblable. » Robert Hossein, son partenaire dans *Le Repos du guerrier* et *Don Juan 73*, acquiesce : « C'était comme un aimant. Elle attirait parce qu'elle n'était pas conventionnelle. Une photogénie et une grâce sans pareilles. » Jean-Marie Périer, lui, se dégonflera, trop copain. « *Match* m'avait demandé un jour de tout mettre en œuvre pour obtenir une photo d'elle en larmes, quel que soit le temps que ça me prendrait. Au bout de trois mois, je finis par la découvrir, à Louveciennes, derrière un arbre. Et elle pleurait. Je n'ai pas eu le courage de la photographier. Ça a été la fin de ma carrière de paparazzo ! » Richard Avedon, David Bailey, Raymond Depardon, Jean-Lou Sieff, Douglas Kirkland, Terry O'Neill, William Klein, Just Jaeckin, Walter Carone, Willy Rizzo, Sam Levin, tous se précipiteront pour l'immortaliser, certains avant même sa notoriété (Robert Doisneau), tant elle est charismatique.

Si l'on tient à quantifier cette beauté, à la mettre en chiffres, identifier une martingale ésotérique (et érotique) à ce phénomène de la nature, les dimensions magiques de BB sont 90-50-89, un mètre soixante-six pour cinquante-trois kilos, pointure trente-sept. Ce qui est remarquable, mais tout à fait insuffisant pour en faire l'être mythologique qu'elle est devenue. La beauté ne se met pas en abscisses et en ordonnées, ne réside jamais dans la perfection, ni dans la symétrie dictée par un improbable nombre d'or, mais, au contraire, dans l'adorable monstruosité. Son long cou de cygne, cette nuque étirée, ses hautes jambes, aux cuisses attachées très haut comme une Africaine, sa taille de guêpe, ses hanches fines comme ses poignets, ses dents de lapin, sont parfaitement hors norme, mais ce n'est rien à côté de l'excentricité de sa bouche, à la lèvre supérieure aussi pleine que l'inférieure, presque plus, signe d'exagération enfantine et de je-m'en-foutisme insolent (aux États-Unis, avec pareilles caractéristiques, au plus fort des lois raciales, elle serait tombée sous la règle du *one-drop of blood*).

Mais, comme toutes les plus belles femmes, BB ne voit que ses défauts et, pour un peu, se trouverait moche. « J'ai un nez déplorable. Il se fronce dès que je rencontre un homme, comme si je reniflais un bol de lait. C'est pareil pour ma bouche : la lèvre supérieure est plus lourde et charnue que l'autre. J'ai des joues trop rondes et des yeux trop petits. » Quand elle rit, elle met ses mains devant sa bouche : elle n'aime pas ses dents. Elle n'aime pas non plus son nez. Allonge ses yeux par des autographes de mascara. Or, elle a besoin de se sentir belle pour affronter les millions de regards qui l'attendent dès qu'elle sort ce nez dehors. « J'essayais de me faire la plus jolie possible, mais même comme ça, je me trouvais moche. J'avais un mal fou à sortir, à me montrer. J'avais peur de ne pas être à la hauteur de celle qu'on attendait que je sois », rapportait-elle à *Vogue International*. Très vite, cette admiration, l'inévitable concupiscence que son unicité suscite, deviendront pour elle une plaie. « Si seulement chaque homme qui visionne mes films n'avait pas l'impression qu'il peut me faire l'amour, alors j'en serai bien plus heureuse. » C'est pourtant bien là la clef de son attrait, pour ceux qui la désirent comme pour celles qui espèrent lui ressembler. Dans *Life*, Paul O'Neill voit pourtant la faille du vice comme composante essentielle de son attrait et de son irrésistible succès : « Brigitte incarne cette malhonnêteté triomphante vis-à-vis des hommes que chaque femme désire et que la majorité incompréhensive et mal adaptée condamne avec tant d'indignation. Le spectateur mâle, quoique invité avec force à admirer les charmes infinis de Bardot, se retrouve bientôt acculé à la suspicion désagréable d'être un vieux dégoûtant. »

L'ultime validation de son statut d'icône sexuelle révolutionnaire lui est octroyée par le Vatican, pour lequel elle représente, dansant le mambo de *Et Dieu créa la femme*, le Mal et les sept péchés capitaux à l'Exposition universelle et internationale de Bruxelles, le 17 avril 1958 à l'Atomium, ce qui heurte sa foi profonde, elle qui ne voit vraiment pas où le mal pourrait se trouver dans ce qu'elle fait ou montre. « Parce qu'elle pense aux hommes, le Vatican adresse un sermon à Brigitte Bardot », titre la presse. Cela devient une affaire d'État, objet d'une négociation entre la France et Rome pour en adoucir l'excommunication médiatique.

« Personne ne peut s'imaginer ce que fut la bourrasque Bardot dans les années cinquante », rappelle à juste titre Henry-Jean Servat. « Faut-il brûler Brigitte Bardot ? » demande *Le Canard enchaîné* du 24 décembre 1958, pour une fois en phase avec le Saint-Siège, lequel condamnera en 1969, année érotique, « Je t'aime, moi non plus » qu'elle avait inspiré (et initialement interprété). Comme au Moyen Âge, on traitait de sorcière toute femme qu'on désirait punir de son indépendance, de son savoir, autonomie forcément suspecte, puisque menaçante pour les hommes – et les autres femmes – se situant, comme l'écrit Duras, « là où finit la morale et à partir de quoi la jungle serait ouverte ».

François Nourissier, dans un essai enflammé de 1960 (*Brigitte Bardot*, Grasset), prend sa défense envers et contre tous : « Ne dites pas que le désir et le plaisir existent. Ne nous dites rien, cachez cette jeune fille, habillez-la, tondez-la, bâillonnez-la ! Elle va rire ! Et puis oui, vous avez raison, c'est sûr, brûlez-la ! »

C'est qu'il n'y a pas que son corps de rêve et son invraisemblable décontraction, son joyeux amoralisme provocant. Son coiffé-décoiffée, ses yeux noirs prolongés et son maquillage nu, incarnent la beauté naturelle, quasi sauvageonne, d'une féminité voluptueuse, symbole d'un retour à la nature mystique, ce qui la rend encore plus attirante et bien plus dangereuse que les stars hollywoodiennes sophistiquées de sa génération, même si Jean Vietti s'excitait dès ses débuts dans *Cinémonde*, soulignant « ses joues bien rondes, ses formes avantageuses, sa grâce de biche, qui en font un compromis entre Audrey Hepburn et Marilyn Monroe ». C'est ce naturel revendiqué qui comme souvent fait la différence entre la Provence et la Californie : « Depuis toujours, je trouve que la mode enlaidit la femme. Les femmes sont tournées en ridicule. Elles sont fagotées. Les femmes ont perdu une notion essentielle : la mode est faite pour plaire aux hommes et non pour plaire aux femmes. » À Coco Chanel qui avait pourtant démodé la mode et ainsi partiellement commencé à libérer les femmes mais qui lui lance : « Habillez-vous chez moi et je ferai de vous une femme élégante », elle rétorque crânement : « L'élégance ? Je m'en fous. C'est vieux jeu. La couture, c'est pour les grands-mères. » Bernadette Lafont applaudit à la télévision : « Elle a vraiment été l'idole des jeunes. Quand j'avais quatorze ans, avec ses jeans, sa queue-de-cheval, toutes les lycéennes, toutes les gamines se sont dit : c'est la grande sœur, c'est une copine. »

Son style, grâce à ce mélange irréfutable de plastique et de tempérament, c'est la simplicité érigée en objet d'art : « J'aime porter des robes très moulantes et très simples, sans aucun froufrou ou bien alors, au contraire, des robes bouffantes avec des jupons. » Jean-Paul Gaultier est fan : « Elle décousait ses ballerines Repetto pour laisser entrevoir la naissance de ses orteils, c'était tellement plus sexy. Elle le savait, elle avait tout compris. » Ses consœurs, ses rivales, sont bluffées. « Elle portait des vêtements très jolis qu'on aurait dits cousus sur elle. Elle arborait des pulls formidables. Je n'ai pas oublié les tee-shirts rayés avec petits boutons dont elle avait lancé la mode. Elle était habillée comme dans un rêve », se souvient Sylvie Vartan, avec laquelle elle joue aux Ambassadeurs à Méribel alors que celle-ci est enceinte de David. « Comme tout le monde, j'adorais sa beauté merveilleuse et sa grâce incroyable. J'avais découvert qu'elle avait été danseuse et j'admirais sa façon de bouger comme un chat », se souvenait-elle auprès de Henry-Jean Servat (*Bardot, la légende*). C'est que BB ne se contente pas d'époustoufler, de séduire, elle crée du désir partout, en permanence.

Conséquence, les femmes veulent lui ressembler, les actrices la copient, les hommes veulent que leur copine lui ressemble. Elle est aussi bien la sauvageonne aux pieds nus de Saint-Tropez que la blonde iconique des nuits parisiennes ou la délicieuse et charmante ingénue du Swinging London, voire l'adolescente à la moue perverse de Lolita. « Il y a quelque chose de fascinant en elle, une insolence mêlée de timidité, une rouerie teintée d'innocence », écrit encore en novembre 2013 Richard Cannavo dans *Paris Obs*. Roland Barthes vantera cette authenticité dans ses *Mythologies* : « Elle n'est pas plus licencieuse, mais simplement plus libérée. Elle représente un érotisme dépouillé de tous ces substituts faussement protecteurs qu'étaient le semi-vêtement, le fard, le fondu, l'allusion, la fuite. » Arletty, qui la découvre montant les marches de l'ancien Palais des festivals à Cannes, l'a perçu, avant même le succès planétaire du film de Vadim : « Elle a changé les canons de la beauté. Avant elle, les stars descendaient les escaliers, empanachées. Elle les monte, nue. »

Madonna l'imite dans *Sex,* son livre de portraits *hot* ; Laetitia Casta l'incarne dans sa magnifique scène du biopic de Joan Sfar *Gainsbourg, vie héroïque* ; Claudia Schiffer, Heidi Klum, Emmanuelle Béart, Gisèle Bündchen, Kate Moss, Estelle Lefébure, Elke Sommer, Faith Hill, Isabelle Adjani, Arielle Dombasle, Diane Kruger, Kylie Minogue, Louise Bourgoin, Lara Stone, Georgia Mae Jagger, jusqu'Amy Winehouse et à Zahia Dehar, ont tout fait pour lui ressembler ou l'imiter, comme Elle MacPherson, Paris Hilton ou Scarlett Johansson en couverture de *Playboy,* Nicole Kidman pour Jimmy Choo ; Vanessa Paradis possède le même type de bouche pétulante et d'incisives affirmées de lapin mais, comme Bardot le soulignait elle-même sur Europe 1 avec son panache de ganache, pestant contre le récent projet d'un biopic américain la concernant, « aucune n'a ma personnalité ».

Elle fait encore sensation, à quarante ans, à la une du magazine *Photo* de mars 1975, shootée à domicile par Laurent Vergez sur le ponton et le port privé de La Madrague dans la lumière inouïe de fin d'après-midi, de fin d'été, de fin de beauté, ultimes feux encore plus beaux parce qu'ils ont la conscience du *last shot,* tout en émotion et fragilité, maturité, comme une ampoule qui brille plus fort avant de s'éteindre pour toujours, mais donnant un espoir fou à toutes les femmes de son âge, de sa génération, qui n'était pas encore celle des cougars, ni des MILF, ni des adeptes du *training gym tonic* de Jane Fonda (ou, ici, Véronique et Davina).

Dix ans plus tard, elle est encore au top, et en couverture de *Match*, le 21 septembre 1984, toute en cheveux roux et jambes croisées gainées dans des bas de soie noire, jetée en arrière, photographiée par son éternel complice Jicky Dussart dans la même posture que la célèbre photo de Sam Levin trente ans plus tôt : « BB, bravo pour vos cinquante ans ! » Elle est « époustouflante » pour Alexandre Jardin qui en fait, en décembre 2012, sa couv' favorite de l'histoire du magazine.

La suite, de malheur en maladie, sera plus délicate, ce dont elle avait conscience alors qu'elle était encore magnifique, dans le portrait que lui consacrait à la télévision son amant, Allain Bougrain-Dubourg, « Telle Quelle » : « C'est très difficile pour une femme de vieillir. C'est très difficile de se dire qu'on a été belle, qu'on a été potable, et qu'on va devenir une vieille carte de France toute ridée. » Quelques années plus tard, c'est fait, et elle n'aura rien essayé contre, s'étant habituée depuis longtemps à l'idée de l'éphémérité de son irréelle beauté. « Alors voilà, le mythe BB, c'est fini. Mais Brigitte, c'est moi. Plus un bel objet, mais un être humain », dit-elle à *Jours de France*. Elle aura le courage, et la dignité, après avoir été la plus belle et la plus désirée femme de sa génération et de la suivante, de vieillir et de souffrir sans jamais faire appel à la chirurgie esthétique, claudiquant sur ses cannes en raison de son arthrose aux deux hanches, refusant de se faire opérer par crainte de l'anesthésie et des maladies nosocomiales, se moquant là comme ailleurs du qu'en-dira-t-on comme du Nip et du Tuck, assumant jusqu'au bout sa soumission à la Nature, qui en avait longtemps fait son plus bel ouvrage. « À mon âge, je n'en ai rien à foutre, clamait-elle dans *Vogue International* en septembre 2012 : Je ne veux plus séduire, rien ni personne. »

La comédienne

« Tu vois mon derrière dans la glace ?
— Oui.
— Tu les trouves jolies, mes fesses ?
— Oui, très.
— Et mes seins, tu les aimes ? »

Tiré et adapté par Jean-Luc Godard du roman d'Alberto Moravia (Flammarion, 1955) qu'elle a lu deux ans plus tôt, ce dialogue entre Brigitte et Michel Piccoli en ouverture du *Mépris* conjugue, résume parfaitement érotisme et existentialisme, et inspirera à Gainsbourg son définitif « l'amour physique est sans issue » de « Je t'aime, moi non plus » qui aurait dû mettre un point final aux pornographiques années soixante-dix avant même qu'elles ne commencent. Cet échange impudique couronne ultimement Bardot, couchée sur le ventre, dos et fesses rebondies à l'air, jouant de ses jambes comme de ciseaux, « reine du sexe ». Cérébral cette fois, tant ce ping-pong soulevé par la musique obsédante de Georges Delerue qui inspirera plus tard Bashung et Benjamin Biolay, aura été joué et rejoué entre adultes consentants dans la montée frénétique du désir depuis – les mots pouvant fréquemment devenir plus grossiers dans des bouches moins élégantes et littéraires.

Ce *chiaroscuro* alité d'ouverture suffirait à lui seul à justifier la place de BB au Panthéon du cinéma

– comme celle du réalisateur franco-suisse acariâtre auquel Hollywood octroiera finalement un Oscar en 2010. *Le Mépris* (*Contempt !*) est une méditation, un ressassement, un lent dérapage, un long travelling sur l'immatérialité de l'existence, le dialogue mythologique entre l'homme et les dieux qu'il s'est inventé, la raison d'être du cinéma (sur fond de controverse entre Louis Lumière et les Kinks : « Le cinéma est une invention sans avenir » contre « *Celluloïd heroes never really die* »), la condition humaine et l'évaporation de l'amour – le tout superbement mis en abyme à Cinecittà et à Capri entre Italie (Rome, la baie de Naples), Amérique (le producteur, joué par Jack Palance), Allemagne (Fritz Lang, le réalisateur de *Metropolis*, dans son propre rôle) et France (BB, Piccoli), dont toutes les langues sont convoquées. « *Le Mépris* m'apparaît comme l'histoire de naufragés du monde occidental, de rescapés du naufrage de la modernité qui abordent un jour, à l'image des héros de Jules Verne et Robert Louis Stevenson, sur une île déserte et mystérieuse dont le mystère est inexorablement l'absence de mystère, c'est-à-dire la vérité », formule le cinéaste suisse. Et si Vadim/Dieu avait créé BB/*la* Femme, c'est Godard qui sublime sa personnalité/personnage. Brigitte/Camille est magistralement elle-même, boudeuse, distante, insaisissable, fuyante, « bizarre » comme le constate Piccoli/Paul, parfois odieuse, par éclairs généreuse, austère dans les intérieurs, invraisemblablement lumineuse au soleil, les cheveux défaits par le vent de la mer et la vitesse du bateau sur lequel se poursuit ce huis clos/tournage. Insatisfaite, indomptable, comme la sexualité féminine, tout au long du délitement irréversible de son mariage, marqué du sceau inexorable de la suspicion, du désir d'éteindre toute envie, de retourner au néant. « Y a rien à expliquer, je ne t'aime plus, je te méprise et tu me dégoûtes quand tu me touches », assène-t-elle excessivement à son mari scénariste désemparé et impuissant devant ce mystère féminin irréductible – et incompréhensible. Capri, c'est fini, mais pas seulement. L'amour est morte.

Elle ne le trompe avec le producteur américain de *L'Odyssée*, le film authentiquement homérique qui réunit tout ce petit monde, que pour le blesser, le réduire, se venger d'un présupposé – pas la première fois qu'un auteur se fait baiser par un producteur, même métaphoriquement par sa femme interposée. Et comme *Madame Bovary*, comme *Bonjour tristesse*, comme plus tard *La Motocyclette*, cette émancipation vaginale ne pourra se terminer que par la mort de la fuyarde, accident de la circulation mettant aussi symboliquement que brutalement fin à ces amorales velléités d'indépendance de l'ordre social, cruel rappel des inéluctables lois de la Nature, dont seuls les dieux de l'Olympe, qui veillent sur le film comme sur les Grecs anciens, s'affranchissent parfois.

Au passage, dans les décors sublimes de l'invraisemblable Casa Malaparte en forme de rabot avec ses escaliers pour accéder au toit, nichée dans les rochers à pic du cap Massulo sur la mer Tyrrhénienne imaginée par Adalberto Libera, et de l'île bleue comme dans ceux de Cinecittà, on entend BB jurer (« trou du cul, merde, nom de dieu, saloperie, bordel »), psalmodier « j'irai pas » comme un mantra refuznik et – déjà – s'intéresser aux ânes (elle raconte l'histoire de l'âne Martin qui ne pouvait pas faire décoller son tapis volant à Bagdad parce qu'il ne parvenait pas à cesser de penser… à des ânes).

« Brigitte Bardot fut, au début de l'entreprise, ravie qu'un cinéaste comme Godard lui demande de travailler avec lui », se souvient Michel Piccoli dans ses *Dialogues égoïstes* (Olivier Orban, 1976). « Bien qu'intimidée, elle était parfaitement consciente de ce qui l'attendait. Mais en même temps, il y avait quelque chose d'assez bouleversant dans sa manière d'être et d'exister : sa dolence, son non-besoin d'effort... Brigitte était une fragilité qui vivait sur le film, heureuse d'y être. Elle dégustait sa joie dans un grand verre, sans glace, et ne succomba jamais au génie de son metteur en scène... Aux frontières du royaume de Godard, elle fascinait, mais restait un peu en dehors du délire organisé qui régnait sur le film, bien qu'à certains moments elle fut grandiose, malgré elle : sa grâce. »

« J'ai rejoint la Nouvelle Vague, maintenant », s'ébaubit-elle alors. « Godard était vraiment effrayé, vous savez. Moi aussi. Il est venu me voir. Nous nous disons monsieur Godard et mademoiselle Bardot. Il m'a regardée servir le thé. Il m'a dit qu'il avait besoin de me connaître telle que je suis vraiment. Ensuite, il n'a plus rien dit du tout. » Le bougon n'en a pas besoin, ainsi qu'il le confie alors au *Figaro Littéraire* : « C'est une fille loyale ; elle s'était embarquée dans l'affaire ; elle a tenu jusqu'au bout ; elle m'a soutenu quand j'ai eu des démêlés avec la production. Brigitte Bardot, je l'aime depuis longtemps. Il y a dix ans, j'avais voulu tourner avec elle. Elle n'avait pas voulu, mais c'était aussi passionnant de l'utiliser dans *Le Mépris*. Brigitte Bardot, c'est un bloc. Il faut la prendre comme un bloc. » Il exige d'elle qu'elle porte une perruque brune, rallonge ses jupes, abandonne sa choucroute, se statufie, va même jusqu'à marcher sur les mains pour la dérider et qu'elle l'accepte. La fait poser nue, couchée sur le ventre, un polar sur les fesses (*Frappez sans entrer*, John Godey, Gallimard). En la transformant, il la transfigure, et, sept ans après Vadim (il l'avait trouvée « attachante » dans *Et Dieu créa la femme*), la mythifie une seconde fois : de Saint-Tropez à Capri, la Nouvelle Vague en a fini de déferler sur le monde occidental, emportant avec elle les complexes du Vieux Monde, de l'ordre patriarcal monothéiste comme un tsunami méditerranéen réincarnateur.

Avec le recul, la distance, le dépassionnement de la question Bardot, sa performance apparaît dans toute sa splendeur, comme le souligne sur le webzine américain alternatif Salon le critique Charles Taylor : « L'expression blessée, presque sauvage, qui se dessine sur le visage de Bardot – le choc terrible de l'amour trahi – véhicule une véritable tempête d'émotions. L'éternel débat pour savoir si Bardot est ou non une véritable actrice perd tout son sens devant une telle présence, un jeu si bouleversant. » David Teboul, réalisateur pour Arte du documentaire *Bardot, la méprise*, estime que « Godard a saisi quelque chose de très intime chez elle. En la débarrassant de tous ses artifices, il l'a transfigurée et a révélé la profonde mélancolie qui la traverse. » Jamais, de toute sa carrière – de toute sa vie –, on ne l'a vue faire un geste déplacé, dans une posture autre que parfaite, idéale. Elle prend si bien la lumière que tout lui va toujours, partout, ce qui fera dire aux directeurs photos : « Bardot ? On pourrait l'éclairer avec une pile Wonder. » Sa diction parfaite, son phrasé lent, ses syllabes détachées, très bien énoncées, ont fait croire longtemps, et à beaucoup, qu'elle parlait faux, alors qu'elle parle ainsi dans la vie. Comment peut-on, comment a-t-on pu la dire piètre comédienne, alors même qu'elle incarne – représente – si parfaitement, complètement, totalement, l'Éternel féminin indomestiquable ? Le non-jeu, justesse ultime, l'Être, plutôt que son imitation, sa représentation.

Cette impression de maladresse, de naturel si grand qu'il ne saurait provenir d'un quelconque talent, est la double conséquence du succès et de la déflagration mondiaux de *Et Dieu créa la femme* : d'une part, chacun se persuade que pareil phénomène est avant tout dû exclusivement à ce « cul qui chante », comme le dit joliment le chauffeur de l'autocar crème et émeraude de la CP (Cars de Provence) qu'elle emprunte sur la route du Bourrian pour se rendre depuis les hauteurs de Gassin où elle bronze nue sur la terrasse de ses revêches parents adoptifs (en fait le toit de l'hôtel de Paris, tenu par la famille de Marcel Aubour, futur gardien de but de l'équipe de France) jusqu'à la librairie de Saint-Tropez, fictivement sise à l'angle de la place de la mairie et de l'actuelle rue du Cépoun-San-Martin, où elle travaille nonchalamment ; de l'autre, Vadim l'y a projetée telle qu'elle-même, rôle idéal puisque ainsi qu'elle l'a si bien exprimé : « Je ne jouais pas, j'étais. » Situation idéale mais impropre à développer une carrière : les Beatles l'ont démontré par la suite dans *A Hard Day's Night*, Mick Jagger dans *Performance*, David Bowie dans *L'Homme qui tombait du ciel*, Tina Turner dans *Tommy* puis dans *Mad Max*, Madonna dans *Recherche Susan, désespérément*, Prince dans *Purple Rain*, et Eminem dans *8 Mile*, stars d'un rôle archétypal incapables de soutenir longtemps ensuite un emploi de comédiens crédibles, fiables, contrairement à, disons, Roger Daltrey, Kris Kristofferson ou Tom Waits, histoire de rappeler que, malgré l'idée désormais reçue, toutes les rock stars ne font pas nécessairement de mauvais acteurs. Dans le cas de Bardot, c'est plus compliqué encore. Elle est si scandaleuse, si « mauvaise » femme, mauvais exemple, dans cette déflagration sociologique aux implications dévastatrices – les femmes aiment le sexe et décident quand et avec qui elles choisissent de le pratiquer à leur guise, pour simplifier –, qu'elle ne peut donc qu'être « mauvaise » comédienne. Comme s'il suffisait d'être belle pour être bête. Claude Mauriac sera le seul à s'en aviser dans *Le Figaro littéraire*, écrivant : « Il est du reste possible que monsieur Vadim ait moins dirigé sa femme qu'il ne l'ait laissée improviser. En un sens, ce film est avant tout celui de Brigitte Bardot : la performance dont tous les comédiens ont rêvé, celle où on leur laisse donner leur mesure comme ils l'entendent et le sentent. » *France-Observateur* en tire la conséquence : « Il y eut James Dean ; il y a Bardot. » De fait, comme un animateur de radio ou de télévision a besoin d'un réalisateur, un chanteur ou un musicien d'un producteur, BB dépendra très exactement de la qualité de ses metteurs en scène. Aux meilleurs, elle donnera le meilleur. Sinon…

Là, chez elle, dans ce Saint-Tropez encore pur, inviolé sinon vierge, du 3 mai au 7 juillet 1956, elle ne joue donc pas « mal », comme celui qu'elle incarne : elle ne joue pas. Ce sera le leitmotiv et la malédiction de toute sa carrière cinématographique, quoique *Et Dieu* fût déjà son dix-septième film : Brigitte Bardot pourra tout jouer, à condition que le personnage lui corresponde. Qu'elle le sente. Elle ne sera jamais une « pro », même si elle se comportera la plupart du temps très professionnellement sur ses tournages, surtout pour une star d'une telle magnitude. Mais l'Actor's Studio, très peu pour elle. « La Juliette de *Et Dieu créa la femme*, c'est moi, exactement. Jamais tournage ne fut plus merveilleux », affirme-t-elle quarante ans plus tard. « *What's in a name !* » s'écrierait Shakespeare (et aussi Bashung, sans parler de Proust) : Juliette, prénom que son Roméo de Vadim ne peut avoir choisi innocemment, invoquant la pureté, la naïveté amoureuse, le désir d'absolu de Juliette Capulet (Shakespeare), mais aussi celui de la sœur de Justine, héroïne des *Infortunes de la vertu* (Sade), nymphomane amorale qui la recueille et connaît en appendice sa propre *Histoire de Juliette ou les prospérités du vice.*

En attendant le début du tournage, elle choisit elle-même ses tenues provençales simples et fraîches en matériau naturel et en Vichy chez Vachon sur le port, juste avant l'angle de la rue Clemenceau et le début de la rue Allard, maison tropézienne réputée jusqu'aux États-Unis depuis les folles années vingt, et commande à Rose Repetto ses ballerines qu'on nommera Cendrillon. Elle loge avec Vadim, Curd Jürgens, son habilleuse et sa maquilleuse à l'hôtel de l'Aïoli de l'architecte Philippe Tallien, 1, boulevard d'Aumale, lové au flanc utérin de la Citadelle (aujourd'hui le Yaca), chambre 3 (maintenant la 25) avec hublot et terrasse, à quelques pas de la maison rose aux volets verts de ses parents, La Miséricorde (La Saravia est le nom du restaurant d'à côté). Elle évolue à domicile, à la maison, dans un cocon, entourée d'amis, de familiers, disant les mots qu'elle a refaçonnés à son langage, transfigurée par l'embrasement qui l'emporte aussitôt qu'elle s'abandonne dans les bras, les yeux, la voix, de son partenaire, Jean-Louis Trintignant. Elle présage ce qu'elle deviendra aux yeux du monde entier, cette femme incroyablement libre, spontanée, radieuse, briseuse de codes et de tabous, émancipée, et en même temps mal à l'aise, paumée pour ne surtout pas dire perdue, indécise parce que sûre de rien d'autre que d'elle-même, de son insouciance, ce qui la terrorise et la paralyse, sans pour autant la retenir, masochisme transcendé par sa volonté.

« On voit une femme faire l'amour parce qu'elle en a envie, aimer un homme, puis un autre, et ne ressentir pour cela aucune honte, mais au contraire un sentiment de liberté grisant », décline en octobre 1975 dans *L'Express* Françoise Sagan, tropézienne comme elle, qu'elle dira sa « jumelle » et dont Jean-Claude Lamy écrira qu'elles « sont les sœurs siamoises d'une liberté qui préfigure mai 1968 ». Ce mode de vie libéré, qui deviendra ensuite celui de la Me Generation quand les rêves égalitaires et communautaires parisiens comme californiens se transformeront en introspection bientôt égoïste, est encore optimiste, généreux, spontané, et ne trouve d'espace d'expression que dans de très rares lieux libertaires de la planète, souvent isolés, protégés, pour des raisons géographiques comme culturelles, toujours des ports : San Francisco, Amsterdam, Copenhague. Saint-Tropez l'est depuis les années vingt, où après Signac, Bonnard et Matisse, c'est autour de Colette, d'Éluard, de Picasso, puis d'Anaïs Nin, que se retrouvent peintres, écrivains, poètes, comédiens et mécènes de tout l'hémisphère Nord, aussitôt entourés d'un demi-monde aussi nanti que débauché, ce paradis où tout n'est, comme dans la toile de Matisse qui le représente en invoquant *L'Invitation au voyage* de Baudelaire, que « luxe, calme et volupté ».

Saint-Tropez est le miroir de BB, comme elle est le sien : une merveille édénique. Bien sûr, concernant Brigitte, c'est avant tout son physique magique, son allure ébouriffante, sa beauté irradiante, renversante, sa nature sauvage, sa perfection, qu'on retient – que l'histoire a retenu, ce stupéfiant 91-53-88 (à ce moment-là) qui vous emmerde et vous enchante d'une même étreinte métaphysique. Son cul insolent, sa démarche à se damner, ses jambes au fusain, ses pieds grecs de reine, son ventre concave, ses seins provocants, lourds, ses yeux en amande interminables, son sourire King Size, sa moue de cétacé qui appelle les baisers comme les gifles – et elle reçoit les deux. « Le symbole du bonheur retrouvé, l'incarnation de l'idée que la guerre est finie et que le siècle finira bien », comme l'écrira Gérard Lefort dans *Libération*.

« Dieu créa la femme... et le diable inventa BB », plastronne le dossier de presse (Vadim intitulera ses premiers souvenirs : *Mémoires du diable*). L'interdiction aux moins de seize ans constitue alors la plus aguichante des recommandations.

Roger Vadim, son mari, trompé sous ses yeux et ses caméras, lui offre là le plus beau et le plus suicidaire des hymnes, cadeau de rupture qui met en scène leur Passion, trahison et crucifixion comprises, puisqu'il annonce et scénarise leur inévitable séparation tout en la conjurant à travers ce monument annonciateur de la chute de dix mille ans de patriarcat monothéiste. Il a compris qu'elle lui échappait, que son besoin d'absolu, sa soif de bonheur extrême comme dans le délire des amants du *Songe d'une nuit d'été* était l'expression d'un besoin inextinguible. « Je voulais à travers Brigitte restituer le climat d'une époque. Juliette est une fille de son temps, qui s'est affranchie de tout sentiment de culpabilité, de tout tabou imposé par la société, et dont la sexualité est entièrement libre. Dans la littérature et les films d'avant-guerre, on l'aurait assimilée à une prostituée. C'est dans ce film une très jeune femme, généreuse, parfois désaxée et finalement insaisissable, qui n'a d'autre excuse que sa générosité. » Elle devient ainsi, comme il l'avait désiré, « le rêve impossible des hommes mariés ». Et des autres...

Mais jusqu'à quel point Vadim savait-il ce qu'il faisait ? Certes, il savait que Brigitte était une bombe sexuelle, au sens véritablement explosif de l'expression : elle représente le sexe, elle l'incarne, elle l'aime, elle le pratique voracement, elle l'est. Mais justement, elle l'est si naturellement qu'elle en devient, comme la Nature elle-même, dangereuse, indomptable, injuste, impitoyable, aveugle, ontologique. Et si elle est aussi le produit de son époque, cet après-guerre post-Holocauste qui se sent forcé de se réinventer pour ne pas se répéter – plus jamais ça – et se libère ce faisant de ses carcans dépassés et discrédités (l'autorité, l'Église, l'école, l'armée, l'État, la famille), elle se distingue et se détache de la concurrence – Martine Carol, Françoise Arnoul, Mylène Demongeot, Leslie Caron, Sophia Loren, et même Marilyn – par son essence même, incontrôlable, son équilibre hormonal parfait entre ses composantes masculines (la détermination, la ténacité, le courage, l'énergie, la brutalité, l'indépendance) et féminines (la vulnérabilité, l'empathie, le romantisme, le charme, la douceur, la séduction), qui la fait rayonner comme aucun être représenté jusque-là, d'une lumière intérieure vibrante. Par son appétit vital pour l'acte sexuel, aussi, qui donne pareille force dérangeante, transgressive, à la scène du repas de mariage où Juliette tout fraîchement Tardieu descend en robe de chambre de la pièce où elle fait l'amour avec Michel, boudant irrévérencieusement la cérémonie familiale, empile la nourriture et s'empare d'une bouteille de vin, symboles de sa voracité physique, pain et vin d'une communion impie. Brigitte/Juliette est le stupre, la fornication, le Mal, elle détruit l'ordre social, et pourtant, c'est une fille bien, qui suit son cœur autant que sa chatte, reste fleur bleue, sentimentale, rejette les médisances et la méchanceté, veut – voudrait – le Bien. C'est là aussi cette balance – son signe astrologique – femme/enfant, qui lui confère sa puissance, sa séduction, son irrésistible attrait, son hyper-humanité surnaturelle, qui en fait bien plus qu'une comédienne ou un sex symbol : « BB ».

Elle le reconnaîtra volontiers. « C'est Vadim qui a créé BB, même si Brigitte Bardot existait avant lui.

Pour ce qui est du cinéma, il m'a beaucoup aidée. Il a changé mon état d'esprit. Il m'a notamment appris que les choses n'arrivent pas toutes seules comme par magie, qu'il ne suffit pas de bouger le petit doigt si on veut réussir : il faut travailler et savoir être patient. Je dois beaucoup à Vadim. S'il n'avait pas été là quand tout allait mal, quand personne ne voulait de moi, je crois que j'aurais abandonné le cinéma », explique-t-elle en 1959 au journaliste de *Marie-Claire* Marcel Haedrich. Vadim a eu l'idée du scénario en la regardant danser si librement, sans contraintes ni limites, sauvagement, indécemment, dans une discothèque de Rome, la Casa del Orso : elle lui rappelle soudain le tempérament irrépressible d'une jeune fille au centre d'un récent fait divers varois singulier, qui l'avait vue coucher avec trois frères et tuer l'un d'eux, puis tenir tête au jury lors de son procès avec un aplomb et un bon sens, une liberté pour tout dire, qui s'exprimait justement sous ses yeux, « radieuse, éblouissante, exsudant cette incroyable sensualité, femme, animal, œuvre d'art ».

La première semaine de tournage, dans la baie des Canoubiers, il lui faut pourtant la déstabiliser pour qu'elle lui offre son essence : avant chaque scène, il la décoiffe, lui interdit de se maquiller, l'oblige à se livrer nature, se déshabiller pour de vrai, jusqu'à l'âme. Lui impose ce qu'il nomme « un strip-tease psychologique. Elle s'était habituée à son état de starlette, j'accouchais d'une star », se vantera-t-il dans *D'une étoile l'autre*.

Les dialogues, devenus classiques comme le sont les scènes du bain de soleil, des étreintes devant une barque de pêcheur à la Ponche et sous un pin parasol à Pampelonne, sans parler de l'infernal mambo torride final, sont iconiques, démontrent tantôt son innocence, tantôt son irréductibilité. Ne nous y trompons pas :

ce sont ses mots, ainsi que Vadim le reconnaît. « Les dialogues de Brigitte sont vraiment les siens. Elle les a plus ou moins dictés. » Et les délivre de cette voix plate, aristocratique et nunuche à la fois, exclusivement féminine, d'une douceur infinie presque gênante, ce parler singulier qui fera tant jaser, et la démarque de tous les comédiens qui ont appris à projeter, à interpréter, à moduler. Comme Dylan, comme Lennon, comme Neil Young, Bardot possède un timbre unique, différent, et son phrasé déroute, dérange, tant il est l'expression pure d'une personnalité hors normes. Qui la fera passer aux yeux de beaucoup pour une dinde.

Dès le début, lorsque l'affairiste Eric Carradine, joué par Curd Jürgens, la surprend fesses à l'air au soleil, initiant les bains de soleil de rigueur depuis, il se paie sa tête (en attendant mieux) lorsqu'elle lui demande :

« Vous avez une voiture pour moi ? Elle est là ?

— Je suis venu avec.

— Qu'est-ce que c'est ?

— Une Simca rouge, décapotable. *(Il lui montre un modèle réduit.)*

— Vous m'avez bien eue.

— Pas encore… »

Ses Thénardier, les Morin, eux, se désespèrent de tirer un jour quelque chose de cette ingrate orpheline « Can't Buy Me Love » : « Elle arrivera à rien, cette petite. Elle aime pas l'argent. »

En bon entrepreneur, Carradine, lui, voit plus loin. Il a bien repéré la séductrice et allumeuse qui chantonne « Je suis une croqueuse de diamants » : « Avec cette bouche-là, tu peux avoir ce que tu veux. »

Et personne ne pourra dompter, seulement apprivoiser, un instant, cette difficile ingénue qui professe déjà une passion pour les animaux, ouvrant la cage à l'oiseau qu'elle garde dans sa chambre, au côté d'un chaton et du lapin Socrate qu'elle lâche dans un champ, tantôt se confiant à un caniche noir, lorsqu'elle décide de suivre Antoine Tardieu (Christian Marquand) à Toulon, tantôt chantant avec défi « Moi, je m'en fous, je m'en contrefous » à l'intention de ses bienfaiteurs aigris.

Elle est sentimentale, pâmée devant la radio ou le juke-box jouant « Mon cœur éclate » de Gilbert Bécaud et « Dis-moi quelque chose de gentil » de Solange Berry, sa « chanson préférée ». Si belle que ça fait mal. Inconsciente, libre, faisant exploser cœurs, familles, corps, morale, dans une fuite en avant irrépressible en phase spontanée avec l'existentialisme au cœur de l'époque sans rien en revendiquer, ni sembler y comprendre. « Je savais pas que l'amour, c'est une maladie », rétorque-t-elle à qui lui reproche ses élans, pour peu après affirmer le contraire : « C'est comme si j'allais mourir le lendemain. » Puis mettre les mots sur sa nausée constituante, sans l'air d'y toucher et en s'en excusant : « Il y a quelque chose de trop fort en moi qui me pousse à faire des bêtises. » Et elle se réfugie dans l'ivresse, du plaisir comme de la passion, et, préfigurant une gé-gé-génération, l'évasion dans la musique, la chanson, la transe rythmique, extatique, « un pays où les fous peuvent danser et ne plus penser à rien ». La scène torride où elle swingue en justaucorps noir et jupe verte déboutonnée jusqu'à la taille, cuisses grandes ouvertes et pieds nus, sur des rythmes latinos pré-Santana à la Art Blakey Percussion Ensemble composés par Paul Misraki (à qui l'on doit « Tout va très bien, madame la Marquise », « Qu'est-ce qu'on attend pour être heureux » et « Ça vaut mieux que d'attraper la scarlatine »), en se caressant lascivement, montant sur une table et se frottant aux musiciens noirs de l'orchestre, n'est encore rien par rapport à celle qui l'a réellement inspirée, et qui s'est déroulée quelques jours avant le début du tournage, dans une boîte de Cannes où elle a une nouvelle fois fasciné Vadim : « L'orchestre était formidable, je dansais seule ou avec n'importe qui, pieds nus, libre, déchaînée, irritante pour les femmes, excitante pour les hommes ! écrit-elle. Mes hanches roulaient, tanguaient, j'avais chaud, je me défonçais, je mimais l'amour au rythme fou des tam-tams, c'était comme si une autre moi-même possédait mon corps ! Le champagne me rafraîchissait la gorge, et puis zut ! j'avais trop chaud, et renversai mon verre sur ma poitrine, mes épaules, mes cuisses ! » Juliette Hardy, c'est elle, on vous dit. Et le mambo dégoulinant de Bardot, c'est autrement plus extatique que le « Heat Wave » (pourtant !) soudain contraint, chorégraphié, de Monroe dans *There's No Business Like Show Business*. « Cette fille-là est faite pour perdre les hommes », se lamente Carradine devant pareille insoumission de la féminité démoniaque.

La folie, évidemment, c'est aux autres qu'elle l'inocule, en jouant innocemment avec leurs sentiments, en renversant les rôles, en fuyant les convenances. Michel Tardieu, vulnérable puîné d'Antoine, mari de tangente, fera les frais de cette scie sauteuse, enfantine bombe sexuelle.

« Juliette, veux-tu être ma femme ?

— Non.

— Je suis sûr que je saurais te rendre heureuse.

— Non, faut pas.

— De quoi as-tu peur ?

— De moi. »

Trintignant aura donc sa revanche dans la vraie vie. Si Juliette échappe à Michel, Brigitte quittera Vadim qui l'avait faite femme pour le rejoindre : les réalisateurs (et les auteurs) inventent les décors, les contextes et les situations, les acteurs s'en emparent – et jouent avec. S'enflamment, embrasent les imaginaires, réchauffent les cœurs, ravivent les élans, se brûlent, se consument, sont dispersés par le vent... Vadim se consolera toutes les nuits jusqu'à l'aube avec son éternel complice Christian Marquand et un jeune playboy milliardaire allemand, Gunter Sachs, à L'Esquinade, discothèque en sous-sol dans une venelle cachée derrière la mairie, rue du Puits, où Françoise Sagan fête bruyamment ses vingt et un ans le jour de l'été. Il s'installe chastement chez elle, un peu plus haut, rue des Pêcheurs, entre l'Hôtel de la Ponche et l'actuel Yaca où il ne rejoint plus son actrice/femme. *Bonjour tristesse*...

L'art (même seulement septième) imite la vie – et vice versa. *Et Dieu créa la femme* a beau être bricolé et improvisé, sans être autobiographique, il représente Brigitte, exprime sa personnalité, magnifie sa nature. Comme elle est, elles sont, exceptionnelles, et parfaitement en phase avec les aspirations de son époque, elle en sera la déesse, Saint-Tropez l'Éden, et le film une déflagration. « Nous n'avions jamais vu ça au cinéma. C'était insensé. La France a eu du mal à avaler et à réagir face à un tel choc », confiera Mylène Demongeot à leur ami commun, le journaliste Henry-Jean Servat. Jürgens s'en est avisé, et exige que non seulement le nom de Brigitte figure dans les mêmes tailles de caractères que le sien à l'affiche, mais de plus qu'il figure au-dessus de lui. Rare élégance s'inclinant devant une élégance rare. La Nouvelle Vague commence ici, même Godard et Truffaut s'en aviseront, quoique comme toute révolution *Et Dieu créa la femme* est une veuve enceinte, résultante d'un ordre défunt et porteuse d'un monde à venir.

Les Américains, qui consacreront « Bibi », sont très involontairement les responsables, presque les co-auteurs de ce phénomène. Lorsque Vadim envisage de mettre en scène Brigitte et de la sacraliser dans un film où elle sera magnifiquement Bardot, sans tabous, il projette un hymne à la femme, à *sa* femme – incarnation ingénue de l'émancipation revendiquée par l'existentialisme du Saint-Germain-des-Prés de l'immédiat après-guerre, jeune Juliette Gréco irréfléchie qu'il a aussi voulue blonde dorée après qu'elle s'est décolorée quelques mois plus tôt pour la première fois à Rome sur le tournage des *Week-ends de Néron* à la demande des producteurs italiens auxquels il n'a pas échappé que *Les hommes préfèrent les blondes* (officielles en 1953 avec la sortie du film de Howard Hawks avec la fausse blonde Marilyn Monroe). « Je n'ai jamais voulu peindre la jeune fille de 1956, mais ce personnage d'exception n'aurait pu exister à une autre époque, se souviendra-t-il. Comme Kazan ou Nicholas Ray ont essayé de démontrer l'état d'esprit de la jeunesse américaine, je voudrais expliquer l'espèce de psychose dans laquelle se trouve notre jeunesse d'après-guerre. » Où les garçons sont enrôlés pour un service militaire de dix-huit mois en Algérie qui brise leur adolescence, et les filles vivent dans la hantise de tomber enceintes et le spectre des faiseuses d'anges qui martyrisent leur sexualité. Son complice et producteur, le Belge Raoul Lévy, « une voiture de sport faite homme, à laquelle on a oublié de monter les freins », comme le définira Jean-Dominique Bauby dans la biographie qu'il lui a consacrée (*Raoul Lévy, un aventurier du cinéma*), a aussitôt d'autres ambitions. Lorsque Vadim l'approche, c'est dans l'idée d'un film « sur les jeunes filles libres de Paris, dont Brigitte et lui seraient les vedettes ». Lévy est dubitatif : il a vu la plupart des films de la jeune femme, et n'est guère convaincu. Puis le projet évolue, jusqu'à devenir celui qu'on connaît, après moultes aventures. « Nous étions trois désargentés de petite notoriété. » Plutôt que du noir et blanc, Lévy veut de l'Eastmancolor, du CinemaScope ; plutôt qu'une aventure de copains, il souhaite une coproduction internationale. Et convainc la Columbia d'investir dans le scénario. Problème : ni Vadim, inconnu, ni Brigitte, starlette cannoise et actrice encore débutante, ne sont « bankable » à Hollywood en 1955. Le studio exige logiquement une star. Les deux compères se mettent en tête d'obtenir la participation d'un autre client que leur agent commun Olga Horstig-Primuz a déjà fait déjeuner au Fouquet's, métro George-V, avec Brigitte : Curd Jürgens, géant franco-allemand d'un mètre quatre-vingt-douze à la filmographie déjà longue comme le bras et devenu citoyen autrichien en 1945 à son retour de camp en Hongrie où Goebbels l'avait fait enfermer. Lévy et Vadim prennent le train pour Munich où il tourne, et bien qu'impécunieux s'installent dans un palace, le Quatre Saisons, où la légende veut que Vadim ait payé une prostituée offerte par Lévy (avec caviar, vodka et saumon fumé) pour retaper à la machine la nouvelle mouture du scénario qu'il vient d'adapter pour y inclure un nouveau personnage, destiné à intégrer leur star internationale convoitée. « Notre idée était d'en faire un riche Arabe, un personnage à la Onassis. Ça nous donnait l'occasion d'intégrer un yacht et de l'utiliser tout l'été ensuite. » On voit mal, sans cela, comment Jürgens, à l'accent teuton prononcé, aurait pu de manière crédible jouer un Tropézien…

Séduite à l'idée de passer une petite quinzaine agréable dans le sud de la France entre Saint-Tropez (les extérieurs) et Nice (les intérieurs, tournés au studio de la Victorine), amateur de bateaux, leur nouvelle tête d'affiche résout un souci (le budget) et en pose un autre (sa disponibilité réduite, entre deux engagements réellement lucratifs en Californie conclus de longue date). Du coup, entre son planning tendu et la nécessité de capturer chaque performance de Brigitte avant qu'elle ne se lasse et s'étiole (deux prises maximum), le tournage se déroule un peu à la va-vite.

Sans BB, est-il utile de dire que l'intrigue, un ménage-à-trois impliquant deux frères et une boudeuse, convoitée par un riche étranger qui cherche aussi à spolier sa nouvelle famille, n'aurait pas été décisive ? Les dialogues ne seraient pas non plus ainsi entrés dans l'histoire. Alors que là, grâce à sa lumière, on croirait – on croit – assister à la Genèse, entendre des versets de la Bible, véritablement paroles d'Évangile – sacrément païen, tout de même. « J'aime trop m'amuser » pourrait être la devise de la génération hédoniste qui s'annonce *Sur la route*. Toute la magie repose sur Bardot. Elle transmute le banal en sacré. Son apparition – telle Aphrodite surgie des flots – illumine le film, lui donne vie, une âme, une présence, lumineuse comme celle qui revendique la présence de Dieu dans le tabernacle des églises.

La France, fille aînée de celle-ci, n'est pas trop impressionnée dans un premier temps. Le film, interdit aux moins de seize ans et amputé de quelques coupes imposées par un comité de censure, sort le 4 décembre 1956 sur les Champs-Élysées au cinéma Normandie (ainsi qu'au Rex sur les Grands Boulevards et au Moulin Rouge, à Pigalle), dans une relative indifférence du public de la IVe République moribonde (il a coûté 140 millions d'anciens francs et n'en rapporte que 60), mais pas de la critique. *Combat* fait preuve de vision : « Il faut reconnaître à ce film une qualité : il va enfin nous débarrasser de cette parodie d'actrice... Les danseuses nues de La Nouvelle Ève représentent mieux le charme français que les trémoussements de mademoiselle Bardot... Heureusement, ce film n'a aucune chance d'être vendu à l'étranger. »

L'éminent académicien et Prix Nobel de littérature François Mauriac s'émeut de la morale même de l'entreprise dans *Le Figaro* : « Que penser d'un mari, travaillât-il pour le cinéma, qui expose avec cette complaisance le corps de son épouse ? » François Truffaut, en revanche, soutient celui-ci dans la revue *Arts*, identifiant sans doute là les racines de la Nouvelle Vague à venir : « Je remercie Vadim d'avoir dirigé sa jeune femme en lui faisant refaire devant l'objectif les gestes de tous les jours, anodins ou moins anodins, mais tout aussi réels : au lieu d'imiter les autres films, Vadim a voulu oublier le cinéma pour copier la vie. C'est un film typique de notre génération, car il est moral (refusant la morale courante et n'en proposant aucune autre) et puritain (conscient de cette amoralité et s'en inquiétant). Brigitte Bardot est magnifique, pour la première fois totalement elle-même ; il faut voir ses lèvres trembler violemment après les quatre gifles que lui assène Trintignant. » Elle en sera émue, au point de lui envoyer une lettre de gratitude : « Cher monsieur Truffaut, j'ai été immensément touchée par l'article que vous avez publié dans *Arts*, cela m'a beaucoup encouragée et je vous remercie de tout mon coeur. » Dans *Les Cahiers du cinéma* en juillet 1957, Jean-Luc Godard est encore plus louangeux : « C'est un film d'auteur. Vadim se raconte lui-même à travers ses personnages. »

Dans *Le Monde*, le critique Jean de Baroncelli exprime son mépris, n'y voyant qu'« un mélo vaguement licencieux ». Paul Reboux, roi du « à la manière de... », ne s'embarrasse pas de politesse, ni de bon goût, lui trouvant « un physique de boniche » et « la façon de parler des illettrés », deux allégations aussi grotesques et mensongères l'une que l'autre. Il est vrai que sa diction particulière, nonchalante, atypique, interpelle dans un univers empreint des déclamations du théâtre, pleines d'emphase et d'effets, voix projetées avec force en direction du spectateur. *Les Cahiers du cinéma* lui reprochent eux aussi son verbe « traînant » et son articulation « douteuse ». *France-Soir* s'indigne du manque de modestie du réalisateur comme de son égérie : « L'érotisme appartient à l'art. Mais l'exhibitionnisme, sous couleur et prétexte d'art, ne saurait être excusé que s'il est proposé avec habileté et discrétion. Tout un film basé sur la mise en valeur des avantages physiques d'une jolie fille, de ses impudeurs et de ses trémoussements, c'est fastidieux et assez déplaisant. Et pourquoi mêler Dieu à cette pauvre histoire ? » Dans *Libération* (pas celui que fondera Jean-Paul Sartre), Simone Dubreuilh est furax, et perd toute lucidité, rattrapée in extremis par sa remarque finale : « *Et Dieu créa la femme* exploite impudemment tout ce que l'indécence est en droit de proposer au public sous le couvert de la décence limite ! Baignade suggestive, vêtements collés au corps, cuisses ouvertes, peau luisante, cha-cha-cha exaspéré, chute des corps les uns après les autres, lits défaits, pieds nus, soupirs, regards, frénésie, soleil, hébétude et jusqu'à une nuit de noces consommée en plein midi, pendant le repas familial desdites noces. Le produit ainsi obtenu est un hybride assez malsain. Ridicule dans cinquante ans, ce ramassis de bestialité intellectuelle recèle pourtant une trouvaille, une vraie : c'est la mise au point du mythe naissant de BB. » *Paris-Presse* enfin l'équarrit par l'intermédiaire de Jean-François Devay, résistant communiste qui fondera *Minute,* et lui fait payer cruellement – et injustement – son retard à un rendez-vous fixé par Vadim pour la promotion du film. Ce dernier n'a aucun regret. Dans *Le Goût du bonheur : souvenirs 1940-1958* (Fixot, 1994), il estime être parvenu à ses fins : « C'est celui de mes films que je préfère, celui où j'ai été le plus libre de raconter ce qui me tenait à cœur. »

Ce qu'il y raconte va tout bonnement faire exploser l'ordre établi, affaibli par la faillite de la génération précédente, le silence des pères traumatisés et dévalorisés par les horreurs de la guerre, le poids de la défaite, les affres de la collaboration, la culpabilité d'une victoire – résistance exclue – venue d'ailleurs (« Les Ricains » que chantera Michel Sardou, et les « Rosbifs »), et disqualifié par son incapacité à rétablir son autorité comme à offrir à ses enfants cabossés d'autres perspectives que purement réglementaires et matérialistes. Sartre et Beauvoir, Sagan et Vian, offrent à la France libérée une nouvelle (im)pertinence, un nouveau genre – l'existentialisme – qui donnera onze ans plus tard vie à l'explosion, plus culturelle que politique en vérité, de mai 1968. Mais pour Brigitte, qui troque la distance hollywoodienne cultivée des stars qui l'ont précédée pour ce qu'on n'ose nommer une « Rock'n'roll attitude » innée (et pourtant !), c'est d'outre-Atlantique et d'outre-Manche, où Elvis Presley, Little Richard, Chuck Berry, Fats Domino, Bo Diddley, Gene Vincent, Bill Haley, Carl Perkins, Jerry Lee Lewis et compagnie vont pour la première fois imposer à la société ses canons par la jeunesse, que viendra le salut (les copains) et la diabolique canonisation.

Les Anglais, qui esquivent le blasphème dans leur titre renversé (*And Woman Was Created*), pratiquent l'amoindrissement amusé et méprisant qu'on a coutume de nommer ici l'humour anglais. Le 13 mars 1957, le *Daily Mirror* résume ainsi « l'histoire d'une fille aux prises avec trois hommes lubriques mais séduisants... et vous serez heureux d'apprendre qu'elle succombe à deux d'entre eux ». Des Français, quoi. Mais justement, sur ce terrain, nous sommes non seulement attendus, mais toujours champions olympiques. Et le public, prioritairement anglo-saxon, va en décider autrement, et « succomber » lui aussi. *The Observer* est le seul à capter le phénomène : « BB à l'écran n'est pas seulement une jeune délinquante égoïste, elle a de la fraîcheur, du charme, une certaine espièglerie. Elle est irresponsable, immorale, mais pas délibérément cruelle. Elle n'entre dans aucune des catégories reconnues : le genre douce, pure, collante (Grace Kelly), la femme fatale (Marlene Dietrich, Greta Garbo), la pin-up épanouie (Jayne Mansfield, Jane Russell) ou l'adolescente aux yeux vifs (Audrey Hepburn, Leslie Caron). » Le populaire *Daily Sketch* est moins raffiné, mais pas moins clairvoyant, et claironne sous la plume de son chroniqueur : « Je suis prêt à parier un pardessus contre un bikini que ce film fera de sa star Miss Sexe de l'univers. »

Après un succès conséquent en Grande-Bretagne, c'est la première au Paris Theater de New York, à côté de la fontaine Pulitzer le 21 octobre 1957, qui met le feu aux poudres. Le lendemain, l'article de Bosley Crowther dans le *New York Times* déclenche le phénomène, dénudé, qui domine les passants depuis son affiche géante sur Times Square. *Look* la qualifie à son tour de « James Dean féminin », ce qui est impropre, mais pas mal vu. « Je joue mon propre rôle, explique-t-elle à une presse sidérée. Je ne suis pas assez bonne pour jouer quelqu'un d'autre. C'est pourquoi j'aime les rôles simples, sexy, un peu fous. »

Autant pour l'Actor's Studio. Bardot se met dans un rôle, pas un personnage, elle est exactement à l'inverse de ses techniques : toujours elle-même, ou une version d'elle-même, quelle que soit la situation. « Je suis toujours moi-même – Brigitte Bardot. Que ce soit dans la vraie vie ou à l'écran, je ressens des émotions. Et je les reflète exactement comme je les ressens. Ça vaut pour les films. Si je dois faire semblant de pleurer, je pleure – et je n'ai pas encore trouvé le moyen de m'arrêter. C'est parce que je ne sais pas me mettre dans la peau d'un personnage – je le laisse entrer dans la mienne ».

Le 18 novembre, un dossier de *Life* philosophe : « Les intellectuels français voient quelque chose de particulier dans le personnage à peine vêtu de Brigitte Bardot… Pour les Parisiens, Brigitte Bardot représente moins une fille qu'une excitante attitude métaphysique. Elle symbolise la rébellion de l'éternel féminin, qui découvre que la vie est malheureusement parfois triste et fréquemment futile. Depuis la statue de la Liberté qui domine New York, aucune Française n'a projeté un tel faisceau de lumière sur les États-Unis. » *Time* la trouve juvénile et la compare à Shirley Temple, mais s'émeut de voir le film battre tous les records de fréquentation et dit « Hollywood à ses pieds », ajoutant lui aussi : « Depuis la statue de la Liberté, aucune Française n'avait pareillement ébloui l'Amérique. » *Newsweek* s'émeut de discerner « le symbole de la tentation. Elle possède cette chimie personnelle qui contraint le spectateur à retrouver au fond de lui-même ce qu'il aimerait oublier, ou que d'habitude il nie. » Ce faisant, le *New York Times* proclame : « Brigitte a conquis New York en trois semaines. Marilyn peut retourner poser pour des calendriers. »

À Memphis comme au Texas, le film est interdit.

À Dallas, il est seulement proscrit dans les quartiers noirs, « pour ne pas les exciter ». Le voir est assimilé à un péché mortel, condamnant non pas au Purgatoire, mais à l'Enfer éternel. Nombreux sont les prêtres de différentes confessions à excommunier BB. Ce faisant, les recettes enflent au rythme des désirs survoltés, et Brigitte a beau constituer « une agression contre toutes les femmes de notre nation, vivantes ou décédées, nos mères, nos sœurs, nos épouses et nos filles », *Et Dieu créa la femme* dépasse le box-office record détenu jusque-là par *Les Dix Commandements*, déclenche l'hystérie, l'opprobre, le bonheur, l'interrogation – et une sacrée pluie de dollars. Pas étonnant lorsqu'on constate, comme le titre un magazine, que « le nom de Bardot est maintenant synonyme de sexe d'une côte à l'autre ». Toute à son ingénuité, elle répond dans son anglais charmant à la télévision : « *I prefer this kind of sexy films. I will be a serious actress when I will be old.* » (« Je préfère ce type de films sexy. Je deviendrai une actrice sérieuse quand je serai vieille. »)

Dans *Cinema Paradiso,* trente-deux ans plus tard, Giuseppe Tornatore soulignera l'unversalité de cette fulgurante érection, montrant une rangée entière de jeunes gens se masturbant dans un cinéma en regardant la scène du bain de soleil, cul nu sur une terrasse tropézienne : Elvis, Dylan, John et Paul, Gainsbourg et tous les autres, jusque dans un village perdu de Sicile... En Allemagne, à Hongkong, au Brésil ou en Espagne, en Algérie française ou au Japon, partout sur la planète, BB fait sensation, scandale et révolution, fait basculer le siècle du côté féminin.

Le succès fulgurant de *Et Dieu créa la femme* (4 millions de dollars de recettes, un record hors Hollywood) va ouvrir l'Amérique au cinéma français, et européen, jusque-là cantonnés aux salles d'art et d'essai à la fréquentation confidentielle et/ou expatriée. Dans *Life,* le critique culturel canadien Paul O'Neill en saisira les raisons, les mêmes qui conduiront moins de sept ans plus tard à la déferlante de la Beatlemania. « Comme les voitures de sport européennes, Bardot est arrivée sur la scène de l'Amérique à un moment où le public était prêt, et même assoiffé, de quelque chose de plus rapide et de plus réaliste que le produit local trop familier. Les actrices américaines, comme les berlines américaines à quatre portes, semblent de plus en plus standardisées dans leurs lignes. Aucune fille de Hollywood ne peut jouer la femme d'un mécanicien ou même la fille d'un fermier de l'Ouest d'autrefois, sans être aussi soigneusement maquillée que la marquise de Pompadour et habillée comme une héritière. Par contraste, une actrice qui laisse ses cheveux aller dans ses yeux, qui semble capable de transpirer un peu et qui se tortille avec gourmandise quand elle embrasse un homme semble une révélation. Brigitte, pour être franc, peut se permettre d'ôter plus de vêtements qu'une star de Hollywood et oser des scènes plus risquées. » Et elle ne se gêne pas de le faire, ni de le revendiquer, sans gêne ni fausse pudeur. « Ah mon Dieu, c'était le choc. Elle se déchaînait », commentera Robert Hossein, ancien colocataire de Vadim et de Marquand rue de Bassano. Et brisera ce faisant les chaînes de toutes ses sœurs, présentes et à venir.

Évidemment, ce succès sans précédent lui vaut des inimitiés. Gary Cooper fait ainsi savoir qu'il regrette de n'avoir pu s'être mis un sac sur la tête, afin qu'on ignore qu'il était dans la salle. La Légion nationale pour la décence se bat pour faire interdire le film. À Philadelphie, en février 1958, le procureur de district Victor H. Blanc le décrète « lascif, obscène, indécent et immoral », et fait saisir les deux copies destinées aux salles de sa ville, déclenchant un bras de fer politique avec Richard Dilworth, le maire démocrate de la cité de l'amour fraternel. Le futur premier manager du Velvet Underground, le journaliste Al Aronowitz, chroniqueur de la Beat Generation, qui présentera Bob Dylan aux Beatles, la moque dans le *New York Post* : « Brigitte a souvent faim. Et s'ennuie souvent. L'opéra n'est manifestement pas son truc. Comme musique, des disques de rock, de cha-cha et de mambo sont disséminés dans son appartement comme des jetons de poker et elle les écoute pendant des heures comme pour combler le vide qu'elle imagine qu'est sa vie. Sinon, elle le remplit en mangeant. Pour ses repas, elle apprécie les dîners interminables que seuls les Français savent confectionner sans pour autant réduire leurs ressources naturelles et qu'elle seule est capable d'ingurgiter sans augmenter les siennes.

Elle aime les steaks, les rôtis, les fromages, le pain, les spaghettis, beaucoup de spaghettis, et elle aime les arroser de vin. Ça, c'est pour les repas. Entre les repas, elle aime le chocolat, boîte après boîte de chocolats. Mais le chocolat, et toutes les anxiétés cachées qui l'y conduisent, lui donnent parfois des poussées d'eczéma psychosomatique – et de l'herpès. Quand ça lui arrive, elle appelle le médecin, s'enferme dans sa chambre et boude. Parce que Brigitte Bardot est une adolescente professionnelle. C'est une tentatrice qui suce son pouce. Ses rôles au cinéma sont le reflet de son attitude. Ils restituent son apparence physique comme ils le font de sa vie. »

Le monde entier, pourtant, l'Amérique en tête, est sous le charme – sous *les* charmes. De cette passion totale, complète, ultime, douloureuse et enfiévrée, que suscite le mélange de désir de luxure absolu et de respect sacré qu'impose pareille représentation – incarnation en l'occurrence – de la perfection mystique de la nature, tétanisante d'une part, mais irrésistiblement génératrice de furieuse envie de possession et de dégustation, quand ce n'est pas d'humiliation ou de sacrilège. Et en redemande, plus encore, jusqu'à l'indigestion. Vorace d'émancipation, de cannibalisme, ainsi que le suggère l'affiche à la *Pulp Fiction*, comme on dévore son adversaire vaincu pour s'approprier sa force.

Découvre ainsi dans la foulée et à retardement *The Girl In the Bikini* (USA), autrement nommé *The Lighthouse Keeper's Daughter* (UK), soit *Manina, la fille sans voiles,* tourné entre le phare de l'île Lavezzo, au large de Bonifacio, Calvi, Nice, Cannes, Golfe-Juan et Tanger, pendant l'été 1952. « Pin-up et sirène irréprochable » (*Cinémonde*, 3 avril 1953), la future BB y est déjà castée dans le rôle de la tentatrice malgré elle, sauvageonne impudique, sirène de tout juste dix-huit ans aux seins et au nombril dénudés (ce qui est interdit par la loi américaine), bien pleins et offerts aux regards, passant sans prévenir du plus rayonnant et désarmant des sourires à la moue la plus célèbre et invitante de la planète. Encore en noir et blanc, ce qui n'est pas moins excitant, même si son jeu reste hésitant et sa performance naïve. « J'ai pris ce rôle de petite fille sauvage dénudée et aussi inexpérimentée que celle du *Trou normand*. J'en rougis aujourd'hui. Quel mauvais départ : une petite starlette bon marché sachant à peine jouer dans un film médiocre. » L'Office de promotion du cinéma français, lui, fait son boulot, la nommant « espoir d'aujourd'hui, vedette de demain », ce qui ne mange pas de pain. Son père a insisté pour qu'une clause du contrat de Brigitte stipule que même si elle doit souvent se montrer en maillot de bain, aucune scène ne puisse attenter à la décence bourgeoise. Le réalisateur Willy Rozier lui a juré ses grands dieux qu'il n'en serait rien, mais c'était compter sans le tempérament peu textile de son actrice. Qui déborde de santé, et ne voit le mal nulle part, ce dont les photographes de plateau et les cameramen profiteront abondamment. Trouvant le résultat vicelard, l'industriel Louis Bardot met en novembre ses avocats sur l'affaire, exige de se faire projeter le film pour demander des coupes. Habile, Rozier négocie que ce soit la justice qui statue, ce qu'elle fait en sa faveur en novembre 1952.

Malheureusement, pour Noël, lors de la sortie du film au Maroc, alors encore protectorat français (le film a en partie été tourné à Tanger), l'affiche présente une femme nue, et le nom de Brigitte en grosses lettres (les temps ont changé...). Le révérend père Lagarde, prêtre casablancais, déchire publiquement une affiche, recherche le scandale, et permet à un autre père – celui de Brigitte – d'attaquer sous le prétexte de publicité mensongère – sa fille n'apparaît jamais intégralement nue – et de faire retirer l'affiche, non sans avoir occasionné un maximum de publicité au naturisme de sa progéniture. Qui enflamme les libidos et les esprits, rayonne et lance déjà un conflit de générations, heurte la morale, jette les bases des guerres culturelles qui vont embraser l'Occident, mettre le feu aux poudres mouillées du Vieux Monde coincé, épuisé, disqualifié par deux guerres mondiales. *Ciné-Miroir* reste prudent : « En se montrant sans voile, ou presque, la jeune Brigitte Bardot n'est ni effrontée ni provocante. Elle demeure assez proche de l'enfance pour garder quelque chose de chaste, de naturel, d'innocent. » En revanche, elle se fait tacler par *Paris-Match*, où elle n'a pas encore toutes ses entrées, qui la trouve médiocre, affectée, et pas si canon que ça…

Elle s'y applique pourtant à ne pas laisser traîner sa voix, à délivrer scolairement des répliques qui le sont plus encore, ne lâchant qu'un typique « tais-toi, Gérald, tu me fais peur » qui pourrait figurer dans une anthologie. Le reste est effectivement pauvre, comme on dit à Hollywood, expression d'un dédain qui se croit supérieurement civilisé. Manina, fille d'un gardien de phare, chante son amour pour Gérald, bellâtre plongeur athlétique au corps huilé qu'elle sèche avec empressement sur les rochers à l'aide d'une serviette de bain. Elle le fait dans la langue vernaculaire bien avant I Muvrini, et aussi en français, à la manière d'une délurée réaliste des années vingt, en total contraste – et contradiction – avec la luminosité intouchée de sa fraîcheur toute adolescente. Elle montre encore son grain de beauté sur l'arête de la mâchoire gauche et un reste de joue de bébé, mais explose déjà, première bombe an-atomique en bikini du monde post-nucléaire (Louis Réard a officiellement inventé ce maillot de bain deux pièces en 1946 à Paris). Son partenaire, Jean-François Calvé, est impressionné : « Brigitte débutait, et pourtant c'était déjà une star. Elle ne se trompait jamais lorsqu'elle demandait à refaire une prise. Elle avait une grande connaissance d'elle-même, de son corps. J'ai senti qu'elle avait une dimension singulière, sans comprendre qu'elle annonçait un changement de mœurs. »

Bide en France, le film connaîtra toutefois un succès considérable en Suède (où Ingmar Bergman fait peu après scandale en dénudant et en décalant le regard de son actrice à lui, Harriet Anderson, qui prend la caméra à témoin de ses sentiments dans *Un été avec Monika*, une innovation à l'époque – reprise par Kevin Spacey dans *House of Cards*), avant de renaître quatre ans plus tard dans la foulée du raz-de-marée provoqué par le succès mondial de *Et Dieu créa la femme*.

Elle avait fait ses débuts quelques semaines seulement auparavant, au printemps 1952, à l'instigation d'un ami de son père, Maurice Vernant (sa mère, elle, l'a recommandée parallèlement à la femme du réalisateur Jean Boyer), pétulante et pétaradante, tout juste adolescente, dans le nanard franchouillard typique d'après-guerre *Le Trou normand* (*Crazy For Love*), comédie rurale écrite par Arlette de Pitray, petite-fille de la Comtesse de Ségur, où elle donne la réplique à un Bourvil épatant en sympathique cousin abruti, même s'il en fait beaucoup trop – comme elle, en surrégime. « Moi qui rêvais de cinéma en lisant *Cinémonde* et *Ciné Revue*, quelle déception : comme jeune premier, il n'était pas terrible, Bourvil ! »

Robe écossaise à carreaux, col Claudine, amidonnée, béret sur la tempe et queue-de-cheval pour souligner sa minorité, elle exhibe sa moue boudeuse adolescente, la fleur aux dents. À l'impresario Jean Marco (Roger Pierre) qui lui fait miroiter une carrière où l'on parlerait d'elle à la radio et lui décerne « un physique de théâtre », elle se décrit « cheveux dorés, yeux noisette, bouche sensuelle ». Sa jeunesse éclatante, sa bouche effectivement saillante et son tempérament comique et survolté dans ce rôle de jeune garce provinciale ambitieuse (« Je ne veux pas vendre du boudin à la chaîne », puis : « Je veux aller loin »), effrontée, lui valent l'antipathie du producteur, Jacques Bar, qui lui souffle volontairement la fumée de son cigare au nez. Son phrasé traînant est encore maîtrisé et elle projette sa voix avec une énergie et une spontanéité pleines d'humour lorsqu'elle déclame *Phèdre*, registre pour lequel elle démontre toutes les qualités requises et qu'elle abandonnera trop vite pour celui d'icône sexuelle. « Comment j'embrasse ? Je sais pas », reconnaît-elle encore avec candeur lorsque son Pygmalion cherche, sinon à la séduire, du moins à la posséder, avant de lui coller un baiser furtif sur la joue, démontrant toute la naïveté de son personnage curieusement baptisé Javotte, comme l'une des méchantes sœurs de Cendrillon. Elle ne l'aime d'ailleurs pas, et ne s'aime pas non plus. Elle trouve le tournage, qui débute le 13 mai à Conches, fastidieux, le quotidien infernal et le cinéma bien moins amusant que ce qu'elle escomptait. « J'étais de pire en pire. Mon rêve était brisé. Est-ce que ça allait toujours être comme ça ? Aussi mécanique, aussi insipide, aussi fastidieux ? » Un métier, en somme. Qui l'oblige à se lever à 6 heures. Gâché par le sadisme des maquilleuses et de la coiffeuse qui la méprisent et la maltraitent, l'enlaidissent sciemment, et des nausées qui ne trahissent pas que le trac – mais elle l'ignore encore. Amie de ses parents, la scripte Cécilia Malbois n'est pourtant pas aussi catastrophiste dans *Bardot, un mythe français* de Catherine Rihoit (Olivier Orban, 1986) : « Elle se conduisait en petite fille très sage, téléphonait sans arrêt à ses parents auxquels elle était très attachée. Lorsque Vadim venait la rejoindre, c'était charmant de les voir ensemble : ils se sont bien épaulés. » Elle éclaire l'aplomb de la jeune fille comme sa frustration : « Comme Brigitte venait d'une famille nantie, elle n'avait pas à faire de compromissions. Elle pouvait dire non quand elle le voulait, ce qui lui a permis de se faire une place à part. » Heureusement pour l'adolescente de dix-sept ans, le tournage en Normandie est donc l'occasion de fréquentes visites de Vadim au volant de son Aronde Simca, auquel Bourvil confie que « Brigitte sera une star », mais que, déjà, « elle n'aime pas son métier ».

Une couverture de *Paris-Match*, le 31 mai 1952, photographiée avec une longue natte par Walter Carone dans un champ de joncs, la présente complaisamment comme « Brigitte Bardot, la nouvelle Leslie Caron », sa collègue du Conservatoire national de danse, que Hollywood vient d'adopter.

Projeté pour la première fois le 7 novembre 1952, *Le Trou normand* en est un : Bourvil est au creux de la vague, et sa jeune partenaire « piquante ingénue perverse », comparée à un chat siamois en raison de sa moue, « ne fait pas une actrice », selon *Le Film français*. « Si je le suis, ce n'est pas exprès, pas volontaire pour deux sous, rétorque-t-elle crânement. Je suis comme je suis, à la ville comme au cinéma. Je joue naturellement. » *Indeed.* Prends ça, Lee Strasberg. Et lorsque le phénomène Bardot en suscitera la ressortie (et Bourvil aura retrouvé les cimes avec *La Traversée de Paris*), *Le Trou normand* sera vu par plus de quatre millions de spectateurs, apportant un succès à retardement à son réalisateur, Jean Boyer (*Coiffeur pour dames*, *Le Passe-muraille*).

En fin d'année, quelque temps seulement avant son mariage avec Vadim, dont leurs amis comédiens Danièle Delorme et Daniel Gélin seront les témoins, les rôles sont inversés dans *Les Dents longues* (*The Long Teeth*) où les nouveaux mariés jouent à leur tour dans l'église Saint-Sulpice les témoins du mariage cinématographique de leurs assesseurs (qui ne résistera pas, quelques semaines plus tard, à la naissance de la fille morganatique de Gélin, Maria Schneider). Impécunière, mais désormais honnête femme, Brigitte écrit alors timidement à Olga Horstig-Primuz, agent d'origine yougoslave qui s'occupe de Michèle Morgan et d'Edwige Feuillère ; elle lui rend visite au troisième étage du passage du Lido, 78, Champs-Élysées. Olga ne cherche pas de nouvelles clientes, mais est aussitôt séduite par le magnétisme de Brigitte, ainsi qu'elle le confie à Catherine Rihoit : « On ne voit qu'elle. Pas parce qu'on la reconnaît : elle n'a pas la notoriété suffisante. Simplement parce qu'elle était superbe et avait une sorte de magie intérieure. » Elle deviendra une seconde mère pour elle, et la représentera tout au long de sa carrière.

Elle lui décroche un rôle dans *Le Portrait de son père* (*His Father's Portrait*), comédie avec Jean Richard, Maurice Biraud et Roger Pierre, où elle incarne Domino, une « souris » existentialiste des caves de Saint-Germain-des-Prés alors en pleine vogue, demi-sœur irrévérencieuse du nouveau patron des Galeries parisiennes. Si elle est vive, ce rôle sage de gourde boudeuse, où elle reste pudiquement habillée et n'est l'objet d'aucune intrigue amoureuse, dépare dans sa filmographie, comme dans la galerie de personnages qu'elle incarne. Pour *Le Figaro*, toutefois, le 20 janvier 1954, elle « promet d'être une exquise ingénue » mais devra « se méfier d'une élocution qui la fait un peu grimacer ».

Le mois suivant, on l'aperçoit furtivement dans *Un acte d'amour* (*Act Of Love*), coproduction franco-américaine d'Anatole Litvak, ancien partenaire de Frank Capra, tournée en plein hiver entre les studios de Saint-Maurice et Villefranche-sur-Mer, sur un scénario à la *Mayerling* de Joseph Kessel avec Kirk Douglas, Serge Reggiani, Jean-Pierre Cassel, Leslie Dwyer, Marthe Mercadier et Dany Robin, ancienne danseuse qu'elle admire. « C'est elle que je veux imiter », déclare-t-elle, regrettant en 1995 la disparition « de cette image inoubliable de la ravissante jeune fille française des années cinquante » qu'elle fréquentait encore, la soixantaine atteinte, à Montfort-l'Amaury. Elle s'y trouve pourtant « nulle » en petite bonne de l'hôtel toute en couettes et immense bouche timide, au rôle très réduit au montage (trente-huit secondes en tout) où elle « baragouine » en anglais « *Dinner is served* », dans ce film noir aux aspirations romantiques. « J'étais nerveuse chaque fois que je rencontrais Kirk Douglas sur le plateau. Mais il m'a encouragée. Il me disait : "Détends-toi, tu vas y arriver, tu vas voir." »

Mais c'est parce qu'elle accompagne Vadim à Cannes en avril 1953 (il est là pour interviewer Leslie Caron, Kim Novak, Gina Lollobrigida et autres pour *Match*) qu'elle va faire sensation pour la première fois. Initialement installée avec lui au Carlton pour deux jours, les photographes qu'elle séduit par son naturel et sa beauté hors norme, comme par son tempérament, s'arrangent pour qu'elle soit logée jusqu'à la fin du festival au Majestic, plus loin du Palais (d'alors), plus bas sur la Croisette. Elle y retrouve son ancienne copine franco-américaine des cours de danse Knazieff, Leslie Caron, et se fait photographier avec elle devant le Carlton. Oisive, Brigitte pose sur la plage, en maillot une-pièce blanc ou en bikini à motifs à fleurs, en ballerines, top rouge et robe gitane bleue, fraîche, riante en fichu parmi les fleurs, pantalon moulant, épaule nue, tétons dardés, collier de bois ou encore en robe blanche avec Kirk Douglas barbu et en maillot de bain, qui lui façonne des tresses et utilise facétieusement ses longues mèches pour s'en faire des postiches en guise de moustache.

« J'ai entendu quelqu'un crier "Kirque, Kirque", et soudain j'ai vu une créature de rêve – longue crinière blonde, poitrine opulente, jambes interminables – qui courait vers moi. C'est une vision qui restera à jamais gravée dans ma mémoire », se souvenait-il. Mais surtout elle accompagne Vadim à bord du porte-avions américain *The Midway*, ancré dans la baie de

Cannes, en compagnie de Leslie Caron, Lana Turner, Silvana Mangano, Olivia de Haviland, Vittorio de Sica, Errol Flynn, Gary Cooper et toujours Kirk Douglas. Son premier mari s'en souviendra dans *D'une étoile l'autre*, la comparant à la Vénus de Botticelli sortant de l'onde : « La bouche innocente et sensuelle, les yeux à l'ovale parfait, le nez délicat, les joues qui gardaient encore les rondeurs de l'enfance, étaient faits pour rire et le plaisir. Cou de cygne, épaules graciles, seins généreux, taille si fine qu'un homme pouvait en faire le tour des deux mains, un cul rond et provocant qu'Adonis et Aphrodite eussent envié, hanches à la courbe parfaite, cuisses aux muscles longs et fermes, mollets charmants et pieds cambrés de danseuse. » Il l'habille en pardessus. Lorsqu'elle l'ôte, le laissant glisser pour révéler une robe moulante très courte, c'est l'émeute. Les trois mille cinq cents marins la portent en triomphe, la projettent en l'air, hurlent et scandent « Brid-jett, Brid-jett ». Les futurs paparazzis se déchaînent : le mythe de la starlette vient de naître. Le 25 avril, *Paris-Match* la consacre « vedette numéro un du festival », scénario parfaitement inédit pour quelqu'un qui ne possède pas même un carton d'invitation à son nom.

Consciente des limites de sa cliente, et de son caractère inflexible et buté (elle refuse déjà après avoir fait sensation à Cannes une proposition de Warner, avec qui elle signera à Rome, sous prétexte que si elle doit vivre là-bas, elle mourra), Olga Horstig inscrit Brigitte au prestigieux et incontournable cours Simon. Elle n'assistera qu'à une unique séance, repoussée par un intellectualisme qui ne lui dit rien et ce qu'elle perçoit comme un machisme constituant. Comme elle doit gagner la vie du couple pendant que Vadim pige tant qu'il peut pour joindre les deux bouts, elle accepte la proposition du décorateur et metteur en scène

André Barsacq, qui l'engage au Théâtre de l'Atelier, au cœur de la butte Montmartre, pour sa reprise de *L'Invitation au château* de Jean Anouilh, musique de Francis Poulenc. Le soir de la première, le 29 octobre 1953, après trois semaines de répétitions, le premier lui envoie des fleurs, avec un mot autosatisfait : « Ne vous inquiétez pas, je porte chance. » (Elle l'a conservé jusqu'à aujourd'hui.)

Séduit, l'auteur lui écrira une pièce audacieusement intitulée *La Chatte rousse* qu'elle ne jouera pas. Il le regrettera, tout comme Vadim, qui la trouve formidable. « Une fois qu'elle s'est rendu compte à quel point elle était bonne, elle a été très contente d'elle-même. Cela lui donnait l'occasion de montrer aux gens qui la considéraient comme une simple starlette sans avenir qu'elle était capable de faire beaucoup mieux. Mais Brigitte est Brigitte. La première semaine a été parfaite. Ensuite, elle s'est mise à renâcler. » *Le Figaro* est pourtant enthousiaste, la trouvant, comme le personnage d'Isabelle, « fine, jolie, racée ». Vers la fin de la série de représentations cependant, elle effectue un tiré tout droit spectaculaire. « Un soir, j'ai eu un trou de mémoire. Et, au lieu de la réplique attendue, j'ai donné celle de l'acte suivant. Mon partenaire a enchaîné et la pièce s'en est trouvée raccourcie. » C'est que rejouer le même personnage tous les soirs l'ennuie déjà, « preuve que je ne suis pas faite pour le théâtre », assène-t-elle à Vadim. Elle ne manquera toutefois pas de propositions pour y retourner par la suite, la moindre n'émanant pas du TNP. Antoine Bourseiller était parvenu à la convaincre d'être Célimène dans *Le Misanthrope* face à Sami Frey en Alceste. Selon le metteur en scène, les répétitions furent « extraordinaires », mais Brigitte, persuadée que le public viendrait « voir Bardot se casser la figure », se cabre et, dans un moment de manque de confiance en elle comme elle en connaîtra trop, déclare forfait in extremis. Refus d'obstacle, peur de gagner. Petit bras. Et on ne la verra à la Comédie-Française que pour une séance de photo organisée par *Jours de France* pour son numéro mille, travestie en Molière, perruque et moustache postiche comprises, devant le buste de l'illustre Jean-Baptiste Poquelin.

Elle apparaît furtivement – le temps de deux répliques – parmi une distribution de rêve dans *Si Versailles m'était conté* (*Royal Affairs In Versailles*) de Sacha Guitry, exemple de l'empressement avec lequel elle se rue d'engagement en engagement dans sa course effrénée au cachet. Dans son fauteuil roulant, le maître la sermonne de son retard lorsqu'on la lui présente, alors qu'arrivée à l'aube après s'être produite au théâtre la veille elle attendait sur place depuis onze longues heures et s'était assoupie dans un coin : « À dix-huit ans, mon petit, on a le temps d'attendre », cingle-t-il. Elle comprend en fait qu'il vient de lui faire répéter la scène qui l'attend face à Jean Marais, en Louis XV prêt à dévorer cette savoureuse Mlle de Rosille, tremblante et zozotante en robe de satin, dentelles et perruque poudrée. Ce sont pas moins de sept millions de Français qui verront sa courte apparition lors de sa sortie, en février 1954, Guitry pulvérisant les records d'entrées avec ce fleuron de la recette maison : un film historique en costumes doté d'un casting digne du *Who's Who*, d'où Brigitte n'émerge pas, pas plus qu'elle n'émarge encore au second.

En attendant cet avènement, de retour à Paris, elle retrouve Marc Allégret qui réalise sur un scénario de son protégé et complice Vadim, ainsi que de la journaliste tropézienne France Roche, chargée d'apporter un éclairage féminin, *Futures Vedettes* (*School For*

Love, Sweet Sixteen). « Les mots qu'elle prononce dans ce film, affirmera Vadim qui lui offre à l'occasion de leur première collaboration le prénom fétiche pour eux de Sophie, sont vraiment les siens. Ils sont écrits pour elle parce qu'elle les a plus ou moins dictés. Elle parlait et j'écrivais », explique-t-il, dévoilant la recette qui fera leur succès démiurge quelques mois plus tard. Pour l'instant, il place Brigitte à Vienne, aspirante diva, nageant nue dans un bassin de poissons chinois (mais ne s'adonnant pas au plaisir du « Mud Shark » que chroniquera Frank Zappa quinze ans plus tard), symbole d'un univers baroque qui ne lui convient pas. Elle enjoint pourtant à son professeur, Éric Walter, dont toutes les élèves tombent amoureuses : « Embrassez-moi encore. » Celui-ci se dérobe effectivement mais ne se déshabille pas. Vexée par l'indifférence du ténor, elle lui signifie : « Je ne veux pas chanter », mais après qu'ils ont succombé et que la femme de celui-ci revienne d'une escapade amoureuse, elle s'écrie : « Je suis une putain ! » Ça ne suffira pas à la réconcilier avec ce film pauvre et maladroit, ainsi qu'elle s'en souvient dans *Initiales BB* : « Une fois de plus, j'étais grotesque. Quand j'avais fini de chanter mes classiques, je jouais des scènes d'amour avec Jean Marais. Il fallait vraiment que je me donne un mal fou pour essayer d'y croire, car Jean ne me donnait pas l'impression d'avoir envie de recommencer ces scènes plusieurs fois de suite. Décidément, entre Jean-Claude Pascal et lui, ma vertu ne risquait rien. »

Ce dernier est son partenaire dans *Le Fils de Caroline chérie* (*Caroline and the Rebels* en Angleterre, *The Son Of Dear Caroline* en Amérique), troisième volet de la série des *Caroline chérie*, jusque-là illuminés par Martine Carol, tourné à Port-Vendres. « Plus don Juan que sa mère » selon le slogan du film, elle s'y trouve prise dans la situation classique de la sœur d'un frère qui n'en est pas un et dont elle est inévitablement amoureuse depuis toujours. Peut-être parce que l'intrigue, située pendant l'occupation napoléonienne de l'Espagne, l'exige, elle accentue son côté femme enfant de manière irritante, et ne brille pas particulièrement dans ce rôle intermittent en Pilar d'Aranda aux cheveux de jais face à Sophie Desmarest et à Magali Noël (qui connaîtra la gloire en devenant l'égérie de Fellini et en chantant « Fais-moi mal, Johnny »). « Brigitte était irréprochable », se souvenait auprès de Catherine Rihoit Jean-Claude Pascal, alors classé par *Ciné Revue* troisième acteur favori des Français après Fernandel et Gary Cooper, « toujours à l'heure, toujours prête à recommencer une prise. Je ne l'ai jamais vue taper du pied ni contrarier le metteur en scène. Elle était particulièrement docile, disciplinée, sachant son texte. » Le 11 mars 1955, ce n'est pas le succès escompté, mais Brigitte Bardot devient un nom familier du public. Il viendra avec son film suivant, dont elle ne tient pourtant pas, loin s'en faut, la vedette.

En désespoir de cause, elle part tenter sa chance en Italie en 1954. Par nécessité, elle partage une chambre au septième étage de l'Hôtel de la Ville, en haut des marches de la piazza di Spagna, avec Vadim et Ursula Andress, dix-sept ans, et court avec elle castings et productions. « Personne ne voulait ni de l'une ni de l'autre, racontera-t-elle à Gilles Jacob, président du festival de Cannes. On habitait dans une minable chambre de bonne qu'on partageait pour payer moins cher. Et le soir, quand on rentrait toutes les deux bredouilles avec nos cartons de photos sous le bras, et que personne n'avait voulu nous engager, on était un peu penaudes. » Mais elle apprend ses rôles avec tellement de sérieux et de détermination qu'elle finit par être engagée sur une production américaine, *Helen Of Troy*. Dans ce péplum de Robert Wise (qui réalisera ensuite deux des plus grands succès de l'histoire du cinéma, *West Side Story* et *The Sound Of Music*) tourné à Cinecittà, cet Hollywood-sur-Tibre, « fabrique de rêves » voulue en 1937 par Benito Mussolini, elle est Andraste, l'esclave de Hélène, qu'elle assiste à soigner Paris échoué sur la plage après le naufrage de son vaisseau, puis à le faire évader des geôles de Sparte. Elle gagne ensuite son affranchissement en aidant le couple d'amoureux à s'enfuir pour Troie sur un navire phénicien – et disparaît du film. En Technicolor et CinemaScope, elle est superbe, éclatante comme la liberté elle-même. Levée tous les matins à 5 heures pour tourner à 9, elle découvre l'exigence, la discipline et la rigueur américaines. Son anglais n'est pas terrible, elle est terrorisée, mais devient vite la mascotte, *little French girl* chouchou de l'équipe de la Warner, qui lui propose donc un contrat qu'elle écarte. Le 26 janvier 1956, cette superproduction d'un budget de 6 millions de dollars est proposée aux publics de cent cinquante villes de cinquante-six pays, de New York à Londres, d'Athènes à Mexico.

Elle enchaîne avec *Tradita* (*Amour, haine et trahison, Night Of Love*) de Mario Bonnard aux côtés de Lucia Bosè, Miss Italia 1947 (qui épousera l'année suivante le grand toréador Dominguin – elle est la mère du chanteur Miguel Bosè), un mélo « ridicule » à l'intrigue cousue de fil blanc qui se déroule pendant la Première Guerre mondiale entre Vienne et l'Italie. Elle y est tour à tour nounou, femme au foyer, ouvrière, infirmière, rôles éloignés des personnages qu'elle incarne habituellement. Tout juste une scène la montre-t-elle furtivement en chemise de nuit, rendue transparente par un rétro-éclairage coquin. Mais après un nouvel avortement elle est prise d'hémorragie et doit se faire ré-opérer dans une clinique romaine tenue par des religieuses américaines. Le producteur la presse et elle reprend le tournage trois jours après être descendue du billard, tourne une heure, s'allonge, se relève, saigne, tourne, et ainsi de suite. Elle est en morceaux au moment de partir dans le froid des Dolomites, et ne tient le coup que grâce aux piqûres que lui injecte la scripte toutes les heures. Heureusement, elle est parvenue à gagner de quoi rentrer se remettre à Paris.

Elle s'en souviendra quelques années plus tard pour *American Weekly* : « J'avais dix-sept ans quand j'ai débuté au cinéma. Au début, rien n'allait. Personne ne semblait vouloir de moi. J'envoyais régulièrement des photos aux producteurs. Mais aucun ne m'a tendu la perche. Ils disaient que je n'arriverais jamais à rien. Puis j'ai fait ce mélodrame à Rome, *Amour, haine et trahison*. C'était une histoire mélancolique, exactement ce qu'aiment les Italiens. Je ne dirai jamais que j'y étais bonne, mais je n'y étais pas mauvaise non plus. Et c'est ce qui a ouvert les yeux des producteurs français à mon égard. Ils ont commencé à se dire : “Peut-être que cette gamine arrivera à quelque chose après tout.” »

On sera surpris, au visionnage, de constater que Brigitte ne s'y exprime pas avec sa voix si typée, mais se trouve doublée – en français ! Quelle idée…

C'est directement dans un anglais charmant, en revanche, qu'elle tourne en février et mars 1955 aux studios Pinewood de Londres, sans Vadim, la seconde installation de la série *Doctor In the House* (rien à voir avec *Dr House* !), *Doctor At Sea* (en français *Rendez-vous à Rio*, voire parfois *Toubib en mer*), comédie britannique où elle donne la réplique à Dirk Bogarde, jeune premier favori du Royaume, quoique d'ascendance flamande. L'accent de Brigitte est délicieux, sa prononciation affirmée, sans la lenteur traînante de son parler coutumier, et séduit le public puritain d'Outre-Manche. « Elle avait à l'époque un anglais très amusant. Elle faisait de petites fautes, mais c'était l'un des plaisirs de notre travail avec elle », se souviendra la productrice Betty Box. « J'avais repéré Bardot assez tôt. Elle était très douce, très voluptueuse, très française », racontait-elle auprès de Jeffrey Robinson pour son *Bardot*. Elle est fraîche et glisse véritablement dans le rôle de Hélène Colbert, chanteuse française passagère du *S.S. Lotus* sur lequel se trouve le docteur Simon Sparrow, impassible mais pas insensible à son charme, notamment lorsqu'il la surprend sous sa douche et qu'elle l'asperge.

C'est la première scène de nu de l'histoire du cinéma anglais. Imprévue. En effet, à l'époque, les actrices portent des collants couleur chair et on leur met du chatterton sur les tétons. Là, malgré l'éclairage adéquat, le subterfuge reste trop visible à la caméra. « Je sais comment résoudre le problème, propose Brigitte. Dites-moi quand vous voulez que je ne porte rien, et je le ferai. » Elle le fit ! (Elle n'est toutefois pas la première dans l'histoire du cinéma : Louise Willy, Audrey Munson, Annette Kellerman, Hedy Lamarr, Edwina Booth l'ont précédée dans l'intégral ; en France, Joséphine Baker, Edwige Feuillère, Arletty, Martine Carol, Françoise Arnoul ont montré leurs seins). La scène du bastingage, qui référence déjà les romances hollywoodiennes, est, elle, plus mignonne que clichée, et Bardot – pour la première fois en couleurs – touche les Anglais avant que de les exciter.

Lors d'une conférence de presse au Dorchester, elle répond, avec la vivacité d'esprit, l'à-propos décalé et humoristique, spirituel, déjanté, le tac-au-tac frondeur à la Sacha Guitry et à la Oscar Wilde qui fera, huit ans plus tard, tout le charme Goons de ses admirateurs liverpooliens, les Beatles, qui s'intéressent pour l'instant plus à l'étude de l'échauffement que produit la vision de son corps sur le leur qu'à celui de son esprit sur leurs futures rencontres avec des Mr. Jones :

« Quel a été le plus beau jour de votre vie ?

— Une nuit.

— Quelle est la personnalité que vous admirez le plus ?

— Isaac Newton, parce qu'il a découvert que les corps s'attiraient.

— Pourquoi ne portez-vous pas de rouge à lèvres ?

— Ça laisse des traces. »

Elle n'apprécie toutefois que modérément le rythme de travail punitif, levée chaque matin à cinq heures pour des horaires de tournage extensifs, mais ne reste pas insensible à l'effet qu'elle produit sur les Britanniques qui se pressent bien plus nombreux qu'en France pour l'admirer, faisant d'elle leur *sex kitten* favorite (en français, on ne sait trop si l'expression « chaton sexuel » relève plus du pléonasme anthropomorphique que de l'oxymore zoophile).

« C'était amusant de vivre en Angleterre et d'apprendre à améliorer mon anglais que je ne parle, comment dire, pas trop mal, peut-être ? » répond-elle à la télévision, où elle dit vouloir « acheter des pulls en cachemire ». Son partenaire, bien que pas très expert en femmes, l'invite à un *Sunday lunch* dans son cottage du Surrey et garde de leur collaboration un excellent souvenir dans la chronique qu'il publie alors dans *Playgoer* : « Le type de sexualité qu'elle exhale est chaleureux, désinhibé, complètement naturel. Elle en fait un art, là où les Anglaises en font une farce. Avec sa silhouette extraordinaire, ses jambes interminables et ses cheveux au vent, elle ressemble à une gazelle. » Elle réside donc au luxueux Dorchester, sur Park Lane, vue splendide sur Hyde Park, s'abîme le soir dans des bains prolongés, s'ennuie les week-ends oisifs jusqu'à ce qu'elle rencontre Jacques Sallebert, pionnier du journal télévisé et grand reporter, alors correspondant à Londres, qui la sort au cinéma, lui fait découvrir la ville. On la voit fréquemment au prestigieux Café Royal fréquenté par Oscar Wilde, Virginia Woolf, Winston Churchill (et plus tard par les Beatles, les Stones, Bowie et Lady Di), sur Regent Street, quasiment à l'angle de Piccadilly Circus, avec ses yeux de biche, son sourire engageant, un décolleté pigeonnant et des gants blancs montants typiques de l'élégance française.

Le 6 septembre, *Doctor At Sea* représente la Grande-Bretagne à la Biennale de Venise, où Brigitte devient pour de bon une icône de mode, la Française élégante et excitante que couronne la revue *Noir et Blanc* dont elle partage l'affiche avec Marlon Brando, autre totem sexuel du moment. Elle tient son premier vrai succès, et, prémonitoirement, il ne vient pas de France, mais d'Outre-Manche, chez ces Britanniques coincés qui révolutionneront bientôt la planète en lâchant la bride sexuelle retenue depuis l'ère victorienne à travers la pop conquérante des Beatles, fans transis de Brigitte. Ce sera un succès faramineux, qualifié par Mosley de « triomphe du charme sur un mauvais scénario ». « Je ne suis pas une bonne actrice, assure Brigitte à la presse anglaise. J'aimerais être une bonne actrice, mais c'est ennuyeux, alors je préfère être sexy. » Le *New York Times* remarque son animalité. *Combat* en fait son grand espoir : « C'est la fusée 55 ! L'avenir dira s'il s'agit d'un feu de paille. » Ce sera un incendie planétaire, un feu grégeois, une nouvelle Génèse, le début de l'avènement de l'ère des femmes.

Le 25 avril 1955, elle ouvre le bal du huitième festival de Cannes avec un décolleté à la Gina Lollobrigida, reine de l'édition, et se fait photographier tenant en laisse le cocker spaniel noir Clown, aux côtés de Marcel Pagnol, Eddie Constantine et d'une Brigitte Fossey enfant. Le 18 mai, elle fait partie des douze espoirs du cinéma français conviés au palais de Chaillot à fêter les soixante ans du cinématographe, puis, le mois suivant, à la Kermesse aux étoiles aux Tuileries, où la foule parisienne vient bader les vedettes du moment. Elle existe, elle compte, elle va enfin connaître le succès ailleurs qu'en Suède, en Italie et en Grande-Bretagne.

Dans *Les Grandes Manœuvres* (*Summer Maneuvers*) de René Clair, qui habite une belle maison de ville place du 15e-Corps à Saint-Tropez à côté de l'école de garçons où j'ai fait toutes mes classes du cours préparatoire à la sixième, elle endosse en avril aux studios de Boulogne un rôle doublement mineur. Lucie, fille du photographe d'une ville de garnison, se trouve prise dans une intrigue qui la dépasse complètement et, en proie aux premiers effets de l'amour, va de gaffe en gaffe. Immature, nerveuse, relativement peu présente, rougissant sans cesse lorsqu'elle doit donner la réplique aux légendes qu'elle côtoie, cheveux courts pour une fois, elle vieillit pourtant terriblement Michèle Morgan, qui tient la vedette de ce vaudeville troupier avec Gérard Philipe, le jeune premier communiste devenu idole des jeunes en incarnant Fanfan la Tulipe. Cela n'empêchera pas les deux comédiens principaux de remporter les Victoires respectives de meilleure actrice et de meilleur acteur, et le film de se voir récompensé par le prestigieux prix Louis-Delluc, succédant en

1955 aux *Vacances de Monsieur Hulot* de Jacques Tati et aux *Diaboliques* de Henri-Georges Clouzot, son antimilitarisme présumé nécessitant le soutien d'André Maurois dans *Carrefour* et d'Aragon dans *Les Lettres françaises*. Jacques Audiberti, pour *Les Cahiers du cinéma*, estime que le film « a ses pieds dans Courteline et sa tête dans Racine ». Brigitte n'est encore qu'une débutante mais elle entre déjà – par la petite porte, mais tout habillée – dans l'histoire du cinéma français, existant sans mal dans un casting de luxe qui réunit pourtant également Pierre Dux, Yves Robert, Jacqueline Maillan, Magali Noël, Judith Magre, Claude Rich, Michel Piccoli, Daniel Ceccaldi et même Paul Préboist, déjà puceau. « Il vaut mieux tourner un petit rôle dans un très bon film qu'un grand rôle dans un mauvais film », dit-elle dans ses *Mémoires,* et elle sait de quoi elle parle. Elle a aimé le tournage, la douceur, la gentillesse et la distinction de René Clair, et ne peut se plaindre de figurer au générique de la plus grosse entrée de l'automne 1955, avec une fréquentation supérieure à cinq millions de spectateurs.

Mais c'est *La Lumière d'en face* (*Female and the Flesh, The Light Across the Street*) qui lui offre son premier grand rôle, en noir et blanc, dans une atmosphère hitchcockienne et un univers logiquement IVe République de marcels et d'odeurs d'essence. Sylphide de Pont-Saint-Esprit promise à un chauffeur de camion-citerne, Georges Moreau, routier traumatisé et diminué à la suite d'un accident de la route dans lequel il perd son coéquipier, Olivia/Brigitte tient sa promesse, l'épouse et gère avec lui un café-bar-restaurant routier en bordure de la nationale 7, La Bonne Étoile. À partir de là, la tension érotique augmente de scène en scène jusqu'à l'exaspération, depuis les plans concupiscents sur les chevilles d'Olivia jusqu'à ses insomnies où l'on devine qu'elle se touche sous les draps. Elle aime le bruit du vent, se baigner nue dans la rivière et se rouler dans l'herbe, mais pas les soutiens-gorge, révélant une paire de mamelles qui ballottent dans sa chemise au col relevé, affolent le voisinage et dont l'étalage déclenche la jalousie de son époux frustré, auquel on a interdit « le café, l'alcool et les relations sexuelles », toute excitation ou surmenage qui pourraient déclencher une hémorragie cérébrale. Cela fait les affaires de Pietri, motard séducteur qui tient le garage station-service Avia en vis-à-vis et devient l'objet de rêveries au cours desquelles Olivia/Brigitte n'hésite pas à se caresser ostensiblement les seins. Elle se laisse attraper un soir de tempête de mistral qui n'emporte pas que son linge dans le jardin et, comme il se doit dans toute histoire de transgression, ça finira mal. Même si la fin est bâclée, le suspense tient jusque-là, et Mlle Bardot en fait de même. Ses pieds parfaits et charnus de danseuse, sa bouche de cétacé, ses yeux de biche, sa tache de rousseur sous la mâchoire, son naturel, son sourire désarmant, sa silhouette fine, sa démarche impeccable, tout en elle est spectaculaire.

Dans cet emploi de femme enfant à l'érotisme foudroyant, pas tout à fait femme fatale, elle déclenche la fureur de François Truffaut, incroyablement ulcéré par la tension sexuelle intolérable qu'elle provoque. Dans la revue *Arts*, il l'étrille : « Du film, tout est dit si je le compare à un conte grivois de *Paris-Hollywood* ; elle se déshabille devant la fenêtre, la lumière d'en face éclaire par transparence sa chemise de Nylon ; au lit où ne la rejoint pas son mari malade, elle s'agite. Le lendemain, elle se baigne, nue, et ne sait pas qu'on la voit ; comme elle grimpe derrière la moto, elle montre ses genoux. Sur une chaise, pour accrocher je ne sais quoi, ses jambes se laissent voir. On a le droit de parler ici de pornographie, et de s'interroger sur la complicité indulgente de la commission de censure. » Mais quelle mouche a donc piqué *L'Homme qui aimait les femmes* pour qu'il s'en prenne pareillement à une beauté dont il trouve sans doute l'exhibition rendue trop ostentatoire par une réalisation tendue, mais vendeuse ? On l'a vu, il se rattrapera l'année suivante lorsque Dieu et Vadim la créeront pour de bon.

Peut-être Truffaut fut-il tout simplement énervé par cette évidence : l'expression du désir par Bardot est d'une telle vérité qu'elle induit, comme toujours le désir féminin, une menace pour les hommes, pour la famille, pour l'ordre social. Il eût préféré, comme beaucoup, qu'elle joue la pute, ou qu'elle en soit une, plutôt que de projeter cette représentation naturelle de l'envie, son pouvoir débordant, si déstabilisants et inquiétants pour le patriarcat. Le 24 février 1956, bien avant la sortie de *Et Dieu créa la femme*, Bardot a déjà un vrai grand rôle derrière elle, la preuve.

Elle a pris du plaisir sur ce film, où elle se sent belle, aimée, respectée, et se lie d'une amitié indéfectible avec la femme du producteur Jacques Gauthier, Christine Gouze-Rénal, sœur de Danièle Mitterrand, qui deviendra productrice à son tour, la première femme française dans ce rôle. C'est d'ailleurs elle, comme le rapporte Jeanne Witta-Montrobert dans *La Lanterne magique, mémoires d'une scripte* (Calmann-Lévy, 1980), la belle-sœur du futur président de la République, qui convainc Brigitte, « encore pudique » selon ses propres termes, de montrer ses fesses à l'écran le temps de traverser une rivière, en lui faisant remarquer que sa doublure « a le cul qui traîne par terre » et qu'on croira malgré tout que c'est le sien. « Je décide de m'asseoir sur ma pudeur du haut de mon cul, noblesse oblige », s'emballe la Bardot, dans ce style cru qu'elle affectionne. Elle tombe amoureuse d'André Dumaître, caméraman communiste comme le sont ses deux partenaires principaux, Roger Pigaut et Raymond Pellegrin, avec lesquels elle entretient une relation fraternelle qui la conduit à s'intéresser au(x) parti(es). Euphorique pour une fois, elle signe un contrat avec Christine, qui devient donc productrice à la mort de son mari, d'une bête opération de l'appendicite.

Elle n'a pas le temps de s'apesantir tant elle tourne, et commence à faire tourner les têtes. Retour à Cinecittà début 1956 pour *Les Week-ends de Néron* (*Nero's Mistress*), en compagnie de monstres du cinéma : Alberto Sordi (Néron), Vittorio De Sica (Sénèque) et la tonitruante Gloria Swanson (star du muet, dont le parlant se divertit de la langue bien pendue, vedette et sujet à la fois de *Sunset Boulevard*). L'habilleuse de Sophia Loren et de Gina Lollobrigida confectionne pour Brigitte une tunique justaucorps qui fait d'elle la plus affolante des Poppée. À la demande du réalisateur, elle devient blonde pour la première fois, joue du tambour pour un cochon et un lapin avachis (sic) sur un canapé luxueux, et même de la harpe de ses bras surchargés de bijoux étincelants, s'amuse comme une folle. Mais c'est la fameuse scène du bain qui fera le tour du monde. Selon la légende urbaine romaine, Poppée avait l'habitude de s'assurer la douceur exceptionnelle de sa peau en se trempant dans des bains de lait d'ânesse. La production, professionnelle, prépare de l'eau amidonnée, mais Brigitte exige du vrai lait, qui tourne et se transforme en mauvais fromage blanc sous la chaleur des projecteurs, occasionnant de nombreux retards (et *retakes*). Sa photo, s'épongeant les bras et révélant un sein, elle, ne sera pas ratée. Le film, lui, n'aura aucun succès et sera éreinté, la parodie de péplum devant attendre Jean Yanne et Coluche pour retrouver les faveurs des rieurs.

Le 23 avril 1956, pour l'ouverture de Cannes, Brigitte en marinière côtoie Michèle Morgan, Edwige Feuillère, Ingrid Bergman, Françoise Sagan en plein phénomène *Bonjour tristesse* (le *Baise-moi* de sa génération), mais aussi Jean-Pierre Aumont et Arletty, qui figure parmi le jury. Le 27, elle monte les marches de l'ancien Palais des festivals en compagnie de Kim Novak, en fourrure, ce qu'elle ne se pardonnera pas par la suite.

Elle tourne encore *Cette sacrée gamine* (*That Naughty Girl, Mamz'elle Pigalle*), comédie légère concoctée sur mesure pour elle par Vadim et Michel Boisrond, l'assistant de René Clair, dont ce sont les débuts de réalisateur. Pour la première fois, et pour cause, elle y est plus Brigitte que Brigitte, infernale, espiègle, « rigolote », superbe, nature, et surtout elle danse, danse, danse, dans toutes les tenues possibles, qui lui vont toutes mieux les unes que les autres, tunique romaine, pirate slashé, body, pyjama d'homme, etc. Elle y nage aussi, le crawl, remarquablement (virage plongé compris), gagne au poker, fait toutes les gaffes imaginables, se voit jetée de bras en bras sur la scène comme au cirque, gagne ses galons d'actrice comique. Elle y conserve son prénom puisqu'elle est Brigitte Latour, dix-sept ans, fille d'un propriétaire de cabaret de Pigalle, le Mississippi, obligé de fuir Paris pour échapper à une enquête, qui la confie au crooner du lieu, Jean Clary, lequel l'installe chez lui au désespoir de sa future femme Lili, vite jalouse (Françoise Fabian, dans son premier rôle, comme Poiret et Serrault), et découvre qu'il a hérité d'un ouragan et d'une calamité. Cette comédie musicale burlesque à l'américaine manque de rythme et d'une intrigue solide, mais constitue un véritable hymne à Brigitte, léger et excentrique comme elle l'est encore à vingt et un ans, en attendant la sortie de celui qui mettra quelques mois plus tard à genoux la planète entière. « Brigitte était encore un peu débutante, raconte Boisrond à Catherine Rihoit pour *Un Mythe français*, il n'y a jamais eu aucun cabotinage. Mais elle avait déjà le comportement que je lui ai vu dans les autres films que je devais faire ensuite avec elle : ça l'ennuyait beaucoup de travailler. » Le succès en est moindre que celui de *La Lumière d'en face*, mais conséquent, au point que *Cinémonde* sacre pour la première fois Brigitte « star » grâce au succès consécutif de ces deux films. Pour la sortie à Londres, en septembre 1956, elle loge au Savoy avec Olga Horstig, invitées par le Cinematograph Trade Benevolent Fund.

La mariée est trop belle (*Her Bridal Night*) constitue une déception pour qui espère du plus licencieux que ce vaudeville à la Feydeau un peu absurde, comme pour ceux – bien plus rares, certes – qui n'y retrouvent rien de l'existentialisme au cœur – et pas seulement, d'accord – de l'imminent tsunami métaphysique tropézien. Gironde certes (le film a été tourné à Libourne), mais ils la préféreront varoise ! Tout au plus, Brigitte y allume-t-elle les sens en déclarant à un inconséquent insensible à ses charmes : « J'en ai assez d'être respectée », et en se faisant courser en sous-vêtements dans les bois. Mais rien que du bourgeoisement libertin, du boulevard, pas la moindre trace de transgression, ni de transfiguration, dans ce marivaudage lingerie bon marché encore en noir et blanc, adapté d'un roman d'Odette Joyeux où Chouchou joue – quelle surprise – la briseuse de cœurs et de ménages, forcée de figurer un mariage fictif avec le même enthousiasme que Charles et Lady Di. Tout juste y esquisse-t-on un nouveau pas en direction des comédies musicales américaines avec une scène de séance de photos en forme de clin d'œil à *Singing In the Rain*. Heureusement, cette comédie « cul-cul la praline », selon les mots de sa vedette, sera un bide. *Combat* critique son phrasé unique (« Elle est la seule actrice qui paraisse doublée en version originale ») et moque sa démarche swingante (« Elle marche en tire-bouchon ») qui font déjà sa singularité et feront sa gloire inaltérable.

Marcel Amont, son partenaire, n'a pas ces réticences : « C'était en plein été. Elle arrive en short, très short. Et bustier. La serviette pour aller se baigner sur le bras. Tout le monde a regardé son apparition. C'était la Vénus de Botticelli qui allait dans la Dordogne. Il émanait d'elle un naturel et une sensualité... et aussi, faut-il dire, une gentillesse. »

« La femme qui vous ferait tromper la vôtre », claironnent bientôt les affiches. Dans *En effeuillant la marguerite* (*Mademoiselle Strip Tease* en Grande-Bretagne, *Please, Mr. Balzac*, puis *Plucking the Daisy* en Amérique), après le bide de *Futures Vedettes*, Allégret et Vadim lui donnent cette fois encore le beau rôle dans leur comédie légère et irrévérencieuse pour l'époque (l'armée, la politique et l'Église), celui d'Agnès Dumont, fille de général vichyssois (sans doute pas par hasard), devenue auteure à scandale et obligée de gagner 200 000 (anciens) francs en participant, masquée, à un concours de strip-tease. Cheveux courts, visage rond, jambes faites pour l'emploi, elle séduit dans ce registre parfaitement adapté à ses qualités : la jeune fille en détresse, bien intentionnée mais maladroite, aussi déterminée qu'insécure, victime de l'amour mais triomphante de la bourgeoisie. Et qui, toujours, mène le jeu. Elle a aimé ce personnage « charmant, un peu sexy, un peu ingénu, semant la pagaille sur son passage ». Daniel Gélin, Robert Hirsch, Dary Cowl sont ses partenaires, comme Françoise Arnoul et Nadine Tellier, roturière déjà rencontrée dans *Manina,* qui épousera plus tard le baron Edmond de Rothschild et publiera des guides de savoir-vivre. *Témoignage chrétien* fait preuve, à la sortie, le 5 octobre 1956, d'un discernement qui s'avérera, sans doute involontairement, prophétique : « Mademoiselle Brigitte Bardot est, avec le rock'n'roll, la dernière innovation de l'époque. »

De fait, dans *Et Dieu créa la femme,* Bardot va sacrément bercer et secouer son époque, lui instiller tangage et roulis. La cajoler. La pénétrer. La baiser. La faire jouir. Jusqu'aux tréfonds. Encore et encore. Pantelante, elle en redemandera à l'infini, jusqu'à l'épuisement. Mais si ce phénomène culturel – la révolution sexuelle, l'avènement des femmes – sans autre équivalent que le rock en effet (Elvis, les Beatles, Dylan, les Stones, Hendrix, Led Zeppelin, Bowie, Clash, Prince, Nirvana, pour résumer les archétypes) va faire trembler la terre sur son axe, il n'en ira pas de même pour la carrière cinématographique de Bardot, comme si son importance sociétale – à l'inverse des stars du rock – passait exclusivement par son attitude, sa personnalité, son effet, plutôt que par son « œuvre », qui consiste uniquement à être elle-même, « Body and Soul », altérité hippie primordiale.

Le 3 mai 1957, Brigitte, totémisée au musée Grévin et auréolée d'une Victoire de la meilleure actrice française pour le rôle de Juliette Hardy, fait son entrée au classement annuel de *Ciné Revue,* en quatrième position derrière Gina Lollobrigida, Martine Carol et Michèle Morgan, et voit Claude de Givray lui tresser des lauriers dans les exigeants *Cahiers du cinéma,* principalement car « elle permet à notre époque d'envahir les écrans », condition essentielle de la Nouvelle Vague que nommeront quelques mois plus tard Françoise Giroud, puis Pierre Billard.

Du 20 mars au 31 mai 1957, Michel Boisrond la retrouve à l'aube de la consécration pour *Une Parisienne* (*La Parisienne*) où, comme l'écrira le *New York Times* pour la sortie du film au Plaza de Madison Avenue et au Victoria de Broadway, « ça n'est pas encore cette fois qu'elle égalera Sarah Bernhardt ». *Time* est plus laudatif, estimant qu'il « s'agit du meilleur des sept films de Bardot que nous avons pu voir récemment. » « Celle qui brûle les feux rouges, qui déclenche la bagarre, qui pilote un avion à réacteur, c'est BB ; celle qui provoque les scandales, qui retarde les horaires aériens, qui enlève un prince, c'est une Parisienne », pétarade la bande-annonce de cette comédie à l'américaine, très ancrée dans son époque, avec ses DS noires, ses 4 CV, l'Aronde décapotable rouge de Brigitte, les hauts-de-forme et les moustaches des notables. Brigitte Laurier, fille du président du Conseil (nous sommes encore sous la IVe République, *remember*), tombe amoureuse de son aide de camp, Michel Legrand (pas le compositeur, hein), homme à femmes qu'elle finit par compromettre et épouser à force de caprices, de perfidies et de ce qu'on nommerait aujourd'hui « abus de position dominante », sans parler de « harcèlement moral » et « abus de bien social ».

Jalouse, gonflée, poupée effrontée, mini-vamp, elle s'habille chez Balmain, danse sur le jazz de Henri Crolla, Hubert Rostaing et André Hodeir qui signent la bande sonore, caresse un cocker spaniel, serine à son mari « Un jour mon prince viendra » et séduit par vengeance le prince Charles (non, pas le M. Spock de Camilla) avec lequel elle s'évade en avion biréacteurs à Nice où elle déclenche un pugilat général ridicule avec de « modestes Méridionaux » mafieux. Elle fait dans cette farce moraliste étalage d'une panoplie de robes toutes plus sophistiquées et spectaculaires les unes que les autres, comme de chignons qui occasionnent quotidiennement des migraines à ses coiffeuses, et établit une complicité rassurante avec le spectateur, qui seul la voit croiser les doigts dans son dos, et auquel elle adresse même un clin d'œil à la fin. « Bardot ? J'adore ! s'enthousiasme Olivier Barrot, qui enseigne le cinéma à NYU, lorsque je lui demande comment il évalue le phénomène avec le recul. Elle était délicieuse dans les films de Boisrond. »

Est-ce parce que cette fois le mariage et la normalité viennent finalement l'emporter sur l'indomptabilité ou parce que le succès mondial irréfutable de *Et Dieu créa la femme* a finalement interpellé ses critiques ? *Le Figaro* fait semblant de se convertir, ironiquement : « Poupée ravissante, dotée des avantages d'une grande personne, bouche boudeuse, beaux yeux, nez mutin. Petit chef-d'œuvre. Et par-dessus le marché, elle parle. Un jour peut-être elle nous offrira l'équivalent de Marilyn, la poupée qui joue. » *Les Lettres françaises*, revue communiste dirigée par Louis Aragon, sont plus perspicaces : « Elle s'installe dans le mythe de son personnage avec une visible volupté. » Entourée aux studios de la Victorine de ses *hummies* (Trintignant, Jicky et Jeannine Dussart), une fois débarrassée de l'herpès causé par ce trac maladif qui ne la quittera jamais et qui l'avait fait surnommer « la fille aux boutons » par le réalisateur, elle avait adoré le tournage, Boisrond et ses partenaires, Charles Boyer et Henri Vidal, avec lequel elle espère former un duo à la Ginger Rogers et Fred Astaire.

Au lieu de quoi, sanctifiée et diabolisée à la fois par le triomphe planétaire de *Et Dieu créa la femme*, Vadim l'emmène en Espagne, loin de son Jean-Louis bien-aimé, d'abord à Madrid pour deux mois et demi en été 1957, puis à Torremolinos à la rentrée, par une chaleur insoutenable, pour *Les Bijoutiers du clair de lune* (*The Night Heaven Fell*), où elle s'aperçoit vite que son italien, s'il est utile, est aussi source de confusion. Elle se met derechef à l'espagnol, se morfond de l'absence de son amant, et négocie bientôt avec la production des allers-retours hebdomadaires Madrid-Paris en avion qui la terrorisent pour le retrouver tous les dimanches, unique jour de relâche. En fait, elle va adorer l'Espagne et la détester. Lors d'une confrontation entre l'équipe technique et la Guardia Civil franquiste, police militaire prête à tirer, chaque parti s'assénant des *que si, que no* sans cesse plus agressifs, elle désamorce le conflit en se mettant à danser la samba en roucoulant « *que si, que no, que si, que no* », scie à laquelle répond l'assistant Serge Marquand, bientôt reprise en chœur par tous les techniciens dont elle devient instantanément l'héroïne, au grand soulagement de Vadim (réalisateur) et de Lévy (producteur), soit l'équipe gagnante de *Et Dieu créa la femme* qui se voyait déjà faire connaissance avec les geôles de Franco comme Fernand Choisel, journaliste d'Europe n° 1 à l'occasion d'un Tour de France faisant étape de l'autre côté des Pyrénées.

Encouragée par Jeannine Dussart, qui tombe amoureuse (et enceinte) d'un des acteurs d'appoint espagnol, Brigitte séduit le comédien mexicain Gustavo Adolfo Krafeld Sarandi, dit « Rojo ». À quatre-vingt-huit ans, il s'en souvenait pour le quotidien mexicain *El Universal,* le 19 mai 2013 : « Ce fut une véritable romance. Nous nous sommes rencontrés à Madrid. J'arrivais de Mexico, où je venais de perdre ma femme, que j'adorais. Le trajet fut sombre, je luttais pour tenir le coup. J'allais en Espagne pour tourner *La guerre a commencé à Cuba*, et elle jouait dans *Les Bijoutiers du clair de lune* de Roger Vadim. Un soir, je suis entré dans un bar où elle se trouvait avec différentes personnes de sa production, dont un de mes amis. Il m'a dit que Brigitte Bardot souhaitait faire ma connaissance. Je n'en avais pas envie, parce que j'étais tellement bouleversé : mais il m'a dit que ça n'engageait à rien, et j'ai finalement accepté. Il faisait tellement chaud à Madrid que nos deux tournages se déroulaient la plupart du temps la nuit, souvent dans les mêmes lieux. Nous avons dîné à plusieurs reprises ensemble. Quand son tournage s'est déplacé à Torremolinos, elle m'a demandé de la suivre, et m'a donné un baiser. Une tornade de vingt-trois ans ! Je lui ai dit que ce serait impossible en raison de mon engagement. Elle m'a dit qu'elle partait et m'enverrait un message en arrivant. Le jour suivant, j'ai reçu un télégramme consistant d'un seul mot : "Viens." J'ai succombé. Qui pouvait dire non à une femme pareille ? Pendant plusieurs semaines, elle venait me rejoindre à Madrid et je partais à Torremolinos la retrouver. Ensuite, elle voulait que nous partions en Italie, mais j'ai dit non à la poursuite de cette aventure parce que vraiment, je souffrais trop de la perte de ma femme. Tous les acteurs français me demandaient comment je pouvais renoncer à cette relation, alors que tant d'entre eux rêvaient d'en faire autant. C'est pour cela que j'ai parlé à *La Stampa* et à *Paris-Match* en disant que nous n'étions que de simples amis. Elle ne m'a pas permis de surmonter la dépression, mais physiquement j'ai pu vérifier que ça marchait toujours. »

À Torremolinos, d'où elle ne peut plus rejoindre Trintignant, même épisodiquement, elle découvre le flamenco, la guitare espagnole, la danse gitane, la sangria, les nuits de fête, virus qui ne la quitteront plus. Comme le colibacille (aussi connu sous le nom de bactérie Ecoli) qu'elle contracte lors d'une inondation consécutive à une tempête qui coupe l'endroit, déjà isolé à l'est de Malaga sur la côte andalouse, du reste du monde pendant plusieurs jours, sans eau potable, électricité, ni médecin. Elle dort dans une couverture entourée de la ménagerie qu'elle a agrégée autour d'elle, constituée d'un bébé âne qu'elle baptise Roméo et de deux chiens bâtards, dont celle qui deviendra sa Guapa chérie, surnom (« jolie ») qu'ont donné les autochtones à la star mondiale échouée sur leur plage.

Mais le manque de confort lui pèse déjà, la distance aussi, et là, prisonnière de l'insalubrité, couverte de puces, elle en a soupé. Et malade, fiévreuse, tremblante, quitte d'autorité les prémices à pied, bientôt rattrapée par une voiture de la production qui finit par la conduire péniblement à Madrid, sans retour.

Lorsque le tournage reprend à Nice, aux studios de la Victorine en novembre, où Vadim doit en catastrophe reconstruire le village dévasté en décors et serrer tous ses plans, ça ne se passe pas mieux, une vachette noire que Brigitte doit toréer décédant devant elle à la suite d'une injection de calmants excessivement dosée. Crise inévitable.

L'intrigue ne l'exige pas toujours, mais Ursula, sortie du couvent pour s'immiscer au centre d'un imbroglio amoureux et d'une vengeance familiale tout méditerranéens, se retrouve très souvent en lingerie – sauf sous la douche. Ce qui ne peut pas ne pas émoustiller Lambert, qui cherche à tuer l'oncle chez lequel elle se case, et qu'il accuse d'être responsable du viol et de la mort de sa sœur (vous suivez ?). « Je ne suis pas comme tu crois. Je ne suis pas une femme. Je n'ai jamais eu d'amant. » Un temps. Puis : « Ce qui ne veut pas dire que je n'ai pas envie d'en avoir un. » Ça, c'est Brigitte, autant qu'Ursula. Le problème, c'est que Lambert est d'accord, mais pas la tante, dont il est déjà l'amant, justement. Comme on s'en doute, ça finira mal, malgré une fuite dans les grottes troglodytes des Gitans andalous, Brigitte fusillée dans le dos par la Guardia Civil au funeste look franquiste, et pas seulement parce qu'elle se bat rageusement avec Lambert pour l'empêcher d'égorger un petit cochon noir. Cette espèce de thriller d'apparence un peu fade qui se serait voulu égrillard n'emballe ni les foules ni la critique lors de sa sortie, le 16 avril 1958, malgré une très belle cinématographie, des couleurs et des décors superbes, ainsi qu'une louable authenticité.

Nonobstant cet échec, Vadim la dissuade alors de tenir le rôle de Cécile dans l'adaptation cinématographique du pendant littéraire de *Et Dieu créa la femme* : *Bonjour Tristesse,* qui se tourne lui aussi à Saint-Tropez. C'est qu'il voit plus grand, plus loin, lui. Il se rend avec Raoul Lévy à Miami Beach, au luxueux Fontainebleau (que chanteront Stephen Stills et Neil Young, qui accueillera les Beatles, où seront tournées des scènes cultes de *Goldfinger* et de *Scarface* – entre autres), un début de scénario de *Paris By Night* sous le bras, rencontrer Frank Sinatra, chez lui dans ce palace où il joue et accueillera deux ans plus tard Elvis de retour de l'armée lors d'un show sur ABC. Il doit y incarner un impresario alcoolique que sa femme tente de sauver de ses démons sur la musique de Cole Porter. Les négociations progressent, se poursuivent à Chicago où le crooner les invite le 25 mars 1958 à assister à un championnat du monde de boxe remporté par Sugar Ray Robinson face à Carmen Basilio, puis à l'enterrement à Forest Park, au terminus de la Blue Line de la Chicago Transit Authority, du mari d'Elizabeth Taylor, Mike Todd, dont l'avion s'est écrasé au Mexique. Au cours de deux heures d'entretien, Vadim convainc Sinatra de signer pour cette comédie musicale qui aurait certainement fait date. Mais Brigitte refuse une nouvelle fois de tourner aux États-Unis. Comme Old Blue Eyes ne veut pas venir en France, *L'Homme au bras d'or* perd celui de fer qu'il avait engagé avec notre caractérielle, et l'affaire est pliée. Il s'en dédouane avec son machisme soprano habituel : « Aucune importance. Les gens en auraient eu assez d'elle avant même que le film soit terminé. » Pas si sûr, *Frankie boy,* pas si sûr...

Brigitte repousse pareillement une offre du show télévisé de Bob Hope, préférant partir skier à Méribel. Elle récidivera à plusieurs reprises par la suite, victime de ce syndrome si français qui consiste à se contenter du très confortable marché intérieur (éventuellement étendu à l'Europe continentale), à être paralysé par une cour louangeuse qui a intérêt à circonscrire le périmètre des intervenants à ceux qu'elle connaît et maîtrise, absence d'ambition qui tient autant de la couardise, de la fainéantise que de la vanité autosatisfaite et, surtout, d'un manque de vision et de remise en question qui handicape tellement de talents français qui auraient pu envisager bien autre chose encore que ce qu'ils ont déjà eu d'épatant. Mais aucun comme Brigitte, taillée, si l'on ose dire, pour le monde, tant son rayonnement est irrésistible, et n'a pas besoin de mots.

Dans *En cas de malheur* (*Love Is My Profession, In Case Of Emergency*), tourné en décembre 1957 aux studios de Joinville, Claude Autant-Lara l'avait castée en femme fatale face à un monument français, Jean Gabin, peu enthousiaste à cette idée (« Cette chose qui se promène toujours toute nue ? Pas question, je suis trop vieux pour me ridiculiser »), sur un scénario adapté d'un roman du Liégeois Georges Simenon. Film noir assez scandaleux pour l'époque, puisque d'une morale douteuse : une cambrioleuse qui braque un vieux bijoutier avec un pistolet d'enfant pendant la visite de la reine d'Angleterre, amoureuse d'un blouson noir étudiant en médecine le jour et manœuvre le soir, se tape avec la bénédiction fatiguée de sa femme le grand avocat qui va la faire disculper grâce au faux témoignage d'un copain barman. Lucien Gobillot (Gabin) y passe par tous les états qu'engendrent ses contradictions et ses transgressions, barbon déstabilisé par l'apparition de cette sulfureuse sirène dans sa confortable vie de star du barreau. Deux instantanés de leur relation perpétuent depuis la légende de Bardot, imprimés dans quantité de livres, magazines, revues – et fantasmes – du monde entier. Le premier est le fameux plan coupé au montage où elle relève la jupe de son tailleur, pour exposer ses jarretelles et ses bas, révéler ses jambes prolongées d'escarpins ouverts à talons effilés, appuyant de trois quarts ses fesses sur le bureau de Gobillot auquel elle vient de proposer la botte en guise de paiement de ses honoraires. « Autant que vous en profitiez avant qu'ils me mettent en prison », provoque-t-elle le notable. Ouf ! À couper le souffle. « C'était très érotique, très insolent, dit dans un silence total. Il fallait que je remonte ma jupe devant Gabin, ça ne se faisait pas à cette époque. À un millimètre près, c'était très délicat. » Le second, c'est l'arrêt sur image de cette Aphrodite sortant de son bain, filmée de dos en traversant nonchalamment l'appartement avec une démarche altière, cul miraculeux, jambes parfaites et chevelure divine couvrant toutes ses épaules. Dans sa robe moulante qui met en valeur ses formes, elle préfigure la rousse ravageuse Joan Harris de la série rétro *Mad Men*.

Ici, curieusement, le noir et blanc et sa lumière irréelle, parfois blafarde, se révèle un tantinet cruel pour le visage de Bardot en Yvette Maudet à la coiffure de cagole, dont le profil étonnant évoque plus souvent Dalida ou Maria Callas que la beauté fascinante de *Et Dieu créa la femme*. Tantôt biche apeurée au regard brillant sous les projecteurs, tantôt princesse sublime dès qu'elle ferme les yeux d'abandon amoureux aux mains de Gabin ou sur son épaule, Brigitte surjoue, parle trop fort, crie tout le temps, et ne trouve le ton juste que lorsqu'elle s'énerve véritablement. Le reste du temps, elle fait l'innocente, irritante et écervelée, emportée dans deux types différents de ménage à trois. Celui, ponctuel, qu'elle offre à Gobillot pour fêter l'appartement du quai de Bourbon qu'il lui paie, avec la soubrette Janine ; l'autre, qui l'emportera, entre ses amants après qu'elle eut « découvert que je pouvais aimer deux hommes à la fois », fatale attraction. C'est que l'ombrageux Mazetti le sait, et compte bien là-dessus : « Elle n'est pas raisonnable, Yvette, et elle aime faire l'amour », ce qui en 1958 constitue de la part d'une femme une incroyable surprise, sinon tout à fait une faute. Ça ne l'empêche pas d'être sentimentale, lors de sa visite fatale à son amant dans sa pauvre chambre de l'hôtel du Midi, quai de Javel, d'où l'on entend de la musique arabe : « Je t'ai apporté le même chandail, pour qu'on soit pareils. » Elle ne sera pas récompensée de son élan de gémellité unisexe, tuée à coups de couteau dans un acte classique de vengeance masculine, qui préfère occire l'objet de sa passion plutôt que de risquer le perdre, ou de le partager, l'immortalisant ainsi. « Quand elle a voulu partir, je l'en ai empêchée », se contente de raconter Mazetti à la police qui découvre le cadavre d'Yvette, les cheveux étalés sur l'oreiller, regard fixe, immobilisée en parfaite Barbie.

Ce sera un gros succès, salué par une véritable émeute le 2 septembre 1958 à la Biennale de Venise, où Brigitte, qui avait peur que Gabin la trouve moche, ne lui rend rien. « Il y a des gens qui disent que je ne suis pas une actrice. Ils ne disent pas cela d'une manière très gentille. Mais en fait, je pense qu'ils ont raison. Je suis toujours la même, dans la vie comme à l'écran. Je ressens les mêmes émotions que je dois exprimer comme si je les vivais vraiment. Si dans une scène, je dois pleurer, je pleure et je ne sais plus comment m'arrêter. Je ne me mets jamais dans la peau du personnage. C'est le personnage qui se glisse dans la mienne », explique-t-elle finement au journaliste alsacien Marcel Haedrich, qui dirige alors la rédaction de *Marie-Claire*. Suspicieux avant le tournage, Gabin, que Brigitte a publiquement remis à sa place – et à sa génération (« Gabin ? Celui des films muets ? ») –, est conquis : « C'est une découverte. Elle est charmante, douce, amusante et loin d'être bête. C'est une professionnelle rigoureuse, pas versée dans les caprices et les coquetteries. » Edwige Feuillère, qu'elle cocufie dans le film, peu enthousiaste au départ (« Cette fille est impossible »), s'inquiète finalement pour elle : « Brigitte n'a pas confiance en elle. Elle doute de sa beauté et pense qu'elle manque de talent. Elle a besoin d'être aimée : nous l'avons aimée et tout s'est bien passé. » Autant-Lara est conquis : « Comme je le pensais, c'est une bête de cinéma, confie-t-il à François Chalais. Elle fera une grande carrière. »

Comme Simenon, Jean Dutourd est épaté par la performance de Bardot dans son « personnage de petite salope », alors que dans *France-Soir* France Roche célèbre celle qui « cesse d'être un phénomène ravissant pour devenir comédienne ». Ce qu'enregistrent les palmarès de *Ciné Revue*, qui la classe pour la première fois numéro un, comme celui de *Cinémonde* (où elle devance Jean Marais et… Gabin), de même que la profession, qui lui octroie une deuxième Victoire d'actrice de l'année, bien méritée pour ce rôle où elle se profile comme une équivalente européenne possible de Greta Garbo, Ava Gardner, Rita Hayworth, Lana Turner, Joan Crawford, les reines du film noir, prête à succéder à Marlene Dietrich.

Son film suivant exigera effectivement qu'elle assume ce statut, puisqu'elle doit y reprendre le rôle d'Éva Marchand réclamé par l'empreinte de Marlene dans la version noire de Josef von Sternberg avant-guerre (*The Devil Is a Woman*, 1935). « Le père Duvivier, que tout le monde appelait "Dudu", n'était pas à proprement parler un rigolo. Coiffé éternellement d'un chapeau, il passait son temps à mâchouiller sa langue ou à remettre son dentier en place. Cela ne retirait rien à son talent, mais je subodorais immédiatement que nos rapports seraient difficiles, sinon impossibles. » De fait, l'hystérie entourant le tournage à Séville pendant la Feria de Abril de cette transposition hasardeuse dans l'Espagne franquiste du chef-d'œuvre de passion torturée et maudite de Pierre Louÿs, *La Femme et le pantin* (*A Woman Like Satan*, *The Female*) comme les personnalités divergentes de Julien Duvivier, inspirateur de la Nouvelle Vague à travers *La Belle Équipe*, *Pépé le Moko* et *Un carnet de bal*, intransigeant, dur, et de Brigitte la scandaleuse, castée dans le rôle d'Éva l'allumeuse, rendront le tournage tendu au-delà du supportable. Elle sort d'une nouvelle tentative de suicide, doit encore une fois abandonner un amant à Paris (Raf Vallone), manque d'être étouffée et violée lorsqu'elle doit traverser la foule de la Feria entre les *casetas* et refusera tout net de tirer la langue dans une scène à laquelle Duvivier tient absolument. « C'est mal élevé, mes parents m'ont toujours interdit de le faire. » Elle se met en grève, testarde, retarde le tournage, refuse de céder aux pressions de l'ensemble de l'équipe qui tire collectivement la langue en espérant la convaincre que ça n'est pas très grave. Mais rien n'y fait, elle se bute et ne cédera pas, remplaçant cette irrévérence puérile par une grimace pas plus jolie, mais qu'elle trouve certainement moins « vulgaire », « commune ». Heureusement, il y a le flamenco, au centre du film, qu'elle apprend à danser avec facilité, sur le plateau comme à la Bodega, la boîte située au sous-sol de son hôtel. Son attaché de presse, Georges Cravenne, a alors la malencontreuse idée de l'emmener aux arènes assister à une corrida, qui la débecte. Christine Gouze-Rénal, sa productrice, ne fait pas mieux en la conduisant chez un bijoutier situé dans une impasse où elles sont attendues par des exhibitionnistes et des palpeurs. Et son partenaire, Antonio Vilar (Tyrone Power a refusé le rôle), lui démet la mâchoire en ne simulant pas la gifle inscrite au scénario, qui voit Éva humilier un riche manadier et ne s'offrir à lui qu'après l'avoir « déclassé » et pris une rouste en retour. Décidément, l'Espagne ne réussit pas à Bri-Bri, qui, toute en blondeur indécente, a du mal à incarner la beauté ibérique capricieuse, et dont la spontanéité et la franchise s'accordent mal à ce rôle de grande manipulatrice, qui seyait si bien à Dietrich, rompue aux rôles de femmes fatales, ou à la Marilyn de *Seven Year Itch* (*Sept ans de réflexion*). *Les Cahiers du cinéma* y voient « non pas un film de Duvivier mais un film de Bardot par Duvivier ». Le public, lui, en pleine bardolâtrie, vient toujours massivement pour elle, que ça plaise ou non à la critique.

Pour *Babette s'en va-t-en guerre* (*Babette Goes To War*), tourné début 1959 entre Paris, Londres et Sète, elle refuse cette fois toute scène dévêtue et fait entièrement réécrire par Gérard Oury le scénario sexy à la Mata Hari qu'on lui soumet initialement dans cette optique : « Les enfants ne peuvent aller voir aucun de mes films. C'est pourquoi je tourne *Babette* pour eux. Je veux que ce soit frais et gentil comme un livre d'images. J'en ai marre du sexe. Et de tout ce pour quoi on me fait passer. Je n'aime plus ça – et je pense que les autres doivent être nombreux à en avoir marre aussi. C'est mon premier film sans sexe. » Fraîche et gentille, elle l'est dans ce film de guerre, genre dominant des Trente Glorieuses, mais première comédie sur le thème. Ingénue comme souvent, pas mal dans ce rôle de « petite fille de Français moyens » sans éducation, naïve, nature, enjouée, maligne comme le sont les filles du peuple, reine de la démerde, rédemption accordée à titre individuel comme revanche sur l'iniquité sociale héritée de la monarchie. Les dialogues de Michel Audiard ne lui offrent pas autant de verbatim marquants que ceux de Vadim. On y repère seulement, dans la bouche de cette gaulliste idolâtre : « Le voilà, l'homme que je cherchais », à propos du Général exilé à Londres où elle se retrouve après le remorquage de l'embarcation à bord de laquelle elle cherche à fuir l'avancée des troupes allemandes avec les filles de Mme Fernande, qui déclare, bravache : « Les Allemands nous passeront peut-être dessus, mais pas sans payer. » On la voit descendre d'un taxi anglais, prémonition d'un futur avec Gainsbourg, et s'éprendre sur la musique de son ex, Gilbert Bécaud, de Jacques Charrier (révélé par *Les Tricheurs* de Marcel Carné, « un film que toute la jeunesse ira voir… et qu'il serait souhaitable de rendre obligatoire pour les parents ! »), jeune premier de la haute qui rêve d'en découdre avec l'ennemi et d'en faire une fin de race par alliance – il y parvient dans la vie comme dans le film : ils se marient le 18 juin, date symbolique. Quelle que soit sa beauté rebelle – incontestable, incomparable, insolente –, sa spontanéité, tout aussi irréfutable, le film appartient tout autant à Francis Blanche, irrésistible en Papa Schultz, grotesque chef paranoïaque de la Gestapo qui voit des complots partout, caricature surjouée avec délice, qui ne songe qu'à fusiller tout ce qui bouge « pan ! pan ! pan ! » et envoyer les indisciplinés en Pologne. « Bardot est une bombe faite pour exploser derrière les lignes ennemies », affirme la bande-annonce.

Le 29 août, elle est en couverture de *Jours de France* qui en feuilletonne l'intrigue avant la sortie, le 18 septembre, aux Rex, Moulin Rouge et Normandie, où avec Charrier elle reçoit deux mille enfants (on ne dit pas encore pré-ados) de douze à quinze ans pour assister à la première. Ce sera un triomphe, les familles comme la presse se félicitant qu'elle « soit capable de faire autre chose que de montrer la chute de ses reins », même si *Le Figaro* la traite encore de « Bé-bécassine ».

Voulez-vous danser avec moi ? (*Come Dance With Me*) de Michel Boisrond, auquel elle s'est abonnée, la présente pour Noël 1959 en Virginie Decauville-Lachenée, fille d'industriel mariée à un dentiste playboy, Hervé Dandieu (Henri Vidal), que font chanter une propriétaire de cours de danse, Anita Florès (Sylvia Lopez, la femme de Francis, vingt-cinq ans, qui mourra de leucémie avant la fin du tournage), son mari (joué par Dario Moreno, parfait) et un margoulin, Léon (Serge Gainsbourg, cheveu ras, tout en nez et oreilles proéminents, sournois à souhait pour son premier rôle). L'intrigue est parfaitement menée, rythmée, et conduit, fait rare à l'époque, dans le Paris canaille et interlope de la nuit (le Fétiche bleu, cabaret de travestis). BB, énervante et ravissante comme toujours, ballerines et taille de guêpe sanglée dans une ceinture noire, s'y fait traiter « d'espèce de Marie-Chantal » par son époux, y roule du cul comme personne, danse fantastiquement le mambo et le be-bop. Je ne sais pas si elle est une bonne comédienne, tant le consensus veut à tout prix qu'elle ne le fût pas, bien que je pense qu'elle l'a longtemps été, placée dans les bonnes conditions, mais quelle danseuse ! En jupe Vichy à carrés verts et blancs et haut noir ou en top tilleul, fichu et rouge à lèvres orange, au volant de sa Floride blanche décapotable et aux sièges en cuir rouge, lèvres pulpeuses et dents resplendissantes, choucroute et poitrine insolentes, elle rayonne tout en commentant sa propre condition (« Quand je suis toute nue, ça m'enlève tous mes complexes ») mais en disant ses limites à ses yeux : « On est toujours là à s'extasier sur le corps des femmes. Je trouve le corps des hommes beaucoup plus appétissant. » On ne voit personne d'autre, pourtant. Elle est déjà enceinte des œuvres de Charrier, et irradie la confiance en elle.

Une semaine après la mort de Henri Vidal, dépressif et foudroyé par une crise cardiaque, public et critique s'empressent d'accepter l'invitation à guincher. « Si l'intelligence consiste à connaître et à faire ce pour quoi l'on est fait, Brigitte Bardot n'est pas simplement la plus gracieuse, la plus simple et la plus modeste de nos actrices, c'est aussi de loin la plus intelligente », s'emporte la revue *Arts*. Jean de Baroncelli, dans *Le Monde*, compare son évolution à celle de Marilyn : « La comédie lui va mieux que le drame. »

Elle va aussitôt démentir cette affirmation. Et s'affranchir de Charrier, qui lui aurait conseillé de ne pas accepter le sombre scénario que sont venus lui proposer Raoul Lévy et Henri-Georges Clouzot lors d'un déjeuner à la Colombe d'Or, à Saint-Paul-de-Vence, pendant le tournage de *Voulez-vous danser avec moi ?* à l'été 1959. Pour *La Vérité* (*The Truth*), film noir (et blanc) inspiré du meurtre de son amant Félix Bailly par la tondue – et violée – Pauline Dubuisson, le vétéran Henri-Georges Clouzot (*Quai des orfèvres*, *Les Diaboliques*, *Le Salaire de la peur*, parmi tant d'autres films de l'époque classique) veut d'abord Trintignant, qui se casse une jambe au ski. Tout juste parturiente, Brigitte fait des essais avec chacun des candidats, mimant avec eux l'amour sous les draps de la brutale scène de sexe finale. Charrier s'inquiète, s'oppose à ce qu'elle le (re)fasse avec Trintignant, lui aurait demandé d'arrêter le cinéma. Elle aurait refusé, et, selon la presse de l'époque, Raoul Lévy aurait fait interdire Charrier de plateau, ce qu'il dément, affirmant être dans le Midi à ce moment-là (de fait, Lévy lui a interdit de venir visionner les rushes de Clouzot). Il en aurait fait une nouvelle tentative de suicide (en fait destinée à ne pas retourner à l'armée), ce qui ne facilite en rien un tournage déjà très tendu, qui débute le 2 mai 1960 sur un « plateau secret », aux studios de Joinville. « Il s'est installé comme un soldat à l'entrée du studio et a persisté à vouloir censurer mes scènes d'amour. Il pensait que je devais être moins expressive, faisant un foin avec mes partenaires », se plaignait-elle déjà quelque temps plus tard.

Clouzot s'adresse successivement à Laurent Terzieff, Jean-Pierre Cassel, Gérard Blain, Hugues Aufray en tee-shirt blanc, qui n'a pas enlevé ses lunettes : « Le rôle m'intéressait car il s'agissait de celui d'un jeune chef d'orchestre classique. Le morceau choisi pour le bout d'essai était *Le Sacre du printemps* de Stravinsky. Je le connaissais par cœur, c'était du gâteau pour moi, mon frère était lui-même chef d'orchestre, j'avais pu observer ses gestes, ses attitudes. Pour les essais suivants, au lit, Brigitte, adorable comme toujours, avec une grande gentillesse, a tout fait pour me mettre à l'aise, alors qu'il y a autour de vous quarante-cinq personnes qui sont à cinquante centimètres de vous. Mais j'ai renoncé parce que je ne supportais pas la méthode Clouzot. J'avais le rôle, mais il y a eu d'autres scènes, très violentes. Il était brutal, d'une grande vulgarité dans sa violence verbale. Même à l'armée, je n'avais pas connu ça. Au bout de trois jours, il était tellement odieux que je lui ai dit : "Soit je vous fous mon poing dans la gueule, soit je me barre." On ne me parle pas comme ça, je ne l'ai pas supporté. Je suis rentré à la maison en disant : "Je ne suis pas comédien." »

Jean-Paul Belmondo, lui aussi, passe les essais, mais s'agite trop pour faire un chef d'orchestre crédible. Il conserve toutefois un excellent souvenir de l'exercice : « Je palpais délicatement les seins de Brigitte, c'était merveilleux, la réalisation d'un rêve, non ? »

Bardot hérite finalement de Sami Frey, fiancé depuis deux ans à Pascale Audret (la sœur de Hugues Aufray !), jeune comédien de théâtre dont c'est le premier grand rôle au cinéma.

« Le domptage s'impose », dit-il à *Jours de France* : Clouzot trouve Bardot « très infantile », nerveuse, et exige qu'elle prépare ses scènes en lui faisant ingurgiter des tranquillisants dans un ou deux verres de whisky pour qu'elle paraisse véritablement désorientée. Leur relation est crispée. « Je ne veux pas d'amateur dans mes films, je veux une actrice. » Du tac au tac, elle lui rétorque, selon Vadim : « Et moi, je veux un metteur en scène, pas un psychopathe. » Excédé, à deux semaines de la fin du tournage, il lui écrase volontairement les pieds (mais contrairement à la légende ne lui a pas collé une mornifle). Elle lui en retourne toutefois une immédiatement. Et n'a jamais dit : « Vous saurez que moi, on ne me gifle pas », même si elle a pensé très fort qu'elle ne se laissait pas non plus marcher sur les pieds. Bardot n'est pas une mineure, et elle aura fait pour la libération des femmes tellement plus que revendiquer leur corps et ses désirs.

Toutefois, elle est malheureuse, et annonce à Pierre Rey pour *Paris-Presse* vouloir arrêter le cinéma, pour aussitôt démentir auprès de son confère Paul Giannoli, grand ami de Bécaud. Elle convoque Vadim au studio, et l'accueille, les pieds sur la table de maquillage, en peignoir ouvert, mangeant un sandwich œuf dur-laitue accompagné d'un verre de rouge, délaissant le caviar gris de chez Petrossian et la bouteille de Wibrowa sur lesquels Vadim se jette. Son rimmel coule à mesure qu'elle lui confie tomber une nouvelle fois amoureuse de son partenaire à l'écran, et ne savoir comment s'en empêcher, tout en se plaignant du traitement infligé par Clouzot. Si Brigitte n'est pas une authentique actrice, comme on le dit, elle en connaît en tout cas tous les tourments. « Je ressentais profondément les émotions jusqu'au bout, dira-t-elle à Bruno Ricard pour *TV magazine* à l'occasion de ses soixante-quinze ans. Pour cette raison, après *La Vérité,* j'avais tenté de me suicider. Ainsi, il m'arrivait de tomber vraiment amoureuse de mes partenaires. »

L'intrigue, minutieusement détaillée à l'aide de flashbacks, ne prête pas à la décontraction, ni à la rigolade, il est vrai. Dominique Marceau n'a que vingt ans, travaille au Spoutnik, adore Marlon Brando, danser le cha-cha-cha et le rock'n'roll, traîner dans les cafés avec ses copains bohèmes (Jacques Perrin, Claude Berri), lit Simone de Beauvoir (*Les Mandarins*) et se laisse draguer volontiers. Elle habite avec sa sœur Annie (Marie-Josée Nat), violoniste coincée et vacharde, que courtise Gilbert Tellier (Frey, donc), au strict look *Inrockuptibles,* jeune pianiste apprenti chef d'orchestre, sérieux, colérique et boudeur. Un jour qu'il vient l'inviter à un concert, il tombe sur Dominique, qui danse lascivement sur le ventre dans son lit au son de la musique typique à la mode, comme si elle se masturbait. « Moi, ça m'excite », n'hésite-t-elle pas à lui asséner. L'inévitable se produit – quoique plus tard – par jeu, croient-ils tous les deux alors. Mais Dominique est une jeune fille libre, inconséquente, qui travaille dans un bar et cherche seulement à s'amuser, alors qu'il est sinistre et uniquement préoccupé par sa carrière. Leur cohabitation est vouée à l'échec. « Tu ne penses qu'à ça, lui reproche-t-elle. Y a pas que ça dans la vie. Entre la musique et ton plumard, je n'en peux plus, j'étouffe. » Quand elle réapparaît, trois jours plus tard, elle porte la chemise d'un autre, ce que Gilbert ne supporte pas, comme il ne supporte pas qu'elle fasse la fête avec son patron Ludovic Toussaint qui l'a emmenée en voiture de sport à Saint-Eustache : Gilbert les surprend au petit matin et rompt, alors qu'il s'agit d'un malentendu, comme dans toute bonne tragédie, d'Aristophane à Shakespeare. Pour Dominique, soudain dépendante, c'est le début de la descente aux enfers, punition qui attend toujours toute femme attentant à l'ordre établi de la société patriarcale. Elle fume, se terre dans sa chambre d'hôtel, passe la nuit gare de Lyon. Elle drague dans les bars, se prostitue. Pendant ce temps, la sage Annie se fiance à Gilbert. Passant devant une vitrine d'électroménager, Dominique le découvre dirigeant *L'Oiseau de feu* de Stravinsky avec un grand orchestre à la télévision, qu'elle suit depuis la rue, comme le faisait Patrick Sébastien enfant en Corrèze devant *La Piste aux étoiles*, rêvant déjà du « Plus grand cabaret du monde ». À trois heures du matin, ne trouvant pas le sommeil, elle se précipite chez Gilbert en taxi. Elle est blafarde, sans maquillage, apparaît défaite, le supplie de sa voix inouïe, s'afflige.

« Tu es belle, égoïste, impudique, immorale, indécente, menteuse », lui souffle-t-il. Il la baise, puis la jette au matin. Elle se fait renverser par un autobus. Lorsqu'elle revient et grimpe de nouveau jusqu'au deuxième étage en évitant la concierge cerbère (Jackie Sardou), c'est avec un pistolet. Elle le supplie, s'agenouille, menace de se suicider : « Je vais te laisser tranquille pour toujours. Dire que je t'ai trouvé beau. Tu es moche, moche, moche. C'est pas de ma faute si je t'aime. » Il l'insulte, l'humilie, la projette contre la porte d'entrée en lui intimant de foutre le camp. Elle sort l'arme, et tire. Deux fois. Il tombe. Elle tire encore quatre fois. Retourne l'arme contre sa poitrine. « Clic. » Le chargeur est vide. Elle fond en larmes, puis est prise d'une crise de fou rire hystérique.

Retour au procès, sans merci, ni de la part des avocats ni des protagonistes. « Il t'épousait pour repriser ses chaussettes. Il ne t'a jamais fait l'amour, pas une seule fois », envoie Dominique à son accusatrice, sa rivale, sa sœur. « Je ne pensais qu'à me suicider, je voulais me tuer oui, pas lui, moi », explique-t-elle au tribunal. « Je voulais mourir, mourir, mourir. C'est la vérité, la seule. » Elle crie son amour pour Gilbert comme s'il suffisait à la disculper, comme si la mort le parait de toutes ces qualités qu'il n'a jamais eues. « J'ai été bête, méchante, pleine de défauts, et il m'a aimée quand même. Maintenant je ne le verrai plus, vous comprenez. Vous voulez juger, mais vous n'avez jamais vécu, jamais aimé. C'est pour ça que vous me détestez. Vous êtes tous morts. » Dominique, dans ces moments de crise, de cris, de déchirement, de désespoir absolu, c'est Brigitte, plus qu'elle ne l'a jamais été à l'écran, sans doute. Oui, mais voilà, comme souvent, c'est trop bête : « On ne s'est pas aimés au même moment. »

Le procès, qui sert de fil rouge au film, reste un

immense moment de cinéma. Face à Charles Vanel, Paul Meurisse et Louis Seigner (grand-père d'Emmanuelle et de Mathilde), Brigitte est absolument parfaite, faisant la critique de la morale, l'éloge de l'amour, passionnée et hystérique comme il se doit, paumée, légère et on ne peut plus lourde à la fois. Présente. Elle-même, plus nue que sur les plages de Saint-Tropez. Elle estime ne pas relever de l'hypocrisie bourgeoise qui préside à la justice d'un pays encore figé dans la stupeur et la culpabilité de l'Occupation, de la collaboration et qui a éteint l'euphorie de la Libération en tentant de restaurer l'ordre antécédent, au point qu'elle transforme un crime passionnel en jugement d'un système, en remise en cause d'un ordre établi par une génération un peu perdue, qui veut jouir tout de suite d'une vie qu'elle n'accepte plus et qui ne satisfait pas ses aspirations. Dominique/Brigitte oppose son errance volage, son insouciance, son libertinage, la liberté et l'exigence de son corps, à ceux, constitués, qui le condamnent : la famille, la police, la justice, l'opinion.

Le rôle, le numéro sont éprouvants, comme l'est le mal-être de Jacques Charrier, qui sent sa dulcinée lui échapper, dont la presse se fait l'écho de la tentative de suicide, qu'elle ne sait pas tactique. Comme Dominique dans sa cellule, Brigitte, jeune maman pourtant, fait elle aussi une tentative de suicide, atteinte par la dureté du tournage comme par le marasme de sa vie plus du tout privée, victime d'un BB blues constituant, mal de vivre dont elle ne se départira jamais. Si elle est aussi superbe et vraie dans l'hystérie de cette scène du procès, c'est parce que, à l'instar de *Et Dieu créa la femme*, quoique très différemment, elle y est exactement elle-même : révoltée, rebelle, scandalisée, individualiste, altière, comme le sont les beatniks, le seront les rock stars, mais aussi les survivalistes américains, autant de qualités formidables dans le cadre d'une libération globale, qui deviendront spectaculaires moteurs d'un repli identitaire à venir plus tard.

« Gilbert m'a aimée, vous tous, vous ne m'avez pas aimée », hoquette-t-elle, avant de conclure sa diatribe par un râle animal et de s'effondrer. L'équipe de tournage, les comédiens, stupéfaits du réalisme de sa performance, marquent un temps de silence suspendu, puis tonnent d'acclamations. Brigitte Bardot vient de montrer bien plus que sa chatte – son con, dit-on encore alors – à la caméra et au public : son âme, le secret de son être, qui s'emportera, s'indignera, et se révélera dans toute sa majestueuse solitude, lorsque ayant finalement mis en œuvre sa menace proférée pour la première fois aussitôt le tournage de *La Vérité*, elle conclut d'arrêter le cinéma pour se consacrer à « sa ferme rêvée », ce bestiaire monstrueux qui la dévorera, elle fera une nouvelle tentative de suicide. « Je n'ai pu faire cette scène qu'une fois parce que c'était très dur. Il a fallu me mettre dans un état de détresse profonde. Clouzot me disait des choses épouvantables comme : "Ta vie ne servira à rien." *La Vérité* m'a demandé de faire ressortir des trucs négatifs en moi, d'aller au plus profond de sentiments qui m'ont donné un tel choc émotionnel que la vie ne valait plus la peine d'être vécue après. Ce film m'a démolie. »

Lorsqu'il sort, le 2 novembre 1960, *Jours de France* titre en couverture : « Une grande tragédienne, BB ». « Jamais peut-être, dans toute l'histoire du cinéma contemporain, un rôle dramatique n'aura autant exigé de son personnage. Jamais peut-être une tragédie filmée n'aura pareillement marqué sa créatrice d'une telle empreinte, au point de transformer sa vie, sa réalité quotidienne en un prolongement étroit du drame qu'elle jouait », écrit Yves Salgues, chroniqueur héroïnomane, ami de Gide, Aragon et Breton. *L'Humanité,* bien inspirée, reconnaît là une certaine forme de documentaire réaliste sur la femme derrière la star, « révélant une excellente comédienne ». *Le Monde* est pareillement laudatif, saluant particulièrement les qualités du scénario et la mise en scène, qui n'échapperont pas à Hollywood, où *La Vérité* sera nommée pour l'Oscar du meilleur film étranger. Malgré ses relations tendues avec son réalisateur, Bardot lui garde une tendresse particulière et lui conserve une place de choix dans sa filmographie si bigarrée : « C'est mon film préféré. *La Vérité* a été le tournant de ma carrière, le premier rôle dramatique que j'ai interprété. » Le seul qu'elle chérit, au point de se l'être fait enregistrer lors de sa diffusion sur Canal Plus en 1990 (c'était avant les DVD, Youtube, Megaupload et les offres en ligne de *cinema on demand*).

C'est la première fois qu'elle figure en vedette au générique de la plus grosse entrée de l'année en France (contrairement au reste du monde, où *Et Dieu créa la femme* fit l'événement et battit des records pour longtemps, comme les Beatles le feront au Shea Stadium et *Titanic* dans les salles obscures).

Ayant quitté Jacques Charrier pour Sami Frey, été trahie par son majordome qui vend les secrets de son intimité ménagère à la presse et après cette tentative de suicide le 28 septembre 1960 dans les Alpes-Maritimes, Brigitte reprend les tournages en décembre à Villard-de-Lans en compagnie de Vadim, appelé à la rescousse au bout d'une semaine de tournage tourmentée avec Jean Aurel, puis Claude Sautet, puis Aurel et Vadim à nouveau, pour *La Bride sur le cou* (*Please, Not Now !*), réalisation chaotique qui donnera lieu en janvier à une procédure qu'Antoine de Baecque qualifiera de « procès de la Nouvelle

Vague », qui opposera Vadim, Louis Malle et Brigitte (qui l'emporteront) à Truffaut, Godard et compagnie, qui prennent parti pour Aurel et le cinéma d'auteur, « spolié par une approche commerciale », comme s'en plaint Truffaut dans une lettre du 9 janvier 1962 à Helen Scott, où il annonce être « en guerre avec Vadim qui a volé le film de quelqu'un d'autre, celui de Bardot que Jean Aurel tournait depuis trois jours ».

Cette comédie légère à l'américaine, initialement conçue pour le couple Bardot-Charrier, convient à sa vedette convalescente. Brigitte y joue Sophie (décidément), un top model en passe d'être trompé par son compagnon photographe, qui utilise toute la panoplie nécessaire à le reconquérir, complotant le meurtre de sa rivale et séduisant tous les hommes de passage pour espérer susciter sa jalousie. Partie le défier aux sports d'hiver, elle finit par céder quand même à celui qu'elle instrumentalisait et avec lequel elle devait se contenter de faire semblant, « copain-copain ». Une opportune avalanche viendra déclencher le *happy end* en laissant chacun à sa chacune – et inversement. Brigitte se prélasse dans un hamac, porte un casque colonial, fait du karting, du ski, l'amour, montre ses fesses, ses seins, conduit une 2 CV en véritable danger public qui ne regarde jamais devant elle (autorisant un générique loufoque en accéléré qui produit à l'époque un effet comique qui inspirera ceux du même véhicule piloté par une bonne sœur dans *Le Gendarme de Saint-Tropez*).

Mais elle est séparée de son nouvel amant, ce qui induit toujours une souffrance très particulière chez elle, et supporte mal la présence de la jeune nouvelle compagne blonde de Vadim, Catherine Deneuve, dix-sept ans, qu'elle trouve « nunuche » et copieuse. Après l'accueil de *La Vérité,* le film remporte un beau succès, mais ne présente pas grand intérêt en lui-même, ne seraient quelques séquences torrides comme seul Vadim sait en arracher à son ex (cul nu de dos, sans culotte dans une tunique transparente, etc.). Celle où elle danse en sortant du bain irrite au plus haut point les ligues de vertu (même si en réalité elle porte un collant fin couleur chair). L'Office catholique du cinéma français appelle au boycott de ce film à « l'indécence purement gratuite et inutile ». François Nourissier, pourtant pro-BB, se demande dans *France-Observateur* : « Le bardolâtre y trouvera son compte. Mais le cinéphile ? » Le spectateur, de son côté, est ravi, et fait le bonheur des exploitants. Pour la quatrième fois, Brigitte domine le classement de *Ciné Revue*, devançant – excusez du peu – Elizabeth Taylor, Sophia Loren, Gina Lollobrigida et Jeanne Moreau !

En novembre 1961, dans le film à sketches de Michel Boisrond *Les Amours célèbres* (*Famous Love Affairs*), BB incarne Agnès Bernauer, villageoise d'Augsbourg qui épouse en secret le prince de Bavière (un Alain Delon sortant de *Plein soleil* et de *Rocco et ses frères,* « bluffé et ébloui »), aussitôt déshérité. Jalouses, les dames de la cour la font arrêter pour sorcellerie (« Moi, j'ai la vie dans le corps, les nargue-t-elle, avec le plaisir »), ce qui lui vaut de finir dans la rivière, corde au cou, emportée par le flot dans les bras de son amant venu tenter de la sauver à la nage. Dans ce drame romantique situé au XVe siècle, étrangement dialogué par Jacques Prévert et on ne peut plus lent, BB semble empruntée en costumes d'époque mais jamais dans celui d'Ève, traversant de dos une rivière, assez mal éclairée, ne redevenant elle-même qu'en chemise blanche dans la principale scène de baiser avec Delon, qu'elle trouve alors déplaisant en jeune coq attendant son heure alors qu'elle rejoint discrètement le comédien corse Pierre Massimi (qui connaîtra plus tard la notoriété grâce au feuilleton

Belle et Sébastien). Le casting est truculent, avec Pierre Brasseur en ancêtre de l'« Aqualung » de Jethro Tull dans le rôle du Grand-Duc, Suzanne Flon, Jean-Claude Brialy, Jacques Dumesnil. Les autres sketches assurent le succès de l'entreprise avec une affiche qui ressemble à un *Who's Who* du cinéma français du moment : Jean-Paul Belmondo, Michel Galabru, Annie Girardot, Edwige Feuillère, Marie Laforêt, Philippe Noiret, etc.

Son aventure suivante sera plus ambitieuse, et lui fait retrouver une connaissance, puisque Louis Malle, héraut de la Nouvelle Vague, a aussi vécu avec sa sœur Mijanou. Auréolé du succès de *Zazie dans le métro*, celui-ci est interrogé par la TSR, intriguée de voir la plus grande star mondiale débarquer à grand bruit à Genève à l'été 1961. « On m'a demandé si je voulais faire un film avec Brigitte Bardot. Nous avons alors écrit avec Jean-Paul Rappeneau un scénario pour elle, à partir de sa vie personnelle. Je crois qu'elle est le contraire d'une comédienne, mais qu'elle a un naturel extraordinaire. Brigitte, c'est véritablement un personnage qui ne peut pas mettre le nez dehors sans être aussitôt oppressée par la foule et les gens qui l'empêchent de vivre. Elle se sentait très concernée par cette partie du film. La scène du suicide la gênait profondément. Et une autre scène, qu'elle a vécue de manière encore beaucoup plus violente dans la réalité, est absolument authentique. Elle rendait visite à une amie dans une clinique et se retrouve dans un ascenseur avec une infirmière qui lui plante à plusieurs reprises dans le bras la fourchette du plateau-repas qu'elle apporte, hurlant : "Mon fils fait la guerre en Algérie pendant que vous gagnez votre vie en vous déshabillant !"... À la fin, elle se projette dans ce qui pourrait être. Ça la délivrerait. C'est ce que les psychologues appellent les psychodrames dont ils font parfois jouer les personnages par leurs patients pour les délivrer. Je suis sûr qu'elle se sent mieux après ce film qu'avant. »

Jean-Paul Rappeneau, à l'origine parti de la pièce anglaise à succès de Noel Coward, *Private Lifes* (*Les Amants terribles*), racontait à la revue *Cinéma 62* comment l'affaire s'est emballée quand Christine Gouze-Rénal lui a suggéré, ainsi qu'à Malle, de faire plutôt un film sur Brigitte elle-même : « Si on fait un film sur elle, si on parle d'elle, de ce qu'elle représente, ce phénomène unique, là on parle de notre époque. C'est intéressant. » Le premier autobiopic, autofiction précédant – inspirant ? – *A Hard Day's Night* (*Quatre garçons dans le vent*), *Alice's Restaurant*, *The Greatest*, *Purple Rain*, *In Bed With Madonna*, etc. « Un film avec Bardot, parlant de Bardot. Elle en sera l'actrice et le sujet. »

Sa *Vie privée* (*A Very Private Affair*) ainsi étalée à l'écran comme elle l'était déjà dans les pages des magazines depuis maintenant six ans, elle la revit effectivement comme une thérapie. Paradoxalement, alors qu'il illustre, étale et met en scène assez pornographiquement – au sens d'exhibitionnisme – sa réalité, ça reste avec *La Vérité* son film d'elle préféré. « Louis Malle a réussi à sortir le meilleur de moi. » Et procédé à un exorcisme pour elle qui déclarait en 1960 : « Mon âme ne m'appartient plus. Pour moi, le vedettariat est un monstre. Si je veux sentir de l'air frais chez moi, je ne peux pas ouvrir la fenêtre, parce qu'il y aura un photographe assis sur le toit d'en face. » Avec Marcello Mastroiani, auréolé du succès de *La Dolce Vita,* son partenaire auquel elle a posé un lapin lors de leur premier rendez-vous d'avant-tournage pour partir en week-end avec des copains, ça ne colle pourtant pas, et cela se ressent tout au long d'un film qui ne s'emballe vraiment que lors de ses dix dernières minutes. Il est vexé d'être ignoré par les badauds et par la presse, éclipsé. De plus, il ne l'attire pas, ce qui constitue toujours, pour elle, un problème. Malle est pourtant bluffé par le monstre qu'il exhibe, ainsi qu'il s'en souvenait pour Catherine Rihoit : « Dans *Vie privée*, je lui ai fait faire des choses très difficiles. Je l'ai fait grimper sur des toits alors qu'elle avait un vertige épouvantable. J'ai toujours eu du respect pour son travail de comédienne. Il y avait en elle un côté très *trooper,* brave petit soldat, quelqu'un qui veut vraiment remplir sa tâche, travailler. C'était quelqu'un aux dons naturels, avec une réelle spontanéité, et cette présence extraordinaire. Non seulement elle était un objet mythologique, mais elle vivait elle-même dans un univers mythique de copains qui n'étaient pas toujours très intéressants. Ça me posait un problème. Je l'aimais beaucoup, je la trouvais intelligente, très vive, avec énormément de bon sens et un merveilleux sens de l'humour. J'aimais beaucoup sa compagnie mais, pour parvenir à la voir, il fallait passer à travers ce cercle de gens qui n'étaient pas passionnants. Des gens très gentils, mais un peu des parasites. »

Le tournage en débute effectivement à Genève, ville bourgeoise et coincée, où Brigitte n'est pas particulièrement la bienvenue. Dès le premier soir de tournage, dans un passage couvert rupin, une vioque emplumée lui crache à la figure devant toute l'équipe et elle se voit insultée par les ligues de bienséance qui demandent qu'on l'expulse avant qu'elle ne corrompe la bonne morale et l'ordre suisses. Elle est Jill, jeune fille française et riche qui s'ennuie parmi les amis cultivés de sa mère, dont l'amant de celle-ci, l'intellectuel italien Fabio Rinaldi, qu'elle ne semble pas calculer plus que ça. Le charme discret de cette bourgeoise internationale s'étend et s'entend du quai de la Rade où elle fait nonchalamment du canot à moteur parmi les plaisanciers jusqu'aux abords bucoliques de la villa du Léman où elle a grandi et réside avec sa mère veuve. Belle à en pleurer en jeans, pull et regard frais comme une incarnation de la Nature toute-puissante elle-même, elle danse, s'adresse aux animaux (« Salut la chèvre »), fait du vélo, croise sans le savoir Gunter Sachs et s'impatiente. Montée à Paris avec un Dick de son âge qu'elle croit aimer, Jill y danse encore sans entrain, détonne, se morfond, gifle son instructeur, pose pour des magazines et en quelques mois devient la star de cinéma dont le quotidien dément et morose se confond avec celui de son interprète. « Entre ce visage et cette machine, s'est passé quelque chose de mystérieux qui en a fait un monstre sacré », pontifie une voix off très Nouvelle Vague à propos du rapport surnaturel de l'étoile et de la caméra, dont Malle tente de tirer le maximum dans sa recherche de cinéma-vérité. « Le film tel qu'il est tire trop d'avantages de la présence de Brigitte, reconnaissait-il aussitôt après le tournage, de cette émotion à l'état second, de cette confrontation, si j'ose dire, entre elle et elle. Pour jouer certaines scènes, elle était en état de rébellion, parfois certains mots sortent d'elle avec une telle violence. » La fameuse scène de l'ascenseur constitue le véritable pivot du film, spectaculaire recréation, même si l'intrigue – assez décousue, le storytelling n'a rien de grec ni d'américain – n'en accuse pas particulièrement réception. Les mots de la femme de ménage – son ton – sont durs, cruels, méchants, injustes, populistes, haineux, mais reflètent parfaitement, au-delà d'un incident avéré de la vie réelle de Brigitte, ce que pensent nombre de femmes qui jalousent cette supposée voleuse de maris, fût-ce seulement dans leurs rêves inavouables et le secret de leurs toilettes.

« J'en ai assez de voir votre tête partout, j'en ai assez de toutes vos histoires. Est-ce que vous n'allez pas bientôt leur foutre la paix à tous ces pauvres garçons, ils ne vous ont rien fait ? Laissez-les vivre. Vous n'allez tout de même pas coucher avec la terre entière. Mais qu'est-ce que vous êtes donc ? Une chienne ? Oui, voilà, une chienne ! Une garce. Sans respect, sans pudeur. Ça gagne des millions pour se montrer à poil, et pendant ce temps-là, mon frère, il est en Algérie. Ah ça, ce sont des choses qui se paieront. Les traînées, on n'aime pas ça. »

Brigitte est évidemment affectée par cette haine gratuite, ce glissement de ressentiment, de frustration, de souffrance, dont elle est devenue le bouc émissaire, dont la seule existence, projetée sans cesse à la une, suffit à la désigner, particulièrement en France et dans l'univers francophone, comme le lui rappellent les méchantes bourgeoises genevoises aigries. « On dit que je suis nocive pour la jeunesse, que je donne un mauvais exemple. On dit que je n'ai pas de cœur, que je me comporte de manière incorrecte. On m'accuse d'être une voleuse de maris. Où que j'aille, j'ai le sentiment que les gens se moquent de moi, me détestent ou me déshabillent du regard. Ils pensent que je suis la même fille dans la vie que celle que je suis à l'écran. »

C'est pourtant le sujet de *Vie privée*. S'ensuivent des scènes de délire collectif et de foules étouffantes typiques de la Beatlemania sur le point de déferler, qui lui font haïr son statut et sa notoriété. Après un évanouissement provoqué par l'intensité de l'adulation d'une foule encore plus incontrôlable que les autres que la police ne parvient pas à contenir (comme celle réellement vécue à Venise), Jill/Brigitte s'enfuit à Genève en voiture avec son assistante, déguisée sous une perruque brune pour tomber dans les bras de

Fabio, qu'elle n'avait jamais cru aimer, mais auprès duquel elle espère retrouver la sérénité d'avant la notoriété. « Je me croyais amoureuse. À chaque fois », lui confie-t-elle en lui racontant ses malheurs de star traquée, frustrée et brutalisée par la gloire. « *Vous êtes une mauvaise actrice, mademoiselle.* Ils croyaient me faire de la peine. Comme si je voulais être Sarah Bernhardt ! » Elle s'imagine que l'amour va la sortir de là, comme une gamine insécure et incomplète : « Si tu m'aimes, je me sens forte. Si tu ne penses plus à moi, je n'existe plus. » Et suit son nouvel amour à Spoleto, près de Pérouse, dans les Apennins, où la pièce de Kleist qu'il a traduite (*La Petite Catherine de Heilbronn*) se donne en plein air, dans un décor de rêve à la *Dolce Vita*, pour la clôture du tout récent festival des Deux-Mondes. Évidemment, en grand chapeau de paille, lunettes noires et crinière léonine, elle y crée l'événement, et la traque reprend aussitôt, au point qu'elle ne peut se mettre un instant dans l'axe d'une fenêtre sans être aussitôt shootée par les photographes qui squattent les toits et les appartements voisins, en miroir exact de sa véritable existence de gibier traqué.

Jaloux, minoré, Fabio ne le supporte pas, et la cloître, comme la Haute Culture méprise la culture populaire et aimerait le faire. Si dans un premier temps elle s'occupe en jouant de la guitare et en chantant son fameux « Sidonie a plus d'un amant » dans la salle de bains de l'hôtel, en écoutant du rock'n'roll et du rhythm'n'blues sur un « pick-up » et en apprenant le poker avec Alain, un ami photographe parisien retrouvé là par hasard, elle explose rapidement. « Je m'en fous des gens, tu comprends pas... » Interdite par son amant d'assister à la représentation pour ne pas en détourner l'attention et lui voler la vedette autant que par désir de la protéger, elle se faufile sur les toits pour y communier malgré tout. La nuit tombée, elle est surprise au détour d'une cheminée par le crépitement du flash d'Alain, qui l'éblouit. Elle dérape, et tombe dans le vide dans une *slow motion* interminable sur fond de *Requiem* de Verdi qui semble la délivrer de ses chaînes plutôt que l'entraîner dans une fin dramatique. L'élévation dans la culture plutôt que la chute dans la popularité, y liront les critiques marxistes et les zélotes de la Nouvelle Vague.

Projetée à minuit au cinéma La Pagode, le 31 janvier 1962 à un parterre sélect prévenu au dernier moment comme pour un flash mob, *Vie privée* a tellement atteint Brigitte qu'elle refuse finalement d'y assister, comme le rapportait sa productrice à *Ciné Revue* : « Tous ces gens qui m'auraient vue toute nue, jusqu'au cœur, plus nue qu'on ne m'a jamais vue dans mes premiers films. Je ne pourrais pas le supporter. » Pas très certains de ce à quoi ils assistent dans cette mise en abyme précédant *Le Mépris, La Nuit américaine*, le *Larry Sanders Show* ou *30 Rock,* critiques et spectateurs en retirent une impression mitigée, le scénario flottant et les dialogues sur le vif déroutant quelque peu ceux qui ne savent quoi faire de ce docufiction avant l'heure. À Jean Cau, pour *L'Express*, elle confie : « Je me dis que le temps passe et que je suis bouclée, en prison derrière un visage. » Malle aussi est impressionné : « Il y a, si vous voulez, en Brigitte Bardot trois personnages différents. C'est une espèce de Trinité. Il y a d'abord Brigitte, la personne physique, puis Brigitte comédienne, et enfin Brigitte, un mythe prodigieux, qui décale tout le problème. On part d'une femme et on aboutit à une divinité. »

Jacques Chancel l'interroge le 5 février 1970 à ce sujet sur France Inter dans un *Radioscopie* qui lui vaudra le prix Ondas qui consacre la meilleure émission de radio mondiale. Elle lui répond avec cet aplomb et ce bon sens qui la caractérisent : « Je suis, selon le metteur en scène qui m'emploie, une bonne ou une mauvaise comédienne. Je crois que je porte en moi tout ce qu'il faut pour être une bonne comédienne. Mais si quelqu'un ne sait pas le faire sortir de moi-même, moi-même je ne peux pas le donner toute seule. Il faut savoir m'expliquer avec nuance et savoir me dire exactement ce que je dois faire. À ce moment-là, je sais le faire. Mais toute seule je n'y pense pas. » En 2009, à son ami Henry-Jean Servat pour *Madame Figaro*, Brigitte avouera : « Je ne suis pas comédienne pour un rond. Je jouais simplement ce qu'on me demandait d'interpréter. Et je souhaitais bien le faire. Je donnais donc le meilleur de moi-même, parfois jusqu'à l'épuisement physique et moral, et c'est bien pour ça que j'ai tenté de me foutre en l'air après avoir tourné *La Vérité*. »

Elle retrouve ensuite Vadim pour *Le Repos du guerrier* (*Love On a Pillow*) adapté du récent roman sulfureux de Christiane Rochefort, salué par le prix de la Nouvelle Vague. Comme déjà après *La Vérité*, elle annonce ses adieux au cinéma : « C'est mon dernier film. J'ai promis à Vadim de le faire avec lui. Ma décision est irrévocable. » Elle semble de fait s'ennuyer quelque peu avec son partenaire, Robert Hossein, ami que Vadim a préféré à Jean-Paul Belmondo pressenti, casté dans le rôle de Renaud, son dépravateur, alcoolique, violent, suicidaire. Lent, assez pesamment existentialiste, le film possède déjà la lourdeur sentencieuse qui caractérisera les futures productions de Hossein, notamment dans son monologue final, tellement appuyé et chargé d'une émotion si débordante qu'elle en devient embarrassante comme un prêche illuminé ou une supplique déchirée.

Le tournage, commencé le 5 février à Boulogne-Billancourt, se poursuit à Florence, où Brigitte se délecte de ce retour en Italie, où pourtant l'*Osservatore Romano* la tance, dans cette Toscane qui l'enchante, contrairement au scénario, vidé de la force du roman, qui en fait une héritière bourge dévoyée, soumise, boudeuse, la plupart du temps en vert sévère sur la musique de Michel Magne, sauf lorsqu'elle s'étend, nue, voluptueuse, devant un feu de cheminée, avant d'être surprise par celui qu'elle vient de sauver par bonté d'âme, qui jette sans joie sa chemise de nuit dans le foyer. Comme le dit *Le Parisien libéré*, « reste Brigitte Bardot. Une fois de plus, elle déroute l'analyse. » *Le Monde* sera indulgent, le public enthousiaste malgré (ou grâce) à l'interdiction aux moins de dix-huit ans (près de trois millions de spectateurs payants), elle dont on disait, à ses débuts, qu'elle n'avait pour elle que son cul…

Elle reçoit initialement Godard sans enthousiasme avenue Paul-Doumer, intimidée et dubitative aussi. Elle n'apprécie guère les intellectuels dépenaillés. La lecture du roman d'Alberto Moravia qui inspire *Le Mépris* (*Contempt !*) emportera sa décision malgré tout. Le 12 avril, elle est à Rome, où les gags de tournage commencent et ne s'arrêteront plus avec une équipe espiègle qui s'entend comme larrons en foire. Avec Godard, infatué d'Anna Karina qui est en train de lui échapper, les rapports sont plus difficiles. Il la contraint à forcer sa nature, à changer d'apparence. Elle se réfugie parmi son encombrant et surprotecteur entourage, se heurte aux paparazzi rendus célèbres par *La Dolce Vita*, ne sait pas trop ce qu'elle fait dans ce film où son détachement, sa distance décomposeront magistralement cette représentation d'un amour qui tourne comme du lait, amertume perdue dans le vide sidéral de l'existence, relation immatérielle, lacanienne, très au-delà des circonstances qui avarient cette relation (la nécessité pour Paul Javal/Piccoli de prendre n'importe quel job afin d'assurer le confort exigé par son épouse).

Le journaliste de *L'Express* Michel Vianney assiste au tournage, en mai 1963. Godard lui affirme adapter « un roman de gare », que rêverait d'écrire Jack Palance, « ombrageux, musculeux et martial », qui « méprise » sa carrière d'acteur, « un des métiers les plus stupides qui soient » ; Brigitte, en souffrance comme souvent, se sent assiégée par « des monstres qui tournent en canot autour de la villa ».

Mais le 20 décembre 1963 marque une date de l'histoire du cinéma. Le public est au rendez-vous, la critique dithyrambique, l'histoire élogieuse. « Le véritable *Et Dieu créa la femme*, c'est Godard qui l'a tourné et cela s'appelle *Le Mépris* », assène le critique du *Masque et la plume* Jean-Louis Bory dans *Des yeux pour voir* (10/18, 1971). « *Le Mépris* est le film de Bardot parce qu'il est le film de la femme telle que Godard la conçoit et que Bardot l'incarne. » Jusqu'à cette mémorable scène d'ouverture ajoutée après coup dans les studios de Boulogne à la demande des producteurs américains qui en veulent pour leur argent et leur libido (« Je veux voir le cul de Bardot », aurait exigé Joseph Levine), ce que Godard accepte parce que c'est elle : « Dans d'autres conditions, j'aurais refusé cette scène, mais ici je l'ai faite d'une certaine manière, d'une certaine couleur, je l'ai éclairée en rouge et en bleu pour qu'elle devienne autre chose, pour qu'elle ait un aspect plus irréel, plus profond, plus grave que simplement Brigitte Bardot sur un lit. J'ai voulu la transfigurer parce que le cinéma peut et doit transfigurer le réel », expliquait-il au *Monde*. « Godard métamorphose la star en actrice, en ne lui demandant plus de jouer simplement de sa beauté, mais contre sa beauté, et de nous émouvoir au lieu de nous fasciner », observe astucieusement *Paris-Presse*. « *Le Mépris* constitue le plus grand chef-d'œuvre produit dans l'Europe d'après-guerre », assène le producteur et critique de la revue du British Film Institute, *Sight and Sound*, Colin MacCabe, spécialiste de Godard, lors de sa ressortie en 1981, et si, comme tout bon Britannique, il en exclut ses îles, on peut prendre cette puissante assertion en considération sans s'énerver.

« Brigitte était le seul choix possible », affirme Édouard Molinaro à propos de la *Ravissante Idiote* (*Agent 38-24-36*), qui s'ensuit, désarmante *dumb blonde* à la Marilyn de *Certains l'aiment chaud*, qu'il caste face à l'Américain Anthony Perkins, récente star de *Psychose*, dans cette adaptation d'un polar à succès du Stéphanois Charles Exbrayat qu'elle avait adoré. « Elle a été vraiment adorable, délicieuse, pleine de charme, très drôle, d'une beauté stupéfiante, extrêmement disciplinée, très bien dans ce registre comique. Elle n'a posé aucun problème. Son seul défaut, c'est qu'elle était un peu paresseuse. Nous commencions à midi tous les jours, mais elle ne voulait pas arriver avant quatorze heures et, sur le coup de dix-huit heures, elle me disait "Doudou, je me sens fougnousse", et elle faisait un dernier plan, puis c'était plié. » Après *Arsène Lupin*, le futur réalisateur d'*Oscar* et de *La Cage aux folles* poursuit à l'automne 1963 dans une vague parodique à la *Benny Hill* (et plus tard *Mister Bean*) pour ce film d'espionnage en noir et blanc situé dans un Londres stylisé, sans pour autant rien céder de la qualité de l'intrigue noueuse, aux rebondissements incessants. Chapeaux melon, *understatement*, lèvre supérieure rigide, flegme, retenue, *nonsense*, excentricité, tous les clichés anglais sont convoqués pour ce film d'époque assez charmant, « fantaisie qui ne vaut pas *La Vérité* mais ne mérite pas *Le Mépris* », selon le bon mot de son réalisateur. Où Brigitte retrouve le ton piquant et léger de *Babette s'en va-t-en guerre*. Allumeuse malgré elle, craquante, rayonnante, pétulante avec sa coiffure de lionne, Bardot y est la naïve et écervelée Penelope Lightfeather, couturière de Lady Barbara, épouse de l'amiral Reginald Dumfrey. Ce dernier constitue la cible et la chèvre respectives de l'espionnage russe et du MI-5 autour d'un document secret de l'Otan enfermé dans son coffre. Penny, curieusement et improbablement membre à la fois de la SPA et du PC, se retrouve ainsi au centre d'un imbroglio qui autorise quelques cabotinages savoureux à ses partenaires, notamment Hélène Dieudonné, « la grand-mère préférée du cinéma français ». Nombre de scènes apparaissent aujourd'hui ridicules et impatientent, notamment ce caquètement de jument imbécile censé figurer le rire dément de Penny (qui n'est pas celui de Brigitte mais d'une doublure voix), les voix off, apartés caméra et plus encore les séquences accélérées, qui ont vieilli et ne produisent plus aujourd'hui le moindre effet comique, au contraire.

Pas plus que Jane Fonda avant elle, Brigitte ne parviendra à séduire Perkins, qui préfère les garçons, à l'hôtel West End de Covent Garden, ni au Westbury de Bond Street, en plein cœur de Mayfair, où elle réside comme le feront beaucoup de Français, ou sur le plateau. Elle se console avec Bob Zagury, son nouveau compagnon qui l'a accompagnée, comme avec le chat qu'elle câline à l'écran lorsqu'elle se rend à La Lune indépendante, pub tenu par Bagda, mentor de Harry Compton, l'espion emprunté qu'interprète Perkins. Mais en cet automne 1963 où la Beatlemania s'empare de la Grande-Bretagne *yeah,*

yeah, yeah, Brigitte déclenche elle aussi des scènes dignes des *Quatre garçons dans le vent*, et le tournage doit être interrompu à Hampstead, le 23 octobre, tant la police est débordée de fans hurlant « I Saw Her Standing There ». C'est la première fois qu'un film doit être rapatrié en raison de l'extrême popularité de sa star. « Rendre fous d'enthousiasme les sujets de Sa Gracieuse Majesté Elizabeth, ça, c'est tout de même quelque chose qui compte », se réjouit l'objet de cette frénésie. « Putain, c'est pas demain la veille qu'on verra ça à Hollywood », s'épate Perkins. Le film sort le 13 mars 1964, connaît le succès, mais pas les accolades des cinéphiles, dépités de la voir renouer avec la gaffeuse de *Babette s'en va-t-en guerre* (*France-Soir* titre : « Bêbette s'en va-t-en guerre »).

« Brigitte n'était pas idiote, confirmera heureusement Molinaro, simplement, elle s'en foutait. Elle ne cherchait pas à donner une image d'elle-même, à déformer son image pour se valoriser. Elle était comme elle était, elle préférait les copains, jouer aux cartes, écouter de la musique… » Dans *Combat,* Henry Chapier s'en désole : « Cette envie de s'amuser, ce retour aux minauderies ne lui préparent pas la voie des cinémathèques. En 1964, Brigitte Bardot doit choisir : je crois que son avenir est du côté de Louis Malle et de Jean-Luc Godard. » On sait de quel côté penchera cette Balance…

Épuisée, désabusée, enfin heureuse auprès de Zagury qu'elle suit au Brésil pour son premier vrai break depuis ses débuts, Brigitte va prendre un hiatus vis-à-vis du cinéma, se contentant d'apparitions amicales comme elle l'avait déjà fait dans *L'Affaire d'une nuit* de Henri Verneuil, où on l'avait aperçue en 1960, attablée quelques secondes dans un restaurant avec Jacques Charrier et Christine Gouze-Rénal : *Masculin, féminin* de Godard, en pull-over au café Le Zoo, porte Dorée, tirant sur une clope en étudiant un texte, à côté de la table de Marlène Jobert, Chantal Goya et Jean-Pierre Léaud, qui remarquent que cette blonde ressemble assez à Brigitte Bardot. Pour *Chère Brigitte* (*Dear Brigitte*), hommage à son statut d'icône, elle n'apparaît que pour une séquence extra de six minutes vers la fin. James Stewart, dans le rôle d'un prof de littérature de Sausalito dont elle goûte la poésie, lui présente son jeune fils Erasmus, petit génie de huit ans devenu son correspondant, et tombé amoureux de « Bridgette Bardot » au point de lui écrire chaque soir à « Paris, France » jusqu'à ce qu'elle réponde finalement. Ils lui rendent enfin visite dans une magnifique maison normande, où ils sont déposés par un chaufeur de taxi moustachu à bord d'une 403 au toit rouge. « Enne-tchantéï, mademoiselle Bardot », déclare Érasme, avant de s'asseoir à côté d'elle, mesmérisé tant il est transporté de la rencontrer en chair... et en chair.

Brigitte est adorable, s'exprime dans un anglais charmant dont l'accent tonique est totalement absent, à la française dans tout ce que nous pouvons avoir de plus gentiment caricatural pour des Américains. Après la photo de rigueur, elle entraîne son jeune fan dans sa chambre pour lui présenter Sophie (encore !), chienne caniche blanche, dont elle lui offre un chiot qu'il veut baptiser Brigitte. Toute la séquence est exquise, hollywoodienne en diable, et Brigitte parfaite, comme l'est James Stewart, superstar de *Vertigo* (*Sueurs froides*), *L'Homme qui tua Liberty Valance* et autres *Cheyenne Autumn*.

Toutefois, la scène a dû être entièrement retournée le lendemain. En visionnant les rushes, Twentieth Century Fox estime que Brigitte arbore un décolleté trop profond pour le public familial américain... « J'ai trouvé James Stewart extrêmement professionnel, raconte-t-elle bien plus tard à la chaîne américaine The Biography Channel au bord de la piscine de La Madrague. Ça m'a fait très forte impression et montré comment travaillent les Américains : très disciplinés, très professionnels. C'est pour cela que je n'aurais jamais pu faire carrière aux États-Unis. Je suis bien trop folle. »

Lorsqu'elle effectue son come-back après sa pause amoureuse brésilienne, c'est toujours en Amérique latine, et il s'annonce tonitruant. Au Mexique en janvier 1965 pour *Viva Maria !*, Brigitte partage l'affiche avec Jeanne Moreau, « grande prêtresse de la Nouvelle Vague », comédienne fétiche des débuts scandaleux de Louis Malle (*Ascenseur pour l'échafaud*, prix Louis-Delluc 1957, *Les Amants*, prix spécial du jury à la Mostra de Venise 1958), désignée début mars, en cours de tournage, en couverture de *Time* « meilleure actrice du monde, dont aucune autre Européenne, ni aucune Américaine, n'approche la profondeur du jeu ». Les deux bombes françaises les plus dévergondées et les plus bankable du moment, symboles sexuels aux (manque de) vertus opposées (l'une physique, l'autre cérébrale), réunies par un réalisateur connu pour la qualité de ses études de caractère et sa critique mordante de la bourgeoisie dont il provient (il est l'héritier des sucreries Beghin Say) : le mélange promet d'être explosif, et hautement dangereux pour BB. Si elle aussi a connu Malle avec lequel elle a partagé furtivement sa *Vie privée,* c'est Moreau qui l'a choisie, plutôt que Shirley MacLaine, initialement envisagée.

Mais Malle sait ce qu'il fait. « *La Vérité* n'avait été, ni pour elle ni pour moi, complètement satisfaisant. Pour Brigitte comme pour Jeanne, j'ai une opinion différente de leur mythologie, de l'opinion qu'en a le public. Brigitte ressemble à son image, mais il y a toujours un autre côté. Brigitte est une remarquable actrice, assez extraordinaire, assez exceptionnelle. Qui fait tout avec son instinct, qui ne travaille pas, ne gamberge pas à propos de ses rôles. Avec une justesse de ton, comme un musicien qui aurait une oreille extraordinaire. Il ne faut pas la diriger. Il faut observer attentivement la manière dont elle répète une scène. Quand on veut lui faire changer quelque chose, il faut bien réfléchir parce que c'est rare qu'elle se trompe. Elle est restée intacte. »

De fait, dans cette comédie satirique aux accents guévaristes, où elle incarne Marie Fitzgerald O'Malley (Maria 2), fille d'un terroriste irlandais qui pourchasse les intérêts anglais jusqu'en Amérique latine au début du XXe siècle (l'action se déroule en 1907), Brigitte ne cède en rien à sa partenaire, estampillée Comédie-Française, prix d'interprétation au festival de Cannes pour son rôle dans *Moderato Cantabile,* estimée supérieurement talentueuse, de loin, égérie de Godard, Antonioni, Truffaut, Peter Brook, sacrée. On pourrait même la trouver plus à l'aise dans cet exercice parodique à la réalisation un peu psyché qui prédate Mel Brooks et Monty Python, tout en comique bon enfant, déjanté, et en légèreté frivole, caricaturale (fusil à tirer dans les coins, dictateur loufoque, padre inquisiteur, cagoules comme celles du Ku Klux Klan, pigeon dressé qui lâche des grenades), autant qu'en militantisme gauchiste. Plus belle ? D'évidence (un plan à deux, de face, le hurle cruellement, terrible pour Moreau plus petite, terne, le cheveu triste). Plus fraîche, plus spontanée, plus joueuse, aussi, ce qui en fait, comme Malle l'explique justement, une comédienne-née. Dans *Les Lettres françaises*, Georges Sadoul la consacre : « Au premier abord Jeanne paraît mettre Brigitte "dans sa poche" avec son tonitruant métier de tragédienne. Au final, c'est Bardot qui a le dessus par sa gentillesse, son charme, le rayonnement discret et puissant de sa personnalité, la sûreté aussi de son jeu dramatique... »

Habillée en garçon qui marche telle une hobo sur les toits des wagons d'un train qu'on croirait sorti d'une pub pour une marque de café, et qui boulotte comme une cochonne affamée en casquette et marinière Pierre Cardin, elle apparaît éclatante ensuite lorsqu'elle défait ses longs cheveux paille, en improbable fille naturelle de Brian Jones (la coiffure, la couleur, l'abandon) et Mick Jagger (la bouche, la posture, le cool). Ingénue lorsqu'elle rejoint dans sa fuite le théâtre ambulant où elle est recueillie par l'autre Maria (Moreau, donc) et se lance avec elle dans des numéros de chant et de danse en robes gitanes rouges et noires et chapeaux à plumes typiques du Moulin Rouge à Pigalle (il est intéressant de noter que le père de Jeanne Moreau tient La Cloche d'Or, le restaurant de nuit des comédiens et artistes du quartier, 3, rue Mansart, alors que sa mère anglaise Kathleen était danseuse), elle voit sa maladresse les transformer vite en duo de strip-tease. Puis découvre avec empressement les délices du stupre. Elle semblait prédisposée : « Moi, l'amour, j'sais pas ce que c'est. Mais a priori ça m'intéresse. » A posteriori aussi. Elle se tape un type par nuit, tient un tableau de ses conquêtes et montre ses ecchymoses à Maria 1 en soupirant d'aise dans leur roulotte : « Je suis brisée. Tu avais raison, c'est merveilleux l'amour. » Choucroutée comme jamais, de plus en plus dénudée (mais sans la moindre exhibition ni scène de sexe), elle chante fameusement « Ah les p'tites femmes de Parisse » avec Moreau devant des publics de peones estomaqués. Puis se lance avec elle dans une lutte de libération symptomatique de l'époque, qu'elle réprouve au début, Maria 2 assénant à Maria 1 la même réprobation à la lutte armée et au terrorisme que John Lennon dans la version rapide (en 45 tours) du « Revolution » des Beatles trois ans plus tard (il se ravisera partiellement sur le *Double Blanc*) : « La révolution ? Tu es folle. Ne compte pas sur moi. » *Viva Maria !* devient alors une version annonciatrice du « Fernando » d'Abba, du « Mescalino » d'Il Était Une Fois ou du « Hasta Siempre » de Nathalie Cardone (et Chico Buarque, Pierre Vassiliu, Buena Vista Social Club, Robert Wyatt, etc.), chansons qui célèbrent toutes le romantisme sentimental associé en Europe aux héros des combats démocratiques latino-américains, bons sentiments assez éloignés de *Vera Cruz* ou des *7 Mercenaires*. Malle avait envisagé *Viva Maria !* comme une parodie du premier, faisant du duo Bardot-Moreau son équivalent transposé de celui incarné par Gary Cooper et Burt Lancaster dans le film de Robert Aldrich.

« L'idée géniale de *Viva Maria !*, écrira le critique Robert Benayoun dans le numéro 64 de la revue *Positif* en mars 1966 à propos du scénario de Jean-Claude Carrière, c'est de faire des deux héroïnes, non des inspiratrices, non des muses de la révolte, mais des *libertadores* en guêpière, incarnant l'union si discutée de l'Amour et de la Révolution, la revendication prolétarienne par le sexe, et la conscience sociale dans l'orgasme, comme les rêva utopiquement un Wilhelm Reich. » Maria/Moreau se transforme alors en pasionaria marxiste (« La propriété, c'est le vol »), haranguant la population dans un monologue enflammé à se rebeller contre la tyrannie locale après la mort christique de l'objet de son cœur, Flores, joué par un jeune George Hamilton (préféré à Alain Delon pour des exigences de coproduction). En Tarzane loufoque et intrépide, Maria/Bardot incarne le rock, les hippies à venir, leur altérité solidaire, se mobilisant par sororité, et parce qu'elle n'aime ni l'injustice ni qu'on la contrarie, finissant par cet aveu hédoniste maison après avoir vaincu à elle toute seule une phalange de soldats : « Tout le plaisir était pour moi. »

Pas nécessairement pendant le tournage, chaotique, assez improvisé, marqué autant par les difficultés logistiques (Malle ne parle pas espagnol, des figurants de bandes rivales se tirent dessus pour de bon, faisant plusieurs victimes) que la rivalité, la compétition entre les deux stars, sans cesse attisée par la presse. « Brigitte était chiante », résumera Jeanne Moreau, qui n'a pas la mémoire qui flanche malgré le tourbillon de sa vie, à Thierry Ardisson quarante ans plus tard. « C'était une magnifique actrice. Elle était magnifique dans *La Vérité*, elle était magnifique dans *Le Mépris*, elle était magnifique dans *Vie privée* avec Louis. En fait, elle était perdue, parce qu'elle n'aimait pas la discipline du travail, elle était devenue une telle star et cela la déstabilisait, confiera-t-elle plus tard à Marie Drucker, dans *Les Essentiels* sur RTL. On ne s'est jamais engueulées. Mais c'est son entourage qui l'a montée contre moi, parce que je venais d'être couronnée par l'article de *Time*. Elle m'a alors mise en quarantaine. » À Jeffrey Robinson, déjà, elle s'en plaignait : « Elle se montrait différente quand ils étaient là. Quelqu'un qui a besoin d'être entouré est quelqu'un qui a peur. Ça la rendait arrogante et elle n'avait pas besoin de ça. Elle était si belle, si extraordinaire. Personne ne lui disait jamais qu'elle était bonne actrice. Et j'ai trouvé qu'elle l'était vraiment. Mais elle ne croyait pas assez en elle. »

C'est vrai que Brigitte l'est alors, « chiante », s'amourachant d'un caneton offert par Mama Olga, et qui dort entre elle et Zagury, que ça énerve compréhensiblement. Ça n'est rien à côté de ce que cette affection incongrue provoque auprès de la population des environs de Cuernavaca, dont le rapport aux animaux et les priorités sont très éloignés de ceux de la plus grande star mondiale avec les Beatles. La visite de Delon, en vacances avec femme et enfant (soit Nathalie et Anthony), mais aussi de son père Pilou, armé de guides touristiques et d'appareils photo, la présence d'Olga, de sa maquilleuse Odette Berroyer et de Zagury, d'une ménagerie composée du canard, d'un âne, de lapins, d'un gros chat noir, lui permettent de tenir dans un environnement qu'elle finira par apprécier au fil des mois mais très éloigné du confort auquel elle est habituée, parmi les scorpions, les serpents, les araignées, la chaleur, le manque d'eau potable qui la contraint à se laver les dents avec du Coca-Cola. Elle est pourtant plus bohème que sa partenaire, qui se fait envoyer du champagne et des truffes de France, se couche dès 21 heures après avoir préparé ses scènes du lendemain, cependant que Brigitte et sa troupe chantent à tue-tête et dansent pieds nus tard dans la nuit pendant qu'elle nourrit tous les chiens malingres de la région. Moreau ne supporte pas l'entourage de Brigitte, soumis et bruyant, ni ses retards incessants. Elles tombent malades à tour de rôle, la chaleur devenant insoutenable lors des scènes tournées à Vera Cruz et à Guanajuarto. Mais si les relations sont tendues entre les deux divas scandaleuses (Bardot est mieux payée mais se sent inférieure), toutes deux mauvaises mères, elles restent cordiales, et face à la presse font assaut d'amabilités. « Brigitte est un champion, moi un challenger », prétend Jeanne. « Jeanne est une actrice, moi un phénomène », esquive Brigitte. Quand c'est fini, elle invite Jeanne à sa fête d'anniversaire suivante, le 28 septembre 1965 donc, à la Bonne Fontaine et à La Madrague (Jeanne habite le hameau La Mourre, entre le Plan-de-la-Tour et La Garde-Freinet, sur les hauteurs des Maures, de l'autre côté du golfe de Saint-Tropez). Bardot vient d'obtenir le plus gros succès populaire de sa carrière et s'envole le 16 décembre avec deux cents kilos de bagages pour une tournée de promotion américaine, French Invasion de un mètre soixante-sept pour cinquante-trois kilos en casquette Mao et costume Bouquin en velours miel, qui confine au délire à New York, le 18, pour la première sur Broadway, « In Person », où l'attendent plus de cinq mille fans en furie à Times Square. Le Boeing 707 d'Air France qui l'a déposée à JFK a été rebaptisé *Viva Maria !*. Deux cents journalistes l'accueillent, une escorte de motards, une motorcade de limousines la conduisent : la Bardotmania, c'est pas loin d'être la Beatlemania.

Avec les Beatles, elle ne partage pas que l'immense hystérie sexuelle et métaphysique qu'ils déclenchent sur le continent nord-américain, mais aussi l'esprit vif et l'humour décalé typiques de leurs conférences de presse, filmée par François Reichenbach pour le *Bardot en Amérique* de la RTF, encore filiale des PTT (aujourd'hui partagés entre La Poste et France Télécom). Dans le hall d'Air France où elle est assaillie par les journalistes, leurs questions sont, il est vrai, d'époque :

« Êtes-vous un sex symbol ?

— Voyez-vous même, lâche-t-elle dans un timing parfait, un léger coup de hanche coquin pour toute illustration.

— Que pensez-vous de l'amour libre ?

— Je ne pense pas quand je fais l'amour. »

Plus tard, au Plaza, l'interrogation se fait plus précise :

« Pourquoi êtes-vous pour l'amour libre ? »

— Essayez, vous verrez... ».

Mais si sa prestation devant les journalistes fait

un tabac, la critique est inébranlée. La redoutable Pauline Kael du *New Yorker* ne trouve pas le film drôle (« Bardot, garçon manqué en quête de plaisir : Zazie a grandi mais reste totalement amorale ») et le non moins aimable Britannique Kenneth Tynan de l'*Observer* trouve le duo forcé. Le doublage en anglais, notamment celui de la voix de Brigitte, ne lui rend pas justice, et malgré les émeutes lors de la première à l'Astor Theater sur Times Square, comme à Los Angeles où l'accompagne Pierre Salinger, sénateur américain et ancien responsable de la communication de John Kennedy et de Lyndon Johnson à la Maison-Blanche, le film ne rencontrera pas en Amérique le succès faramineux qu'il connut en Europe. « Hollywood m'a déjà proposé des contrats fabuleux que j'ai toujours refusés, exposait-elle à *Paris-Normandie*, et je n'ai pas pour l'instant l'intention de changer d'avis. » À la sortie d'un dîner très décolleté avec Zagury en smoking, Montgomery Clift et six cents autres invités au El Morocco de New York après le tournage de sa prestation à l'« Ed Sullivan Show », le 18 décembre, Brigitte est irréversiblement blessée à l'œil droit par l'explosion inopinée du flash d'un photographe : décollement de la rétine de son seul œil valide, comme elle le confirmera au magazine *Médias* en 2006. Son regard sur cette tribulation en restera doublement affecté.

À L.A., six mille personnes se pressent devant le cinéma Bruin en plein Westwood Village avant la réception au Beverly Hills Hotel où l'attendent Rita Hayworth, Dinah Shore, Marlon Brando, Paul Newman, Robert Mitchum, etc.

La « charmante Française » se déclare à l'AFP « heureuse de ne plus être pour les Américains une poupée de celluloïd ». Elle n'a rien vu de l'Amérique, toutefois, comme elle le raconte à la chaîne Biography :

« Ça a été extraordinaire. Mais je ne connais ni New York ni Los Angeles. Je suis restée confinée à mes chambres d'hôtel, tant il y avait de photographes. »

En septembre 1966, Brigitte est de retour à Londres, qui lui a toujours réussi, toute en resplendissante blondeur pour *À cœur joie* (*Two Weeks In September, Head Over Heels*), film psychologique sur l'indécision amoureuse de Serge Bourguignon (qui a décroché l'Oscar du meilleur film étranger pour *Les Dimanches de Ville-d'Avray*), écrit par Vahé Katcha et dialogué par Pascal Jardin, avec le jeune premier Laurent Terzieff et Jean Rochefort, qui joue le mari anglais de Brigitte. Zagury, qui coproduit, la marque toujours à la culotte, plus serré encore lorsqu'elle rencontre un jeune musicien de vingt ans qui tient le rôle très mineur d'un assistant photographe francophile et s'entête absolument à lui faire découvrir le Swinging London en pleine effervescence, Murray Head. « Elle était à l'apogée de sa beauté et de sa gloire. La première fois que je me suis retrouvé face à elle, j'en ai eu le souffle coupé. Plus encore que sa beauté, c'est l'aura qu'elle dégageait qui m'a fait comprendre ce qu'était le charisme. Il lui suffisait d'être elle-même pour irradier. En prime, elle était modeste, charmante, souriante. Cool. » Enthousiasmée, Brigitte lui demande de les emmener dîner, sa copine Ursula Andress et elle, puis danser. Il fait ainsi sensation au Nick's Diner à Chelsea (où se côtoient habituellement Mick Jagger et la princesse Margaret), puis au Blaise's de Kensington, où se pavane l'aristocratie rock de l'époque, Paul McCartney et Brian Jones en tête. Elle y danse tout son saoul, et le suivra au cours des deux semaines suivantes faire le tour des autres clubs exclusifs de la capitale, le Cromwellian, le Scotch of Saint James, etc. Murray est tellement impressionné qu'il ne tente rien, mais se souviendra peut-être de Brigitte l'année suivante pour son premier 45 tours vantard chez Immediate : « She Was Perfection ».

Dans la peau de Cécile, mannequin français mariée à un homme plus âgé, éditeur, Brigitte essaie joyeusement l'adultère avec le géologue Vincent, photographiée par l'éphémère pop star Mike Sarne à la *Blow Up !* en bord de Tamise, dans sa Morris Cooper rouge, puis au London Zoo, occasion d'un rugissement subit devant la cage aux fauves, et d'une furtive vision de sa fourrure à elle, nue sous un fourreau blanc. Un chimpanzé l'adopte et ne la lâche plus, le gorille qui devient fou dans sa cage la bouleverse. On la voit longuement téléphoner dans un appareil blanc tarabiscoté, et se promener au Speaker's Corner de Hyde Park au bras de Laurent Terzieff, puis sur la plage de North Berwick, à vingt-cinq kilomètres d'Édimbourg, en Écosse, qu'elle a rejoint dans sa Rolls avec toute sa troupe, et surtout dans un bain moussant, face à la brune Georgina Ward, diplômée de la Sorbonne, avec laquelle elle échange des aphorismes datés du dialoguiste des *Angélique*, Pascal Jardin :

« Le bonheur est une poignée d'eau. J'aime dormir jusqu'à plus soif. Faire l'amour. Quoi ? Tu n'aimes pas ? »

Puis :

« Tu trompes ton mari ?

— Le moins possible. »

Et enfin :

« La vie est une dure lutte. »

Endurer ce film assez ennuyeux où elle est pourtant très spontanée en est une autre. Elle n'en conserve qu'un souvenir ébloui de l'Écosse, dont elle découvre avec émerveillement les châteaux, guidée par James Robertson Justice, son partenaire du *Repos du guerrier* dont le kilt l'intrigue. Terzieff, débordé par sa carrière au théâtre et stressé tout au long du tournage, conserve pourtant de Brigitte un excellent souvenir dans *Brigitte Bardot, le mythe éternel* de Dominique Choulant (Autre Temps, 2009) : « Elle est très vivante, c'est ce qui me plaît en elle. Pas trafiquée. Elle ne donne jamais dans l'attitude. Elle existe par ses humeurs. Elle a besoin d'être en harmonie avec les gens et les choses qui l'entourent. Dès qu'il y a une petite dissonance, un accroc, elle enregistre ça très vite. Alors, elle fuit, elle rentre chez elle. »

Dans le scénario, ça ne se passe pas ainsi, puisque après une longue scène de coït un peu SM sur une plage écossaise entre déferlement de vagues et cris de goélands symboliques qui permettent de voir les fesses divines (comme dans *Et Dieu créa la femme* et *Le Mépris*) filmées de dessus pendant qu'elle est allongée sur son amant, elle rate (volontairement ?) le vol Londres-Hongkong sur lequel elle est censée s'envoler avec lui, et que le final indécis laisse entendre que son vieux mari, lui, ne l'a pas attendue non plus. Comme le public, qui ne se déplace pas en masse, alors que *Viva Maria !* a été un triomphe.

Louis Malle la caste ensuite à nouveau face à Alain Delon en officier de l'armée d'occupation autrichienne en Italie au XIXe siècle, pour un huis clos en forme de duel au poker dans *Histoires extraordinaires* (*Spirits Of the Dead, Tales Of Mystery*) mais pas des plus passionnantes, d'Edgar Poe, présentées à Cannes dans le cadre d'un film à sketches qu'il partage avec Vadim et Fellini. Brune, comme dans *Babette*, *Le Mépris* et *Vie privée*, mais toujours choucroutée en Giuseppina (personnage absent de la nouvelle de Poe), elle fume le cigare, et tient tête au gradé William Wilson, poursuivi par son double ectoplasmique, qui représente peut-être tout simplement sa conscience. Elle a longtemps la main, avant qu'il ne se mette à tricher, et à 6 heures du matin, après avoir fait la maline (« Le joueur est comme l'amant : il se fatigue »), c'est elle qui est capot. Elle accepte son marché : une dernière main. Soit ils sont quittes, soit elle est à lui. Il les remporte toutes les deux, et la fouette devant tous, la gifle, puis s'apprête à la déshabiller et à l'offrir à ses amis lorsque son alter ego débarque et le dénonce, le poussant à confesse, puis au suicide. Pas grand-chose à dire de la performance de la belle, très figée et à contre-emploi, ce qu'elle n'a guère goûté, qui rend la paire de gifles dans un geste totalement bidon accompagné par un bruitage de théâtre, ne serait qu'elle ne maquille plus son grain de beauté sur la mâchoire, et qu'avec le recul on commence à voir très légèrement – très – ses traits divins s'empâter, ce qui n'ôte toutefois rien à sa majesté. Elle n'en garde pas très bon souvenir, comme elle s'en ouvrait à Gilles Jacob dans *Les Nouvelles littéraires* : « Louis a tout d'un coup voulu que je fasse le rôle en me changeant complètement : perruque noir corbeau, attitudes figées, froides. Il ne restait rien. Moi, ce qui fait partie de ma personnalité, c'est de bouger. » Delon, avec lequel elle ne tournera jamais de long métrage, le regrettait auprès de Henry-Jean Servat : « J'ai adoré tourner cette histoire, forte et violente, avec Brigitte. Mais je resterai toujours sur ma faim de ne pas avoir tourné un vrai long bon film avec elle. J'aurais aimé qu'on se batte, qu'on se déchire, qu'on crève d'amour. Qu'on fasse vraiment notre métier d'acteurs. »

Le 6 janvier 1968, venant d'abandonner Gainsbourg de manière aussi brutale qu'incompréhensible et confuse, elle est à Almería, comme le racontera dans un souffle mystique le délaissé de ces « Initials BB », élégie pop enivrante comme son sujet.

À l'hôtel Aguadulce qu'elle déteste, comme le réalisateur Edward Dmytryk, l'un des Hollywood Ten, emprisonné en plein maccarthysme, elle boude, et jette son partenaire, Sean Connery, qui l'attendait, nu en chaussettes, dans son lit, sûr de son charme james-bondien, prêt à lui prodiguer de bons baisers d'Andalousie et lui enfiler son *Goldfinger,* pour se trouver prestement éconduit par les ondes négatives de ce *Docteur No*.

L'idée de les réunir venait de Gunter Sachs avec lequel elle avait rencontré l'acteur écossais à Deauville. BB + 007 = TNT ! *Shalako* sera plutôt du genre pétard mouillé. C'est un western germano-britannique rempli de clichés du genre qui tente de surfer sur la vogue des westerns spaghetti de Sergio Leone (à ce stade : *Pour une poignée de dollars, Et pour quelques dollars de plus, Le Bon, la Brute et le Truand*) mais sans le souffle épique de ceux-ci, ni le sens sauvage de l'épopée, même kitsch, qui caractérise les westerns classiques, de *La Chevauchée fantastique* (*The Stagecoach*) aux *7 Mercenaires* (*The Magnificent Seven*).

La chanson d'ouverture de l'interminable générique, notamment, est embarrassante au possible. Brigitte est la comtesse Irina Lazaar, en haut-de-forme et tenue noire d'amazone, chemise blanche et jabot à ruban noir, qui descend d'entrée un pauvre puma. Puis, partie chasser le coyote, se trouve attaquée à son tour par des Apaches. Et sortie de ce mauvais pas par Shalako (« le faiseur de pluie »), un juif (son vrai nom est Moïse Zébulon Carlin) réinventé en cow-boy, à la manière de Ramblin' Jack Elliott et de Kinky Friedman (voire de Bob Dylan), respecté par les Indiens, qui tue les *rattlesnakes* avec son chapeau et accompagne les aristocrates européens venus chasser dans l'Ouest sauvage avec ses amis sur les traces de Richard Burton, Oscar Wilde, Charles

Dickens et Rudyard Kipling (l'action se passe au Nouveau-Mexique dans les années quatre-vingt). Ceux-ci violent le fragile traité de paix en chassant le mouton sauvage sur les terres apaches, entraînant leur malheur. Surmaquillée de khôl noir, choucroute blonde et très longs cheveux blonds dans le dos en partie ramenés sur ses épaules comme si elle allait au bal alors qu'elle est censée suer toute l'eau de son corps dans le désert, elle est, selon les mots de son nouveau protecteur, « trop belle pour mourir ». Et fait la différence entre le lion des montagnes qu'elle a occis pour le plaisir et l'Apache qu'elle a buté peu après par nécessité. Après l'attaque du campement par les Indiens et les trahisons inévitables au sein du groupe de pieds-tendres comme de toute communauté humaine menacée, elle allume Shalako dans la montagne, pendant que le baron Frédérik auquel elle est promise dort. Mais alors qu'elle se refuse malgré elle après un baiser volé, il lui assène :

« Et si je prenais ce que je ne puis avoir ?

— Frédérik vous tuerait », rétorque BB avec ce mélange si singulier de défiance féministe et de rage enfantine désespérée, dans son anglais charmant.

En dehors de cette scène destinée à concrétiser la supériorité de l'homme de terrain, expérimenté, du baroudeur, sur l'amateur déplacé, et du voyou sauvage sur le notable crâneur, on se demande malgré tout ce que Bardot vient faire dans ce film conçu pour Sean Connery, qui tire chaque marron du feu (mais pas encore Brigitte).

Le lendemain, le baron, qui gaffe en tirant inopinément sur les Apaches, comprend son infériorité, concède sa défaite, et la libère finalement de sa promesse de mariage : « Je ne suis pas digne de vous. » Aussitôt, offrant son splendide dos nu à la caméra, elle cède à son héros. « Tu me voulais hier.

Me veux-tu cette nuit ? » Après qu'il a finalement sauvé les rares survivants du groupe de chasseurs lors d'un combat singulier avec le fils du chef apache, elle le suit dans ses montagnes, final téléphoné d'un film qui joue avec les codes du western sans y apporter la distance nécessaire à l'ironie des come-back réussis. Un film venu trop tard dans un Hollywood trop vieux. « *Shalako*, c'est le drame de ma vie », confiera-t-elle à Gilles Jacob pour *Le Matin*, à un moment où malgré toutes ses préventions, sans doute sous l'influence de Sachs, elle se met soudain à espérer attirer les Américains.

Perturbée par sa vie amoureuse et le délitement de son troisième mariage, elle attend un an avant de tourner à nouveau, et décide, on se demande bien pourquoi, d'offrir une seconde chance à Jean Aurel, qu'elle avait fait virer de *La Bride sur le cou* au profit de Vadim et qui l'avait attaquée en justice pour cette raison. Pour *Les Femmes* (*The Playmates*), elle joue de son corps et de son esprit dans la peau de Clara, la secrétaire d'un romancier à succès. En minijupe ultra-courte et rayée comme un matelas berlingot sur la plage de Pampelonne, elle est vive, emportée, effrontée, personnage qui lui sied bien, avant, une fois séduite, d'administrer quelques vues somptueuses de son anatomie, alanguie sur le ventre en référence à la scène d'ouverture du *Mépris*.

Cela ne suffira pas à faire de ce film typique de l'époque, avec ses flashbacks sur les aventures décrites par Jérôme Hervé (Maurice Ronet) qui lui dicte ses mémoires amoureuses tout en écrivant son histoire – longtemps contrariée – avec elle. Le film, dont on retient, en sus de la plastique exceptionnelle de sa vedette, une course poursuite dans le Mistral à destination de Rome, train mythique de l'époque, est surtout remarquable pour son générique, un gros plan sur la bouche inouïe de Brigitte, pulpeuse, expressive, aux lèvres également charnues, et les stars de cette grotte, à savoir ses deux incisives supérieures, qui lui confèrent cet irrésistible air de lapine désirante à laquelle aucun playboy au monde ne saurait résister. Certainement pas Patrick Gille, en tout cas, son nouveau chevalier servant tout en rouflaquettes, qui y tient un rôle subalterne, mais l'accompagne à Hambourg et à Londres pour la première de *Shalako* où elle est présentée à la princesse Margaret.

Lorsque Michel Deville et Nina Companeez écrivent le scénario de *L'Ours et la poupée* (*The Bear and the Doll*) après le succès de *Benjamin ou les mémoires d'un puceau,* leur intention est de le proposer à Jean-Paul Belmondo et Catherine Deneuve. (Jean-Max Rivière, ami des Bardot et auteur de « La Madrague », fait à ce propos une confidence intéressante : « Brigitte avait beaucoup d'ennemis dans le métier. Surtout des femmes. Elle savait que s'il y avait un beau rôle, il lui échapperait et irait systématiquement à Jeanne Moreau ou à Romy Schneider qu'elle aimait beaucoup. ») Pour différentes raisons donc, malgré une visite à Aix-en-Provence sur le tournage de *La Sirène du Mississippi* dont Brigitte rêvait, cela ne se concrétisera pas, et c'est ironiquement BB qui se trouve tenir la vedette de cette transposition française de *L'Impossible Monsieur Bébé*. S'il reste l'un de ses films favoris, et *Télérama* crie encore au chef-d'œuvre lors de son édition en DVD, autant dire qu'il s'agit malgré tout d'un film daté. Écrit en 1968, tourné en 1969, il ne sort en 1970 que dans quatre salles parisiennes, Paramount s'avérant très déçu par le résultat, et décidant dans un premier temps de ne rien en faire, avant de le lâcher en catastrophe suite à l'échec d'une autre production.

Pour le lancement en dernière minute, on bloque les Champs-Élysées et rejoue devant le cinéma Balzac, dans la rue du même nom, l'accident entre la 2 CV de Gaspard (Jean-Pierre Cassel), timide violoncelliste myope de l'orchestre de l'ORTF qui élève seul son fils Arthur (mon copain Olivier Stroh, aujourd'hui directeur de la chaîne Planète) à la campagne, et la Rolls de Félicia (Brigitte), star déjantée et serial divorcée qui évolue dans un univers on ne peut plus Swinging London, *Chapeau melon et bottes de cuir,* parfait look anglais de larges chapeaux mous ondulés, hautes bottes montantes laquées blanches, manteaux cirés jaunes, énormes lunettes noires carrées à monture en plastique blanc à la Polnareff, appartement pop art, piscine en œuf creusée dans le sol, etc. On verra dans cette comédie décalée, loufoque, successivement l'influence des comédies américaines en noir et blanc de la grande époque de Hollywood, de *Certains l'aiment chaud,* de Jacques Tati, de *Help !*, de *Blow Up !* et même des productions pour la télévision de Jean-Christophe Averty et du « Bardot Show » de François Reichenbach et Serge Gainsbourg.

L'esthétique psychédélique de rêve en a moins vieilli que les dialogues, la ridicule parodie d'accent berrichon de Cassel (imitant le « Berry Blues » des Charlots) et les pénibles scènes de pseudo-comédie musicale sur la musique de Rossini. Mais Deville et Bardot vivent là une revanche sur leur frustration de n'avoir pu mener à bien un projet précédent de *musical, À cœur joie,* où Brigitte se réjouissait de pouvoir à la fois jouer, chanter et danser. « Ça a été facile d'avoir Brigitte. Elle a lu le scénario et m'a rappelé le lendemain en donnant son accord, se souvent-il lors de l'édition en DVD. Elle était un modèle de professionnalisme, ponctuelle, toujours prête à recommencer une scène, absolument rien de la star capricieuse qu'on décrivait. Elle était heureuse. » Épanouie dans cette atmosphère familiale et chaleureuse au milieu des pommiers, au point de s'excuser auprès du réalisateur quand un chauffeur oublie de se réveiller et qu'elle doit faire du stop pour arriver sur le tournage, penaude d'un retard qui ne lui incombait pourtant pas.

Olivier Stroh, huit ans, en cause un autre. « Le caprice de star, c'est moi qui l'ai fait, sur ce film ! Comme dans le générique je dois montrer mes fesses et que je ne voulais pas, je me suis barré à travers champs et j'ai bloqué le tournage (équipe de long-métrage, lumière du petit matin) pendant trois heures. Après j'ai négocié un chocolat chaud dans la caravane de BB contre mes fesses à l'écran. J'ai oublié de préciser "avec BB". J'ai eu mon chocolat, mais seul. » De là, en déduit-il, son goût subséquent pour la négociation. « Elle était très sympa, et m'a dédicacé son album *Bonnie and Clyde* avec Gainsbourg, avec une signature particulière pour la distinguer des faux autographes qui circulent. »

« J'ai été frappé par son exactitude, son application », souligne l'homonyme de la méchante fourreuse des *101 Dalmatiens* et du futur leader de Mink DeVille : « Elle apprenait bien son texte. Elle travaillait. » À *Combat,* il confie toute son admiration : « Brigitte est une grande actrice méconnue. On se plaint de manquer dans le cinéma français d'actrices jolies, drôles et sensibles, comme Audrey Hepburn par exemple, alors que nous avons Brigitte Bardot, qui a tout autant d'esprit. » Jean-Pierre Cassel approuve : « Elle est très authentique, juste, certaine de qui elle est, les rapports étaient adorables avec elle. » Nina Companeez va plus loin encore : « C'est quelqu'un de profondément affectueux et facile quand elle est en confiance. Je l'ai vue faire des choses extrêmement généreuses pour des gens, et contrairement à la légende pas seulement pour des animaux. » Inévitablement présents dans cette histoire dont la principale partie se déroule dans une grande maison normande à colombages de Saint-Pierre-de-Manneville, près de Rouen : le chat siamois Prudhomme sert d'interprète entre les improbables amants, Brigitte s'émerveille de savoir distinguer une vache d'un taureau (bon, ça n'est pas *The Simple Life* non plus ; plutôt *L'amour est dans le pré*). Dans une interview promotionnelle de l'époque, elle apparaît apaisée. « Je suis sereine, avec ou sans le cinéma. J'ai appris à me passer de tout. Je suis différente dans ce rôle, sans doute parce que c'est une comédie. Je suis peut-être faite pour faire des films drôles. » Elle s'y montre mutine et joyeuse, criant « merde » et « je m'en fous, je m'en fous, je m'en fous » avec délectation, faisant étalage de son italien parfait, et de son féminisme d'évidence (« Les femmes ont les mains liées. Il y a des choses que je ne peux pas dire que je pourrais dire si j'étais un homme ») dans une scène de métathèse sexuelle plus proche de Feydeau que de Shakespeare. Bien sûr, elle est éclatante, superbe, incroyablement lumineuse, plus mature, adulte, et si elle exulte dans ce film qu'elle trouve « magnifique », elle a peut-être déjà abandonné un peu de fraîcheur. Pour une fois, elle quittera un plateau et une équipe – dont Frédéric Mitterrand, vingt-deux ans, chauffeur – à regrets. « Les dialogues sont fantastiques, s'ébaubit-elle à l'époque. C'est la première fois qu'un film me correspond aussi bien. C'est vraiment comme si c'était moi dans la vie. » Preuve que le regard qu'elle porte sur elle-même est plus enjoué, léger, décalé, ironique, autodérisoire, que ceux de Vadim, Malle ou Godard. Le public, lui, après les échecs de *Shalako* et *Les Femmes,* est de nouveau massivement au rendez-vous, la presse, dithyrambique, salue en chœur « la rentrée fracassante de Bardot, son éclatante revanche ». François Nourissier le rappelle : « Il est amusant de constater que la gloire de Bardot n'a rien à voir avec la qualité des rôles qu'on lui a confiés. Même mal utilisée, même lorsqu'on abuse d'elle, elle règne. C'est elle, seulement elle, que les gens vont voir. Non pas écouter, juger, peser – mais voir, tout simplement. »

Une mauvaise hépatite virale plus tard, elle se retrouve face à Annie Girardot pour *Les Novices* (*The Novices*), fin mai 1970. Leur complicité, nourrie par les aléas de leurs vies amoureuses respectives à ce moment précis, ne peut rien contre l'indigence du scénario et de la réalisation du bonhomme Guy Casaril, que Chabrol devra secourir en sous-main (ce qui n'empêche pas le montage d'être abrupt, donnant une lisibilité *jump cut* inappropriée). « Casaril était amoureux de Brigitte et n'avait qu'une idée : la posséder à travers ses caméras, se souvient Bouquin qui l'habille sur tous ses films de la période. Elle n'avait pas envie de tourner, elle était emmerdeuse, on était au bord de la mer, il ne faisait pas très beau et elle n'avait pas envie de se baigner. Il lui cédait tout : “Cette scène n'est pas essentielle, d'accord, on va la sauter.” C'était sans arrêt comme ça. Alors, le résultat ! Sans compter qu'il s'est planté en moto avant la fin et qu'il n'a pas pu finir le film lui-même. »

L'argument est classique du boulevard et des fantasmes masculins dignes du porno cheap : une bonne sœur devient putain et inversement. On y voit donc Brigitte abandonner ses (bonnes) sœurs lors d'une baignade en Bretagne qu'on croirait sortie du *Gendarme de Saint-Tropez* et, ayant adopté un chien bâtard (Stoopy) dans sa fuite, finir par rencontrer une péripatéticienne baptisée Mona Lisa (comme la Joconde et la chanson de Nat King Cole). Elle fume beaucoup sur le plateau, s'entend à merveille avec sa partenaire, fait la promotion du style Jean Bouquin qu'on ne dit pas encore « hippie chic », montre qu'elle sait véritablement grimper sur des rochers, veut mettre du Super dans son Solex dans une station Esso, répète les préceptes de son initiatrice avec entrain : « Le tarif, c'est le tarif » ; « Jamais gratuit » ; « Je majore ou je refuse ». S'enquiert des arcanes de son emploi : « Les spécialités, qu'est-ce que c'est ? » Se fait engager comme conductrice d'ambulance, reconvertie en lupanar automobile la nuit, préfigurant les boulevards extérieurs et les contre-allées du seizième arrondissement. Tente de pratiquer le plus vieux métier du monde à l'hôtel de la Trémoille avec un client américain harponné dans un café de la rue Marbeuf, mais se dégonfle, vole des poules mais n'a pas le cœur de leur trancher le cou avec un hachoir et empêche Stoopy de leur faire un sort, avant d'en finir à la *Thelma et Louise* – ou presque. Si le succès est là, la critique est sévère, *Le Monde* en tête (« Rarement le cinéma français est tombé dans une telle indigence »), tout en consacrant quelques semaines plus tard « le brillant retour de Brigitte Bardot à sa place de vedette numéro un ». Les deux comédiennes resteront proches, et en 2003 Brigitte interviendra en duplex dans l'émission d'Isabelle Giordano « Le fabuleux destin » pour témoigner de son admiration pour celle qui fait « partie des rares proches de mon cœur ». Les photos du strip-tease de Brigitte sur une plage des Côtes-d'Armor, de dos, sa cornette sur la tête, font le tour du monde des fantasmes masculins via *Playboy*.

Dans *Boulevard du rhum* (*Rum Runners*), le grand film français d'aventure dont rêve Robert Enrico,

Brigitte n'apparaît qu'au bout de quarante-cinq interminables minutes destinées à planter les personnages et à poser l'intrigue de ce roman de Jacques Péchéral situé de 1925 à 1933, que domine Lino Ventura dans le rôle de Cornelius Vanzelinga, capitaine d'un équipage de contrebandiers profitant de la prohibition et écumant les Caraïbes en pirates à vapeur. « Salaud de frenchy italien », comme le surnomment ses adversaires (dans la vraie vie Lino ne l'est pas : il est resté exclusivement italien jusqu'à sa mort), dragueur impénitent, soûlot, bagarreur, « Corny » ainsi que Brigitte le surnommera (en sachant ce que ça signifie en anglais ? – « ringard ») est la vedette du film, comme Lino, qui tient absolument à le tirer sans cesse vers la comédie. BB, elle, y figure en guest star suprême dans le rôle de Linda Larue, vedette hollywoodienne à l'ancienne, sex symbol qu'Enrico rêvait en Clara Bow, « The It Girl » (star du muet et inspiratrice des personnages de Betty Boop comme de Peppy Miller). « Il fallait une femme qui incarne immédiatement le sex symbol, le mythe ; je me suis dit, cette femme-là, il n'y en a qu'une, c'est Bardot », expliquait Enrico. Il ne s'est pas trompé. Elle parodie la très libertine Clara Bow avec gourmandise dans les trois films dans le film, censés chroniquer sa carrière et rendre Cornelius fou amoureux (mais pas Ventura, qui rechigne tout au long du tournage à la toucher, cette répulsion sensible à l'image gâchant pour beaucoup la crédibilité de leur histoire et l'agrément du spectateur). « Leur relation n'a été bonne que grâce à Brigitte, se souvient l'assistant d'Enrico Bernard Queysanne dans le documentaire de Dominique Maillet qui accompagne l'édition vidéo 2012 de Gaumont. Elle a été formidable. Elle a tout fait pour que les bouderies de Lino ne soient pas préjudiciables au film. Elle a joué toutes les scènes à fond.

Elle n'a jamais abandonné l'idée d'être séduisante. » Dans ces scènes qui contiennent déjà le concept de *The Artist,* et sont censées être des extraits de *La Déesse léopard, La Chatte humaine* et *La Panthère amoureuse,* Brigitte s'éclate à surjouer volontairement, elle qu'on a tellement accusée de le faire par incurie. « Elle a pris beaucoup de plaisir à ce déguisement, confirme Queysanne. Je ne crois pas qu'elle aimait tellement le cinéma mais elle était très professionnelle. Elle s'est beaucoup amusée et n'a jamais renâclé. »

Dès sa première apparition à l'écran – en noir et blanc et avec une tête de léopard, donc – elle affiche un ventre et des jambes inouïs, une félinité sciante, mais un visage pour la première fois, peut-être, un peu fatigué. Lorsque Cornelius/Ventura la découvre enfin en chair et en os, sur une plage de rêve (Ciudad del Carmen, Mexique), sortant de l'eau en shorty d'éponge et haut dos nu blanc et orange, elle est certes la vamp blonde hollywoodienne qu'elle interprète, avec ses atours afférents (diadèmes, perruques frisottées, un éternel porte-cigarettes interminable), mais surtout la *hippie queen* de cet automne 1970, qu'on retrouve tout au long du film, principalement tourné en Espagne (les studios d'Alméria, Malaga, Séville, le nord pelé de Madrid, rendus légendaires par Sergio Leone) et en Amérique centrale (Belize, Mexico), toute en plumes, voiles, strass et tuniques turquoise ou orange pastel. Elle minaude beaucoup, comme son rôle de viveuse l'exige, mange une pastèque avec les doigts et en glisse coquinement un dans sa bouche dont les lèvres n'ont alors jamais tant ressemblé à celles d'une vulve (épilée). Salue un perroquet, possède quatre chiens (pékinois, chihuahuas), allume son capitaine infatué jusqu'à l'exaspération : « Soyons sages. Nous risquerions de tout gâcher. Je suis tellement, tellement heureuse. » Mais se désole aussitôt qu'il ne l'attrape pas comme elle l'espère : « Je ne peux pas lui toucher la main sans qu'il ait une crise de palu. Je trouve ça terriblement excitant. » Il finira par le faire, profitant de la libido désinhibée de sa fascinante proie le temps qu'elle expérimente cet univers plus authentiquement sulfureux que celui du cinéma.

Dans ce film trop long et mal rythmé, mais pas inintéressant pour autant, où tous les comédiens ne semblent pas toujours sur le même ton, Brigitte cultive son statut d'icône, glorieuse en combinaison à la barre de la *Lady Of My Heart* cherchant à échapper au feu des garde-côtes texans, grâce à son jeu de jambes insensé en toute circonstance, ses talents de danseuse sensuelle comme aucune autre, même si elle doit se prendre une claque aux fesses de Ventura qui sonne de sa part à lui comme une sordide revanche machiste.

En juin 1971, l'un des films les plus chers de l'histoire de la Gaumont sera un échec relatif, n'attirant qu'un million deux cent mille spectateurs dans les salles obscures, malgré le show Bardot.

Avec *Les Pétroleuses* (*The Legend Of Frenchie King*), les producteurs cherchent à renouveler le succès de *Viva Maria !* en opposant Brigitte à une autre rivale, Claudia Cardinale, dans le cadre d'un western décalé qui, cette fois, n'a rien de politique, sauf si l'on considère l'inversion des rôles comme revendication féministe plutôt que comme ressort comique et titillement érotique aux relents saphiques, voyeuristes. BB contre CC, quelle pub, que de buzz ! (Mais « CC vient après BB, naturellement », agace-t-elle d'emblée, avec cette vivacité d'esprit si peu prise en considération).

Respectivement cheffes de gangs dans l'Arizona de

la fin du XIXe siècle, Frenchie King, genre de Zorro au féminin, alias Mlle Louise au grand jour (Brigitte), et la cow-girl corse Miss Maria Sarrazin (Claudia), convoitent le ranch Little P., réputé pétrolifère. Toutes deux régentent la ville frontière de Bougival Junction, fondée et tenue par des Français, buveurs d'absinthe, de beaujolais, organisateurs de courses de vélos (le grand prix de Diane), de « Joyeux Christmas » où ils chantent « Mon beau sapin » alcoolisé, et pour certaines porteuses de coiffes bretonnes. La rivalité entre les filles de Louise et les frères de Maria se concentre sur les ego et les intérêts divergents de leurs cheftaines, qui passent le film à se toiser, se défier, et inévitablement finissent par se battre. « On s'entendait très bien et il fallait faire semblant de se détester, bien sûr, se souvient Brigitte à l'occasion de l'édition vidéo par M6. Dans la vie, il n'y avait pas d'adversité. Claudia était ma petite sœur de cinéma. » Laquelle confirme à Patrick Simonin pour TV5 Monde : « Les journalistes espéraient qu'on allait se crêper le chignon, la blonde contre la brune. Mais c'était la plus belle femme du monde, et je l'admirais. » La scène de leur bagarre dans la poussière a pris deux jours de tournage, pendant lesquels elles n'ont pas le droit de se laver les cheveux pour rester raccord. Au départ, Brigitte ne veut pas la tourner « en vrai » avec Claudia, qui doit la convaincre : « Brigitte m'a dit : "Je ne la fais pas avec toi." Donc un mec poilu est arrivé, habillé comme elle. Je lui ai dit : "Brigitte, c'est ridicule, tout va donc être sur moi." On s'est entraînées. Je lui ai fait voir. Quand je te donne ça, tu fais ça. Et après, on l'a fait. » Les scènes de bagarre sont malgré tout suffisamment disputées pour qu'elle se fende la lèvre supérieure et s'effondre au moins une fois, épuisée autant par la chaleur que le combat, le directeur de production vérifiant son pouls pendant que Claudia Cardinale s'inquiète de sa température et lui touche le front.

« On se prenait pour Clint Eastwood et Robert Redford », raconte Brigitte, qui y a trouvé plaisir. « On se marrait comme des gamines », confirme Claudia, habituée aux westerns depuis *Il était une fois dans l'Ouest*, trois ans plus tôt, et émue de tourner avec l'idole de son enfance, qu'elle imitait en Tunisie. En réalité, on dirait plus un match de catch féminin qu'un véritable pugilat, ou même qu'un combat de filles dans la boue, mais l'essentiel est dans l'allégorie. Peu importe, en vérité, que jaillisse le pétrole, puis que le puits en explose aussitôt et réconcilie les deux beautés antagonistes, l'unique intérêt du film réside dans le caractère, l'affrontement et le physique de ses deux stars. « Brigitte, sublime, la plus belle », dit spontanément la Cardinale qui, bien qu'elle s'escrime à exhiber une poitrine magnifique et à darder un regard qui l'est tout autant, n'en subit pas moins la même loi que Moreau quelques années plus tôt : si elle est extrêmement belle et vivante, humaine, un peu plus ronde, Brigitte, elle, est royale, en majesté avec son port et sa posture aristocratiques, comme d'une extraction divine.

Dans la chaleur d'août et septembre 1971, le tournage, à Almeria en Andalousie et dans la Sierra, à trente kilomètres au nord de Madrid, dans un véritable paysage de western, cailloux, poussière et maison de bois, n'est pourtant pas de tout repos. Pour Brigitte, c'est son second western, son quarantième film en vingt ans. Mais surtout, fait unique dans l'histoire du cinéma français, le réalisateur Guy Casaril est débarqué au bout de trois semaines à la demande de l'équipe technique, qui décrète son film immontable. Appel est fait en catastrophe à Christian-Jaque, soixante-sept ans, ancien mari de

Martine Carol, libre entre deux engagements, qui fait réadapter le scénario et réécrit chaque soir les plans du lendemain pour tenter de sauver une affaire mal engagée. Douze ans plus tôt, il dirigeait déjà Brigitte dans *Babette s'en va-t-en guerre*. Là, son jeu importe peu, on est dans la parodie, et Claudia comme elle pourraient être des personnages de cartoon, tant tout est volontairement distancié, comme tellement de films français de cette période qui, à défaut de rivaliser avec le Nouvel Hollywood *Easy Rider* de Peter Fonda, Dennis Hopper et Jack Nicholson, aime tellement ne pas se prendre au sérieux, jusqu'à la vacuité parfois, ou pour le moins l'aimable divertissement sans prétention.

Dans une distribution fantaisiste, où l'on note la présence de Micheline Presle, Georges Beller et même Michael J. Pollard dans le rôle du shérif mauviette, brille « Nounou », Leroy Haynes, le légendaire fondateur du premier restaurant américain de Paris, Haynes donc, 3, rue Clauzel, en inévitable conducteur de mules et banjoïste noir, qui a déjà tourné avec Cardinale dans *Popsy Pop* l'année précédente. « Elle était plus courageuse et professionnelle que moi, qui suis très paresseuse et qui aime tourner rapidement pour être débarrassée plus vite », se souvient Bardot. Pour la première, sur les Champs-Élysées, elle appelle sa partenaire : « On va encore les étonner. Toi, tu te mets une mini, très mini. » Elle est en smoking shocking ; elles font sensation, le film n'est « pas formidable », mais comme *Viva Maria !*, c'est un succès. Le dernier.

Vadim a beau affirmer sur le moment que Brigitte se produit « avec beaucoup de courage, d'intérêt et de passion » dans son *Don Juan 73* (*If Don Juan Were a Woman*), on comprend en l'observant qu'elle s'emmerde dans ce soft porn (très soft) typique du début des années soixante-dix, dont la principale vertu (sic) sera d'avoir précédé les blockbusters du genre, *Bilitis* et *Emmanuelle*. Légèrement empâtée (les paupières, le dessous du menton) sous l'effet des antidépresseurs et des litres de champagne et de vin rouge qu'elle descend, larguée par le barman Christian Kalt, châtain plutôt que blonde, elle n'a plus l'éclat surnaturel qui en avait fait la créature la plus magnétique du siècle, même si elle conserve un corps de rêve, des fesses et une démarche de déesse. On ne saurait trop la blâmer de ne pas masquer un certain ennui dans ce rôle de diablesse allant jusqu'au bout de la prise de pouvoir initiée dès *Et Dieu créa la femme*, féministe ultime en vil séducteur, appliquée au mythe espagnol réexploré à travers les siècles par Molière, Baudelaire, Byron, Mozart et autres, autant qu'à sa propre vie sentimentale. C'est peut-être cette concrétisation qui ôte toute excitation, toute jubilation, à ce rôle qui n'occasionne pour elle nulle sorte de transgression, pas même la légendaire scène saphique avec Jane Birkin qui permet d'apercevoir leurs toisons pubiennes et émoustille une fois de plus les podophiles (spécial dédicace à Georges Tron), « Je t'aime, moi non plus » exclusif dont Gainsbourg exhibait fièrement une photo de tournage rue de Verneuil (et qui sera reprise dans le clip « Nevertheless » du groupe Brian Jonestown Massacre). On les sent toutes les deux plus embarrassées qu'embrassées, timides, empotées même, ne se caressant que les extrémités (pieds et doigts), Brigitte tentant un pauvre « c'est érotique, hein, ce que je fais, là ? C'est pas mal… » qui exprime par sa maladresse l'exact contraire. Le magazine *Lui* leur dédiera sa couverture, foufounes à l'air, et six pages de photos inédites. Jane se souvient du tournage, qui lui a ouvert les yeux sur le phénomène : « Brigitte était un amour. Elle avait un corps parfait. Je cherchais des défauts avec l'espoir qu'il y aurait des plis. Pas du tout ! Elle a des pieds fins, des jambes longues, des hanches de petit garçon, aucune vergeture, rien. La perfection. Mais les gens étaient cruels avec elle. Elle était si belle que toutes les Françaises lui en voulaient de les dévaloriser. » Gênées de se retrouver ainsi nues, côte à côte, Brigitte suggère à Jane de chanter « Je t'aime, moi non plus » pour briser la glace (ou plutôt apaiser leurs phéromones rétives). De fait, Jane chantonne « Oh My Darling Clementine », une comptine western enregistrée par Bobby Darin, Jan and Dean (et plus tard Neil Young avec Crazy Horse) qui avait donné son nom à un film de John Ford avec Henry Fonda, et on entend la voix de Brigitte lui répondre : « Sois érotique » (une œuvre parodique des Charlots).

À l'émission « Midi trente » de Danièle Gilbert, Vadim, cigarette à la bouche, lunettes et rouflaquettes, justifie le choix de sa belle : « Brigitte a à la fois un côté naturellement libre, non pas immoral mais amoral, mais elle est également très féminine. » Mieux que quiconque, il constate combien elle a changé depuis leurs exploits précédents, « quelque chose en profondeur, de plus grave ». Comme Brigitte, certes, Don Juan est « un agresseur de la morale de son époque ». Et pourtant on se demande si en vérité, dans cette tentative de « film lyrique » qui prédate le *Don Giovanni* de Losey et substitue Michel Magne et Boris Bergman à Mozart (à l'exception du *Requiem* introductif) dans une espèce de pop érotique scandinave romantico-grégorienne d'avant Enigma et Era plus irritante qu'excitante, Vadim est conscient de saisir sa dernière chance de filmer encore son égérie dans pareil rôle de séductrice fatale. Comme s'il la savait damnée, con-damnée, pour le cinéma tout du moins. Lui se souvient qu'au fond d'elle-même elle est consciente de sa date de péremption personnelle dépassée. « Elle a compris qu'elle ne pouvait plus jouer le rôle de BB », disait-il.

Sur le tournage de *Et Dieu créa la femme,* elle annonçait déjà à qui voulait l'entendre : « J'aimerais m'arrêter quand je serai vieille : trente-cinq ans. Je ne veux pas jouer les vieilles femmes. Peut-être aurai-je la chance de durer jusque-là. Peut-être pas. » Elle n'imagine pas alors que sa génération allait réussir le prodige d'être la première à rester « Forever Young » jusqu'à la mort – ou presque (logique qu'elle combattra d'ailleurs ardemment). À *L'Express,* elle le confirme alors clairement : « Je n'ai jamais pris un plaisir immense à jouer, ça n'a jamais été la base de mon existence. C'est une profession. Quand je vais au studio, je me dis : “Je vais au bureau.” Je n'en ai pas marre du cinéma, mais le cinéma en a peut-être marre de moi. C'est toujours triste quand ce n'est pas de soi-même qu'on quitte quelqu'un. Voilà pourquoi je partirai. »

Pour le reste, les dialogues pseudo-philosophiques concoctés avec Jean Cau ne donnent pas les aphorismes souhaités (« Ce qui compte, ce n'est pas de séduire, mais de conquérir » – et alors ?), mais des banalités pompeuses (ouiiii) assénées par Jeanne, héritière manipulatrice qui humilie successivement Maurice Ronet, Robert Hossein et Mathieu Carrière avant de détourner jusqu'à son cousin prêtre, le tout dans une atmosphère mystico-sexuelle vaguement satanique. Avec détours par Londres et la Suède, hauts lieux européens supposés de l'amour libre, occasions de scènes d'orgies qui correspondent plus aux fantasmes bourgeois partouzeurs à la DSK aux Chandelles qu'à une quelconque réalité post-hippie communautaire nordique.

Juste avant le final opératique – et incendiaire –, Brigitte a beau déclarer « les hommes dépassés, foutus », on sent qu'elle n'y croit pas elle-même, et que ce qui aurait pu être un film visionnaire, prophétique de l'avènement du « siècle des femmes » à venir et de la mort du patriarcat n'est finalement qu'une merde à peine bonne à se branler, si on y tient.

La disparition dans les flammes de l'Enfer de celle que Dieu créa dix-sept ans plus tôt eût logiquement dû sonner la fin de sa carrière au cinéma. Nina Companeez la convaincra malgré tout (malgré elle, surtout) de se ridiculiser dans *L'Histoire très bonne et très joyeuse de Colinot trousse-chemise* (quel titre débile, déjà) (*Colinot, the Pettycoat Lifter*), où elle se trouvera « grotesque ». En résonance avec cette œuvre libertine en costumes d'initiation amoureuse au XVe siècle tournée au château de la Motte-Fénelon (à Sarlat), où elle profère quelques paillardises entre deux banalités égrillardes et un sentimentalisme incongru, offrant ses charmes inégalés à un Francis Huster hésitant qu'elle trouve puant. Là, on comprend qu'elle arrête, définitivement. À la Garbo, qui confiait, quatre ans avant sa disparition, à son biographe suédois, Sven Broman : « J'en avais assez de Hollywood. Je n'aimais pas mon travail. Très souvent, je devais me forcer pour me rendre au studio. J'aspirais vraiment à une autre vie. » Brigitte ne dit pas autre chose : « Alors que je tournais *Colinot,* je me suis vue un jour accoutrée dans mon costume d'époque et je me suis dit : “Mais vraiment, qu'est-ce que je fous là ?” Là, je n'en pouvais plus et j'ai décidé d'arrêter. »

Quel dommage, quel scandale, que personne, scénaristes, réalisateurs, producteurs, ne se soient donné le mal de lui offrir des rôles à sa mesure, de son âge. Elle n'y a pas mis du sien non plus, à vrai dire. Elle n'aime pas vraiment ça, est très mal entourée, n'a pas d'ambition véritable, déteste la notoriété que le cinéma lui apporte. Surtout, elle commet l'erreur gaulliste ethnocentrée de croire la France encore centre du monde, alors que seule l'Amérique, qui la suppliait, l'attendait, l'espérait, aurait pu à travers le nouvel Hollywood de sa génération lui apporter, comme à Jane Fonda par exemple, les défis, les rôles, la remise en question qui auraient pu en faire une authentique grande actrice internationale plutôt qu'une Vénus inouïe naturellement douée pour la comédie qui a fait bander la moitié du monde entier et a permis à l'autre de se libérer de la phallocratie.

À François Forestier, elle admet dans *Le Nouvel Observateur,* en décembre 2011 : « Je suis foncièrement française. Tout ce qui ne m'est pas familier me fait peur, j'ai besoin de mes racines, de mon entourage. Cette industrie hollywoodienne est à des années-lumière de ma manière de vivre. » En cause, « ce mélange de paresse, d'indifférence et de nonchalance » qu'elle reconnaît dans *Initiales BB.*

Jean Bouquin raconte une anecdote éclairante à ce propos : « Nous allions dîner, ma femme et moi, avec Pierre Barouh, chez Brigitte, avenue Paul-Doumer. Il y a déjà là Warren Beatty, juste après *Bonnie and Clyde,* Polanski, qui vient de faire *Le Couteau dans l'eau* et *Cul-de-sac*. Ils lui proposent un film aux États-Unis, réalisé par Polanski avec en co-vedettes Beatty et Bardot. L'idiotie de Polanski, c'est qu'il est venu avec sa femme, Sharon Tate, magnifique, moins de quarante-cinq kilos mais pas anorexique, habillée de la plus courte minijupe que j'aie jamais vue. On boit le champagne, et je dis à Brigitte : "On se voit tous les jours, on va vous laisser, reste dîner avec eux, c'est important. – Il n'en est pas question, on dîne ensemble." Il devait être dix heures, on descend par l'escalier et, devant chez elle, il y a un arrêt d'autobus où elle claque des talons, leur dit au revoir, les plante là et part dîner avec nous. Elle a raté volontairement sa carrière américaine. »

« On avait un joyau, on n'a pas su ouvrir l'écrin, se lamentait Serge Gainsbourg : Elle a été la seule star de l'après-guerre. » Christine Gouze-Rénal n'y va pas par quatre chemins dans le *Bardot* de Jeffrey Robinson : « Elle ne se décidait pas parce qu'elle aimait le scénario, mais en fonction du metteur en scène, ou des autres acteurs, ou dans mon cas du producteur. Des gens venaient la voir pour lui proposer de tourner, et s'ils lui paraissaient sympathiques elle disait oui. Que le scénario soit excellent ou insipide n'entrait pas en ligne de compte. Et, dans bien des cas, ses choix étaient mauvais. » Mais elle n'en avait tout simplement pas envie, trouvant le monde du cinéma « trop tartignole », ce que confirme Jacques Charrier au même : « Elle aurait pu mener une carrière entièrement différente, une immense carrière d'actrice, mais elle n'en voulait pas. Elle n'a jamais tenu à forcer son talent, à dépasser ses limites. » Elle aura ainsi, entre autres, refusé *La Mort en ce jardin*, *La Loi*, *Bonjour tristesse*, *Le Jour le plus long*, *Angélique, marquise des anges*, *Le Vice et la vertu*, *Une femme est une femme*, *Cherchez l'idole*, *Irma la douce*, *Something's Got To Give* (après la mort de Marilyn), *Les Demoiselles de Rochefort*, *Les Parapluies de Cherbourg*, *La Chamade*, *Ondine*, *Galia* qu'elle laisse à Mireille Darc, *La Truite*, *Histoire d'O*, James Bond (*Au service secret de Sa Majesté*), *Barbarella*, *L'Affaire Thomas Crown*, *La Panthère rose*, *Un château en enfer*, *Pauline à la plage*, *Sierra torride*, *Si tu crois fillette*, le *Rock'n'Roll Circus* des Rolling Stones, etc. Elle refuse également le rôle de Marie dans *L'Étranger* : « Moi, Camus, Visconti, le côté intellectuel, ça me fait un peu peur. »

Mais quand même. On ne doit jamais juger un artiste à sa moyenne, mais à ses sommets. Et *Le Mépris*, *La Vérité*, *Et Dieu créa la femme*, *Vie privée*, ses rôles dans *Viva Maria !*, *La Lumière d'en face* et les comédies de Boisrond et Deville, ça se respecte et en fait une actrice non conventionnelle peut-être, mais certainement inoubliable.

Le 7 juin 1973, après quarante-huit films, elle met un point définitif à une activité dérivative. « Ce qui est formidable avec Brigitte, c'est qu'elle a toujours fait ce qu'elle voulait, y compris le jour où elle m'a dit : "J'arrête le cinéma", assurait son agent, Olga Horstig, à *Studio Magazine*. D'ailleurs, c'est parce qu'elle est tombée amoureuse de Vadim qu'elle a fait du cinéma, mais au départ elle voulait être danseuse de ballet, c'est la danse qui l'intéressait. » Roger Hanin, époux de Christine Gouze-Rénal, « la deuxième maman de Brigitte », le confirme à Laurent Delahousse : « Elle n'était pas faite pour ça. C'est Vadim qui l'a fabriquée, mais elle n'aimait pas ça du tout. » Comme souvent, le destin intervient : « Quand j'ai épousé Vadim à dix-huit ans, j'étais au tout début de ma carrière. J'étais confuse. Je ne savais pas quoi faire de ma vie. Roger m'a mise sur la voie. Il a créé BB. Mais la vérité, c'est que Brigitte Bardot existait bien avant tout ça. Même sans Roger, je suis sûre que j'aurais réussi quelque part. J'aurais pu être danseuse ou un mannequin célèbre. Qui sait ? » On pourrait voir poindre là la future culture de la célébrité dans laquelle nous baignons actuellement, si elle n'exprimait pas plutôt ce subtil mélange de sens de la destinée de sa génération et de certitude de sa classe sociale de se distinguer de la masse populaire. « C'était une vie dure, difficile à supporter, que je n'aimais pas », confiera-t-elle à Henry-Jean Servat.

Mais à ce stade, elle en a soupé, et comme elle n'aime de fait pas le cinéma pour le cinéma, sa personnalité entière, définitive, qu'aucun homme, amant, mari, réalisateur, producteur, n'a jamais pu dompter plus de quelques jours, s'impose dans toute son implacable logique, sans recours.

Ainsi qu'elle le déclare alors à *L'Express*, elle décide finalement d'appliquer au cinéma l'impulsivité animale, vitale, royale, qu'elle applique à sa vie amoureuse : « J'ai décidé de quitter le cinéma avant qu'il ne me quitte. Je me comporte toujours ainsi dans la vie. Je quitte avant qu'on ne le fasse ; c'est moi qui décide. »

L'amoureuse

En amour, état permanent chez elle au risque de l'étiolement s'il s'absente ne serait-ce qu'un instant, Brigitte Bardot, perpétuellement à la recherche de l'amour fou des Surréalistes, est un paradoxe phénoménalement féminin, un paroxysme de paradoxes et de contradictions illustrant non seulement l'observation experte et rimée de François Ier (« Souvent femme varie / Bien fol est qui s'y fie »), mais bien plus encore.

Bardot est une reine, une vraie. Comme celle des abeilles, elle choisit et jette ses amants au gré de ses désirs et des élans de son cœur, comme aucune de ses contemporaines, ni celles qui l'ont précédée, et en assume, en revendique la représentation « sur l'écran noir de nos nuits blanches », comme le chantera Claude Nougaro. Andy Warhol, exégète en superstars et icônes culturelles, l'affirmait, la disant « l'une des premières femmes vraiment modernes, capable de traiter les hommes en objets sexuels, de les acheter, puis de les jeter ». Comme Ava Gardner, elle se forge une réputation de mangeuse d'hommes : « Je suis une chatte changée en femme. Je ronronne. Je griffe. Et parfois, je mords », aimait revendiquer la Brigitte hormonale des années cinquante et soixante. « Un jour Vadim a dit devant moi une phrase qui m'a beaucoup frappée : "En France, un homme qui a des maîtresses, on dit que c'est un don Juan. Une femme qui a des amants, c'est une pute." C'est comme si j'avais entendu des voix. Je me suis dit qu'il fallait enterrer une fois pour toutes les idées comme celle-là. Et j'ai été la première à montrer qu'une femme pouvait très bien mener une vie d'homme sans être pour cela une fille publique... Je suis devenue, sans préméditation de ma part, le symbole de la liberté de la femme. De sa liberté sexuelle. Je suis une femme vraiment libre. »

Mais voilà : si l'amour n'est pas là, si son intensité se réduit, voire même s'il est seulement occupé à autre chose, l'hétaïre dominatrice se transforme aussitôt en amoureuse transie, femme soumise, en demande d'affection de son maître à la manière d'une tout autre forme de chienne cette fois. Et, de manière générale, considère l'homme comme primant, heureuse d'occuper à son côté un rôle traditionnel de muse et de geisha, passant de la maman à la maîtresse et à la putain plutôt que d'occuper ces trois postes à la fois.

« Quand je n'aime pas je m'ennuie, je désembellis, je me meurs. Quand j'aime, même si je suis malheureuse, je suis une fille transformée », reconnaît-elle avec lucidité. Mais son besoin viscéral d'attention, de câlins, de promiscuité, de protection, de centralité, l'attire sans cesse vers la dépendance, la conduit à rabaisser ses standards de séduction, et à se contenter parfois de compagnie, de subir des relations aussi spectaculairement qu'elle en brise pour un simple élan du cœur et/ou du vagin. Elle le concède : « Je ne peux pas vivre seule, j'ai besoin d'un compagnon, d'un mari, d'un amant. »

Cette dichotomie qui la voit, amoureuse de l'amour, tomber systématiquement dans les bras et se retrouver dans le lit de la plupart de ses partenaires de plateau (quand ils sont hétérosexuels) ainsi qu'elle le reconnaît volontiers, et se fourvoyer dans des histoires qui ne semblent pas lui convenir (mais sait-on jamais ce qui cause la magie de l'amour ?), va l'écarteler tout au long de sa carrière et au-delà, brouillant ses sentiments, ses décisions, mais aussi le message qu'elle envoie à toutes les femmes du monde entier pour lesquelles elle incarne bien plus que la sortie de la cuisine et de la chambre, plus que l'égalité et la parité : une altérité inédite. Elle en décrypte pourtant les mécanismes, mais comme la plupart des êtres humains, ne parvient guère à canaliser ses sentiments pour les accorder à ses analyses ou à ses convictions. Au *Sunday Times,* sur le tournage de *À cœur joie,* six semaines après son mariage à Gunter Sachs, elle décortique comme une véritable lacanienne : « L'amour est la plus grande illusion. Au moment où l'on croit partager le monde entier avec quelqu'un d'autre, on est en fait complètement seul. C'est l'expression suprême de l'égoïsme. Comme le dit Graham Greene, lorsqu'on est follement amoureux, on ne voit dans les yeux de l'autre rien d'autre que son propre reflet, démesurément grandi. Cette émotion, le coup de foudre, est à la fois extatique, douloureuse et désespérée. C'est une des émotions humaines suprême, mais ça n'a rien à voir avec le mariage, ou les enfants ou la vaisselle à laver. »

À Françoise Sagan, gangster de l'amour comme elle, Bardot, effrayée par la révolution sexuelle qu'elle a largement – et profondément – contribué à médiatiser, à revendiquer, confie : « Pour moi, l'amour a besoin de mystère, de secret, de silence. C'est une affaire privée, très riche, très complexe, mais en même temps très simple. Plus on me parle de cela, des perversions, des accessoires, moins j'ai envie de faire l'amour ! Je crois que l'exhibitionnisme, c'est de la honte refoulée, mais de la honte. » À Jean Cau, pour *L'Express,* elle ajoute que ce tourment n'est pas que théorique, sociétal : « J'ai eu beaucoup d'amants dans ma vie. On a dit que j'étais perverse. Ce n'est pas un problème de perversité, c'est un problème de tendresse. Pour moi, la seule présence qui compte autour de moi, c'est celle d'un homme. Mais quel homme ? Je ne vois personne. Les mêmes passent et repassent comme au manège. Alors, quand je suis en pleine dépression, quand je me noie, je m'accroche à une poutre, la première qui passe. »

Le mot est bien choisi, si l'on en croit cet ami de Jean-Patrick Capdevielle, dragué dans un bar, qui se serait vu félicité pour son brio par Brigitte au petit matin, après un café pour la route, d'un « merci, vraiment, c'est tellement difficile de trouver une bonne poutre de nos jours ! ». On comprend aisément, toutefois, pourquoi ce serait pour elle un enjeu. Se retrouvant nu avec la plus belle femme du monde, sublimée par la taille de l'écran sur lequel on l'a préalablement contemplée projetée un jour ou l'autre, avec la connaissance de la notoriété d'un grand nombre de ceux qu'elle a déjà semblablement connus, impressionné par son aplomb comme par les fantasmes qui se colportent au sujet de sa voracité supposée et de son expérience avérée en la matière, quel amant – sur le point de le devenir en tout cas – ne serait-il pas pris d'un léger tremblement commençant aux genoux, raccourcissant le souffle, débilitant la pensée, et faisant fléchir, ramollir quelque peu son principal indicateur d'empressement, et anéantissant d'un coup le sens de l'humour comme le talent de la conversation ?

Jean-Claude Pascal, son partenaire de *La Fille de Caroline chérie*, pourtant pas intéressé à titre personnel, en a bien compris le mécanisme auprès de Catherine Rihoit : « Elle n'a pas pu aimer comme tout le monde. En faisant l'amour, elle devait se demander si on faisait l'amour avec elle ou avec Bardot. » Elle en rigole, sans pour autant que cela aide à alléger son fardeau, ainsi qu'elle le confiait à l'acteur et écrivain espagnol José-Luis de Villalonga dans *Gold Gotha* (Le Seuil, 1972) : « Tu penses bien que face à un homme, le problème est gratiné. Parce que, si j'arrive parfois à oublier que je suis Bardot, lui, il ne l'oublie jamais ! Il sourit à Bardot, il tient la main de Bardot, il fait l'amour à Bardot » (Marilyn, elle, aurait voulu être un homme pour savoir ce que ça faisait de coucher avec elle-même !).

Elle est toujours le problème, jamais la solution, comprend Simone de Beauvoir, dans la revue *Arts* : « Son érotisme n'est pas magique, mais agressif. Au jeu de l'amour, elle est autant le chasseur que la proie. Le mâle est pour elle un objet, comme elle l'est pour lui. Dans son rôle de femme perdue, de petite garce sans foyer, BB semble accessible à tous. Et pourtant, paradoxalement, elle est intimidante. On ne peut rien lire sur le visage de Bardot. Il est ce qu'il est. Il a la présence brutale de la réalité et se prête tout autant aux fantasmes lascifs qu'aux rêves éthérés. BB n'essaie pas de scandaliser… Elle ne critique pas les autres. Elle fait ce qui lui plaît et voilà ce qui est gênant. » Ce fameux « Do What Thou Wilt », précepte rabelaisien de l'alchimiste sataniste écossais Alistair Crowley gravé dans le vinyle de *Led Zeppelin IV*, déjà privilège de Louis XIV, qui gouverne « selon notre bon plaisir », bien avant sa démocratisation par Chagrin d'amour (« Chacun fait c'qui lui plaît, plaît, plaît… »), éternelle source de tensions et d'inquiétude, aussi bien individuelles que de la part de la société menacée par cette anarchie annoncée de l'ordre établi. Pourtant, chez Bardot, cette indépendance sexuelle n'est pas révolutionnaire dans l'intention, mais dans sa nature même, ce qui est peut-être plus dangereux encore, véritable « Cowgirl in the Sand » que Neil Young implorait d'épargner ses conquêtes : « Elle n'a jamais considéré la nudité comme une arme secrète permettant aux femmes de séduire les hommes. Elle était Ève avant que Dieu ne perde son calme dans le jardin d'Éden », témoignait Vadim dans *Le Goût du bonheur*. Elle le dit bien : « Mieux vaut être infidèle que fidèle sans vouloir l'être. » À Jacques Chancel, au cours de sa *Radioscopie*, elle précise : « Je peux être la femme la plus fidèle et la plus infidèle du monde. Mais ce n'est pas de ma faute si je suis infidèle. C'est de la faute de l'autre. Pour moi, l'homme à qui je peux être fidèle est tellement important dans ma vie que s'il ne s'arrange pas pour que je n'aie pas envie de le tromper, c'est un imbécile. » Toutes les femmes le pensent. Et trompent, comme elles boivent, pour se venger…

Et pourtant, comme l'écrivait aussi Sagan en 1975, elle n'est pas consciente de ce renversement du pouvoir entre les genres qu'elle édicte et invente : « Il n'y avait pas d'honneur qui lui semblait plus grand, plus important, plus nécessaire que celui de combler, dans un lit de hasard, l'homme qu'il lui plaisait de combler et c'est ce qui, à mon sens, est le plus intéressant et le plus sympathique et le plus généreux dans la vie de cette jeune femme… »

Qui pourtant, comme tant de pionnières de sa génération, va en payer le prix personnel, comme elle le rappelait à l'auteur de ce best-seller sensationnel dont le titre a dû si souvent lui parler d'elle-même, *Bonjour tristesse* : « Je dois répéter que j'ai raté ma vie privée, sans doute parce que mon métier m'a trop accaparée. J'ai été amoureuse, bien sûr, mais, au moment où il fallait que je parte tourner un film au fin fond de l'Espagne, lui ne pouvait pas me suivre pendant trois mois de tournage. Et quand, à l'époque, je ne voyais pas mon amoureux pendant trois mois, eh bien ! je m'en trouvais un autre ! »

Une grande amoureuse, victime de l'amour, comme le sont souvent ceux qui dépendent de leur passion. Exprimée très tôt, en ce qui la concerne, surtout dans ces tristes et sombres années qui suivent l'immédiat après-guerre dans un Paris sale et encore sous le coup des privations et des humiliations, des divisions et des trahisons de l'Occupation – et de la Libération.

Le 9 janvier 1959 pour le premier « Cinq colonnes à la une », France Roche diffuse un document filmé par la mère de Brigitte, Toty, lors de vacances à Hendaye, en août 1939, quelques jours seulement avant le déclenchement de la Seconde Guerre mondiale. Brigitte n'a pas encore cinq ans, y fait du vélo avec un ami, Michel Igon, puis on les voit tous les deux assis dans l'herbe, lorsque Brigitte attrape le petit garçon et l'embrasse sur la bouche, le renversant en arrière sur le dos comme une pro. Précoce !

Mais bien avant *Y a que la vérité qui compte,* France Roche le fait entrer en plateau, cravaté et gêné, et lui demande de réembrasser Brigitte, ce qu'il fait gauchement, chastement, sur les deux joues. Convié préalablement à se souvenir de cet épisode de jeunesse, curieusement, le désormais Toulousain évoque immédiatement les gifles que leur donnait Louis Bardot, qui « aimait beaucoup tourner des films amateurs ». Brigitte l'interrompt aussitôt, avec son plus beau sourire et son sens automatique de la mondanité bourgeoise et médiatique de l'époque : « Moi, on ne m'en a jamais donné, personnellement », coupant court à cette déclaration intempestive. Un instant, en visionnant cette séquence avec la paranoïa d'aujourd'hui concernant les relations familiales, on se demande si elle ne chercherait pas là à protéger instinctivement quelque chose, autre que la bienséance de classe dont elle fait preuve ? On ne saurait s'y avancer et on ne le fera pas. Tout juste, en spéculant, on remarquera que les racines de comportements exhibitionnistes et de recherche permanente de la séduction et du plaisir sont souvent à trouver du côté de l'enfance, surtout chez les filles, en relation avec leur père, comme me le rappelait Laurent Chalumeau un soir de Boxing Day.

Ce qui est certain, puisqu'elle l'écrit, c'est qu'elle tombe amoureuse pour la première fois encore enfant, lors du mariage à La Rochelle de son cousin préféré, Jean Marchal (qui se suicidera d'un chagrin d'amour à trente-sept ans), dont l'athlétique beau-frère blond de dix-sept ans Bernard Triaud, scout de France, lui fait pour la première fois battre le cœur jour et nuit. Brigitte échange finalement son premier baiser grâce à son amie Chantal qui partage avec elle un moche voisin nommé Guy, trop content de l'aubaine, à Louveciennes dans l'extravagant chalet norvégien en bois de ses grands-parents. Elle a douze ans, il en a quinze. Nous sommes en 1946, au lendemain de la Seconde Guerre mondiale qui a libéré les libidos, comme toujours lorsque la mort rôde.

Deux ans plus tard, elle s'éprendra d'un maître nageur blond à Megève où elle passe les vacances d'hiver avec Chantal et Toty. Mais celle-ci, furieuse de les entendre ricaner dans leurs lits, persuadée qu'elles se moquent d'elle, déchire en représailles le laisser-passer pour la piscine, et un petit cœur au passage, laissant seulement Mijanou et Chantal apprendre à nager, exemple d'un sadisme récurrent qui déstabilise et humilie plus encore une fillette déjà complexée.

Et elle n'a que quinze ans lorsqu'elle rencontre Vadim au début des années cinquante à l'occasion d'un casting que réalise Marc Allégret pour *Les lauriers sont coupés*, dont le scénario chronique l'éveil à l'amour de deux adolescentes. Dans la salle d'attente d'un dentiste, Vadim feuillette *Elle* (numéro 232, du 8 mai 1950) et tombe sur un reportage consacré à « la jeune fille française de l'année » : « Une adolescente au regard ouvert et gai, taille de guêpe, poitrine avenante, bien tournée, habillée jeune et propre, une adorable brunette. » Dans sa version, celle du *Goût du bonheur* (Fixot, 1993) – il en existe plusieurs, comme pour tout événement pareillement décisif, et Allégret comme Braunberger revendiqueront la découverte –, il dérobe le journal, le fixe longuement dans le métro et le conserve au 44, avenue de Wagram, à l'angle de la place des Ternes (au-dessus de l'actuel Hippopotamus), où il squatte l'appartement de ses amis comédiens Daniel Gélin et Danièle Delorme (séducteur invétéré, il a déjà couché avec les deux sœurs de celle-ci, Evy et Marie-Thérèse Girard), dont il babysitte le fils Xavier, trois ans. Un soir où ce dernier lui demande de lui fabriquer un avion en papier, grand classique de l'amusement dans ces années de disette où l'on invente encore soi-même ses propres distractions avec ce qu'on a, il s'empare du premier magazine à portée de sa main, en déchire une page, et rencontre à nouveau le regard de cette jeune adolescente. Certain d'avoir enfin trouvé la Sophie de son roman de jeunesse (inédit), *La Sage Sophie*, qu'il a adapté pour *Les lauriers sont coupés*, il veut lui faire passer un bout d'essai et la recommande aussitôt à Marc Allégret. « Marc était un esthète. C'est lui qui a fait débuter à l'écran Michèle Morgan et Gérard Philipe. Plus tard, il a découvert Jean-Pierre Aumont et Jean-Paul Belmondo. Quand je lui ai montré Brigitte en couverture de *Elle,* il a aussitôt repéré quelque chose. J'avais écrit pour lui un scénario intitulé *Les lauriers sont coupés,* dont le premier rôle était une adolescente. Il voulait qu'elle le joue et m'a dit : “Si elle est aussi bonne que je le pense, il faut que nous lui fassions faire un bout d'essai.” »

Lorsque la lettre de ce dernier parvient chez les Bardot, Mme Bardot mère la roule en boule et la jette dans la corbeille au moment où sa fille entre dans la pièce et lui demande, taquine, si elle se débarrasse de la missive de l'un de ses amants. « Non, mais de celle de l'un de tes admirateurs », lui répond-elle, suite à quoi Brigitte insistera absolument à rencontrer icelui, bien que le cinéma n'intéressât en rien ce petit rat. La famille Bardot fait la gueule, exprime toutes sortes de réticences, rouspète, menace, le père s'oppose (« pas de romanichel dans ma famille »), mais au cours d'un « véritable conseil de famille, réuni comme un conseil d'administration », le grand-père maternel « Boum » tape sur la table, à l'ancienne, et emporte le morceau : « Si cette petite doit devenir putain ou pas, ce ne sera pas le cinéma qui en sera la cause », tempête-t-il pour convaincre les parents indignés. Ceux-ci acceptent de mauvaise grâce de rencontrer le producteur, Pierre Braunberger (lequel prétendra l'avoir repérée avant Vadim), qui les reçoit dans son studio du Panthéon et obtient qu'ils présentent leur précieuse fille au cinéaste. Brigitte, chaperonnée, finit par se présenter chez Marc Allégret, 11 bis, rue Lord-Byron, au septième, en duplex sous les toits avec terrasse.

« La future légende entra dans le salon de Marc Allégret, précédée de sa maman. J'étais appuyé au piano, l'esprit ailleurs. Brigitte, habillée d'un chemisier blanc rayé et d'une jupe bleu marine, tenait à la main une veste en tissu léger. Son regard parcourut la pièce et se posa sur moi. J'ai su que je savais », plastronne Vadim dans *Le Goût du bonheur*. Dans *Les Mémoires du diable,* antérieures, il écrivait : « La première fois que je l'ai vue, elle avait quatorze ans, et je n'ai pas douté un seul instant qu'elle venait d'une autre planète, d'une autre dimension. Je me suis dit : Mon Dieu ! Une extraterrestre. C'est Mozart. »

Roger Vadim Plémiannikov, personnage distant et lointain, est né le 26 janvier 1928 à Paris, fils de la communiste et pré-féministe niçoise Marie-Antoinette Ardilouze, divorcée à dix-neuf ans du Flamand Victor de Amandel et remariée au prince Igor Nicolaewitch Plémiannikov, très blond descendant russe de Gengis Khan né à Kiev en Ukraine, pianiste Premier Prix du conservatoire de Varsovie. Officier de l'armée russe ayant fui le bolchevisme, devenu pianiste de bar en France pour survivre, ce dernier est très vite naturalisé et doit donner un prénom français à son fils pour entrer dans la diplomatie. D'abord en poste à Alexandrie, où son jeune Roger assiste à des crucifixions d'Européens, Igor va devenir consul de France en Turquie, où il adopte un jeune Turc abandonné à la naissance par une cuisinière engrossée par le vice-président américain des cigarettes Chesterfield. L'orphelin devient donc le frère de Hélène et de Roger Vadim, qui sera initié aux mystères du genre opposé par une bonne musulmane surprise sans son voile qui lui montre longuement son sexe en couvrant son visage (à Toulon, plus tard, Sophie, douze ans, tuée par une bombe allemande, dénudée en dessous de la taille, lui offrira post-mortem l'occasion d'études morbides plus approfondies sur les organes sexuels féminins). En Turquie, les traumatismes ne sont pas exclusivement d'ordre sexuel, puisque Vadim est brièvement kidnappé, et assiste à des peines capitales qui le renvoient aux visions terribles des crucifiés d'Égypte. Il n'en a pas fini de devoir s'endurcir pour autant. Les trois enfants sont élevés ensuite à Nice, puis, lorsque le père de Vadim décède à trente-trois ans d'une myocardite paludéenne lors de vacances à Morzine, se retrouvent au col des Gets, à mille deux cents mètres d'altitude dans le massif du Chablais, à deux pas de la frontière suisse, où sa mère est devenue aubergiste de jeunesse. Vadim se lie pendant la guerre au futur cinéaste Yves Robert (amant de sa mère), à Gerald Hanning (qui deviendra le troisième mari de celle-ci), bras droit de Le Corbusier, ainsi qu'à Jean Vuarnet, futur champion olympique et du monde de descente en ski (puis opticien). Il y volera son premier baiser à la future Anouk Aimée (alors connue sous le nom de Françoise – son vrai prénom – Durand – le nom de sa mère : son père, Dreyfus, est juif).

Nourri de *Mort à crédit* (Louis-Ferdinand Céline) et de *La Bataille du rail* (René Clément), ami de Boris Vian et d'Antoine Blondin une fois monté à Saint-Germain-des-Prés, Vadim côtoie pendant l'Occupation Marcel Marceau au cours de théâtre Dullin et partage des heures avec lui autour d'un café au Sarah-Bernhardt, sous le Théâtre de la Cité (aujourd'hui de la Ville), place du Chatelet. Puis, ayant perdu sa virginité en Normandie sous les premières salves du débarquement, rencontre au café de Flore Christian Marquand, communiste marseillais qui restera à vie son meilleur ami et chez lequel il squatte, 15, rue de Bassano, rencontre Jean Genet en cavale (avant d'être gracié par Vincent Auriol), Colette, Juliette Gréco, Annabel (future Buffet), Piaf, Cerdan, Hemingway, Dali, Vian, Cocteau, André Gide qui lui déconseille de publier son roman. Celui-ci met en scène une jeune fille moderne, délurée, rebelle, mais incurablement sentimentale, qui se matérialisera bientôt et transfigurera son existence.

En attendant, il traîne dans tous les clubs, les caves de jazz où rôde la faune existentialiste en plein boum comme on dit alors, venue s'éclater, se mélanger et se soulager en écoutant parfois Miles Davis, Duke Ellington, Louis Armstrong, Charlie Parker, plus souvent Sidney Bechet, Claude Luter et consorts : le Bar vert (10, rue Jacob), Le Caveau des Lorientais (5, rue des Carmes au Panthéon), Le Tabou (33, rue Dauphine puis rue Mazarine), la Discothèque de Jean-Claude Merle, le Bilboquet (13, rue Saint-Benoît), soit le Club Saint-Germain, La Rose rouge (76, rue de Rennes), le Montana (28, rue Saint-Benoît), le Club du Vieux-Colombier (sous le théâtre du même nom, au 21 de la rue du Vieux-Colombier), le bar de la Malène rue François-Ier (où l'on trouve de l'héroïne). Le 3 mai 1947, il est avec Juliette Gréco, une bougie à la main dans l'escalier du Tabou sur la photo historique à la une de *Samedi Soir*, à l'occasion de l'article fondateur qui lancera « les troglodytes existentialistes ».

Il finit ainsi par faire la connaissance, sur le tournage de *Pétru*s où sa sœur Hélène est figurante, du cinéaste et fétichiste Marc Allégret, poids lourd du cinéma d'avant et d'après-guerre (*Entrée des artistes*, *Fanny*, *Le Lac aux dames*), qui a fait jouer tous les monstres sacrés du cinéma français d'avant la couleur (Fernandel, Raimu, Gabin, Joséphine Baker, Jean-Louis Barrault, Louis Jouvet, Bernard Blier, Danielle Darrieux, etc.). S'étant improvisé réalisateur en se substituant à ce dernier, subitement appelé au chevet de sa fille accidentée à l'école, le jeune Vadim, dix-sept ans, force l'admiration de celui qui allait devenir son mentor. Ce dernier l'invite à dîner – en tout bien, tout honneur, Vadim l'assure – chez lui rue Lord-Byron, à côté des Champs-Élysées, et lui demande d'écrire pour lui une série de scénarios, dont celui de *Les lauriers sont coupés*...

Pour le rôle principal, ils ont déjà considéré engager Ava Gardner à Rome, Audrey Hepburn et la princesse Margaret, que Vadim rencontre à Londres ; Leslie Caron croisée dans La Flèche d'Or, train embarqué sur un bateau pour franchir la Manche en attendant l'hypothétique tunnel, qui relie alors la gare du Nord à Paris à Victoria Station à Londres, passe elle aussi des essais grâce auxquels elle figure en couverture de *Paris-Match* où la repère Gene Kelly, ce qui lui vaudra sa carrière hollywoodienne et l'immortalité dans *Un Américain à Paris* et *Gigi*. Jusqu'à l'arrivée de la jeune danseuse rue Lord-Byron, parmi une palanquée de candidates.

« Vous m'écoutez quand je ne dis rien », dit-elle seulement à Vadim, lors de ce premier contact. Plus tard, elle lui avouera : « J'ai subi une sérieuse attaque de coup de foudre. » Il lui fait ensuite répéter Marivaux et *L'École des femmes* (de Molière, si jamais...), en fin d'après-midi, après les cours, les jours où elle ne va pas à la danse, chez les Gélin qui l'hébergent. « C'était incroyable. Elle disait des choses sorties tout droit de mon histoire. Quand je l'ai entendue s'exprimer en esprit libre, je n'ai pas pu y croire. Brigitte parle d'une façon très particulière, tout à fait unique. Tout à fait comme Sophie dans mon roman et le scénario. Quand je l'ai inventée, je croyais qu'elle n'existait pas et ne pouvait exister. Mais voilà qu'elle était là. » Les essais sont tournés peu après, en noir et blanc au studio Lhomond du producteur d'Allégret et de Jean Renoir, propriétaire du cinéma du Panthéon et des studios de Billancourt, Pierre Braunberger, ancien local de la Gestapo où Vadim donne la réplique à

Brigitte qui affronte une caméra professionnelle (en maillot de bain rouge selon George Carpozi dans *The Brigitte Bardot Story*) pour la première fois pendant quatre minutes quatorze. Vadim la raccompagne : dans le taxi, devant le 1 bis, rue de la Pompe où habitent les Bardot, c'est elle qui l'embrasse sur les lèvres.

Mais voilà. Allégret est déçu par le *screen test* (« Elle parle comme si elle portait le dentier de sa mère, et je déteste sa façon de rire ») et Braunberger ne l'aime pas : « J'avais convoqué trois femmes, dont Brigitte qui était la meilleure. Mais je n'ai pas pu l'engager parce que ma femme, qui était très jalouse, a menacé de divorcer. » Même si bientôt *L'Écran français* annonce le 7 février 1951 que Françoise Arnoul et Brigitte Bardot ont été retenues pour interpréter *Les lauriers sont coupés*, rien ne se matérialisera (ce sera, sans aucun rapport, le titre français de *Return To Peyton Place* en 1961). À visionner ce bout d'essai soixante-trois ans plus tard, on est pourtant bluffé par son tempérament et son naturel de comédienne. « J'étais tellement gamine, j'avais quatorze ans, mais j'ai rencontré Vadim. Il était beau, très beau, décontracté, relax, sublime de beauté. » Vadim, lui, se souviendra d'un « coup d'admiration » plutôt que de foudre. « Une personnalité royale. Très directe, pleine d'humour. Balzac disait : "L'élégance, c'est de paraître ce que l'on est." Elle l'incarnait. »

Deux mois plus tard, pas découragé par cet échec, un samedi après-midi, en sortant du cinéma, boulevard des Italiens, sur une impulsion, Vadim décide d'acheter un jeton de téléphone plutôt qu'un ticket de métro pour rentrer chez lui, et appelle Brigitte, dont il a mémorisé le numéro d'appel des parents (ils sont alors simplissimes, comme le rappelle le sketch de Fernand Raynaud, « Le 22 à Asnières »). C'est elle qui décroche. Ses parents et sa sœur sont partis pour le week-end dans leur maison de campagne à Louveciennes ; elle est restée seule avec sa grand-mère maternelle Jeanne Mucel et reçoit en ce moment un garçon de son âge. Le temps de remonter à pied les Grands Boulevards et de rejoindre le seizième jusqu'à la rue de la Pompe, ce qui fait une trotte, même pour un grand gaillard sportif et skieur émérite comme Vadim, et il débarque. Elle lui a préparé une tasse d'Ovomaltine dans le salon Louis XVI où la conversation s'éternise avec le jeune bourgeois. Lorsque ce dernier prend congé, l'échange entre Brigitte et Vadim se personnalise quelque peu, autant que le permettent les allées et venues de la mamie qui chaperonne de la mort. À 19 h 30, elle leur fait comprendre qu'il est temps de briser là, et ayant conseillé à sa petite-fille de s'assurer que ce voyou n'avait pas rempli ses poches de l'argenterie de la famille, il lève le camp, profitant tout de même d'un long baiser profond de Brigitte sur le palier. Il comprend que malgré son jeune âge, ce n'est pas son premier. « C'était une jeune fille qui paraissait en avance sur son âge et sur son époque. En révolte contre le milieu et la morale de ses parents, douée pour l'amour sans avoir appris, capable d'humour et d'un grand bon sens, elle avait tout du petit génie. »

Les visites hebdomadaires s'accompagnent bientôt de quelques déjeuners où, tout fils de consul qu'il fût, Vadim commet quelques bévues d'étiquette qui n'arrangent pas l'opinion des Bardot sur ce saltimbanque. « Elle avait quinze ans et demi, un visage où la sensualité se mariait à la candeur. Elle faisait de la danse et allait encore à l'école. Elle avait reçu la meilleure éducation du monde mais jurait comme un sapeur » racontait déjà Vadim à *Ciné Revue* en juillet 1955.

Brigitte et lui parviennent toutefois à décrocher l'autorisation de se rendre ensemble au cinéma, à la séance de 20 heures. Il ne faut pas longtemps pour que s'organisent rendez-vous clandestins dans le meublé (sommier, chaise, table, lampe de chevet décorée à la main par Jean Genet) du 15, rue de Bassano que leur prête Christian Marquand (qui traîne avec Vadim au Flore autour du poêle avec Robert Hossein et Maurice Ronet, excitant les libidos de Colette, Gide, Cocteau, Genet). C'est là que Brigitte Bardot, à l'heure de son cours d'algèbre et du réveil de Vadim, noctambule, deviendra femme, événement qu'elle criera aux passants, nue depuis la fenêtre du deuxième étage. Un matin, à 9 heures, elle avait débarqué chez lui sans prévenir au lieu d'aller en cours. Mais il y avait un copain dans l'appartement, Vadim dormait et la rabroue. Elle reste là, interdite à tous les sens, pleure, puis se glisse finalement dans le lit pour s'apercevoir qu'il est nu et que... Le lendemain, elle revient, cette fois avec des croissants, et ils font l'amour pour la première fois.

« Le sexe, pour Brigitte, n'est pas synonyme de péché, écrira Vadim dans *D'une étoile l'autre*, rien du fatras psychiatrique judéo-chrétien attaché à l'idée de plaisir. » Tout n'est pourtant pas aussi simple pour elle que pour celle(s) qu'elle incarnera à l'écran : « Cette femme si libre de son corps était avant tout une romantique. Les sentiments, l'ambiance, le décor, tenaient autant de place que le plaisir. »

Le père Bardot, lui, « vit au temps des dinosaures », comme s'en plaint sa fille, qu'il croit toujours intacte. Un jour que Mijanou dénonce un baiser donné dans le métro au retour du cinéma, il convoque Vadim et les prive de sortie pendant plusieurs semaines. Le secret de la pénétration (pourtant répétée à qui mieux-mieux) restant entier pour Pilou, pendant l'été 1950, ils parviennent malgré tout à obtenir de passer quelque temps à Saint-Tropez où les Bardot possèdent une grande maison haute aux murs roses recouverts de vigne vierge à l'angle de la rue de la Miséricorde et de la rue Aire-du-Chemin, La Miséricorde.

Elle se met, à partir de là, à sécher l'école. Ses parents veulent qu'elle se concentre sur le sacro-saint bac, mais elle s'en moque, déclare déjà à Vadim sa détermination à l'épouser. Elle fait le mur pour le rejoindre, l'école buissonnière. Son père l'apprend et menace de l'envoyer illico en pension en Angleterre. Profitant de la sortie de ses parents et de Mijanou qui partent admirer les bâtiments parisiens (Arc de Triomphe, obélisque de la Concorde, Opéra, Notre-Dame, Panthéon) illuminés pour la première fois depuis la guerre, elle prétexte un mal de tête pour ne pas les accompagner, allume le gaz, se met la tête dans le four, et bientôt sombre dans le coma. Sauvée in extremis par un retour précipité de ses parents sur l'insistance de Mijanou qui s'ennuie et trouve le temps long.

« Quelque chose en elle s'est désallumé », dit paradoxalement Vadim dans *Les Mémoires du diable*, qui pense qu'elle n'a plus jamais été la même après cet épisode. Elle pleure, tempête, supplie, et obtient finalement de rester parisienne à condition de cesser de voir son courtisan et d'accepter de fréquenter des jeunes gens de sa classe (sociale). Un soir qu'elle rentre avec l'un d'eux en retard de dix minutes après minuit, Pilou l'attend et lui donne une fessée devant le jeune homme qu'on imagine sidéré. « Papa, vous m'avez humiliée au plus profond de mes pauvres seize ans, vous m'avez fessée, devant un jeune homme pétrifié, une pauvre petite chose qui n'était pas assez gamine pour ce genre de punition, et qui plus est portait bas et porte-jarretelles pour la première fois de sa vie. » On n'ose imaginer que le volage Louis Bardot puisse avoir pris du plaisir à cet exercice infligé à sa jeune fille adolescente pubère et, elle aussi, déjà rouée aux plaisirs vénéneux du sexe interdit.

Elle fait un drame, lui déclare la guerre et voit son « fiancé » plus ou moins en cachette. Les Bardot tentent d'éloigner Brigitte, en acceptant qu'elle parte danser sur une croisière, puis à Rennes. Au retour, ce couple « très aimant », selon Mijanou qui n'a pas ses yeux dans sa poche, mais qui n'a pas le droit d'en être un au regard de parents totalement aveugles à la réalité, rentre trois heures après le couvre-feu autorisé. Penché sur son balcon, le père Bardot jette des pièces de monnaie à la tête des amoureux qui se disent au revoir en rue. Une autre fois, où ils ont dépassé la permission de minuit (il est 1 h 30), Pilou menace Vadim avec un revolver, dont sa femme, réveillée, s'empare, assurant que s'il n'a pas le courage nécessaire à faire payer le déshonneur que représenterait le fait de l'avoir désacralisée avant le mariage, elle tuera Vadim s'il s'approche trop près de Brigitte, témoignant au passage d'une naïveté qui ne renforce pas son image auprès des jeunes amants, qui reviennent précisément de consommer leur passion. Vadim n'aura plus le droit de la voir : « Plus jamais », dit Pilou. Il convoque Brigitte dans son bureau et lui montre le revolver : « Si j'apprends que tu as été la maîtresse de Vadim, je le tue. » Lorsque Vadim, une fois de plus interdit de visite rue de la Pompe, décide de s'éloigner trois semaines de Paris, pour travailler au calme chez sa mère à Nice et rejoindre ensuite un tournage de Marc Allégret à Londres, Brigitte, addicte à la dopamine de leur relation enflammée, dont l'intensité est accrue par sa clandestinité, est désespérée. Ce point de rupture, de non-retour, qui a conduit beatniks, hippies et autres *drop out* à remettre en cause la société, l'ordre établi, l'autorité régulière, s'atteint toujours lorsque apparaît la forfaiture, l'iniquité, la trahison d'un système dont on avait été gavé de la souveraineté, de l'infaillibilité, et qui s'avère soudain corrompu, impuissant, faux, imaginaire comme le mythe du Père Noël : « *When the truth is found to be lies...* » (« Quand la vérité se révèle mensongère »), tonnera bientôt la sirène Grace Slick à la tête de Jefferson Airplane, sonnant la révolte métaphysique de la génération du Summer of Love, dont Brigitte sera, qu'elle le veuille ou non, l'une des inspiratrices. « Aucun homme ne mérite qu'on veuille mourir pour lui, mais ma désespérance à l'époque, face à une solitude que je ne supportais pas, m'a fait faire bien des conneries ! » reconnaîtra-t-elle, une fois la passion érodée par l'âge.

Elle donne rendez-vous à l'amant au métro Saint-Michel, le suppliant de s'armer à son tour, en cas de confrontation, lui précisant : « Je préfère être orpheline que veuve. » C'est aussi pour elle la première occasion de lui signaler qu'elle ne veut pas d'enfant.

Leurs rapports restent aussi furtifs que passionnés, caresses et baisers dans des couloirs, des ascenseurs, sur le siège arrière de la berline conduite par Pilou, les hôtels dans lesquels les Bardot passent leurs vacances et où Vadim loue en douce une chambre où Brigitte le rejoint nuitamment. Au Megevan, sur le point de se faire prendre par la conjugaison des craquements du lit et du parquet et des grognements de Brigitte, ils sautent par la fenêtre dans la neige pour échapper à la fureur paternelle. À chacune de leurs séparations – Vadim voyage autant par passion que pour suivre les tournages d'Allégret auxquels il collabore –, elle lui écrit des lettres enflammées, détaillées, graphiques, et lui demande de la photographier, nue comme vêtue, pour qu'il l'emporte et la conserve toujours avec lui, près de lui.

Vadim s'installe ensuite avec Christian Marquand dans un appartement mansardé au 16, quai aux Fleurs, où résonne toutes les nuits le jazz moderne du Dave Brubeck Quartet, du M.J.Q. et de Thelonious Monk. Brigitte l'y retrouve le plus souvent possible, toujours clandestinement, et douze fois par an connaît l'angoisse qui étreint chaque femme depuis l'origine de l'espèce jusqu'à l'invention et la diffusion de la pilule contraceptive, celle du « retard » qui annonce peut-être la fin de la rigolade et le début de l'enchaînement. Il lui fait faire la tournée des grands-ducs. L'emmène au Palais-Royal chez Colette qui la déclare incarnation de Gigi. Lui présente les icônes de Saint-Germain, Juliette Gréco, Jean Genet, Jean Cocteau chez lui à Milly-la-Forêt. Ramène Marlon Brando rue de Bassano où il l'héberge un moment, espérant la convaincre d'accepter un plan à trois. Mais elle ne veut pas. Pourtant, un jour où Vadim n'est pas encore rentré, Brigitte montre ses seins à la future star de *Un tramway nommé désir* et *Sur les quais,* se plaignant qu'ils sont tros gros. Mais il ne se serait rien passé de plus...

Enfin interpellée sur la profondeur et la force de son engagement, ses vieux acceptent, à regret, d'envisager que leur aînée puisse épouser Vadim, mais seulement lorsqu'elle sera parvenue à un âge acceptable : attendre d'avoir dix-huit ans, c'est long. Deux années supplémentaires pendant lesquelles les Bardot espèrent bien qu'elle aura l'occasion de changer d'avis (et d'objet de ses désirs), pour rentrer dans le droit chemin qu'ils lui ont tracé dans leur volonté à eux de progression dans la hiérarchie sociale : qu'elle épouse un ministre, un chirurgien en vogue, un ponte de l'hôpital, un grand avocat, un juge, un chef d'entreprise florissante comme son père, un grand diplomate (pourquoi pas un évêque ?).

Les fiançailles finalement annoncées, Vadim est prié de se convertir au catholicisme (juif athée, il a été baptisé orthodoxe, comme le veut son ascendance russe), et surtout de se trouver un emploi salarié. Il se fait engager comme journaliste à *Paris-Match* par Hervé Mille, qui partage avec son frère Gérard un hôtel particulier au 72, rue de Varenne, dans le quartier fliqué – et friqué – des ministères, salon où se retrouvent artistes et intellectuels de la bohème germanopratine, Juliette Gréco, Brando, Cocteau, Genet, Dali, et un futur jeune sénateur américain encore inconnu, John Kennedy. Lorsqu'elle accompagne Vadim à un dîner qu'ils donnent chez Maxim's où elle entrera quinze ans plus tard pieds nus au bras de Gunter Sachs von Opel, Brigitte subit la vindicte de la redoutée comédienne et directrice du théâtre Antoine, Simone Berriau, qui l'apostrophe du haut de sa cinquantaine éprouvée en espérant l'embarrasser : « Êtes-vous vierge ? » « Non, madame. Et vous ? » lui rétorque Brigitte avec cette alacrité qui aurait dû museler tous ceux qui la prendront par la suite pour la ravissante idiote qu'elle n'a jamais été et qui sidérera Philippe Bouvard, lorsque après l'avoir moquée pendant des décennies il la recevra finalement aux « Grosses têtes ».

Grâce à leur nouvelle bonne conduite (supposée), Brigitte et Roger obtiennent l'autorisation de passer huit jours ensemble pour Noël 1951 avec la mère de Vadim qui a loué une petite maison à trois kilomètres de Saint-Tropez, que le jeune Roger a déjà fréquenté : « J'avais déjà découvert ce paradis de poche, encore gamin, au cours d'une escapade à bicyclette durant les années de guerre. J'y revenais chaque année. »

Ils empruntent la vieille Bugatti décapotable 1928 qu'il a offerte à sa mère pour aller en ville, jouer au babyfoot (longues poignées) du Café des Arts, place des Lices, boire des coups à L'Escale et au Gorille sur le port et sillonner les collines boisées du golfe, ramassant des branches et des bûches pour alimenter la cheminée de leur chambre devant laquelle ils passent des soirées idylliques qui marqueront l'apex de leur relation.

Bientôt encombrée une première fois par l'événement tant redouté de toutes les femmes – et tous les couples de cette génération comme des précédentes : la grossesse inopinée, le coitus interruptus trop tardif, l'erreur de calcul de la méthode Ogino, le rinçage inutile, le gel spermicide inefficace, l'échec de la pensée magique. Pendant le tournage de son premier film, *Le Trou normand,* au printemps 1952, nauséeuse, elle vomit tout le temps, s'aperçoit donc qu'elle est enceinte. Sa mère, qui se rend compte qu'à trop retarder le mariage on risque de se retrouver hors délai, l'emmène chez un spécialiste qui décrète pudiquement qu'elle a la jaunisse. Brigitte demande opportunément à partir se reposer à Megève – ah ! le bon air de la montagne – puis retrouve Vadim en Suisse pour y subir un premier avortement traumatisant.

Après quatre ans d'une attente aussi frustrante qu'interminable, tourmentée que souterraine, malgré quelques flocons qui tombent, le mariage se tient enfin le 20 décembre 1952, vers midi, à la mairie du seizième, avenue Henri-Martin. Brigitte porte une robe écossaise à col Claudine, look familial, Vadim est en complet bleu marine. Les témoins sont Marc Allégret, Hélène Plémiannikov, Danièle Delorme que la mairesse confond pitoyablement avec une autre Danièle plus fameuse (Darrieux) et Daniel Gélin (en trench-coat, uniforme de Saint-Germain) qui abritaient souvent avenue de Wagram les ébats jusque-là clandestins des nouveaux époux. Françoise Arnoul (qui vient de montrer ses seins dans *L'Épave*), Anouk Aimée qui a déjà tourné avec Carné et Cayatte, Marina Vlady, les autres sœurs Poliakoff, les copains journalistes de *Match*, sont là. Le soir, après le dîner rue de la Pompe, Louis Bardot, toujours moderne et avisé, fait irruption dans la chambre de sa fille, déjà au lit, nue sous une chemise de nuit très transparente, et exige que Vadim dorme sur le canapé du salon, l'union n'étant pas encore officialisée devant Dieu.

Le lendemain, en effet, à dix heures, se déroule la bénédiction nuptiale à Notre-Dame-de-Grâce de Passy, dans le froid. Brigitte, accompagnée de son grand-père « Boum », est en sage mais moulante robe blanche cousue main d'une couturière amie de sa mère et voile de Jean Barthet, Vadim en cravate et complet boutonné. Deux pages et dix photos dans *Match* saluent ce mariage de deux jeunes gens d'avenir dont on parle dans le milieu professionnel (elle n'est qu'un modèle qui vient de jouer dans deux films modestes, et lui scénariste/journaliste prometteur), mais parfaitement inconnus du public. Leur atout : « Nous étions beaux et insouciants. »

Mais dans la voiture qui les emporte vers Megève où ils partent cette fois faire du ski, elle craque, comme si cet achèvement marquait déjà la fin de quelque chose. Et de fait, cette trop longue lutte pour imposer leur couple en a en quelque sorte épuisé les ressorts maintenant qu'ils sont enfin légaux, et débarrassés d'une illégitimité qui leur conférait un piment irremplaçable. « Nous avions trop lutté pour gagner le droit de vivre ensemble. Sans le savoir, nous étions fatigués. » Elle va s'enfermer dans sa chambre de l'auberge de la Gérantière à écouter du jazz et manger des chocolats en ne comprenant pas pourquoi sa vie n'a pas changée subitement. Vadim et elle s'engueulent en jouant au Monopoly. Ils sont pourtant tous les deux en couverture de *Elle* le 29 décembre, illustrant une « heureuse et amoureuse année », cadeau des copains comme pour *Match* : derrière elle, en manchons et décolleté, Vadim la tient par l'épaule, discret homme de l'ombre, Pygmalion majeur.

L'amour fusion ne résistera pas, comme souvent, à son officialisation, qui n'apporte aucune transcendance. « Avec Vadim, le travail passait avant tout. On a vraiment connu des périodes difficiles. On n'avait pas d'argent. On habitait dans un meublé miteux, un deux-pièces sans aucun confort. Tout allait mal. On avait tous les inconvénients que provoque le manque d'argent : cette espèce de fatigue, cette routine qui tue l'amour, ces absurdes petites contrariétés qui font qu'on se dispute tout le temps et qui finissent par être déprimantes. Nous n'arrivions pas à joindre les deux bouts. Vadim était prêt à tout pour gagner un peu d'argent. Il aurait accepté n'importe quoi. Et moi aussi d'ailleurs. J'ai posé pour des photographes de mode. J'ai fait la plonge et la cuisine. Bien sûr, nous nous aimions, nous étions même très amoureux, mais je le considérais avant tout comme un ami », expliquera-t-elle en 1959 à *American Weekly*.

Ils s'installent dans un petit deux-pièces, chambre, salon, cuisine, acheté par les parents Bardot qui le leur prêtent pour trois ans (quel sens de la gestion patrimoniale !), 79, rue Chardon-Lagache, quasiment à l'angle du boulevard Exelmans, au troisième sans ascenseur, ensoleillé, balcon avec vue sur le commissariat. Ils n'ont qu'un matelas en guise de lit, mais Brigitte joue très vite à la ménagère. Elle achète des rideaux au marché Saint-Pierre à Barbès, des meubles en acajou aux Puces, une table basse en métal, apprend à faire la cuisine, parfaite économe qui traverse parfois tout Paris pour tenir son budget, passant de nombreuses soirées seule quand elle ne rejoint pas Vadim lors des nuits de bouclage, le lundi. *Paris-Match, Paris-Presse* les photographient, vantant le parfait bonheur des amoureux : on les voit au lit, elle au naturel, lui mal rasé en pyjama, tous deux cernés, jeune couple idéal qu'on croit surpris dans une intimité de rêve. « L'amour, pour elle, ne pouvait être que l'expression de la passion. La communion amoureuse d'un couple, jalonnée d'élans sexuels plus intenses, ne lui suffisait pas. Il lui fallait toujours vivre au sommet de l'émotion, autant sur le plan sentimental que physique », constate Vadim dans *Le Goût du bonheur,* qui voit leur amour s'abîmer dans les affres d'un quotidien qui souffre de son inattendue banalité, répétition de situations dont leur séparation forcée les avait jusque-là préservés, en sublimant la perspective, forcément décevante dès lors que plus fantasmée. « J'ai découvert bien plus tard une forme extrême de possessivité qui allait toujours détruire les relations de Brigitte avec les hommes de sa vie », se désolera ce premier mari.

Les disputes sont violentes, incessantes, pour un oui, pour un non, mais pour l'instant sans conséquences.

Vadim est alors convoqué à la caserne de Vincennes pour trente mois de service militaire en Indochine. Il s'y rend dans son Aronde achetée à crédit. Et se fait réformer au bout d'un mois pour une prétendue malformation cardiaque, simulée à l'aide d'amphétamines. L'armée n'est pas la seule cause de leurs soucis. Les tournages s'enchaînant pour l'un comme pour l'autre, les voyages, les absences, la distance, ressoudent le couple. Ou presque. Lorsque Brigitte part à Londres tourner *Doctor At Sea,* Vadim, en pleine préparation de *Futures Vedettes,* où il retrouvera Yves Robert, ne peut l'accompagner. Elle dira avoir compris au bord de la Tamise le concept de l'infidélité, également éprouvé à Rome. Le manque affectif, chez elle, comme chez les hommes, doit toujours trouver une résolution physique. En juillet 1954, elle le rejoint dans le studio qu'il occupe rue Saint-Esprit à Saint-Tropez, venelle menant de la mairie à la tourelle du restaurant Leï Mouscardins ; ils partent pique-niquer sur l'île de Porquerolles. À Rome, à l'hôtel de la Ville de la via Sistina, proche de la fontaine de Trévi, Brigitte, Vadim et Ursula Andress, amoureuse de Daniel Gélin avec lequel elle vient de se brouiller, dorment chastement ensemble dans le même lit et prennent nus leurs petits déjeuners sur le balcon (Vadim ne porte que des espadrilles). Il leur raconte des histoires de vampires qui les rendent hystériques mais ne suffisent pas à lui permettre de réaliser, pour ce qu'on en sait, son fantasme de triolisme.

De retour à Paris, Brigitte communique sa compassion dans *Ciné-Révélations* : « Vadim a une patience angélique avec moi et je sais que j'ai un caractère impossible. » Elle est dépressive, sujette à des sautes d'humeur soudaines et imprévisibles : « J'ai soumis mon entêtement de mule à sa raisonnable autorité, à sa connaissance de la vie. Il aime ma franchise, mon exactitude. »

Leur histoire, fondatrice, est tellement typique de ces années où la France envahie, occupée, puis libérée par d'autres, déjà empêtrée dans la guerre d'Indochine et la décolonisation, tente à la fois d'oublier et de se réinventer, voyant s'affronter les partisans du retour à l'ordre ancien, celui de l'entre-deux-guerres, et ceux qui veulent faire table rase de ce passé discrédité, inadapté à leurs aspirations, leur nécessité de vivre pleinement, immédiatement, pour oublier les traumatismes de la dernière décennie, et tenter de profiter de la nouvelle civilisation à l'américaine qui leur promet une prospérité nouvelle sous la menace de la bombe atomique. Vadim va transformer son innocente Sophie en l'impertinente Juliette, Brigitte en Aphrodite, sublimer leur histoire et leurs personnalités dans *Et Dieu créa la femme,* conscient qu'il s'agit là de l'enfant qu'ils n'auront pas, qu'elle ne veut pas, le marqueur unique et définitif de leur histoire qu'elle avait voulue si parfaite, si ultime, si sublime, qu'elle ne pouvait pas durer. « Une façon merveilleuse de rompre », commentera-t-il bien plus tard.

« Vadim est le plus merveilleux des frères, mais cela ne suffit pas. » Il lui offre un cocker, Clown, dérisoire substitut affectif, marque certaine de la fin d'une fusion impossible à entretenir dès lors que la thermodynamique ne produit plus la chaleur exigée. « Je ne pensais pas que ce serait pour Jean-Louis Trintignant, mais depuis un an je m'y préparais, comme une fin inéluctable. L'aspect scandaleux de Brigitte est de faire au grand jour ce que les autres font en se cachant. Je voulais que notre premier film prît la place de l'enfant que nous n'avions pas eu. Qu'il restât la graine et le fruit de sept années de tumultes et d'espoir. Que notre fin fût un début. »

À Saint-Tropez, au cours du mois de juin 1956, elle s'éprend, comme cela lui arrivera de manière récurrente, de son partenaire, avec lequel elle ne fait pas que simuler les scènes d'amour, s'imprégnant de son rôle et se faisant imprégner par lui en symbiose. Comme Brigitte, Trintignant est marié, depuis peu, à la future comédienne Stéphane Audran, qui jouera ironiquement plus tard dans le charmant *Saint-Tropez Blues* de Marcel Moussy avec Marie Laforêt, Jacques Higelin et Claude Chabrol, qu'elle épousera. Trintignant s'installe avec Brigitte à l'hôtel de l'Aïoli, chassant Vadim que Françoise Sagan recueille à quelques mètres de là rue des Pêcheurs.

« J'aime mon mari, mais j'aime davantage Jean-Lou », explique candidement Brigitte à la presse. À Nice, puis à Paris, le nouveau couple illégitime se cache dans des hôtels, avant d'emménager chez Brigitte, rue Chardon-Lagache puis dans le duplex du 71, avenue Paul-Doumer, à Passy qu'elle acquiert pour l'occasion avec les premiers revenus de sa nouvelle notoriété. « Jean-Lou va divorcer. Il va m'épouser. Nous sommes follement amoureux. Nous aurons des enfants. Beaucoup, beaucoup d'enfants. » Ce que Stéphane Audran-Trintignant prend assez mal, on peut la comprendre : « Jean-Lou divorcera quand je serai morte. »

Très vite, pas de bol, Jean-Louis débute son service militaire à Vincennes : Brigitte et lui ne se voient plus que le dimanche, jour de permission, pendant qu'elle tourne *La mariée est trop belle*. Pire, il part en garnison à Trier (Trèves), en Allemagne, tout près de la frontière luxembourgeoise. Brigitte tente d'obtenir sa relaxe auprès des autorités, mais l'ami du garde des Sceaux François Mitterrand qui se propose d'intervenir demande avec insistance une compensation canapé qu'elle refuse et elle se voit contrainte d'effectuer de nombreux trajets inconfortables en train sous la pluie, via Liège.

Une parenthèse enchantée de Robinson à Cassis, dans le cabanon isolé que leur prête Ghislain Dussart, peintre-photographe de Saint-Germain-en-Laye qui deviendra le meilleur ami de Brigitte, marquera fin 1956, pendant la permission de dix jours pour Noël de Trintignant, le sommet de leur relation : ils n'ont pas d'électricité ni de voiture, font les courses à pied, du feu avec des branches de pin, des grillades aux herbes de Provence, assistent à la messe de minuit, apprivoisent un chat sauvage. Brigitte dira avoir connu là le meilleur moment de sa vie, ces instants autarciques où deux amants se suffisent l'un à l'autre, authentiquement seuls au monde, dont les contingences inévitables sont vécues comme autant d'agressions dès qu'elles se présentent telle une chute du jardin d'Éden, injuste et injustifiée.

Elle s'installe avenue Paul-Doumer avec lui début 1957 lorsqu'il n'est pas en Allemagne. « Elle épuise les gens. Elle est impulsive ; elle a toujours été portée à les blesser quand elle est furieuse. Jean-Louis était charmant, mais trop faible pour la tenir en main. Il n'était pas suffisamment viril pour la contrôler », jugera durement dans *France-Dimanche* son secrétaire indiscret et indélicat, mais grand amateur de virilité lui-même, Alain Carré.

La distance, les contraintes de l'un (l'armée) et de l'autre (le cinéma) vont de fait miner cette liaison. Idylle qui connaît son premier coup de canif lors du tournage des *Bijoutiers du clair de lune* à l'été 1957, où Brigitte, suivant l'exemple de ses dames de compagnie qui s'envoient en l'air avec l'équipe espagnole, s'entichera du comédien mexicain veuf Gustavo Rojo, avec lequel elle partage une histoire éclair. Elle doit patienter des heures pour avoir « l'inter » et entendre parmi les crachouillis des déplorables liaisons téléphoniques de l'époque la voix de Jean-Louis, entourée d'une trentaine de personnes, ce qui ne laisse que peu de place à l'intimité. De Madrid, elle le rejoint tous les dimanches en avion privé, petit zinc qui la terrifie, pour quelques heures d'amour, devant être prête à tourner le lundi matin dès 7 heures. Quand le tournage se déplace à Torremolinos en octobre, ces retours deviennent impossibles et les nécessités de son âge – elle y fête à retardement ses vingt-trois ans – et de la nature étant ce qu'elles sont, elle ne va pas tromper que l'ennui. Rojo, qu'elle y a invité, s'étant confié à la presse andalouse, Brigitte assume : « Je suis libre, personne n'est avec moi. » Trintignant appréciera mais, au téléphone, Brigitte lui recommandera de ne pas croire « ce tissu de mensonges, comme d'habitude », bien aidée par les pudiques démentis de « Rojo ».

Elle divorce de Vadim à l'amiable, le 6 décembre 1957, pour « incompatibilité d'humeur aux torts réciproques ». Ils font appel à des avocats amis. Et narguent une nouvelle fois la morale, la République, Dieu le père et les lois de l'amour en se roulant une pelle après l'acte dans la salle des pas perdus... au moment où Vadim devient père de Nathalie, sa nouvelle compagne danoise Annette Stroyberg, vingt et un ans le lendemain, étant sur le point d'accoucher. Vadim n'a effectivement « rien à se reprocher à part une porte cassée qu'elle venait de faire revernir »... On l'a compris, son initiateur est devenu son grand frère et le goût enivrant de l'inceste s'est estompé avec le danger.

« Pendant les quatre années de notre mariage, Roger ne m'a jamais donné le sentiment de l'amour débordant, absolu, jaloux, dont j'ai besoin. Il me donnait l'impression d'être mon père, mon frère, ou même quelqu'un d'indifférent, explique-t-elle à cette occasion. Quand je lui relatais qu'un quelconque acteur m'avait reluquée ou qu'il m'avait pris la main durant un cocktail ou ailleurs, Roger n'en faisait pas une histoire. Cela me rendait furieuse. Je voulais qu'il soit jaloux. Au cours de notre première année de mariage, qui fut la plus heureuse, tout était nouveau et Roger était parfait. Nous devions lutter et combattre la faim. Mais vivre et travailler pour le rêve de Roger était une aventure magnifique. Il parlait merveilleusement et ça me donnait une grande fierté d'être avec lui. Notre amour était si merveilleux et réciproque. Je me réveillais la nuit seulement pour pouvoir le regarder. J'avais l'habitude de l'embrasser sur la joue pendant qu'il était endormi, et parfois de lui chatouiller le nez si je voulais le réveiller pour faire l'amour. Ce furent des moments inoubliables et j'aurais donné n'importe quoi pour les retrouver. Mais je ne voudrais plus les retrouver aujourd'hui en raison de ce qui s'est passé ensuite et qui a entraîné petit à petit la diminution de notre amour. Peut-être l'une des causes en fut le fait que j'étais absente de la maison la plupart du temps, en tournage. Au début, Roger me manquait toujours terriblement. Je comptais les minutes qui me séparaient de ses bras. Mais au bout d'un moment je me suis habituée à ces séparations. Une fois que c'est arrivé, Roger n'a jamais exprimé de regrets au sujet de la dérive de notre mariage, et j'ai commencé à perdre foi en notre union. Quand je suis amoureuse, je dois avoir cent pour cent d'amour en retour – il n'y a pas de milieu pour moi. Je donne tout à l'homme que j'aime, et je m'attends à ce qu'il en fasse de même. Je ne crois pas que ce soit trop demander… »

Elle lui rend toutefois un hommage professionnel appuyé. « Roger m'a fait modifier mes habitudes. Il m'a beaucoup sécurisée. Il m'a fait comprendre qu'il était nécessaire de faire plus que remuer le petit doigt si je voulais réussir. Il m'a appris à travailler dur. Et il m'a enseigné la patience. D'évidence, je lui dois beaucoup. S'il n'avait pas été là quand tout allait mal, quand personne ne voulait de moi, j'aurais très probablement laissé tomber le cinéma. »

Sa relation avec Trintignant est moins tumultueuse, mais pas moins intense. « On avait les mêmes goûts. On ne se disputait jamais, Jean-Louis et moi. Combien il m'a manqué quand il est parti faire son service militaire. J'ai toujours besoin de quelqu'un près de moi. Cela peut sembler paradoxal, mais au début je dis que c'est le quotidien qui tue l'amour, et puis ensuite je dis qu'il ne peut pas y avoir d'amour sans quotidien. Mais, comme beaucoup de gens, je crois, je suis faite de contradictions. Quoi qu'il en soit, j'ai besoin d'affection. Besoin d'en recevoir, besoin d'en donner. » Elle cherche à la fois l'absolu et « l'amour en pantoufles ». À son secrétaire Alain Carré, elle révèle à propos de son nouvel amour : « Il a la phobie des studios et des cocktails. Il est doux, candide, calme, sincère. Comme moi, il préfère la tranquillité à la foule. Il a un cœur très aimant et nous ne nous disputons jamais. Avec Vadim, nous nous disputions tout le temps, et j'avais horreur de ça. » De son côté, Trintignant espère éduquer la belle : « Je veux cultiver Bri-Bri. Je veux la faire travailler, l'aider à parfaire sa diction, lui donner l'envie de lire, et d'écouter des enregistrements de Bach. » Elle en est d'accord : « Je deviendrai comme Jean-Lou le veut un jour – une actrice appréciée pour ce qu'elle fait, pas pour ce qu'elle montre. Je veux apprendre. Et Jean-Lou peut m'apprendre. » Mais à Trèves, puis en Algérie, son élève est trop loin de lui. *Lontano dagli occhi, lontano dal cuore,* comme disent les Italiens…

Elle participe le 31 décembre 1957 dans les studios de télévision des Buttes-Chaumont au show télévisé de Gilbert Bécaud, « Monsieur 100 000 volts », qui avec pareille réputation a tôt fait de la séduire (elle était fan : on l'entend fredonner « Mon cœur éclate » dans *Et Dieu créa la femme*). Ils se sont rencontrés à

Madrid quelques mois plus tôt. Elle lui a demandé son autographe, et ils se sont promis de se revoir à Paris. Lui aussi est marié et leurs amours secrètes, à la toute fin de l'automne, se déroulent en cachette de leurs compagnons respectifs mais aussi de la presse, ce qui conduit Brigitte à se planquer de loges en sièges arrière de voitures où elle rejoint son amant en tournée, et finit inévitablement par une bagarre entre Bécaud et Trintignant qui tombent nez à nez à la Paul-Doumer lorsque le second rentre inopinément de permission d'Algérie pour les fêtes. « J'ai aimé Jean-Lou à la folie, je l'aimais comme je n'ai peut-être plus jamais aimé, mais je ne le savais pas, j'étais trop jeune. »

Trintignant, écœuré, finira après quelques raccommodages par abandonner. Brigitte, elle, comprendra de son côté que son aventure avec Bécaud est vouée à l'échec, après un Noël solitaire et trop de réveils en sursaut passé minuit pour qu'il puisse rentrer crédiblement auprès de sa famille au Chesnay, près de Versailles. Lassée de ses appels furtifs et excités à 3 heures du matin en tournée alors qu'elle doit se lever à 5 pour aller travailler à son tour, abandonnée par Jean-Louis, seule avec ses deux chiens, devenue « l'autre femme », elle se suicide une nouvelle fois, avalant des cachets et ouvrant le gaz. Vadim, télépathiquement, ou Bécaud, téléphoniquement, selon leurs différentes versions, permettent à son père, ou à un médecin, de la sauver in extremis. Pour faire bonne figure, sur injonction de sa mère, elle justifiera son hospitalisation par un épisode gastrique lié à des moules avariées. Un rendez-vous qui tourne mal en raison de la présence, non seulement de la presse, mais aussi de Monique Bécaud, dans un hôtel genevois où elle attend Gilbert dans une chambre après avoir assisté en cachette dans sa loge à son tour de chant, va mettre en février 1958 un point final à sa romance avec le compositeur des standards « Je t'appartiens » (« Let It Be Me »), « Et maintenant » (« What Now My Love »), « Le jour où la pluie viendra » (« The Day the Rains Came ») et « C'est en septembre » (« September Morn »), que chanteront les Everly Brothers, Elvis Presley, Bob Dylan, Ben E. King, Nina Simone, Sonny and Cher, Shirley Bassey, Neil Diamond, etc.

Au profit d'un autre chanteur, qui n'a pas encore sa notoriété, mais partagera avec lui le privilège d'être lui aussi l'auteur d'un standard international, Sacha Distel (« The Good Life »). Pour l'été 1958, le guitariste protégé de Henri Salvador et de son oncle Ray Ventura, qui vient de faire ses débuts au Casino d'Alger et a joué avec John Lewis et Lionel Hampton, descend à Saint-Tropez en Austin Healey et loue une chambre sur le port au-dessus du restaurant L'Escale. Rencontre Irène Dervize, reporter à *Match* qui épousera Claude Bolling l'année suivante, et écrit un article sur BB. Beau brun aux yeux verts, Sacha a déjà rencontré la toute nouvelle Tropézienne à Paris, lorsqu'il enregistrait la musique de Paul Misraki pour *Et Dieu créa la femme*. Il l'avait raccompagnée chez elle, s'arrêtant boire un pot en route, et elle lui avait demandé de rester en contact. Il se pointe donc à La Madrague avec la journaliste (selon Brigitte, c'est au contraire sa doublure lumière Maguy qui aurait pécho Sacha et l'aurait ramené à La Madrague). Brigitte n'ayant rien à leur offrir dans son frigo, selon le souvenir de Distel, ils vont dîner à L'Esquinade, dansent les cha-cha-chas, puis les slows, et rentrent enfin à La Madrague… « Il y avait beaucoup de monde cette nuit-là, mais Sacha et moi avons su nous regarder autrement. Oui, j'étais amoureuse. Mais ne me demandez pas pourquoi c'est arrivé avec tous ces gens autour de nous. L'amour est surprenant et étonnant. Je suis tombée amoureuse de Sacha parce qu'il était affectueux et gentil. Et j'avais l'intention de l'épouser. Je l'ai annoncé à un chroniqueur. »

Il devient son nouveau compagnon, très médiatisé à ce titre, contrairement à Bécaud. « Flatté, mais quelque peu effrayé par ses débordements de tendresse », ainsi qu'il le relate dans *Les Pendules à l'heure* (Michel Lafon, 1985), où il constate également « l'impact de Brigitte sur les foules ». Le 5 août, ils sont coursés sur le port à l'occasion de l'invitation de Brigitte à bord du bâtiment de la Marine nationale *Le Basque,* avant une escapade pour manger des oursins sur le port de Cassis. En septembre, il est présent à ses côtés lorsqu'elle déclenche une émeute au festival de Venise. Sacha va jusqu'à présenter BB à ses parents. Pilou et Toty Bardot, eux, restent modérément enthousiastes (Bécaud, lui, chantera « Pilou, Pilou, Hé » en janvier 1962, sans rapport évident). On verra Brigitte et Sacha ensemble au récital historique de Maria Callas à l'Opéra le 19 décembre 1958, puis attablés avec Dalida et son compagnon de l'époque Lucien Morisse (directeur d'Europe n° 1) à l'Élysée Club. Ils se livrent même à un simulacre de mariage à Bruxelles pour la Nuit électrique où elle reçoit au Cirque Royal, avec Fernandel, le prix de la Popularité. Pour un reportage, elle suit un huissier dans la salle des mariages de l'hôtel de ville, sur la spectaculaire Grand-Place. Fernandel s'improvise bourgmestre, et embrasse la mariée par-dessus la table. Laissés seuls ensuite, les pseudo-époux traversent les grandes salles vides aux lambris somptuaires pour le bonheur des objectifs. Le 31 décembre, le réveillon télévisé présenté par les comiques Roger Pierre et Jean-Marc Thibault réunit Brigitte et Sacha avec Bécaud et Gainsbourg qui chante « La Recette de l'amour fou » (il y a aussi

Raymond Devos, Guy Béart, Marcel Amont, Annie Cordy...). On annonçait leur véritable mariage pour le 29 janvier 1959 avec Ray Ventura et Roger Vadim comme témoins... Ce dernier, premier de cordée, n'est pas surpris : « Quand elle quittait un amant pour un autre, c'était sans hypocrisie aucune. Rien ne pouvait l'arrêter. Elle avait le don de l'infidélité », constatait-il dans ses *Mémoires du diable*. Elle le démontrera encore une fois sur le tournage de *Babette s'en va-t-en guerre* qui a débuté à Sète en novembre. « Bon, Sacha et moi ne nous sommes pas mariés malgré ce que j'avais dit à l'époque : je me marie pour une raison simple – j'ai besoin d'un homme à la maison, un homme avec moi en permanence. Ça n'est pas plus compliqué que ça. Les choses se sont dégradées quand Sacha est parti aux États-Unis pour passer à l'émission de télévision d'Ed Sullivan, et que je suis partie tourner *Babette s'en va-t-en guerre* peu de temps après. Ce furent les séparations. Il y en avait trop souvent. »

Dans ses mémoires, Sacha Distel ne fera pas preuve d'une grande élégance envers Brigitte, se plaignant de ses colères, ses bouderies, sa radinerie, son infidélité chronique, ses embarrassants câlins et baisers en public. Le pire, et le plus mesquin, concerne donc son frigo, qu'il trouve toujours vide (mais n'a jamais pensé à remplir). Bon, on peut comprendre qu'il ait été énervé d'avoir reçu un jour la facture du vitrier venu remplacer la porte de verre qu'il avait fracassée en découvrant sa dulcinée en petite tenue, un amant caché dans la salle de bain...

« C'était un travail à temps complet. Il fallait que l'homme qu'elle aime soit constamment à ses côtés, pour faire ce qu'elle voulait, et tenir le second rôle. Je ne voulais pas être monsieur Bardot. » Il avait pourtant tout mis en œuvre pour l'être, présenté ainsi à l'« Ed Sullivan Show » et enregistrant une très mauvaise chanson à la gloire de sa conquête (« Brigitte »). Bon, Sacha se vengera l'été suivant, se tapant cette fois... Mijanou (puis Annette Stroyberg, Jeanne Moreau et Juliette Gréco).

À *TV Ciné Actualités,* Brigitte explique avec légèreté : « Je l'aimais beaucoup trop pour l'aimer vraiment beaucoup. Nous avons vécu un amour de vacances. » Comme avec Ralf Vallone, le comédien italien, marié avec enfants, qui avait comblé sa solitude entre deux chanteurs en l'emmenant dîner et danser dans les restaurants russes de Paris et les brasseries de Munich où il présentait un bal dont elle était la vedette. Un cliché pris au petit matin au Club de l'Étoile, aussitôt à la une de la presse, mettra fin à leur romance, comme déjà plus tôt avec Bécaud, contraint de déclarer pour sauver sa famille : « C'est elle qui me poursuit, je ne parviens pas à m'en débarrasser. »

Comme d'habitude, Brigitte va tomber amoureuse du partenaire de son film suivant, *Babette s'en va-t-guerre,* dont Bécaud a composé la musique : Jacques Charrier, messin de deux ans plus jeune qu'elle, fils de colonel d'artillerie, élève des Arts Déco et des Beaux Arts, spécialité peinture céramique et décoration d'intérieur, amateur de be-bop, de Brassens et de Ferré. « Mariolle, exactement comme son personnage de Bob dans *Les Tricheurs* », assure Jean Bouquin. Ils s'étaient déjà rencontrés auparavant, dans une boum parisienne, et, l'ayant déposée au bas de chez elle dans sa 203 Peugeot décapotable, le jeune comédien auréolé du succès du film de Marcel Carné, qu'elle était aussi venue applaudir au théâtre dans *Le Journal d'Anne Frank,* s'était vu gratifier d'un baiser russe appuyé. Puis est devenu l'objet d'une drague empressée pendant toute la période de pré-production, de confidences en confidences sur le malheur de la star, son mal-être, son exploitation aux mains de la presse comme des producteurs. Un soir de tournage où elle lui demande une nouvelle fois de la raccompagner, elle suggère nonchalamment qu'ils s'arrêtent dîner à La Bûcherie, au quartier Latin, sur les quais, face à Notre-Dame. En fait, elle y a déjà réservé une chambre ! « C'était une liane, une lionne, un tourbillon », se souviendra Charrier en 1997 dans *Ma réponse à Brigitte Bardot*. Insatiable. Ils se retrouvent désormais là, ou chez lui, rue Le-Goff, dans l'appartement que lui a prêté un ami parti aux États-Unis, à côté des jardins du Luxembourg. En avril 1959, le tournage se délocalise à Londres, où le 9 ils donnent avec le réalisateur Christian-Jaque une conférence de presse au Savoy avant de rentrer poursuivre le tournage à Paris, puis à Sète. Ils passent quatre jours ensemble à La Madrague – Charrier père avait libéré Saint-Tropez le 15 août 1944 – en cachette de Sacha qui finit par débouler un petit matin vers 6 heures à Paul-Doumer alors qu'elle vient pour la première fois d'y inviter Charrier. Selon Brigitte, les deux hommes s'insultent et se menacent à travers la porte qu'elle a fermée à clef en désespoir de cause, puis jette celle-ci par la fenêtre du septième étage pour éviter un match de boxe. Charrier donne de l'affrontement une version plus sobre : « Sacha avait bien senti que le vent tournait. Il a lancé à travers la porte : "C'est bon. J'ai compris. Je te dis adieu." »

Comme à son habitude, Brigitte officialise par journal interposé. « J'ai rompu toutes relations avec monsieur Sacha Distel. »

Ce sont alors les semaines idylliques pendant lesquelles elle emmène Charrier faire les boutiques de la rue du Four et de la rue de Rennes où elle négocie la gratuité de ses tenues en échange de la publicité qu'elle leur donne ; des week-ends à la campagne, où ils partent dans l'Alfa Romeo rutilante de Charrier, à Montpellier où il la présente à ses parents. Un soir d'avril 1959 – le 22, croit-elle savoir –, alors qu'ils passent quelques jours à Chamonix, elle sent qu'ils conçoivent, comme ils l'ont souhaité (jamais aucune faculté n'a validé la possibilité de « percevoir » la conception). Elle est effectivement enceinte, mais cette fois elle décide de garder l'enfant. Envoie à son amant des mots enflammés, qu'il a conservés : « Je suis tellement heureuse d'attendre un bébé de toi, je commence à comprendre des choses que j'ignorais, et tout ça c'est à toi que je le dois, à toi qui m'as tout appris, avant je n'existais pas. »

Fin mai, Mme Bardot convainc sa fille, afin de ne pas subir l'opprobre de la presse et de la famille, de se remarier.

Brigitte épouse donc Jacques Charrier, enceinte de deux mois, le 18 juin à Louveciennes, cérémonie civile de sept minutes qui se déroule après 11 heures dans une confusion indescriptible au milieu des vitupérations de Louis Bardot, qui menace de faire le coup de poing avec les journalistes. Le maire Fernand Guillaume fait, lui, mine de renoncer à la cérémonie, cependant que Brigitte, qui s'enferme dans une salle de bain, prétend s'enfuir si les photographes deviennent encore plus pressants.

« Il était onze heures exactement lorsqu'une petite voiture s'arrêta devant la mairie de Louveciennes, inondée de soleil. BB en robe Vichy de Jacques Estérel à petits carrés roses et blancs et corsage de dentelles anglaises d'une part, Jacques Charrier en complet-veston prince de Galles gris et cravate rouge en descendirent rapidement et s'engouffrèrent suivis des parents de la vedette et des témoins, dans l'escalier conduisant à la salle des mariages, au premier étage », rapporte *Le Figaro*. Inopinément, elle lance ainsi la vogue du Vichy et la maison Réal.

Des vacances à Saint-Tropez, une semaine édénique en Camargue, marquent alors le zénith de leurs amours. Sa grossesse lui pèse, la mine, et pourtant Brigitte est resplendissante, ses hormones irradient le bonheur, la vitalité, la beauté ensorcelante et naturelle sur le tournage de *Voulez-vous danser avec moi ?* quelques jours plus tard, aux studios de la Victorine. Mais selon Charrier, dans la villa de la Tour Margot, à Cagnes-sur-Mer, louée par la production, son entourage la presse d'avorter, elle s'inquiète de l'évolution de son corps, se trouve grosse, moche, handicapée, craint les vergetures, le surpoids, la concurrence de Jeanne Moreau. Elle supplie son mari de renoncer à partir tourner *Plein soleil* avec Delon sur l'île d'Ischia, face à Naples. Il simule une appendicite pour se délester de son contrat, faisant à la fois le bonheur de Delon, qui récupère le rôle principal, et de Maurice Ronet, qui prend celui qui était jusque-là attribué au nouveau jeune premier du cinéma français dont ce sera le premier triomphe.

Ce sacrifice d'un rôle qui aurait pu faire basculer sa carrière coûtera évidemment beaucoup au comédien consort, même si sur le coup il est heureux d'avoir cédé au chantage de Brigitte, qui craint comme toujours la solitude. Si on l'en croit, Charrier est un anxieux, il essaie de jouer les matamores pour compenser, tente d'être à la hauteur de ce qu'on attend alors d'un mari : montrer qu'il a des couilles, qu'il tord sa femme à volonté et impose la sienne en toute circonstance. « Jacques a épousé le rêve de centaines de millions de garçons. Pas facile », commente sagement le journaliste de RTL Christian Brincourt.

Elle affirme dans ses mémoires que Charrier ne

veut pas qu'elle tourne *La Vérité,* s'inquiète qu'on lui propose Trintignant comme partenaire. Ce qu'il conteste : « Tous ses films sont des histoires d'amour, et ils comportent donc des scènes d'amour. Comment aurais-je pu m'opposer à ce qu'elle les tourne ? » Il aurait déclaré pourtant devant tout le monde que c'est maintenant lui qui décidera de tout ce qui concerne sa femme : elle devra désormais arrêter le cinéma pour s'occuper de son bébé. « Comment ce petit mec, que j'entretenais par-dessus le marché, pouvait-il tenir des propos pareils à mon impresario, devant mon secrétaire, ma bonne et moi-même ? » s'étranglera-t-elle dans *Initiales BB,* assurant qu'ils se sont battus après qu'il aurait traité Olga Horstig de « vieille maquerelle ». Propos et faits que Jacques Charrier dément formellement dans sa *Réponse à Brigitte Bardot,* assurant que toute cette construction vise à le rendre responsable d'une grossesse qu'elle n'aurait pas désirée, qui la rongeait, et à justifier leur rupture.

Cerise sur le gâteau, le 20 septembre, à La Madrague, alors qu'on le voit ironiquement en trouffion sur les murs de Paris grâce aux affiches de *Babette s'en va-t-en guerre,* il reçoit sa conscription, appelé à son tour à exécuter son service militaire à Orange, dans les 11e lanciers, pour trente-deux mois. Brigitte en fait un drame : elle a déjà vécu ce type de séparation avec Jean-Louis Trintignant et lui affirme qu'elle ne la supportera pas, pas dans cet état. Menace de se tuer, et leur enfant avec. Charrier fait tout ce qu'il peut pour être réformé, essuyant au passage la vindicte de la presse comme de l'opinion publique militariste, et de l'armée elle-même.

Le 9 novembre 1959, le soldat Charrier obtient une permission de cinq jours pour la rejoindre après qu'elle a demandé sa grâce. Leur séjour au Clos Saint-Antoine de Feucherolles, véritable repos du guerrier, se conclut tragiquement : Brigitte se bourre de barbituriques, tombe inanimée, et n'est sauvée que par l'arrivée d'un médecin qui pratique discrètement un lavage d'estomac ; mais quelques heures plus tard, prise d'une crise de furie, elle cherche à se mutiler, avorter, et Charrier ne la ramène à la raison qu'avec une paire de claques bien sentie. Incident qu'elle rapporte très différemment, affirmant qu'il l'a giflée gratuitement, manquant de la tuer. Qui a raison ? Qui minimise, qui exagère ? Qu'importe, non pas pour eux, mais pour l'histoire : leur relation est déchirante, déchirée, dramatique, théâtrale, comme Brigitte, toute à son autofiction, qui fait tout « à mourir », comme dans la chanson de Francis Cabrel, en a pris le goût et l'habitude. Pour tenter de régler la situation, Charrier aurait accepté de simuler un suicide, se tranchant les veines des poignets le 12 novembre, soit une semaine après son incorporation, après que Brigitte a déjà appelé les secours. Il en sera bon pour trois semaines d'hospitalisation, mais cela ne fait que déclencher la jalousie de ses co-conscrits. Écœuré, humilié, écarté, il déprime, perd dix kilos, craque et se retrouve au Val-de-Grâce.

Elle veut divorcer et fait une nouvelle tentative de suicide en avalant un tube de Gardénal. Mais Olga la découvre à temps, et elle en sera quitte pour quatre jours de coma : le bébé a survécu. Le 11 décembre, Jacques finit par obtenir une réforme temporaire à la suite de laquelle, considéré comme un planqué, il reçoit menaces de mort, devient sujet de questions de députés à l'Assemblée nationale, subit une campagne de dénigrement : il est devenu un mauvais Français, indigne du respect du public. Il sort de l'hôpital militaire le 20 décembre, pour les fêtes. Tout n'est pas résolu pour autant, comme Mijanou s'en souvenait pour Jeffrey Robinson (*Bardot*, L'Archipel, 1994) :

« Son mariage avec Jacques lui était déjà très difficile à supporter. Elle a toujours eu besoin de beaucoup d'affection et Jacques ne lui en a jamais beaucoup témoigné. C'est son côté immature, elle a besoin d'être traitée comme une poupée. Mais quand sa grossesse a fait la une des journaux, qu'elle s'est retrouvée prise au piège dans son appartement, comme en otage, c'est devenu inhumain. »

Le 11 janvier 1960, Nicolas-Jacques Charrier naît peu après minuit, à domicile, avenue Paul-Doumer. Quelques jours plus tard, bien avant qu'on ne s'extasie sur la performance de Rachida Dati, Brigitte tourne les essais de *La Vérité* avec différents partenaires. Le tournage, à partir du mois de mai, est éprouvant. Charrier se rendrait insupportable, jaloux, et se serait vu interdire de plateau par le producteur, Raoul Lévy ; lui affirme être en rémission de toutes ces émotions loin de Paris. « C'est alors que j'ai commencé à perdre tout respect pour lui, expliquait-elle déjà à l'époque… Comment pouvait-il m'apporter la sécurité dont j'avais besoin ? Il en manquait lui-même. Les choses se sont progressivement dégradées et nous avons tous les deux dû quitter Paris. Notre séparation nous a affectés tous les deux – mais elle m'a blessée plus que Jacques. C'est moi qui ai tenté d'en finir avec la vie. C'est dire combien j'étais désespérée, malheureuse. »

Ils se rabibochent pourtant un temps. Elle lui achète une vieille grange au toit de chaume à Bazoches-sur-Guyonne, près de Montfort-l'Amaury, pour lui en faire un atelier, affirme-t-elle. Elle meuble les lieux, comprenant un hectare de bois, un parc de saules pleureurs et d'hortensias, un noyer et une mare dans le jardin, en faisant les brocantes, installant des tapis en peau de chèvre raccords avec la cheminée et les poutres apparentes. Transforme le grenier, troue la fenêtre de sa chambre dans le toit de chaume. Lâche canards, lapins, chiens, chats, pigeons, bronze au bord de la piscine avec son amie Chantal Bolloré.

Arrive alors inexorablement ce qui devait arriver : Brigitte s'éprend de son nouveau partenaire, le jeune Sami Frey, de trois ans son cadet, miraculé des pogroms (ses parents, morts en déportation, ont eu le réflexe de le cacher dans un panier à linge lors de leur arrestation), élève des cours Simon. Érudit, timide, il remarque le désarroi de sa partenaire, secouée de crises de désamour sur le tournage. Il lui prend la main, et ne la lâchera plus. Il sort avec Pascale Audret, sœur de Hugues Aufray, comédienne qu'il a rencontrée sur le tournage des *Jeux dangereux,* et doit prendre un studio en rez-de-chaussée à côté du parc Monceau pour y recevoir Brigitte. Ils écoutent le *Concerto d'Aranjuez,* le *Concerto pour deux violons* de Bach, le *Concerto pour clarinette* de Mozart, Dvorak, il lit Brecht.

Charrier, humilié par Brigitte qui lui reproche ce qu'elle a pourtant exigé de lui – qu'il cesse de tourner pour ne pas l'abandonner –, fracassé physiquement et mentalement par son épreuve médico-militaire, finit par craquer, et part donc, comme elle le rappelle, se reposer chez ses parents à Montpellier, puis chez sa sœur Évelyne dans le Tarn, et enfin à Saint-Tropez, où il se retape pendant près d'un mois.

Jusqu'à ce que Brigitte, qui l'appelle malgré tout quotidiennement, lui demande de revenir. Le 17 septembre 1960, en fin d'après-midi, il trouve la Paul-Doumer vide, et un mot de Brigitte, lui indiquant qu'il y a « des œufs et du jambon dans le frigo » (cela aurait fait plaisir à Sacha Distel), et là où elle se trouve, chez Dany sa doublure, au-dessus de la Rhumerie, 166, boulevard Saint-Germain. Lorsqu'il parvient sur les lieux en taxi, il aperçoit l'Océane grise 1934 BB 75, offerte par la régie Renault dans laquelle elle se trouve – avec Sami Frey au volant. Il la tire par le bras, les flashes des photographes crépitent de toutes parts : un piège. Charrier monte à l'arrière et enjoint à son rival de démarrer et d'aller se planquer dans la discrète rue du Sommerard, qui longe les thermes de Cluny. Là, la discussion s'engage. Mal. Charrier casse le nez de Frey d'un coup de poing bien asséné. Et s'en va, éconduit à son tour. Brigitte a gagné : la rupture a été rapide, nette, et hyper-médiatisée, les photos du boulevard Saint-Germain faisant la une dès le lendemain.

Mais bientôt Sami doit à son tour partir à l'armée, briseuse de carrières et de couples. « Sami et moi ne pensions qu'à mourir. Seule la mort pouvait être notre complice », se souvient-elle de cet épisode Roméo et Juliette. Le 19 septembre, elle prend l'avion pour Nice. Brigitte est si éprouvée après le tournage de *La Vérité* qu'elle s'exile chez une amie milanaise de la famille Bardot, Mercedes Zavka-Simon (une ancienne secrétaire de Sophia Loren), aux Cabrolles, entre Saint-Agnès et Menton, hameau de cinq bâtisses où elle se cloître. Le 27, elle va déjeuner à la Colombe d'Or avec le réalisateur Henri-Georges Clouzot qui la trouve déprimée. « Une enfant dans un corps de femme », commente-t-il. Chez la Mère Jeannine, en bord de mer au Cap-Martin, pour son anniversaire, le lendemain, elle lance aux importuns : « Laissez-moi tranquille ou je vais mourir. » À 18 h 15, elle a donné rendez-vous à deux journalistes de *France-Dimanche*, Jacques Médecin et Jean-Pierre Richard, qui l'avaient filée depuis Saint-Paul-de-Vence. En corsaire noir et chemisier blanc, elle leur confie être venue là pour « se cacher : je voulais me vider, me vider ». Elle commente sa rupture avec son mari après l'altercation du boulevard Saint-Germain. « J'étais une femme entre deux hommes alors – ça arrive fréquemment dans beaucoup de couples. Ensuite, ça s'arrange. Mais cela prend des proportions terrifiantes, effrayantes, quand vous êtes Brigitte Bardot. Je ne peux même pas ouvrir un journal sans y voir mon nom et ma photo. Même quand je respire, c'est une information. C'est comme un cauchemar. » Poussée par les reporters, elle avoue ne plus être en contact avec ses amants. « Ici aux Cabrolles, seule ma mère connaît mon numéro de téléphone. Je n'ai besoin de personne d'autre. Je veux être toute seule pour mon examen de conscience. » Elle va jusqu'à expliquer sa rupture avec Charrier : « Au début, on aurait dit un jeu. J'étais trop sûre de moi. Mais j'aimais Jacques et je voulais le garder. Puis, pour la première fois, j'ai perdu mon sang-froid. J'avais l'impression d'être spectatrice, pas participante. J'étais comme un pion dans une bataille entre deux hommes. Sami me plaisait. Il avait quelque chose que j'aimais. Vous savez, j'ai travaillé si dur ces derniers mois, faisant *La Vérité* avec Clouzot, que ma tension est montée à dix-huit. Et puis il y a eu cette querelle stupide entre Jacques et Sami. Ça m'a beaucoup déprimée. Je ne pensais plus clairement. Je ne pouvais pas décider si je préférais mon mari, que j'aime, ou mon partenaire, qui me convient merveilleusement – physiquement. » Elle s'engage ensuite dans une réflexion à voix haute assez décousue et comateuse au sujet de sa relation avec Charrier, espérant, « s'il était là, dix jours, seul avec moi », que leur union repartirait, mais n'y croit finalement pas, « trop de choses se sont passées, qui rendent l'avenir impossible ».

Semble-t-il épuisée, vaseuse, elle met fin à l'entretien et les éconduit. Le soir, elle sort faire un tour sans prévenir quiconque. Vers 20 h 30, Mercedes ne la trouvant nulle part, s'inquiète, alerte le gardien du vignoble, Jean Valetta. C'est le jeune Jean-Louis Bounus, treize ans, qui la retrouve miraculeusement dans la petite bergerie, sur la margelle, ensanglantée, froide, la bouche entrouverte : « J'ai braqué ma lampe de poche, et découvert quelqu'un d'inanimé près du puits. Alors, je suis allé voir les adultes qui la cherchaient, ma grand-mère. Quand est arrivée l'ambulance, les paparazzi, les badauds étaient déjà là. » Elle s'est tailladé les veines, a ingéré une boîte d'Imménoctal avec du champagne, a sombré dans le coma. Elle est emmenée à la toute nouvelle clinique neurologique Saint-François de Nice, boulevard Pasteur, où le docteur Jacques Namin constate combien son pouls est faible et l'hospitalise d'urgence, pas certain de ses chances d'en réchapper. Elle ne se réveillera que le lendemain. Elle souffre d'une grave dépression et n'a une nouvelle fois échappé à la mort que de quelques minutes.

« C'est l'unique solution des gens complètement seuls, quand ils veulent changer d'existence. Quand elle croit ne plus pouvoir communiquer avec personne, à cause de son égocentrisme, elle se dit que la mort effacera tout », disséquera Vadim pour Jeffrey Robinson.

Le 2 octobre, sa mère donne une conférence de presse au Negresco, sur la promenade des Anglais : « Elle m'a dit : “Je n'ai plus de vie humaine et je suis pourtant comme les autres.” »

Sami finalement réformé et Brigitte miraculée, les poignets bandés, se retrouvent chez lui à Neuilly, les week-ends à Bazoches, puis à Villard-de-Lans, dans le Vercors, où elle a tourné *La Bride sur le cou*, et à La Madrague avec Nicolas Charrier et sa nounou Moussia. Mais quand Sami est retenu à Paris pour jouer Brecht au théâtre (*Dans la jungle des villes*, mis en scène par Antoine Bourseiller au studio des Champs-Élysées) pendant l'été 1962, l'ennui la gagne, ce qui est toujours redoutable chez une femme, surtout doublé du sentiment de solitude ou d'abandon : l'adultère clignote. Elle fait bientôt la fiesta pour oublier, avec Félix Giraud, de L'Escale, et François Guglietto, de L'Esquinade, qui devient son amant (pour une fois largement plus âgé qu'elle), illustration de la philosophie hippie de la Bardot Sixties, qu'exprimera dix ans plus tard Stephen Stills : « (If You Can't Be With the One You Love) Love The One You're With » (ou Bob Dylan, moins idéologiquement dans « Lay, Lady Lay »). De seize ans son aîné, cet amant tropézien l'apaisera, et l'accompagnera à Genève, dans une villa au bord du lac Léman, pendant le tournage de *Vie privée* (« Il n'a pas compris ce qui lui arrivait », rigole Jean-Max Rivière, qui l'adore). Sami, qu'elle appelle en douce, la rejoint encore sur la fin du tournage, à Spoleto, après qu'elle a été prise dans une émeute causée par l'empressement des photographes, dont l'un est projeté dans le lac. Il passe quelques jours de repos avec elle en Suisse, la retrouvera encore pendant *Le Mépris*, en Italie, mais elle a déjà rencontré le Franco-Brésilien Bob Zagury, c'est fini, elle le sait. Sami l'apprendra par des photos parues dans la presse, et un soir qu'elle rentre dans son duplex de l'avenue Paul-Doumer, elle constate qu'il en a déménagé toutes ses affaires : « This Bird Has Flown ». « Il resta mon symbole d'amour profond et destructeur comme tout ce qui est trop absolu. Il a longtemps été l'amour de ma vie. » Pour Jean Bouquin, il a été l'un de ses plus sincères soupirants. « Elle l'a jeté comme une vieille chaussette, il errait dans Paris, malade, paumé. »

De père brésilien et de mère française, né à Casablanca, Zagury est un ancien basketteur du PUC

(Paris Université Club), importateur Volkswagen à Rio, dilettante, « cigares, marcels, ambiance glauque, géniale, folklo et poker à tout-va, un personnage », se souvient Rivière. « Il vend des voitures au niveau mondial. Mon cœur s'est retourné », dit Brigitte qu'il a séduite au Café des Arts, place des Lices, à Saint-Tropez, au début de l'été 1963. « Mon ami Jicky Dussart m'a appelé pour dîner. Il m'a dit : "Viens seul." Il est venu me chercher avec Anne, sa femme, dans une petite Fiat 500. Et derrière, il y avait Brigitte. » Vers la fin du dîner, Zagury fait à Brigitte une demande étonnante : « Elle était très maquillée. Je lui ai dit : "Tu veux me faire plaisir ? Monte là-haut te laver le visage et reviens sans rien." Quand elle est redescendue, j'ai été impressionné par sa beauté. Elle était vraiment magnifique. Ça a duré trois ans. » « Il n'a pas tiré parti de leur relation, se félicite Jean Bouquin, contrairement à la majorité des autres. » Il l'accompagnera à Londres pendant les prises d'*Une ravissante idiote* : « un homme, un vrai ». Et dans tous ses refuges : « Toujours des maisons simples, pas flamboyantes, très cosy. On s'y sent bien. La Madrague est magnifique. L'appartement de Paul-Doumer, très sympathique. Et Bazoches, très isolé. On vivait avec les animaux. Brigitte est une bonne cuisinière. On ne croirait pas. C'est une vraie femme de maison. Elle est très attachée à ses amis. Comme aux biens matériels. Elle voulait plaire à travers les endroits qu'elle habitait. »

Lui vit plus ou moins officiellement au Brésil, et embarque en janvier 1964 la casanière Brigitte à bord de la Panair do Brasil. À Rio, elle provoque une émeute tant elle est populaire auprès des Brésiliens qui chanteront – littéralement – longtemps ses louanges et ses charmes, au point de devoir tenir une conférence de presse improvisée au Copacabana Palace. « Pendant le carnaval de Rio, je suis sortie déguisée huit soirs consécutifs. Pas une seule fois on ne m'a reconnue. Le nombre de filles (et de garçons) déguisés en BB était incroyable. Il y avait au moins trois milliers de Bardot », raconte-t-elle toute excitée au *Figaro*. Ils s'installent dans un appartement de l'avenida Copacabana avant de bientôt rallier Armaçao dos Buzios après cinq heures de conduite en Coccinelle sur des routes de terre (aujourd'hui deux heures et demie en empruntant le pont de Niteroi). Sans eau ni électricité sauf un groupe électrogène dans la journée, à cent quatre-vingt kilomètres au nord de Rio sur une péninsule, Buzios ressemble aux Canebiers, et deviendra après le séjour de BB le Saint-Tropez brésilien. Elle y passe quatre mois de bonheur à l'hôtel Poussada do Sol, lisant *Le Deuxième Sexe* de Simone de Beauvoir parmi les pêcheurs du coin qui l'appellent *doña*. En souvenir, elle aura sa statue de bronze à Buzios, assise sur sa valise, pieds nus, en jeans et tee-shirt décolleté, tenant un chapeau de paille au bout de son bras gauche, sur la promenade qui va de la rue principale à la plage, dite Orla Bardot. Didier Roustan, qui y passe de nombreuses vacances, s'est récemment fait photographier auprès d'elle.

La vraie est de retour pour Noël 1964. Il pleut à torrent lorsqu'elle donne sa conférence de presse : « Je veux ici prendre des vacances et profiter au maximum de votre beau pays qui est très admiré en France. » Dont le gouvernement n'a effectivement pas bronché lors du coup d'État militaire d'avril, qui met fin à la IIe République du Brésil, pour les vingt et une années à venir, retardant d'autant l'avènement mondial d'un État bientôt surnommé « le pays où demain n'arrive jamais ». Après avoir assisté à Rio à une macumba qui la met mal à l'aise et effectué un nouveau séjour salvateur de trois semaines loin des projecteurs à Paraty, à mi-chemin entre Rio et São Paulo, et à Cabo Frio, non loin de Buzios, elle s'envole avec Zagury et sa provision de cigares Davidoff pour le Mexique, où elle doit tourner *Viva Maria !*.

Il deviendra aux côtés de Brigitte une figure des étés tropéziens flamboyants de ce milieu des années soixante, qu'il fait résonner de samba et de bossa nova autant que de la pop anglaise dominante qu'il goûte avec Brigitte, de retour à Londres en septembre 1966 pour *À cœur joie* qu'il coproduit. Mais il est déjà écarté. « Une année fantastique. Extraordinaire. Une année pas mal. Et une dernière année difficile. Elle pouvait être fantastique. Elle me le disait elle-même : "Je suis cyclothymique." »

Son ère de joueur de poker se termine fin mai 1966 à l'occasion d'un dîner que Brigitte partage avec le réalisateur Serge Bourguignon et le mari de Mijanou, le comédien belge Patrick Bauchau, à La Bonne Fontaine, tenue par Picolette et Lina Brasseur, en haut de la route de Minuty à Gassin, où elle fait la connaissance de Fritz Gunter Sachs von Opel, petit-fils de l'inventeur de la roue libre et du fondateur de la marque de voitures allemande. Son père Willy, photographié en grande discussion avec Hitler, chasse avec ses amis Himmler et Goering. Pour l'inauguration du Willy Sachs Stadion à Schweinfurt en leur présence, l'enceinte est décorée d'insignes et de drapeaux nazis. Arrêté par les Américains, jugé, emprisonné, il sera finalement considéré comme « simple compagnon de route du nazisme », mais se suicide en 1958.

Né le 14 novembre 1932 au château de Mainberg, en Bavière, élevé en Suisse par sa mère Eleonore von Opel à l'institut Le Rosey de Gstaad, Gunter est déjà veuf et père (sa femme, Anne-Marie Faure, est décédée d'un choc d'anesthésie après un accident de voiture en 1958). Ce soir-là, Gunter est accompagné de Serge Marquand (avec lequel Brigitte a joué dans *La Bride sur le cou*) et de Gérard Leclery, héritier des chaussures André. Elle est avec le photographe Philippe d'Exéa, descendu avec elle de Paris via la nationale 7 en Rolls Silver Cloud. Habitué de L'Esquinade, copain de Vadim et des Marquand, Sachs avait loué la maison des parents Bardot, rue de la Miséricorde, il y a des années, et l'avait laissée dans le même état que Beyrouth après les bombardements. Champion d'Europe de bobsleigh, ex de la princesse Soraya, de la bombe bisexuelle Odile Rodin, de Tina Onassis, il flambe la fortune familiale, laissant son frère Ernst gérer l'usine qui emploie huit mille ouvriers et produit le plus grand nombre de moteurs deux temps au monde. « Tempes poivre et sel, superbes cheveux rebelles et légèrement trop longs, son visage volontaire et bronzé, sa stature immense et son accent indéfinissable » en font un playboy aux yeux bleus aussi prisé pour son entregent et son pouvoir que pour son argent. Lui et ses amis rient très fort à table. Brigitte les regarde, va leur dire bonsoir, se laisse prendre à la discussion au point de leur donner rendez-vous au Papagayo de la famille Malortigue, au bout du port. « Je l'avais déjà rencontrée, très brièvement. Deux fois, je crois – mais uniquement pour la saluer et lui serrer la main. Mais ce soir-là il y eut beaucoup d'échanges et de regards, c'était très excitant », racontera-t-il. Ajoutant toutefois : « Je n'étais pas un de ses admirateurs. Je n'allais pas voir ses films. Je n'ai jamais eu envie de la connaître. Je crois au coup de foudre. »

Après le Papagayo, et les matelas de son fameux club des Allongés, direction la Ponche, « l'endroit le plus romantique de Saint-Tropez », qui inspire à

Brigitte de ne pas rentrer à La Madrague (« il y a trop de monde ») et de plutôt demander discrètement une chambre à Margot Quindici, propriétaire de l'Hôtel de la Ponche. « Que devrais-je dire aux journalistes, demain matin ? » s'inquiète cette dernière. « Nous serons partis », répond Brigitte, pressée, tellement qu'elle mettra, Gunter avec elle, dix bonnes minutes à faire entrer la clef dans la serrure de la suite numéro un, mansardée sous le toit. Puis elle le ramène à La Madrague pour deux jours. Le troisième, elle doit partir. Le voilà qui débarque bientôt littéralement une nuit de pleine lune en Riva, pointant vers la villa voisine de sa cousine Cristina von Opel, pendant que Serge Marquand planqué sur sa moto guide grâce à ses phares sa manœuvre dans le chenal entre les murs d'algues – le mat – qui permet l'accès à La Madrague. Arrivé à bon port – si l'on peut dire –, il accélère pour signaler son arrivée dans le vacarme vrombissant de son moteur, saute dans l'eau et marche jusqu'à la maison où BB, assise sur une balancelle avec une amie, est stupéfaite de le voir sereinement les saluer et s'asseoir entre elles comme s'il était chez lui. S'ensuivra une cour pareillement flamboyante, soirée romantique avec orchestre tzigane jusqu'à l'aube, pluie sur La Madrague de cent vingt douzaines de roses achetées à Nice au marché aux fleurs du cours Saleya lancées depuis un hélicoptère, virée en hors-bord qu'il pilote en smoking enveloppé d'une immense cape noire doublée de rouge à la Dracula (le nom de son hors-bord), plongée avec ses bagages d'un hélico en survol pour la rejoindre… Il l'emmène à son tour dîner aux chandelles chez lui à la Capilla, sa villa dont la terrasse figure un échiquier géant, la bluffe en éteignant chacune de la centaine d'entre elles avec un fusil à air comprimé.

Le 12 juin 1966, il la conduit avec son assistant

et ami Samir au Pirate, à Roquebrune-Cap-Martin, dîner avec Serge Marquand, leurs amis les Maeder, Jean-Max et Francine Rivière. Le patron, déguisé en Gitan comme à son habitude, jette le mobilier dans le feu pour montrer son enthousiasme pendant qu'elle se lance dans un festival de danses enivrantes... Ils enchaînent au casino de Monte-Carlo, en jeans, pieds nus et les cheveux lavés au champagne, tenues exceptionnelles en cet endroit guindé... Gunter gagne plusieurs fois de suite – 23 millions de francs de l'époque, de quoi vivre sans travailler toute une vie – et la demande en mariage avant qu'ils ne s'endorment, euphoriques, à l'hôtel de Paris après une bataille de polochons mémorable avec la troupe, « Mamou et Planti » enfin comblés de leurs amour, gloire et beauté. Le lendemain, il lui offre une triple bague aux couleurs de la République, bleu saphir, blanc diamant, rouge rubis. « J'ai été séduite par l'espèce de folie que Gunter mettait à me séduire », se souviendra-t-elle. Sur le moment, elle déclarait : « Je vis un conte de fées. Gunter est un seigneur, un vrai prince charmant : le dernier. » Elle adore sa classe, sa facilité, sa légèreté. Elle a enfin rencontré quelqu'un de son niveau : « Il se conduit comme un aristocrate de la vie. Il m'envoie des petits mots charmants. »

Tout est fait pour affirmer ce statut dynastique. En couverture de *Paris-Match,* on voit bientôt Gunter, pieds nus en tenue blanche coloniale, promener en laisse à la pointe Rabiou un jeune guépard, avec Brigitte – qu'il aurait donc domptée elle aussi –, sur le sentier des douaniers entre les Canoubiers et la Moutte. À bord de leur puissant Chris-Craft, déguisés en vampires, faisant donner des feux d'artifice, tirant à la Winchester sur le minuscule et dangereux aéroport de La Mole, invitant à la Capilla des orchestres de steelband caraïbes. Elle n'est plus la BB un peu égoïste, capricieuse et indifférente qu'elle put sembler, mais la reine d'Europe.

Le 13 juillet 1966, trois mois après leur collision, Gunter Fritz Sachs von Opel de Lausanne quitte son appartement somptuaire du 32, avenue Foch où ses voisins sont les souverains Rainier et Grace Grimaldi de Monaco, passe prendre Brigitte à la Paul-Doumer. Le 7, à 4 heures du matin, il lui avait dit : « Je t'épouse. » « Je vole sur le tapis volant de mon mari, se souvient-elle. Nous avons d'abord pris la voiture jusqu'à Fréjus. De là un avion jusqu'à Nice. Là, c'était formidable, comme au cinéma ; on est sorti du petit avion pour monter dans la Caravelle jusqu'à Orly. Personne n'avait rien vu. » Leurs Rolls respectives les attendent. Elle est Mme Bordat, il est M. Schar. Ils regagnent leurs domiciles respectifs le temps qu'il revienne la chercher. Les voilà déclassés en seconde par manque de place dans le 707 pour Los Angeles, mais ils se rattrapent ensuite grâce à deux jets et trente-cinq minutes de vol jusqu'au Nevada. Deux Cadillac noires les attendent sur le tarmac, les conduisent à l'hôtel de ville de Las Vegas pour obtenir une licence de mariage du comté de Clark, puis se rendent au domicile de l'avocat Bill Coulthard où le juge suprême moustachu du Nevada John Mowbray l'attend pour les marier, moyennant sept dollars. Ils n'ont pas dormi depuis trente-six heures. Elle porte une robe violette, il est en blaser bleu marine, pantalon blanc et chaussures blanches sans chaussettes. À 23 h 40, Gunter demande au juge d'attendre minuit pour que l'acte soit daté du 14 juillet, fête nationale française. À minuit huit, donc, soit à huit heures du matin à Paris, ils se marient en anglais, sous le régime de la séparation de biens. Le sénateur Ted Kennedy envoie un énorme bouquet de lilas. Il leur a arrangé l'affaire via ses sœurs Jean Smith et Pat Lawford que Gunter connaît. Brigitte a le sentiment de vivre un conte de fées en épousant enfin son prince charmant. « Je viens d'épouser, en pleine nuit, dans une ville que je ne connais pas, le plus beau milliardaire du monde. Un adorable fou qui avait oublié de mettre ses chaussettes. Je l'aime. Je suis éblouie », dit-elle à *Match*. Quatre copains, leurs « Pieds nickelés », les accompagnent : Philippe d'Exéa, Serge Marquand, Peter Notz, Gérard Leclery. Ils dînent au Tropicana. Brigitte veut jouer à la roulette, mais ils n'ont pas emporté de liquide, ce qui n'empêche pas Gunter de se lancer au poker. Tous dorment chez l'avocat puis entonnent le futur refrain d'Yves Simon (chanté par Sylvie Vartan) « Back To L.A., je m'en vais ». « Mon mariage, c'est comme un film de James Bond », commente-t-elle alors. Tout le contraire de ce qu'elle est profondément, mais elle est subjuguée par ce tourbillon d'enivrante superficialité.

Le 14, ils poursuivent leur trip de people milliardaires au Beverly Hills Hotel, pas encore mythifié par les Eagles dans « Hotel California », bungalow 1, « deux brouillards qui allaient l'un vers l'autre », dit joliment Sachs. Elle veut partir à Tahiti. Mais ce soir, ils sont invités à dîner avec Vadim et Jane Fonda chez Danny Kaye qui l'a rencontrée sur le plateau de *Babette s'en va-t-en guerre*. Dans *La Vie catholique,* un prêtre s'insurge de cette union jugée frivole et hâtive : « Ce n'est pas de l'amour, et cela ne témoigne pas d'une grande maturité. Mais c'est un mode de vie proposé en exemple à tous ceux qui adoptent les idées de leur idole. » La réponse de Brigitte est cinglante : « Sans doute préférerait-il que j'aie des amants. » Elle en aura ; moins que Gunter n'aura d'aventures, séducteur impénitent d'autant plus attirant que ses maîtresses pourront s'imaginer BB pour une nuit (« il me baise plutôt qu'elle ; vous vous rendez compte »). Christian Barbier parvient à les joindre au téléphone pour Europe n° 1. Ils essaient de brouiller leurs traces, mais à Tahiti *Paris-Match* est là pour les attendre. Comme ensuite à Acapulco.

Les Sachs vont vivre à fond l'existence de la jet-set de la seconde partie des Sixties, se dépensant de Gstaad au Liban, de Saint-Moritz à Monte-Carlo, de Munich à Rome, auprès du shah d'Iran, de Dalí, des Rothschild. Dans *Popism* (Harcourt, Brace, Jovanovic, 1980), Andy Warhol relate un dîner typiquement parisien : « Elle descendit au rez-de-chaussée et s'occupa de nous comme une bonne hôtesse européenne. Je n'en revenais pas de sa gentillesse : être Brigitte Bardot et se donner la peine de mettre ses invités à l'aise. » Pendant tout l'été 1966 leurs Rolls squattent toutes les nuits la station de taxis face au musée de l'Annonciade, à littéralement deux pas du Papagayo ; les plages, des Salins à Pampelonne, les voient régulièrement se livrer à des courses effrénées à bord de leurs Rivas comme Gunter en disputait route de Tahiti dix ans plus tôt avec Vadim au volant de leurs Maserati et Ferrari respectives.

Mais dès le week-end du 15 août, Gunter, se disant appelé à Paris pour affaires, plante un coup de canif dans le contrat, pris non pas en flag mais en défaut de nuitée dans son lit de l'avenue Foch. L'ambiance s'en ressentira. Il lance Mic-Mac, à l'auvent bleu sur le port, lettrage blanc (parfois vert), entre le Girelier et L'Escale, avec son beau-frère Michel Faure, boutique où les touristes qui font floquer leur prénom sur des tee-shirts espèrent trouver BB à la caisse et acheter la mode de Bouquin, installé un peu plus loin vers la jetée. Il faudra un séjour en Bavière, à l'automne, dans la famille Sachs, accompagnés par

Louis Bardot et Serge Marquand, pour restaurer une certaine confiance, en culottes de peau, musique tyrolienne et feu d'artifice gigantesque, parmi les souvenirs de la famille Sachs : la cave en briques rouges emplie de fusils de chasse et de revolvers abritait les parties de cartes de Joseph Goebbels et de Willy Sachs.

Gunter veut qu'elle s'installe chez lui, 32, avenue Foch, dont elle déteste le bleu des tableaux d'Yves Klein, la froideur, l'immensité et les souvenirs de ses conquêtes. Au festival de Cannes 1967, il entend présenter *Batouk,* documentaire mystique de Jean-Jacques Manigot sur l'histoire de l'Afrique du colonialisme aux indépendances, tourné au Kenya au pied du Kilimandjaro parmi gazelles, lions, éléphants, babouins, buffles, zèbres et girafes, qu'il a produit et où sont dits des textes de Léopold Sédar Senghor et d'Aimé Césaire sur la musique de Michel Magne. Il en obtient la projection lors du gala de clôture à une condition : que BB soit là. Elle n'est guère enthousiaste. Il menace de divorcer si elle ne vient pas et disparaît pendant des semaines. Le 12 mai 1967, avec sa femme finalement apprivoisée en smoking noir et chemisier en dentelles de Jean Bouquin, ils se retrouvent pris en face du Carlton dans une marée humaine et un mouvement de foule terrible, oppressés pendant une heure dans une horrible mêlée, et croient mourir. « Son arrivée est une véritable révolution », commente en direct un reporter à la radio. Brigitte a physiquement peur de cette hystérie incontrôlée et incontrôlable ; elle décide de ne plus jamais revenir (et tiendra bon, refusant plus tard l'invitation de Jack Lang de monter les marches avec lui). Le soir même, elle fait bonne figure sur scène, et remet une récompense à Michel Simon dans un magnifique sourire, mais s'enfuit se réfugier à La Madrague dans la nuit.

C'est toutefois là, à Cannes, que Brigitte a eu le temps de rencontrer Warhol, venu promouvoir *Chelsea Girls,* son opus de trois heures et quart en split screen dédié aux superstars de sa Factory (Nico et son fils Ari, Mary Woronov, Ondine, Brigid Berlin, Ingrid Superstar, International Velvet, Eric Emerson, Gerard Malanga, etc.), finalement retiré de l'affiche par crainte du scandale. « Drella », comme le surnommeront affectueusement Lou Reed et John Cale, recherche le mécénat de Sachs qui collectionne Lichtenstein, Magritte, Klein, etc. Comme tous les riches, Gunter investit dans l'art et fréquente les artistes. Il préside le musée d'art moderne de Munich qui vient d'ouvrir ses portes. En septembre 1967, il y inaugure en compagnie de Brigitte un vernisssage de l'exposition de sa collection, réunissant les Picasso, Dalí, Matisse provenant de ses résidences de Pully (à côté de Lausanne) où il est officiellement domicilié, Saint-Tropez et Paris.

« Mais cela signifie aussi qu'il y a une sorte de lutte entre nous. Nous nous valons. Et puis il est beau et séduisant et toutes les femmes en ont envie. Il n'a pas envie de changer son genre de vie pour moi et je n'ai même pas envie de le changer pour lui », précise Brigitte à *Ciné Revue,* sans doute prémonitoirement. Leur premier anniversaire de mariage est houleux. Elle s'ennuie. « Gunter est un homme sec, artificiel, toujours soucieux de l'impression qu'il produit… Tout ce qu'il veut, c'est me montrer au shah d'Iran ou à un important hommes d'affaires. Nous ne sommes jamais seuls », se plaint-elle durement à *Paris-Presse*. Ils sont sur son yacht en Grèce quand elle reçoit l'appel du producteur des *Histoires extraordinaires* : elle dit oui et débarque aussitôt à Rome rejoindre Malle et Delon, flanquée de Gunter qui loue une villa somptuaire sur la via Appienne, où il réunit l'équipe avec laquelle il imagine produire bientôt le chef-d'œuvre de sa star à domicile. Qui se laisse séduire par un directeur de production, cependant que Gunter revoit son ex Marina Doria. Il trompe Brigitte de plus en plus souvent, veut d'elle un enfant qu'elle lui refuse, tient absolument à la produire, comme Zagury avant lui. À cet effet, il engage Gérard Brach, le scénariste de Roman Polanski (*Répulsion, Cul-de-sac, Le Bal des vampires*), recruté aux fins d'écrire pour elle un film dont elle ne veut pas. En revanche, Sachs la branche sur *Shalako* et en janvier elle est en Andalousie avec Sean Connery qu'elle vire de son lit avec ce commentaire sans appel : « Je ne suis pas une *James Bond girl.* »

Mais à ce stade, le tout-puissant Gunter Sachs a déjà perdu sa *trophy wife*. Au profit, le mot convient, très inattendu, de Serge Gainsbourg. Leur première rencontre, avant même qu'il ne lui écrive « L'Appareil à sous », date de septembre 1959 sur le tournage de *Voulez-vous danser avec moi ?* aux studios de la Victorine. C'est la première apparition au cinéma d'un Gainsbourg aux oreilles décollées et à la sale gueule dans un rôle qui l'exige, celui d'un petit maître chanteur à la photo cochonne. « Brigitte était charmante, mais pas question de l'aborder, elle était entourée comme une diva par le metteur en scène, la maquilleuse, sa secrétaire, la coiffeuse ou le premier assistant. Le contact était sympa, mais pas le flash : toute jeune, je la trouvais trop gamine, trop jolie. Plus tard, elle est devenue sublime », confiait-il à son biographe belge, Gilles Verlant. Qui plus est, la seule scène où elle passe devant lui est coupée au montage.

Après une dispute conjugale de plus, Sachs révèle à Brigitte qu'elle est « la femme la plus cocue du monde et a le droit de se venger ». Elle va le faire avec délectation. Le premier épisode impliquerait Mike Sarne, interprète de « Come Outside », numéro un britannique en mai 1962, auquel elle déconseille de faire carrière à Hollywood (« Ils vous mangent tout cru, là-bas »), sur le tournage londonien de *À cœur joie,* bien qu'elle l'omette de ses mémoires, ce qu'il prendra avec philosophie : « Rien de ce qui se passe sur un tournage ne compte vraiment. » À tel point qu'elle ne se souvient plus de lui, mais reste bien certaine qu'il ne s'est absolument rien passé entre eux. Il n'empêche qu'il a bien cerné sa problématique : « Elle vivait pour l'amour, et dans bien des cas un amour sans espoir. C'est cette faiblesse, dans un caractère très fort, un peu masculin, qui fait d'elle une femme terrible. »

Le suivant sera donc un chanteur de tout autre envergure, complice trop heureux de l'aubaine. Le 6 octobre 1967, à destination du « Bardot Show » de fin d'année, il est chez elle pour lui faire écouter « Harley Davidson », et leur relation va très vite s'emballer. Le soir même, ils sortent dîner à Montmartre avec Gloria, son « amazone chilienne », et son compagnon Gérard Klein, qui présente alors le hit parade de France Inter. Brigitte prend la main de Serge sous la table. « Ma main dans la sienne provoqua à l'instant même un choc de part et d'autre, une soudure interminable et interminée, une électrocution ininterrompue et incontrôlable, une envie de broyer, de se fondre, une alchimie magique et rare… Ses yeux rejoignirent les miens et ne les quittèrent plus : nous étions seuls au monde », se souviendra-t-elle dans *Initiales BB.* Leurs amis comprennent et s'éclipsent. Immédiatement, Gainsbourg s'habille comme Gunter : un juif qui pique la plus belle femme du monde à un

Allemand, il y a pour lui du panache et de la revanche (voir *Rock Around the Bunker, You're Under Arrest*).

Ils dînent au cabaret Raspoutine, 58, rue de Bassano, non loin de là où elle avait perdu sa virginité auprès d'un autre Franco-Russe, y cassent des verres, l'orchestre les accompagne jusqu'à la Morgan décapotable vert anglais de Brigitte, « mon joujou, ma passion, mon caprice », avant de rentrer au 71, Paul-Doumer. Jacques Chancel dîne avec Françoise Sagan au King's Club à Saint-Germain à côté d'eux et écrit dans *Paris-Jour* : « Serge Gainsbourg et BB perdent toutes leurs soirées ensemble. » Gainsbourg l'appelle, ennuyé : « J'ai eu un grand amour, ce qui ne regarde personne, mais je n'ai rien d'un futur époux. BB est heureuse. BB travaille. BB s'amuse. Nous sommes bien ensemble et la loi n'interdit pas le copinage. » Ils vont aussi festoyer au Grand Véfour, danser des slows kolé seré au Keur Samba, chez Maxim's, au Calavados et au New Jimmy's, ainsi que s'en souvient Régine : « Ils sont venus dîner chez moi à plusieurs reprises parce qu'il fallait qu'ils évitent de se montrer en public. Brigitte me paraissait très détendue, elle riait sans cesse, elle était visiblement épanouie, elle l'admirait beaucoup et il en était flatté. » Brigitte rayonne effectivement : « Je me faisais extrêmement belle pour lui. Nous exhibions notre passion ; Régine en sait quelque chose. Nous passions des nuits à danser dans son cabaret, collés l'un à l'autre. Nous étions fous l'un de l'autre. »

Le 14 novembre, elle ne se rend pas à l'anniversaire de son mari, qui fête ses trente-cinq ans, malgré les encouragements de Serge : « J'étais illégalement la femme de Serge et j'adore l'illégalité, explique-t-elle. Serge était d'une nature inquiète, sans arrêt dans l'angoisse de me perdre, chacun de mes retours vers lui lui paraissait miraculeux. Le fait que j'ai fait un choix en sa faveur lui semblait impossible et nous nous retrouvions passionnément comme après une séparation éternelle, même si je ne l'avais quitté que quelques heures. Il m'acheta une alliance chez Cartier qu'il me passa à l'annulaire de la main gauche après que j'eus retiré les trois alliances entrelacées bleu, blanc, rouge que Gunter m'avait données. J'ai une manière très personnelle de divorcer. »

Bardot et Gainsbourg deviennent alors effectivement les Bonnie and Clyde de Paris, gangsters de l'amour poursuivis par le destin, la morale et la société que représente ce mari encombrant, à la manière de John Lennon et Yoko Ono au même moment, dont ils partagent certainement le sentiment du refrain de « The Ballad Of John and Yoko » qu'enregistreront les Beatles et qu'écoutait en boucle Brian Jones dans les courtes semaines succédant à son éviction des Rolling Stones et précédant sa mort : « Lord, they're going to crucify me ».

Rien n'est plus propice à l'érotisme, à la passion, à la communion des âmes et des corps que cette impression que chaque seconde est volée, que les amants sont seuls contre le monde entier, à la limite de la persécution, « deux météorites qui ont pulvérisé provisoirement la planète », commente-t-elle dans *Bardot l'indomptable* d'Alain Wodrascka et François Bagnaud (Hugo & Cie, 2011).

« Chaque fois que je remets ma chemise, elle me l'enlève », affirme Serge pour expliquer ses retards à des séances d'enregistrement avec Michel Colombier ou des émissions avec Michel Drucker. « Un jour, fin 1967, nous l'attendions sur le plateau de "Tilt Magazine". Il a fallu que j'aille le chercher avec l'assistant à la cité des artistes où il résidait dans un studio de vingt-trois mètres carrés sur le quai

Henri-IV en face de l'île Saint-Louis. Je me souviens qu'on a tambouriné contre la porte très longtemps : il faisait semblant de ne pas être là. En fait, il était avec Brigitte, ce qu'il m'a avoué quelques jours plus tard, m'assurant qu'il lui donnait des cours de chant ! » rigole encore Michel quarante-cinq ans plus tard.

À défaut de prendre la vie de Brigitte en main, Gainsbourg prend en main sa carrière, lui composant ses chansons les plus iconiques, et succédant à Vadim pour les images en dirigeant de facto le « Bardot Show », ne la quittant pas un instant.

Le 20 décembre, ils font des courses et échangent des cadeaux de Noël. Elle doit partir une semaine à Gstaad avec Gunter qui essaie de la séduire de nouveau. Il insiste pour l'installer avenue Foch à côté de lui. Mais Brigitte et Serge projettent eux de vivre ensemble 5 bis, rue de Verneuil aux rez-de-chaussée et premier de la maison que Joseph Ginsburg leur a dégotée, près de chez Juliette Gréco. Ils la visitent le soir et reviennent le lendemain à 11 heures, affaire conclue. Serge rêve d'en faire un palais des Mille et une Nuits pour sa reine de Saba.

Malheureusement, l'affaire « Je t'aime, moi non plus », qu'ils enregistrent en duo, déclenchée par la presse, rend Gunter furieux et, le 21, il déboule à Paris récupérer sa femme, de gré ou de force. Elle voit Serge en cachette chez les parents Ginsburg, chez lesquels ils chuchotent pendant trois quarts d'heure, Brigitte en cape noire faisant preuve de toute sa supérieure éducation auprès d'Olga Ginsburg : « Madame, pardon de vous avoir dérangée. »

Le soir de la diffusion du « Show Bardot », le jour de l'an à 20 h 30 sur la deuxième chaîne en couleurs, elle le regarde avenue Foch avec Gunter et quelques amis. Ils se moquent de la laideur de Serge. « J'en avais les larmes aux yeux. Où était-il ? »

Le lendemain, elle doit s'envoler avec Sachs pour Almeria. Elle voit Serge à la Doumer pendant qu'elle fait ses bagages. « Serge truffa ma valise de petits mots d'amour griffonnés sur des feuilles de musique. À l'ultime moment, je m'entaillai l'index de la main droite et lui écrivis "Je t'aime" avec mon sang. Il fit la même chose et m'écrivit "moi non plus". Puis nous mêlâmes nos larmes, nos mains, nos bouches, nos souffles », rapporte-t-elle dans *Initiales BB.* Olga Horstig, son agent, lui fait rencontrer les producteurs américains de *Shalako*. « J'écoutais en pensant à autre chose. Je disais *yes, yes* en fumant une cigarette dont la fumée bleue me ramenait vers Serge. »

Elle l'appelle longuement d'Almeria chez Michel Colombier. Il est alors question qu'ils passent trois jours ensemble à Malaga. Mme Bardot mère s'en réjouit, disant à tous ceux qui veulent bien l'entendre – ou n'ont pas les moyens de faire autrement – combien Brigitte a retrouvé son équilibre avec Serge. L'occasion va être manquée, pour des raisons peut-être liées à son éducation, sans doute à son entourage (« une véritable emprise », confie Rivière), certainement à un étrange manque de volonté, une peur soudain nouvelle et absurde du qu'en-dira-t-on, du scandale. « Ah si j'avais pu faire venir Serge, tout aurait été si facile, si différent. Mais c'était impossible, l'hôtel était rempli de journalistes, d'attachés de presse, à l'affût du moindre scandale. Je hurlais dans le combiné des mots d'amour insensés espérant qu'il les entendait, je hurlais ma détresse, mon manque de lui. C'était insupportable ! » écrira-t-elle. Témoin de cette détresse téléphonique, Michel Colombier confiait : « J'ai l'impression que Bardot est une femme qui a aimé beaucoup. Serge était quelqu'un de tellement différent de tous les autres hommes de sa vie. »

À Almeria, de désespoir, sa chambre se transforme

en boîte de nuit où elle accueille tout le staff avec ses « Amazones ». Elle arrive systématiquement en retard sur le plateau, se fait houspiller par le réalisateur, s'éprend par dépit de Stephen Boyd, acteur irlandais spécialisé dans les péplums (*Ben-Hur, La Chute de l'empire romain*), détenteur d'un Golden Globe et relativement peu motivé par ses avances, qui avait déjà été son partenaire des *Bijoutiers du clair de lune,* où elle souffrait, déjà, de sa séparation d'avec Trintignant. Les photos de la presse people tendent à confirmer leur légende, présentant un « ami tendre et passionné » plutôt qu'un amant.

Serge compose « Initials BB » qu'il qualifie d'« hymne nostalgique qui glorifie à jamais une image de déesse adorée », assorti d'une longue lettre triste apportée par un photographe de *France-Soir*. C'est elle qui lui avait recommandé la lecture de *L'Amour monstre,* qui l'avait émue au point de rencontrer Louis Pauwels lors de sa sortie en 1954 : « Lis ça, tu pourras le méditer. C'est un ouvrage tout à fait pour toi. Il est écrit à coups de fouet. Ça claque à chaque page. »

Ironiquement, la jeune Jane Birkin, connue pour son rôle foufoune à l'air dans *Blow Up !* (la première Anglaise si peu textile), passe sur le tournage rendre visite à son frère Andrew, assistant sur *The Magus* avec Michael Caine qui se tourne en même temps au même endroit (il entretient sur place une liaison avec la doublure de Bardot, Monique Faye, blonde fille de médecin tropézien et vendeuse chez Bouquin). Le 25 janvier, Serge annonce à son père Joseph que l'aventure est terminée. « Gunter a réussi à rétablir la situation. Ça redevient comme avant. » Il se sent très mal, écume les bars de l'île Saint-Louis où il veut se jeter dans la Seine (il ne sait sans doute pas plus nager que conduire). Il pense à se flinguer.

Gainsbourg était d'évidence très amoureux – qui ne le serait pas ? – mais il souffre surtout d'une immensément cruelle blessure narcissique : conquérir Brigitte constituait son triomphe, une ultime revanche sur son physique ingrat, son manque de succès comme interprète et son manque de reconnaissance comme auteur-compositeur (son plus gros succès à ce stade est « Poupée de cire, poupée de son » qui a remporté l'Eurovision en 1965 par France Gall pour le Luxembourg). La perdre, c'est avoir touché ses rêves et retrouver ensuite ses cauchemars.

« C'est comme une corde de guitare qui se brise, c'est très dangereux. Moi, ça m'a balafré, c'était hyper-speedé et assez court, dans les trois mois pas plus. Ça ne pouvait pas redescendre, ça a cassé. Cette fille-là m'a marqué au fer rouge », confesse-t-il le 6 février à son père.

Le 8, la secrétaire de BB appelle Serge pour lui dire qu'elle est amère qu'il ne l'appelle plus en Espagne. Mais il est trop tard, « *because I used to love her, but it's all over, now* », comme chantent les Stones, reprenant Bobby Womack. En pleine nuit, elle lui dit : « Tu n'as pas compris ce qui se passe. » Mais elle lui a posé un lapin et, en réponse, il lui envoie seulement le disque souple de « Manon », qui chante toute son amertume, « perverse », « perfide », « cruelle », obligé qu'il est de « l'aimer avec un autre ».

Tout le monde a perdu. Gainsbourg rejouera « Je t'aime, moi non plus » avec Jane B. Brigitte divorce finalement de Gunter Sachs le 7 octobre 1969 au tribunal de Coire, dans le canton des Grisons, divorce rendu officiel le 3 juillet à Lenzerheide. Tous resteront bons amis malgré les brûlures. « Sa grande noblesse d'âme nous a permis de nous séparer sans heurts. Depuis j'ai toujours entretenu avec Brigitte de merveilleux rapports pleins d'admiration et d'affection », affirmera le milliardaire à Henry-Jean Servat.

En juin 1968, elle appelle Serge, qu'elle croise en août avec Jane à Saint-Tropez pendant le tournage de *La Piscine* comme si de rien n'était, alors qu'il tremble cette fois à l'idée qu'Alain Delon ne lui prenne la future interprète de la version de « Je t'aime, moi non plus » qui scandalisera la planète. Brigitte retrouvera l'Anglaise lors du tournage de *Don Juan*. « Il est impossible de ne pas être touchée par sa sensibilité et son total manque d'ambition. Bardot, c'est quelqu'un que j'ai adoré personnellement », dira la mère de Charlotte Gainsbourg (de Kate Barry et de Lou Doillon).

Lorsque je lui rends visite au Casino de Paris, à l'automne 1985, Gainsbarre exhibe un poster de BB dans sa loge, et reprend « Harley Davidson », « Bonnie and Clyde » et « Initials BB ». Il a conservé les alliances de Brigitte et de Jane. « Elle a des ennemis femelles qui se disent : "Elle va me piquer mon julos." C'est comme Vanessa Paradis aujourd'hui », me racontera-t-il plus tard alors que je réalise avec Bernard Faroux un documentaire sur cette dernière pour TF1.

L'homme à la tête de chou, lui, l'appelle un soir de l'automne 1989. Il vient d'être opéré. Malade, il ne peut plus boire que du très bon bordeaux, ne conduit toujours pas, mais se fait inviter à dîner à Bazoches, alors qu'il vit à l'hôtel Raphaël, à deux pas de l'Étoile pendant les travaux de son hôtel particulier. Elle envoie Laurent, son chauffeur, le chercher dans sa Ford Fiesta empestant le chien, pleine de poils. Ils dînent à sa table rustique, éclairée de lampes à pétrole, en compagnie des producteurs de l'émission animalière de Brigitte, Jean-Louis Remilleux et Yvon Coutas, au milieu des chiens et chats vautrés sur les canapés. Serge s'enivre de château-margaux 1970, de champagne. Se met au piano désaccordé, y joue du Erroll Garner, Fats Waller, Art Tatum, ses idoles, bastringue. Il apprécie la simplicité du lieu. Elle le trouve très changé, plus snob du tout. Il lui fait à cette occasion un énorme chèque de 200 000 francs pour sa fondation, geste aussi flambeur que généreux, parfaitement dans son caractère.

Brigitte le revoit peu après pour un dîner avec Remilleux et Coutas toujours, aux Innocents rue Marbeuf. Il s'est remis à boire, écrit l'album *Variations sur le même t'aime* pour Vanessa Paradis qui s'enregistre au studio Guillaume-Tell de Suresnes, peine à se passionner pour la version de « Harley Davidson » par sa protégée Mylène de Mulder qu'elle lui pitche. Ils doivent le ramener en le portant jusqu'au bar du Raphaël où il s'envoie encore un double whisky. Ils le confient enfin au concierge qui le conduit non sans mal dans sa chambre.

Lorsque Serge meurt, le 2 mars 1991, Brigitte est dévastée, n'aura toujours que des mots exceptionnels pour dire leur histoire, et écrit la préface de *Gainsbourg et caetera* de Gilles Verlant et Isabelle Salmon. « Il a été trop malheureux. C'est un type unique. Il a fini trop mal avec Gainsbarre. » À Michel Drucker, dans « Vivement dimanche », elle ajoute : « Quel talent. Quel type. Quel génie. Il avait une classe, une allure, un abattage, incroyables. C'était un prince. »

Ses amours suivantes seront, sinon moins intenses et flamboyantes – nous n'en savons rien –, en tout cas moins médiatiques, et emblématiques. Désespérées, souvent. C'est elle pourtant qui déclarait : « La beauté, c'est quelque chose qui peut être séduisant un temps. Mais l'intelligence, la profondeur, le talent, c'est plus important et ça dure plus longtemps. » Mais son tropisme ne la conduit pas à la stabilité. « Elle se comportait vis-à-vis de ses conquêtes comme une mante religieuse ; cette fille-là avait un talent fou pour désosser les hommes », expliquait l'une de ses proies.

Gigi Rizzi, le playboy italien de vingt-quatre ans qui l'épate en faisant du ski nautique sous la lune, tracté par son Riva junior, rencontre une femme très différente de celle qu'il imaginait en lisant les magazines et en l'admirant à l'écran. « Une femme capable de grands sauts et de peurs absurdes, Brigitte était adorable dans ses petites fixettes, sa terreur de l'obscurité, sa peur de la solitude, sa timidité quasiment enfantine en présence de personnes âgées. Puis elle s'emparait de sa guitare et chantait des chansons, ou jouait de douces sérénades gitanes, avec ses yeux de chat et ses cheveux en chignon. Elle était casanière, très jalouse de son intimité, me confiant ses hauts et ses bas. Elle pouvait être incroyablement mélancolique, et, un sourire et un geste attentionné plus tard, se détendre. Elle détestait les bars, les indiscrétions, l'alcool et les beuveries, la drogue et tout ce qui pouvait faire du mal. » Ils s'étaient rencontrés quelques semaines plus tôt, sans doute au Papagayo. « Elle était avec un groupe d'amis, se souvenait-il dans *Io, BB e l'altro '68* (Carte Scoperte, Milan, 2004), dont Jean-Jacques Manigot, un géant barbu qui vivait en Afrique et avait pris la place de Gunter Sachs dans son cœur. J'ai dû lui apparaître contrarié, parce qu'elle m'a pris à part et murmuré à l'oreille : "Ne sois pas triste, mon mec s'en va ; allons déjeuner, puis faire du ski nautique." Après un déjeuner de poissons chez Camille, elle a été épatée de ma performance. Je ne pouvais plus la quitter des yeux : j'étais hypnotisé par sa manière de bouger, par sa blondeur, par ses lèvres incroyables, par ce corps magnifique avec ce minuscule bikini collé à sa peau, par la fine chaîne d'or autour de sa taille. Je me suis endormi sur le ponton de La Madrague pendant que les autres convives s'ébrouaient. Je me suis réveillé en frissonnant : une main caressait mon pied. Tout le monde avait disparu. J'ai regardé Brigitte et nous nous sommes embrassés sans prononcer un mot. »

Leur liaison, abondamment chroniquée par la presse italienne, durera une grande partie de l'été 1968.

Jusqu'à ce qu'il revienne d'un court séjour d'affaires à Milan, rencontre Vadim dans un bistrot tropézien, boive un café avec lui avant de se rendre à La Madrague, où il découvre Patrick G. Gille, vingt et un ans. Étudiant à Sciences Po et à l'Institut des langues orientales, qui sera figurant dans quelques-uns de ses films, il a été invité chez Brigitte par son amie Florence Grinda, épouse du tennisman devenu milliardaire en Floride et par là même belle-sœur de Cristina Onassis. Le court temps d'une rencontre furtive avec le navigateur superstar Éric Tabarly, sur le *Raph* d'Alain Glicksman sur lequel il l'emmène avec Alain Delon naviguer au-delà de *La Piscine,* puis dîner chez Barclay avec Maurice Ronet, Romy Schneider, Jean Cau et le couple Lazareff, avant d'échouer sur la piste du Papagayo où leurs vertus sombrent, et elle retrouve le jeune Patrick. Avec lequel elle passe des vacances à Djerba, aux Bahamas, aux Antilles, où ils pratiquent le naturisme et où elle attrape une sale bronchite qui exige un détour par New York pour la soigner aux antibiotiques, assiste aux premières de *Shalako* (le 6 décembre 1968 à Paris, le 11 à Londres, où elle officialise sa séparation d'avec Sachs), auquel elle trouve un rôle pour *L'Ours et la poupée*, et se montre à ses côtés à l'Olympia en septembre 1970 pour assister au retour de Sylvie Vartan après son grave accident de voiture. Il dépense son argent au Racing et dans d'autres clubs avec tennis et piscine, exige qu'elle rénove La Madrague, la pousse à quitter la Paul-Doumer, vaguement Art Nouveau, pour un duplex de cent quatre-vingt mètres carrés avec baignoire ronde et vue sur le bois de Boulogne du boulevard Lannes, l'abandonne fréquemment pour des stages ou des vacances de ski à Chamonix, lui vole son Austin, la trompe régulièrement et le lui dit, la tabasse lorsqu'elle le gifle après une disparition de trop. Signe toutefois son arrêt de corps en lui annonçant nonchalamment, le 9 novembre 1970, au téléphone la mort de Charles de Gaulle, qu'elle idolâtrait. Warren Beatty, de passage à Paris, en profitera, après une première rencontre initiée trois ans plus tôt par Jane Fonda, alors devenue la nouvelle Mme Plémiannikov en date. « Après l'avoir éconduit professionnellement la veille au soir avec Polanski, Brigitte m'appelle en me demandant de la chaperonner pour un dîner avec lui à l'hôtel de la rue des Beaux-Arts où il y avait la chambre de Mistinguett, où séjournèrent Oscar Wilde et plus tard Jim Morrison, raconte Bouquin. Beatty parle français mais pas beaucoup, moi, je ne parle pas anglais, et puis on s'éclipse et elle reste avec lui. Elle s'est baisée toute seule : il n'a pas eu besoin de faire le film pour coucher avec elle. Il s'est servi d'elle. »

Un peu comme Barbra Streisand sera séduite par son jardinier parce qu'il est le seul homme à lui avoir dit qu'elle « a un beau cul », BB se laisse maintenant guider dans ses amours par la seule charge érotique qu'ils déclenchent en elle. « Brigitte, c'est comme un feu de bois », explique Rivière. « On veut s'y chauffer, mais il ne faut pas trop s'en rapprocher. » Malgré cela, entre deux virées chez Castel, c'est au tour de Christian Kalt, moniteur de ski, barman, que Brigitte compare – physiquement – à Clint Eastwood, repéré pendant des vacances à Méribel avec Philippe

Lettellier, sa femme et les Dussart. Ils vont dîner au resto de Jacqueline Veyssière à Courchevel où elle le remarque et le veut. Comme il travaille, le lendemain Lettellier et Dussart le remplacent au bar pour qu'il puisse dîner avec BB. Elle le ramènera à Méribel, puis à Paris, où elle a donc déménagé à côté du dernier domicile d'Édith Piaf, où Brigitte avait été invitée à un triste dîner à l'automne 1962. Il lit *L'Équipe,* regarde les rares matchs de football que retransmet alors la télévision (l'équipe de France et la finale de la Coupe, essentiellement), au point de la traîner donner le coup d'envoi puis assister au vieux stade Olympique de Colombes au match de bienfaisance qui oppose l'équipe brésilienne de Santos, emmenée par Pelé, à une sélection mixte composée de joueurs de Saint-Étienne et de l'Olympique de Marseille (0-0 le 1er avril 1971). Il a dix ans de moins que Brigitte, des goûts simples, et beaucoup moins de bagages que Patrick, qui se voit éconduit un beau jour où il se pointe, bouquet de fleurs à la main, Brigitte lui signalant simplement que la place est désormais prise. On les voit à la première de *Boulevard du rhum,* puis ils descendent à Saint-Tropez en train, la Rolls Silver Cloud bleu nuit que Brigitte a achetée à Charles Aznavour étant en révision, et profitant de ce séjour à Pâques 1971 chez Simone et Jean Bouquin qui les accueillent au Pinet le temps que se terminent les travaux de piscine à La Madrague, rendent visite aux parents Kalt à Cannes. Victime d'une péritonite, c'est chez eux qu'il ira en convalescence pendant que Brigitte tourne *Les Pétroleuses* en Espagne. Elle vit pendant l'été une passion torride avec Nino Ferrer, playboy chanteur à la vie sexuelle et amoureuse notoirement compliquée et foisonnante, dont elle brisera, sinon le cœur, du moins les rêves, « Un año de amor » ou presque : « C'est irréparable », en tout cas.

Elle retrouve Christian Kalt en décembre pour inaugurer le Réginskaïa, rue La Boétie, café russe qui ouvre à 18 heures chaque soir et ne ferme que douze heures plus tard, à l'aube. Jacques Chazot, Serge et Jane, Tino Rossi, Anne Dussart et Vadim sont là, au son d'un orchestre russe. Brigitte ne fait rien, il n'y a rien à dire d'elle, mais elle est quand même en couverture des magazines à cette occasion. Pour les fêtes, elle est de retour à Courchevel où Christian retrouve son travail de barman de 5 heures de l'après-midi à 4 heures du matin, ne prenant même plus le temps de rentrer dormir à Méribel avec Brigitte, jusqu'à ce que Jacqueline Veyssière, excédée par ses caprices, ne le vire, permettant au couple de passer le réveillon du Jour de l'an ensemble.

Rencontré sur le plateau de *Don Juan,* Laurent Vergez lui succédera, de quatorze ans le cadet de Brigitte, décidément cougar avant l'heure. « J'ai toujours aimé les beaux jeunes hommes. Mes goûts n'ont pas changé maintenant que je suis plus âgée. Alors, si je peux toujours les séduire, pourquoi m'en priver ? » De toute façon, depuis Vadim, qui l'a libérée des entraves familiales et révélée à elle-même en lui enseignant l'anticonformisme, ainsi qu'elle le confirme à Servat, « je portais la culotte. Aussi bien pour prendre des décisions que pour pousser les brouettes. »

Le dernier en date est un habitué de l'Open One qui résonne des albums de Pink Floyd du moment (*Atom Heart Mother, Meddle,* sur lequel figure « San Tropez »), qu'elle vient chercher en Rolls en compagnie de Nina Companeez. En décembre 1972, ils publient en duo « Vous ma lady », qui connaîtra un petit succès, malgré la concurrence de la version de Hugues Aufray qui l'a adapté de Peter Skellern. Mais le chanteur novice, se sentant peut-être abandonné, reçoit ses maîtresses dans l'appartement du boulevard

Lannes pendant qu'elle est à Saint-Tropez où elle multiplie les conquêtes en buvant et en étant malheureuse, couchant, comme souvent les femmes, de dépit, avec ceux qui passent, un nommé Rolf comme un Italien qui tient absolument à l'épouser. Lorsqu'ils se réconcilient à la rentrée, il prend d'elle des clichés qui font sensation avant de rentrer à Paris dans sa Porsche bleu nuit elle aussi. À Méribel, ils invitent Antoine dans le chalet de Brigitte. « On jouait à la crapette et il fallait tout le temps chercher le doudou de sa chienne Nini. Elle faisait du ski comme une débutante. » Mais très vite, Antoine s'emmerde, prétend qu'il doit partir pour un engagement. Lorsqu'il s'en va, désolée, elle lui crie : « Antoine, ne pars pas, reviens. » En fait, il s'installe dans un autre chalet, qu'il loue dans le coin. Quatre jours plus tard, elle le recroise, belle joueuse : « T'es gonflé, quand même. »

Pour ses quarante ans, le 28 septembre 1974, Brigitte est donc à la une d'un numéro spécial de *Photo* devenu culte : elle est nue à La Madrague, superbe, plus belle que jamais, donne de l'espoir à toutes les mères de la planète et lance bien avant tout le monde, Jane Fonda comprise, la vogue des MILF (*mothers I'd like to fuck*). Laurent, devenu photographe remarqué, publiera l'année suivante chez Flêche, la maison de disques de Claude François, un autre 45 tours, « C'est dommage », chanson écrite pour lui par Clo-Clo, son compositeur Jean-Pierre Bourtayre et Bernard Estardy, le propriétaire du légendaire studio CBE de la rue Championnet, chanson qui ressemble à un requiem pour un amour défunt.

Défunt, l'est aussi son amour suivant, un journaliste, Philippe G., qu'elle rencontre pour une interview, mais dont elle tombe éperdument amoureuse. Un terrible accident de voiture le laisse paralysé à Pont-l'Abbé, où elle passe plusieurs jours et nuits, désespérée, à son chevet.

Toujours Scapin (ou ancêtre d'Adopteunmec.com), Jicky lui présente un ami sculpteur, spécialisé dans les aciers, bronzes et aluminiums, au physique de dieu slave, Miroslav Brozek. Après des œufs au plat inconcluants au chalet de Méribel, ce super-skieur accepte un rendez-vous au club Saint-Nicolas de Courchevel. Par défi, Brigitte se remet sur les planches, puis ramène sa conquête blonde à Bazoches avec son matériel encombrant et ses deux frères, qui l'aident à l'installer. Aux Canoubiers, il investit la Petite Madrague, réservée aux amis, qui devient son atelier. Lui aussi est son cadet, de huit ans seulement. Artiste, il deviendra également comédien sous le nom de Jean Blaise (*Le Grand Meaulnes*). Si *Match* se fait l'écho de leurs amours idylliques lors d'une exposition de ses œuvres à Abidjan, à l'été 1977, ou à Méribel en janvier 1978, Mirko posera à Brigitte les mêmes problèmes que Patrick, Christian et Laurent : il s'accommode mal du rôle de consort, et se réfugie en retour dans un égoïsme phallocrate capricieux et tellement déplacé qu'il contient en lui-même sa perte.

Comme toutes ses liaisons, celle-ci tourne donc bientôt au vinaigre : à l'été 1979, ils se battent, il lui casse une sculpture d'acier sur la tête, lui balance une valise dans le ventre. Finalement, en décembre 1979, comme une voyante le lui avait prédit, Mirko la quitte, s'exilant à Los Angeles. Elle le disait déjà après son dernier divorce, dix ans plus tôt, comme un mantra funeste de la condition féminine pas encore totalement émancipée : « Je payais cher, très cher, mes prétentions d'indépendance et de liberté. »

Viendra alors le temps d'Allain Bougrain-Dubourg, avec lequel elle partage son combat pour les animaux, empathie qui débouche sur une longue relation. Dans son *Dictionnaire passionné des animaux,* il la décrit par analogie avec le ciment de leur lien, « créature nonchalante autant que rugissante, parfois gazelle en fuite, elle peut aussi se montrer caressante comme un félin ». Nul doute qu'il aura eu à goûter – et à subir – cette dichotomie. Là aussi, leur liaison, amorcée à Noël 1979, sera difficile et tempétueuse : il la vire début juillet 1984 après une interview dans *Paris-Match* où elle déclare être seule alors qu'ils se sont remis ensemble. Commentaire désabusé de la femme la plus désirée de la planète : « Pour une fois que j'avais été fidèle ! »

Leurs ruptures et leurs réconciliations seront nombreuses, compliquées par leur cause commune mais aussi par le manque d'intimité que leur impose l'omniprésence de la véritable ménagerie, pour ne pas dire le zoo, qui entoure désormais Brigitte, dans son sanctuaire de La Madrague comme à La Garrigue ou à Bazoches. Fin 1982, elle va dîner chez Pierre Bachelet qui lui chante « Les corons ». Elle tombe amoureuse au téléphone, il écrit une chanson pour elle, mais elle apprend qu'il est marié, et se désintéresse. Le 28 septembre, seule avec son amie Gloria, elle boit du champagne et se gorge de barbituriques, s'échappe par la salle de bain et part nager. Étourdie, elle est à deux doigts de sombrer et n'est sauvée in extremis que par Gloria, inquiète.

Début octobre 1983, une semaine après son anniversaire, calendrier décidément funeste, et sa rupture avec Allain Bougrain-Dubourg, en pleine nuit, son jardinier la retrouve debout dans la mer, hébétée, devant La Madrague. On la conduit à la clinique L'Oasis, à la sortie de Saint-Tropez, en bordure de la nationale, sur la commune de Gassin. Quelques jours plus tard, un médecin tropézien, le docteur Dourdou, lui diagnostique que la boule qu'elle a découverte est bien un cancer du sein, et elle doit être opérée en urgence à Necker, à l'insistance de Marina Vlady, le 25 octobre 1983. On lui retire une boule de la grosseur d'un œuf de pigeon à la clinique d'Alleray, dans le quinzième. Le professeur Schwarzenberg fait plus que le nécessaire, malgré le décès de sa sœur le matin même. Brigitte est ensuite suivie à Necker : elle doit subir rayons au cobalt, procédures qui sapent le moral de cet être mi-biche, mi-louve, sauvage, fragile et ombrageuse.

Allain est à son chevet et reprend ses allers-retours entre Paris et Saint-Tropez. Cette longue aventure prend définitivement fin après des vacances en Corse, puis à Agadir, consécutivement à une dernière tentative de suicide, le Jour de l'an 1985. Elle sera suivie de sept ans de solitude, au cours desquels un nouveau gardien varois de La Madrague tentera de la violer, et les amants ne seront que de passage, dont Philippe, tennisman devenu coureur automobile qui la promène dans sa Porsche dorée. Pour ses cinquante et un ans, le 28 septembre 1985, il est là, parmi une vingtaine d'invités exclusifs au Yaca, puis à L'Esquinade ; elle le rejoindra à Paris plus tard pour son anniversaire à lui au Café de l'île de la Jatte.

Peu auparavant, elle a appelé Vadim pour lui demander son soutien à sa fondation. Il refuse, mais apporte une contribution financière. Elle lui confie être malheureuse : « Il n'y a que moi qui aurais pu te rendre heureuse, mais il est trop tard, maintenant », lui aurait-il dit selon Robert Hossein. Elle est à la dérive, donnant corps à son credo, selon lequel « plus les femmes essaient de se libérer, plus elles deviennent malheureuses ». Le syndrome Don Juan, inversé, comme le rapportait Vadim en 1972 : « La Don Juan moderne est une femme, c'est BB dans sa vraie vie. »

On lui aura aussi, à tort (souvent) ou à raison (quand même), prêté plus de liaisons qu'elle n'a eu le temps d'en connaître – on ne prête qu'aux riches : Patrick Balkany, notamment, revendique dans ses mémoires – putain, les mémoires de Balkany, s'il dit tout, ça doit déchirer – avoir visité l'intimité de la plus belle femme du monde, ce qu'elle dément comme la plupart des autres. Comme avec Johnny, BB n'aura pas de liaison avec Delon, comme si elle redoutait de voir l'un ou l'autre lui voler la vedette, ainsi qu'elle avait eu à en souffrir avec Bécaud. « Cela aurait pu se faire, mais les choses ne se sont pas enclenchées, et finalement, tant mieux, car aujourd'hui nous sommes, Brigitte et moi, comme frère et sœur, les meilleurs amis du monde. Elle sait qu'elle peut compter sur moi. Je partage son combat pour les animaux et je serai toujours là pour elle. »

Comme Johnny et Delon (« Nous sommes tous les deux des prédateurs de l'amour »), John Lennon fut honnête, et tous reconnaissent leur absence d'une liste qui eût franchement pu être bien plus spectaculaire encore. À Philippe Bouvard, qui la charrie au micro des « Grosses têtes », dans le grand studio de RTL, à propos des animaux qu'elle materne à La Madrague, elle rétorque avec bonne humeur et esprit à la question de savoir si elle préférait les originaux ou les hommes qui les imitent, et sont soit des ânes, soit de gros cochons : « Ça se compare pas tellement, mais c'est pas désagréable ni l'un ni l'autre. J'en ai eu quelques-uns, des ânes dans mon lit, mais enfin... »

Elle se retrouve finalement dans les bras de Bernard d'Ormale, végétarien qui gère avec des associés belges une société spécialisée dans les visioconférences satellitaires pour L'Oréal, Sipa, l'hôtel Loews à Monaco, et pour son copain Jean-Marie Le Pen à l'hôtel Lancaster à Nice. Ils se sont connus chez son amie Jany, encore Garnier, au milieu des années quatre-vingt lors d'une soirée très bien fréquentée qu'elle donne à Rueil-Malmaison, à laquelle Le Pen arrive en compagnie d'un banquier très connu. « J'ai connu Marine petite », raconte Ormale, séduit par la culture et la truculence de ce « Falstaff de la politique », « tribun d'avant-guerre avec le talent du verbe » qui n'aurait, selon lui, jamais recherché le pouvoir. Il rencontre Brigitte le dimanche de pluie 7 juin 1992, dans un dîner chez l'avocat tropézien Jean-Louis Bouguereau, avec les Le Pen. Au moment du départ, Bernard l'attrape par le bras et l'embrasse dans le cou. C'est le coup de foudre en direct. « Je lui ai dit deux ou trois mots gentils qui ont dû la toucher dans la foulée. Les femmes sont tellement mystérieuses », raconte-t-il à la chaîne Biography

Le lendemain, il n'honore pas un dîner à L'Esquinade où Jany a invité Brigitte, qui s'est pomponnée pour la circonstance en jupe gitane et fleur piquée dans les cheveux à droite de Le Pen. Elle ne mange rien, chante, joue de la guitare. Mais le 12, il surgit à L'Esquinade pendant le dîner d'anniversaire d'Yvonne, voisine de Brigitte à Bazoches. Le 19 juin au téléphone, il lâche : « Je vous aime. » Le 20, nouveau dîner au champagne à L'Esquinade, les tables directement posées sur le sable de la Glaye : il n'arrive qu'à 1 heure du matin, mettant les nerfs de Brigitte à l'épreuve. Le coup de stress est gagnant : deux heures plus tard, elle le ramène à La Madrague. Elle raconte dans ses mémoires combien il y est initialement mal accueilli par la ménagerie, prioritaire, ne boit que du café, fume quatre paquets par jour, n'aime pas la cuisine provençale, parle politique tout le temps, admire Le Pen sans bornes. Toujours selon elle, il se met à dos le gynécée. Mais voilà : « Cela faisait sept ans que je n'avais pas vu le loup », avoue Brigitte, dont la libido se réveille en sursaut.

Né Di Chiari-Ormale en 1941, ce fêtard des années cinquante, joli cœur d'origine italienne, est « très éduqué, n'a vraiment rien d'un nazi » selon plusieurs de ses connaissances, « très beau parleur ». Ce baroudeur qui « a toujours rêvé d'Afrique », s'est embarqué à l'âge de quinze ans à Marseille sur un bateau moitié bananier moitié passagers à destination de Dakar, où il assiste le 26 août 1958 au discours de Charles de Gaulle en faveur de l'autodétermination. On le retrouve bientôt à Abidjan où il copine avec la famille Houphouët-Boigny, en Guinée, à Bamako, à Léopoldville (actuelle Kinshasa) fin 1961 après l'assassinat de Patrice Lumumba, au Congo où il assiste avec horreur à des scènes de cannibalisme à côté de Brazzaville, puis au Gabon, où il s'associe dans TransGabon, compagnie aérienne, avec Jean-Claude Brouillet, correspondant d'Air France qui a été marié à Marina Vlady. En 1964, il est à l'hôtel St.Regis à New York en même temps que les Beatles et assiste au déferlement de la Beatlemania. Amateur de jazz, Ormale est en ville avec l'assistant de Marcel Carné sur le film *3 chambres à Manhattan*, Michel Romanoff. Pendant huit jours, il conduit Mal Waldron, le dernier pianiste de Billie Holiday, accompagnateur de Charlie Mingus, John Coltrane et Jackie McLean, convalescent après une overdose, mais chargé d'en composer la musique, qui ne retrouve l'inspiration qu'en sillonnant la ville. Ormale restera toutefois basé en Afrique, où il a créé Les Éditions du soleil, un who's who du continent dont il facture les insertions avec photo, jusqu'en 1973. Bloqué à Monrovia, au Libéria, une semaine, il y aurait rencontré un Libanais du Brésil qui a produit un film sur la jeunesse de Pelé, alors en pleine gloire avec l'équipe de Santos et la Seleçao triple championne du monde (1958-1962-1970). Ils font affaire et fortune, qu'il aurait flambée à Paris, et se serait lancé dans la production cinématographique en Afrique, puis à Rome, pour des téléfilms américains. Continue à voyager, au Liban, en Égypte, au Koweit. Il cherche ensuite en 1981 à acheter les studios de la Victorine, à Nice, avec des capitaux libanais, japonais et américains, montant aux Émirats une société dotée de quinze millions de dollars. Se promène au volant de la Rolls abandonnée là par Bill Marshall, le premier mari de Michèle Morgan. Obtient un bail de six mois de la mairie, mais l'élection de François Mitterrand complexifie le montage, et le projet un peu pharaonique de créer un studio à l'américaine se noie dans la suspicion liée aux investisseurs étrangers, la rivalité avec les studios de Boulogne et les problèmes judiciaires que commence à rencontrer le maire Jacques Médecin. En mars 1992, il aide donc Jean-Marie Le Pen à installer sa permanence niçoise, quai Lunel, sur le port.

Deux mois après leur rencontre, lors d'un voyage en Norvège au cours duquel ils rendent une visite impromptue à Nicolas Charrier, les voilà mariés par un pasteur dans une chapelle Viking, le 16 août, dans un fjord, devant Dieu mais pas devant les hommes.

La nouvelle de ce mariage sans réalité civile ne s'ébruite que le 20 septembre, lorsqu'ils vont tous deux voter contre le traité de Maastricht. « Je n'épouse pas un parti politique », assure-t-elle en couverture de *Match*. « Mon mari m'aime pour moi, pas pour mon image, ajoute-t-elle dans le documentaire que lui consacre The Biography Channel au début des années deux mille. Et je vous assure qu'il est vraiment patient, parce que ce n'est pas facile d'aimer une femme qui s'occupe d'animaux toute la journée. » « Brigitte m'a conquis d'un baiser », minaude pour sa part celui qu'elle baptisera « Piou-piou ». « Il part à gauche et surtout à l'extrême droite », vagabondage particulier qui séduit pourtant la belle Tropézienne, qui se remet au ski nautique en mono, décrivant pourtant après une fâcherie « un homme sans travail, sans passion, sans but, un homme-enfant capricieux et colérique », le mauvais compagnon type d'une féministe. Que Brigitte, tout acquise à l'ordre social de son éducation, n'est pas (« Ne me parlez pas du MLF. Je déteste les femmes laides », sophisme hâtif), tout en l'ayant été plus que quiconque, convaincue depuis toujours que l'émancipation ne doit pas s'obtenir aux dépens de la féminité, paradoxe qui en fait un si passionnant sujet d'étude. Bernard, lui, envisage en 1993 (à la suite de la démission forcée d'Alain Spada) comme une blague dans *Var-Matin* de se présenter aux élections municipales à Saint-Tropez avec comme programme de transformer le parking de la place des Lices en kiosque à musique et espace de concerts. Lorsque Rivière demande à son amie Brigitte « ce qu'elle fait avec ce type-là », elle cingle : « Tu viens avec moi, toi ? »

Par la suite, la relation Bardot-d'Ormale sera parfois houleuse, au point qu'elle le vire médiatiquement, comme tant d'autres avant lui, lors d'une crise de leur couple à l'automne, fait encore une tentative de suicide et passe Noël 1992 seule avec Mylène. Ils se retrouvent puis se séparent de nouveau à l'été 1993, mais au final leur liaison perdure et se stablise à mesure que le temps passe et que Brigitte adopte certaines des thèses du FN, qu'elle développe dans plusieurs de ses pénibles ouvrages consécutifs à *Initiales BB*, jusqu'à appeler en 2012 à voter pour « la France bleu Marine ». Tous en conviennent : « Brigitte est tellement compliquée que Bernard possède une immense qualité, irremplaçable : sa présence, sa patience. Il la supporte, la tolère, l'aime certainement, lui épargne la solitude. » Même Rivière le consent : « Heureusement qu'il est là. Parce que si elle tombe, dans son état, elle ne pourra pas se relever. Elle n'a pas un rond aujourd'hui, elle a tout sacrifié pour sa fondation, elle vit de deal en deal, avec Lancel ou autre. » De fait, elle n'a que peu de revenus, et ne possède que deux contrats, confirme d'Ormale : avec Lancel et les boutiques de Sarah Ohana. Henry-Jean Servat, qui le connaît bien, affirme Bernard « très gentil », « très attentionné », « indispensable à Brigitte », « de très agréable commerce », ce que confirment mes longs échanges téléphoniques avec lui.

Peu à peu, ce businessman au langage excessif, lecteur de *Minute* et de *Valeurs actuelles* pour les papiers d'Ivan Rioufol, en vient à devenir le gestionnaire des affaires de Brigitte Bardot, privées et commerciales, sans toutefois être son héritier, leur mariage n'ayant pas valeur légale. Et gêne nombre des amis historiques de Brigitte qui ont du mal à accepter ce compagnon dérangeant, médiatiquement compliqué à assumer, qui flatte selon eux ses plus mauvais instincts.

« Mon rôle consiste à la protéger, à l'aider... Elle mène un combat qui l'épuise terriblement et j'aimerais qu'elle prenne plus temps pour elle-même », explique-t-il à BIO. « Elle en pleure tellement elle en est malheureuse », élabore-t-il auprès de moi. « Elle ne se plaint pas. Elle est seule, ses amis ne viennent que pour lui demander quelque chose. » Reste donc Bernard, avec tous ses défauts aux yeux des autres, mais pas à ceux de la femme longtemps la plus convoitée de la planète. Un type très à droite, au langage du temps des colonies, éclairé et doué en affaires, bon amoureux, un peu comme l'était Louis Bardot, finalement ?

La première bobo

Issue de la grande bourgeoisie française catholique, conservatrice, droitière et collet monté jusqu'à la caricature, Bri-Bri, comme l'appellent ses amis claniques, va inventer sans le savoir ni le vouloir la bourgeoisie bohème que Renaud chantera quarante-cinq ans plus tard.

« J'ai été élevée par des parents de droite, d'une bourgeoisie austère, qui m'ont donné une éducation assez stricte. J'ai connu la cravache. La tenue, la dignité, la façon d'être, c'est très important dans la vie », expliquait-elle, faisant effectivement de la droiture la colonne vertébrale de son attitude et de son positionnement, dans l'espace comme dans l'existence. Jusqu'à la raideur, au raidissement et à l'intransigence parfois, en parfaite contradiction avec son style de vie, public plus encore que privé. « J'ai été élevée d'une façon très bourgeoise, très sévère, j'allais dans une école catholique, j'étais surveillée avec une gouvernante, et je ne sortais jamais dans la rue toute seule. J'ai été très très tenue jusqu'à l'âge de quinze ans », ajoutait-elle auprès de Jacques Chancel lors de sa « Radioscopie ».

« C'est pour ça qu'elle est aussi mal dans sa peau, assure Jean Bouquin, fils de photogaphe et d'une blanchisseuse du quartier de la République. Le Passy dont elle vient, où j'ai fait mes débuts de couturier, était l'endroit le plus antisémite de Paris. Je lui ai enlevé cette carapace de bourgeoisie, avec son adhésion, évidemment, avant qu'elle ne retombe dans les codes de son milieu : on va chez Ladurée, chez Angelina, jamais dans les bistrots, c'est une question de culture. »

Louis Bardot, son père, est lorrain. En vieux haut allemand, *bardo* voudrait dire guerrier armé d'une hache lourde, la « barta » (un bardot est aussi un équidé né du croisement d'un étalon et d'une ânesse, de l'arabe *bardo* qui a donné « barda »). La famille Bardot, originaire de Raival dans la Meuse (Nicolas, son arrière-grand-père), s'est établie à Ligny-en-Barrois, où elle possède une immense propriété, plantée de rosiers et d'arbres centenaires, au début du XIXe siècle lorsque son grand-père, Auguste Bardot, marchand de fer, a épousé Clothilde Willemart, linéenne, par laquelle Brigitte est cousine au dixième degré avec le président Raymond Poincaré (1913-1920) et au douzième avec le maréchal d'Empire Oudinot, tous deux meusiens (le père de Clothilde, Ednée Willemart, fut maire de Ligny et n'imaginait pas son arrière-petite-nièce en Marianne).

Charles Bardot, le grand-père de Brigitte, est né là, à Ligny, le 20 mars 1860 et c'est lui, centralien, qui prospère, lançant avec son frère Henri dès 1878 les usines Bardot, compagnie d'air liquide et acétylène, sise 39, rue Vineuse, dans le seizième, qu'il lèguera à ses fils, dont Louis, ingénieur en électronique, qui résidera boulevard Saint-Germain.

Louis Bardot, dit « Pilou », est donc né à Paris le 8 mai 1896, au cœur de la haute bourgeoisie catholique très stricte et solidement implantée aux commandes de la IIIe République. Il a perdu son frère Jacques, centralien lui aussi, en 1914, puis Paul en 1917 alors que le jeune René, lui, sera longtemps porté disparu ; André, enfin, mourra en 1939 des conséquences durables de son gazage dans les tranchées. Louis parle l'allemand, langue d'origine de la famille, mais déteste l'ennemi, on le ferait à moins. Ascétique dans le travail, il se lève tous les matins à 6 heures pour se rendre dans ses usines à Aubervilliers, rue du Pilier, à proximité de l'actuel canal Saint-Denis. Croix de guerre, c'est un tempérament explosif, la plupart du temps silencieux (il ne supporte pas le bruit, au grand dam de ses filles), précis, rigide, répressif, les cheveux plaqués en arrière libérant son grand front dégarni, austère et émacié derrière ses lunettes, avec une bouche sans lèvres, un menton aigu, volontaire, un regard intense qui peut devenir fixe. Il aime le vin, raconter des blagues qu'il note sur un carnet qu'il promène toujours avec lui. Très cultivé, poète à ses heures, il sera publié (*Vers en vrac, Vers fragiles, Vers de quatre à huit*) et récompensé par l'Académie française du prix Paul-Labbé-Vauquelin en 1961.

Quand Jean-Max Rivière, jeune guitariste aux yeux bleus, fait sa connaissance au cabaret Chez Pom', en 1956, Louis Bardot apporte haricots de mouton, saucisses aux lentilles aux artistes – Jacques Douai, François Deguelt, Audiberti, Claude Nougaro – auprès desquels « il vient s'encanailler ». Il commence alors à composer ses poèmes, cherche à les faire éditer. Lorsqu'il invite Rivière à l'accompagner dans une soirée bourgeoise, la maîtresse de maison l'accueille d'un « Louis Bardot, le père de Brigitte Bardot », laquelle connaît un début de notoriété au cinéma. Son géniteur baise la main de son hôtesse, lui assénant un grivois : « Madame, en voulez-vous de la graine ? » Séducteur, dragueur connu de toutes les vendeuses des boutiques chic de la Muette, « très drôle, toujours classe, encanailleur de première », il est élancé comme sa femme qu'il vouvoie, Anne-Marie Mucel, dite

« Toty », plus jeune que lui de seize ans puisque née le 1er février 1912, à Paris. Yeux vert sombre, châtain clair vénitien, nez fin, un peu long, bouche finement dessinée, sourire retenu, c'est une très belle élégante, qui n'a cesse de se mirer, passionnée par la mode et la danse, guindée, élevée en Lombardie. Fille du directeur d'une compagnie d'assurances prénommé Léon (« Le Boum »), elle est frivole, distante, maniaque, hypocondriaque, radine. C'est une artiste contrariée, comme tant de femmes de la haute de l'époque. « Une très bonne mère, rétrograde, mais qui se croyait moderne », selon Vadim. Elle a étudié le théâtre et la danse à Milan où elle rencontre Louis Bardot, venu pour affaires début 1933 et racontant des blagues dans un dîner mondain. Le mariage se déroule le 3 août à l'église de Saint-Germain-des-Prés.

Brigitte Anne-Marie naît le vendredi 28 septembre 1934 à 13 h 20, Balance ascendant Sagittaire. Ses parents espèrent un fils, qu'ils ont déjà baptisé Charles Bardot, comme son grand-père. L'accouchement a lieu à domicile, 5, place Violet, quatrième étage, dans le cœur commerçant du quinzième, dans le lit parental. Ce BB nourri au sein pèse trois kilos et demi, cheveux châtain clair. Sa naissance est annoncée dans *Le Figaro,* comme il se doit chez les grands bourgeois. Elle est baptisée le 12 octobre, promenée en poussette au bois de Boulogne et au Champ de Mars, et sera élevée par une nounou italienne ramenée de Milan par sa grand-mère, Maria dite « Dada », qui l'appelle « Bridzzi ». Conséquence : sa charge apprend l'italien et le parlera sans accent, en roulant les *r*. L'appartement est ombragé, meublé Louis XV, les canapés sont confort, les bibliothèques empesées. Mais loin d'être le Charles conquérant espéré, la petite Brigitte s'avère laideronne, avec ses cheveux fins, ses yeux en amande, son nez petit et aplati, doublée d'une cancre indécrottable. « Secrète, timide, craintive », comme elle se définit à la télévision dans « Telle Quelle », l'émission que lui consacre pour Antenne 2 en 1982 son amant de l'époque, Allain Bougrain-Dubourg. Élevée dans une famille surannée, où tout le monde se vouvoie, mais pas dénuée d'humour, « entre Feydeau et Sacha Guitry », selon Rivière qui les fréquentera tous assidûment plus tard.

La fin de l'entre-deux-guerres dans laquelle Brigitte Bardot vient au monde est tourmentée, contrariée et contrariante, c'est le moins qu'on puisse dire, avec d'un côté le relâchement déjà sensible de l'ère du monothéisme chrétien, de la toute-puissance de l'Église, de l'armée et du gouvernement républicain colonisateur aux manières héritées de la monarchie et de l'Empire, secoués par les Roaring Twenties américaines et les Années folles parisiennes, et de l'autre l'expansion rapide – en retour, déjà ? – des totalitarismes, de droite comme de gauche, qui prennent leur élan dans l'hyperinflation de la République de Weimar et le crash économique de Wall Street un mardi noir de 1929. Dans ce Paris jazz, surréaliste et Arts Déco de très grande tension entre la droite Action française fascisante et la gauche pacifiste du Front populaire, électrique à tous les sens, qui ne veut pas croire à la fin de la prospérité et entend poursuivre la victoire de la modernité sur la tradition, Montmartre et Montparnasse se tirent encore la bourre, Joséphine Baker triomphe avec sa Revue nègre et son jitterbug en ceinture de bananes, rivalise avec Kiki de Montparnasse, la chicagoane Alberta Hunter chante le blues au Bœuf sur le toit et Chez Florence les hétaïres garçonnes androgynes aux cheveux courts virevoltent dans le salon de Natalie Clifford Barney entre champagne et cocaïne, Man Ray, Picasso, Henry

Miller et Hemingway prospèrent autour des auteurs de la Lost Generation, Félix Mayol, Maurice Chevalier, Charles Trénet et Mistinguett séduisent, comme l'opérette, les vedettes du Tour du France et des Jeux olympiques qui se sont tenus à Paris, qui n'est plus une fête, dix ans plus tôt.

Pourtant, la xénophobie et l'antisémitisme accompagnent les arrivées au pouvoir successives de Mussolini, Staline, Hitler, Salazar et Franco, les famines en Chine et en Russie, la montée de l'antiparlementarisme consécutif à l'affaire Staviski, l'infamante exposition coloniale de 1931 où l'on expose des Kanaks comme des animaux mais qui booste tant la fierté française, la guerre d'Espagne, mouvements que contrebalancent tant bien que mal le New Deal de Roosevelt, le Front populaire de Blum qui édicte les congés payés, et pour certains la Longue Marche de Mao. Le progrès apporte l'électricité, la radio, l'enregistrement et la reproduction sonores, le cinéma, la communication, soit la culture populaire de masse qui voit les stars du sport et du cinéma – la France est encore alors le premier producteur mondial et le Gaumont Palace, place de Clichy, trois mille cinq cents places, la plus grande salle du monde – concurrencer les Grands Hommes dans les cœurs et dans les rêves, les créations de la SCNF et d'Air France, un certain confort déjà moderne, marqués par cette bascule dont personne ne comprendra les conséquences jusqu'aux années quatre-vingt-dix : en 1931, pour la première fois, la population urbaine française atteint les 51 %, bascule irréversible qui conduit au déclin de la paysannerie, à la désertification actuelle des campagnes et révolutionnera la vie quotidienne et le monde du travail.

Les Bardot déménagent bientôt au 76, avenue de La Bourdonnais, entre Champ de Mars et École Militaire, adresse plus en phase avec leurs aspirations sociales. La petite enfance de Brigitte sera celle d'une fillette nantie, entre appartement rupin et résidences secondaires opulentes, parents autoritaires et domestiques de tous crins, avantages gâtés par des déconvenues physiques et intellectuelles que la petite Brigitte ne peut pas savoir passagères.

Cependant, lorsque son père la filme avec sa caméra Pathé Baby, comme il le fera de l'âge de deux jours jusqu'à ses seize ans, quelque chose d'assez inouï et inédit à l'époque, la gamine ingrate illumine soudain par son sourire et son regard plein d'éclat. Elle est pourtant amblyope de l'œil gauche, « une tare de naissance », sur laquelle elle ne s'étalera jamais. Qui implique qu'un œil voit moins que l'autre et oblige en permanence le cerveau à surcompenser, exercice épuisant et certainement handicapant. Dans son excellente biographie, *Brigitte Bardot, plein la vue*, la portraitiste de *Libération* Marie-Dominique Lelièvre en fait la clef de la personnalité de Bardot, expliquant notamment sa lenteur, sa fatigue chronique et sa différence de regard sur le monde. C'est très plausible. Cela explique à coup sûr ses échecs scolaires, comme chez tous ceux qui souffrent de problèmes de vue non correctement corrigés, John Lennon en tête, qui refusait obstinément de porter des lunettes, « pour ne pas avoir l'air ringard ». Sur les plus anciennes images, en layette, elle porte un petit chapeau de fête, puis un calot de marin, joue avec un téléphone. En chapeau cloche un peu plus tard, petit manteau boutonné, bottines, elle montre sa culotte et affiche une bonne mine joufflue.

Elle est pourtant débrouille et déjà bonne comédienne, si l'on en croit l'anecdote rapportée par sa mère à *Jours de France*, qui veut qu'à trois ans seulement Brigitte, curieusement laissée quelques minutes seule à la maison, aurait accueilli un visiteur en lui demandant avec l'aplomb et la vacuité polie de sa classe : « Alors comment va votre mère ? » Pseudo-maturité purement singée, qui n'empêche pas les accidents ménagers : elle manque de mourir une première fois en mettant les doigts dans une prise électrique, ballet mortifère que cette danseuse-née exécutera pendant toute son existence, allers-retours que la chance ou la comédie préviendront d'en rester au stade de l'aller simple.

L'arrivée de sa sœur, elle, va perturber un ordre auquel elle s'était visiblement, à quatre ans, bien adaptée.

Cela commence par une opération de l'appendicite au cours de la seconde grossesse de sa mère, qui entraîne une séparation généralement mal vécue à cet âge où c'est souvent la première, incompréhensible, terrifiante comme l'expression d'un mensonge fondamental : la solitude existentielle révélée brutalement. Déjà, elle ne se console qu'avec un animal, son nounours Murdoch, au costume écossais. Brigitte souffre également d'un casting ménager déplaisant, l'arrivée d'une nouvelle nurse, Pierrette, qu'elle déteste : elle sent mauvais, elle est poilue, deux bonnes raisons de s'en détourner. Maussade, Brigitte est finalement expédiée au 12 bis, rue Raynouard, chez ses grands-parents Mucel, rentrés d'Italie, où elle retrouve Dada, et sans doute auprès d'elle l'attention nécessaire que sa propre mère ne lui offre pas.

Finalement, l'aube du 5 mai 1938, alors que la guerre menace déjà, voit la naissance de Marie-Jeanne, avenue de La Bourdonnais. Cette fois encore les Bardot espéraient un garçon. Ce ne sera pas le seul handicap que rencontrera la future Mijanou, qui ressemblera beaucoup à sa mère.

« Être la sœur de Brigitte Bardot n'a jamais été

facile. Elle m'a dit récemment qu'à ma naissance elle avait été très jalouse… Quand Brigitte s'est rendu compte qu'il y aurait une autre fille à la maison, elle n'a pas voulu l'accepter, confesse la benjamine au biographe Jeffrey Robinson. Pour Brigitte, c'était une question de survie. Je lui prenais son oxygène. S'agissant de ma mère, il n'y avait pas assez de tendresse à partager. Je ne veux pas dire que ce n'était pas une femme tendre. Mais elle était stricte et pouvait se montrer très dure. Je crois que Brigitte, petite fille, a ressenti un certain manque d'affection. Cela a eu pour conséquence que nous n'aimons ni l'une ni l'autre être seules ; nous ne pouvons pas vivre dans la solitude. »

« J'étais en retard d'une génération. Il faut être de son temps », reconnaîtra Anne-Marie Bardot à *Marie-France* en décembre 1958, son aînée devenue une sensation planétaire et le petit boudin la plus excitante femme du monde. En attendant, elle lui impose des dîners interminables, arrosés de baisers baveux chez les grands-parents Bardot, comme en ont subi toutes les générations, mais où après avoir mis impeccablement la table elle doit manger à la cuisine pour ne pas déranger les adultes.

Arrive la guerre, qui va désorganiser cet agencement familial très installé. C'est d'abord pendant « la drôle de guerre » en anticipation de la défaite de juin 1940, la fuite à Hendaye dans une vieille Renault carrée surnommée « le veau », Brigitte seule avec son père (une Citroën 11 CV conduit Mijanou, sa mère, Mamie et Pierrette la bonne velue). Puis après que Louis, blessé pendant la guerre de 14-18, Croix de guerre, Légion d'honneur, s'engage comme capitaine dans le 155e régiment d'infanterie alpine, Toty emmène seule ses filles à Dinard dans un deux-pièces meublé où elle tente d'apprendre à lire à Brigitte au moyen des histoires de Babar. Mais dans un affolement désordonné, c'est bientôt le retour à Paris où son père est réclamé pour l'usine des frères Bardot (Gaston, Louis et René) qui fabrique toujours oxygène et acétylène (qu'ils vendront plus tard à Air Liquide). Se peut-il qu'il ait dû collaborer ? Rien ne permet de le penser. Cette simple interrogation fait bondir Brigitte. Bernard d'Ormale lui a posé la question et confirme : « Il n'a pas collaboré. Il était bien obligé de faire tourner son usine. Cette période était tellement compliquée ». On sait qu'il pratique l'allemand, et a combattu l'ennemi lors de la Première Guerre mondiale, où il a été blessé. Comme pour Trénet, qui chante avec Piaf et Chevalier pour les prisonniers français en Allemagne, mais résiste passivement avec « Douce France », les choses sont toujours plus compliquées qu'elles n'ont l'air dans de pareilles périodes où chacun fait comme il peut ou comme il pense, en fonction de ses circonstances propres. Brigitte, gaulliste forcenée, revendique avec véhémence le patriotisme de son père, qui prétend à l'occupant que ses machines tombent fréquemment en panne, grève du zèle non dénuée de risque : « La famille Bardot, d'origine lorraine, haïssait les Allemands, mais parlait couramment leur langue. Ce qui arrangea souvent les choses lorsque la situation devenait critique », assène-t-elle dans ses mémoires. Vadim, qui l'a connu six ans après la Libération et l'aimait beaucoup, l'exonère paradoxalement : « Pétainiste de cœur, il avait malgré tout résisté aux sirènes de Vichy. »

Mais les rigueurs de l'Occupation et du rationnement sont dures, même pour les nantis, qui doivent comme tout le monde faire la queue de nuit et pendant des heures pour obtenir quelques denrées. On force Brigitte à avaler de la cervelle d'agneau qu'elle vomit, des fricassées de topinambours et de rutabagas à la margarine et un ersatz de chocolat ; elle dort entre ses parents pour lutter contre le froid que ne parvient pas à repousser un unique radiateur électrique. Pendant les bombardements, tout le monde se réfugie dans la cave, comme chez tous ceux qui en possèdent une. Et bientôt, Brigitte Bardot, six ans, débute les cours à Boutet de Monvel. Tout ça vaut-il mieux que d'attraper la scarlatine ? Elle va très vite en faire l'expérience, quarantaine qui lui offre plus de temps encore pour se plonger avec délice dans *Les Contes du chat perché* (Marcel Aymé), *Les Petites Filles modèles* et *Les Malheurs de Sophie* de la Comtesse de Ségur, que lui lisent à tour de rôle mère et père, la petite Brigitte s'identifiant successivement à Camille, Madeleine et Sophie. Affublée de lunettes et d'un appareil dentaire, elle a bien du mal à prendre confiance en elle : « J'étais une enfant très timide et vulnérable. » C'est la guerre, mais elle reste libre de circuler : elle sillonne un Paris désolé à bicyclette avec son père, effectue de longues promenades au bois de Boulogne où elle admire les chevaux, dans les jardins du Ranelagh où on la fait monter sur les petits ânes. On lui offre un chat nommé Crocus et des oiseaux, entretenant ce qui restera la seule passion de sa vie. Garçon manqué plutôt que petite dame, malgré sa permanente, elle joue aux gendarmes et aux voleurs avec les enfants de Louveciennes, ce qui irrite passablement son père, peu enchanté de ces fréquentations populaires : « Personne ne te respectera si tu ne te comportes pas correctement. » À quoi sa mère ajoute, la trouvant échevelée : « Pourquoi ne t'apprêtes-tu pas pour être jolie ? » Mais Brigitte, elle, est convaincue de n'en avoir ni la grâce ni l'espoir et, à la distinction, préfère se distinguer. « Quand j'étais petite, ma mère me réprimandait toujours sur ma présentation.

Elle me privait de dessert et m'interdisait de sortir si mes cheveux étaient ébouriffés et désordonnés. Je suppose que je ne me suis jamais habituée à me discipliner. »

Le 9 mai 1943, à huit ans et demi, elle fait sa première communion. Contrairement aux hosties, elle n'a toujours pas accès aux bonbons, mais à des biscuits vitaminés et aux lithinés du docteur Gustin à minéraliser dans l'eau, porte des chemises et des culottes de laine. Toujours dernière en classe, elle apprécie les week-ends passés à faire de la balançoire dans la propriété de la famille à Louveciennes, héritée de la grand-mère Claveau par l'arrière-grand-mère Marie Hullin de Boischevalier, Hyacinthe-Jeanne, qui avait épousé Charles Bardot : un hectare, marronniers centenaires, cressonnière, lapins, une source mais pas d'eau courante. La maison, appelée « Le Chalet », en bord de rue, est spectaculaire, pittoresque, en bois gris sur quatre niveaux (le dernier mansardé), mi-maison normande, mi-datcha, a été acquise auprès du pavillon norvégien à l'issue de l'exposition universelle de 1889, pour laquelle fut construite la Tour Eiffel. C'est là que Brigitte connaît ses premiers traumatismes : elle finit par comprendre que le lapin servi à table un dimanche n'est autre que Noiraud, son lapin préféré, qu'on lui prétend évanoui dans la forêt, alors qu'elle l'avait nourri au biberon, comme nombre de ses congénères. Chantal, sa seule amie, sa confidente, a perdu son père au cours de la bataille de France, et se voit choyée par sa mère, contrairement à Brigitte dont la sienne reste hautaine, distante et fantasque. À la rentrée, elle assiste au catéchisme, redoute le couvre-feu, passe au cours Hattemer Prignet, 66, rue de la Faisanderie, en face du commissariat, convaincue que ses parents l'y expédient pour se débarrasser d'elle. « Nous voulions qu'elle reçoive une bonne éducation. Toutes les jeunes filles bien de son âge allaient dans un cours privé, et nous pensions que c'était la place de Brigitte. Je ne comprenais pas et je ne comprends toujours pas pourquoi elle s'est sentie abandonnée. Je pense qu'il s'agit d'une démonstration supplémentaire de sa volonté. Son entêtement serait une meilleure façon de l'exprimer », se désespérait sa mère, quelques années plus tard.

Brigitte y est paresseuse, nulle. « Mon passage au cours Hattemer a été un enfer », écrit-elle bien plus tard à l'établissement, pour refuser d'assister à son centenaire. Jupe marine et cravate assortie, chemisier blanc strict, cheveux tirés en arrière, noués d'un ruban sage, lèvres serrées, lunettes rondes cerclées, dents qui avancent quand elle sourit, elle n'y laisse rien deviner de ce qu'elle deviendra dix ans plus tard : la plus belle femme du monde. À *Ciné Télé Revue*, elle confie en 1974 que lors de la visite d'une amie de sa mère venue prendre le thé, lorsqu'elle avait dix ans, elle l'a trouvée si belle qu'elle a couru se cacher dans sa chambre pour se regarder et s'est effondrée, se jugeant affreuse : « Je portais un appareil pour redresser les dents depuis trois ans, et des lunettes pour corriger mon strabisme. Je me suis jetée sur mon lit et j'ai pleuré. J'étais tranquille comme une morte. Je me suis dit : tu es affreuse et tu le resteras. Tu dois te montrer amusante, agréable et gentille pour compenser le fait que tu es moche. » Ces années d'enfance sont des années de mal-être et de manque d'estime de soi, sentiments qui ne s'effaceront par la suite que par périodes et par orgueil. « Pourquoi le Bon Dieu m'avait-il créée avec des baguettes de tambour châtain, des yeux bigleux qui m'obligeaient à porter des lunettes, et des dents qui avançaient et me forçaient à porter un appareil pour les redresser ?

C'est ce qui m'a permis d'avoir des dents de lapin et ma fameuse moue ! »

La famille a déménagé 1, rue de la Pompe, immense appartement de neuf pièces meublées entouré d'un balcon, surplombant la place de la Muette, au cinquième par un vieil ascenseur hydraulique, ce qui tend à démontrer que la guerre n'a pas été défavorable à la fortune de Louis Bardot. Brigitte a sept ans et demi lorsque se produit là un événement fondateur : en jouant aux Indiens avec sa sœur et la bonne, elles cassent un vase précieux posé sur la table sous laquelle elles se cachent. De prix. La terrible loi du patrimoine bourgeois, qui fait des possessions un avoir qui prime systématiquement sur l'être, s'abat sur les filles Bardot avec toute son imbécile et inhumaine brutalité. Elles reçoivent gifles et cinquante coups de cravache, sévices corporels banals pour l'époque (mais pas moins douloureux pour autant). Plus dément, le châtiment infligé par sa mère, visiblement peu au courant des règles essentielles de la psychologie, et peu encline à inspirer Françoise Dolto. Anne-Marie Bardot, une *control freak* qui vit dans la peur d'un cambriolage, s'enferme, se barricade, se calfeutre autant par économie que par paranoïa maladive, oblige désormais ses filles à vouvoyer leurs parents. « À partir de maintenant vous n'êtes plus nos filles, vous êtes des étrangères et comme les étrangers vous nous direz "vous". Dites-vous bien que vous n'êtes pas chez vous ici, mais chez nous. Que rien de ce qui est ici ne vous appartient, que cette maison n'est pas la vôtre. »

La logique en est imparable : vous attentez à notre richesse, vous vous excluez donc de notre famille, envisagée comme coopérative d'accumulation de biens. C'est aussi affectivement traumatisant que juridiquement faux. Les dégâts psychologiques, sociaux, sont terribles. Brigitte ne pourra plus jamais tutoyer ses parents, même quand ils le lui réclameront, bien plus tard. « Je n'ai plus eu l'impression que nous étions leurs enfants. Je n'étais plus chez moi, mais dans la maison de mes parents. »

Cette mère ambitieuse, versatile, apparaît comme une véritable peau de vache, pour autant que les propos que lui prête son aînée ne soient pas apocryphes : « Heureusement que j'ai Mijanou qui me donne toutes les joies car la pauvre Brigitte est ingrate dans son physique et dans ses actions », attribue-t-elle à sa mère qui se réjouira de voir sa puînée réussir à l'institut de l'Assomption de la rue de Lübeck. De fait, les photos de l'époque le prouvent, avec son visage rond, ses lunettes rondes trop grandes, ses proéminentes incisives de lapin, ses cheveux tirés en arrière et surmontés d'un nœud comme un œuf de Pâques, rien ne laisse prévoir ce que sera Brigitte plus tard, ni surtout à quoi elle ressemblera.

Mais l'éducation, aussi sévère et autoritaire soit-elle, constitue aussi un dressage dont on ne reconnaît les effets positifs que bien après coup, surtout dans ce monde pré Who/Doors/Pink Floyd/Lennon, qui ausculteront les blessures de l'enfance pour les multitudes (Cyrulnik, Ruffo, viendront plus tard). « Je pense que je suis très bien élevée. Mes parents m'ont donné une éducation parfaite, ce qui me sert énormément. Les choses solides de la vie, c'est la famille, ce sont les vrais amis », expose-t-elle à Jacques Chancel lorsqu'il lui consacre une « Radioscopie ». Mais elle rajoute aussitôt, altière : « Les principes ? Je les déteste. » C'est que si elle est docile, soumise, comme les enfants n'ont que la possibilité de l'être, Brigitte a beau être complexée, elle n'en est pas moins claire. « Quand j'étais petite, j'ai toujours été moi-même. Un gentil animal. J'ai toujours été très franche, très directe. Aucune hypocrisie. » À l'école, c'est toujours le même refrain : « Peut mieux faire. » Elle s'y ennuie, comme le dimanche à la messe. On la place, habillée à l'anglaise, dans l'institution religieuse du 86, rue de la Tour où étudie Chantal, en espérant améliorer ses notes, mais elle attrape une pneumonie, redouble, revient au cours Hattemer Prignet en septième, se voit interdire de fréquenter d'autres fillettes, qui ne sont pas de son rang.

Elle est envoyée se remettre en vacances dans la ferme de la mère de Chantal à Bézu-Saint-Éloi dans l'Eure au moment du débarquement. Son père vient l'y chercher et, dans un de ces actes héroïques propres à ces périodes hors norme, la ramène sur ses épaules pendant vingt kilomètres pour parvenir à la gare d'Étrepagny et rejoindre Paris : il est 2 heures du matin lorsqu'ils arrivent gare Saint-Lazare. À la Libération, Brigitte copine avec les soldats américains et collectionne les chewing-gums qu'elle échangera ensuite contre des devoirs, avant de se faire choper – et punir à Hattemer. Elle poursuit son éducation religieuse, effectuant pour sa confirmation dans la robe d'organdi qu'ont portée sa mère et sa grand-mère une retraite avec les sœurs de la Providence. En juin 1945, elle fait sa communion solennelle.

Mais l'Occupation va laisser des traces dans le couple Bardot. La tension familiale est hystérique, cris et chuchotements. Les parents dorment désormais dans des chambres séparées, méthode de contraception la plus efficace la nuit. Comme tant d'hommes traumatisés par les horreurs vues et vécues au cours de deux guerres successives, à la première occasion, Louis enjambe le balcon et menace de se foutre en l'air, sa femme et la gouvernante le retenant en hurlant devant les filles terrifiées. « Conformiste mais farfelu, il jouait de la scie musicale, se suspendait par les mains au balcon du cinquième, menaçant de se jeter dans le vide pour quelque futile raison. Directeur d'une usine d'air liquide, il adorait les blagues et les jeux de mots », se souviendra Vadim dans *Le Goût du bonheur,* avec cet incroyable détachement dandy qui le distingue.

Leurs relations conjugales s'apaisent quelque peu avec le retour de la paix et de la prospérité, rythmées de dîners opulents et de parties de bridge interminables. « Toty était au courant des aventures de son mari, assure Jean-Max Rivière, ami de Jean-Claude Mézières et de Jean Giraud. Mais elle s'en accommodait. Chaque semaine, il revenait vers elle avec une rose magnifique. De son côté, elle cultivait une cour d'amies du seizième, toutes très belles, et donnait des dîners fromages-fraises extraordinaires, comme je n'en ai jamais vu. »

La grand-mère Bardot revient du Cannet, et s'installe dans l'immeuble avec l'oncle René, veuf et atteint de la tuberculose, et ses quatre filles avec qui les Bardottes jouent à cache-cache. Une nouvelle gouvernante, Mme Legrand, « la Big », qui s'adresse aux filles moitié en français, moitié en anglais, est engagée. On passe les congés d'hiver à Megève, d'été à La Croix-Valmer. Comme on le voit, chez les Bardot, en apparence, tout va pour le mieux, de mieux en mieux, dans le meilleur des mondes.

En 1948, Anne-Marie Bardot, qui n'a pas renoncé à toute ambition et s'ennuie comme toute grande bourgeoise, lance sa boutique de chapeaux à domicile. Brigitte doit danser sur le *Lac des cygnes* pendant les présentations de Jean Barthet pour leur conférer classe et originalité. De là, elle devient quelque temps mannequin-cabine pour la maison Virginie Jeune Fille, spécialisée dans la collégienne du seizième.

Marie-France de la Villehuchet, reine du tricot et du crochet, demande à la comtesse Simone de Boigne, voisine des Bardot et propriétaire de leur appartement, si elle ne connaîtrait pas « une petite poitrine pigeonnante ». Sa fille Marie-Hélène ne faisant pas l'affaire, elle conseille « la petite Bardot », comme la première le raconte à Marie-Dominique Lelièvre. Ça tombe bien, Anne-Marie Mucel-Bardot est une lointaine cousine. Sa fille aînée se retrouve ainsi, à quatorze ans et demi, mannequin junior, sans lunettes ni appareil, photographiée dans le *Jardin des modes* numéro 22 du 22 mars 1949 (elle l'a encore), très sage, ses cheveux châtains coiffés comme ceux d'un page ; elle baisse les yeux, serre sur son ventre un sac trop grand à la Bernadette Chirac, qui ne cache toutefois pas une double rangée de boutons sur sa robe. Comme son père ne veut pas que le nom Bardot apparaisse, elle est là « BB » pour la première fois. Elle figure de nouveau en septembre 1949 dans le numéro 29, cette fois avec Marie-Hélène de Boigne qu'elle ne fréquente pourtant pas (les Bardot sont de grands bourgeois mais pas des aristos, le gouffre social reste infranchissable).

Hélène Gordon Lazareff, « la Tzarine » qui a lancé *Elle* quatre ans plus tôt (et travaillé à New York pour *Harper's Bazaar*), voisine des Bardot à Louveciennes où Pierre Lazareff (« alors, coco ? ») possède leur Grille royale avec son parc de sept hectares, appelle sa consœur, puis Toty, dubitative, pour demander aux parents l'autorisation de la faire figurer en une, un de ses mannequins étant malade. Et le 2 mai 1949, elle est pour la première fois – anonymement – en couverture de *Elle*, de profil, la tête légèrement détournée, cheveux relevés, queue-de-cheval, cravate, col Claudine, robe lie-de-vin à gros nœud sur la poitrine, une rose à la main, pour un numéro 179 consacré à « vos parents et vous, vos enfants et vous ». Une deuxième, le 8 mai 1950, l'historique numéro 232 (« Les jeunes filles sont-elles détestables ? »), la présentera debout, en jupe, au second plan, derrière une adulte sévère qui prend le thé. Mutine, souriant bouche ouverte, dents exposées, énorme col Claudine et large cravate d'homme sur une chemise à fines rayures verticales, comme les maillots des équipes de football italiennes (Inter et Milan AC, Juventus) et de l'OGC Nice, elle tient une tasse de porcelaine dans un mouvement arrêté. Elle est déjà là la femme-enfant, avant même les *baby dolls* américaines. C'est là qu'elle est remarquée par Vadim et Marc Allégret et que son destin va basculer, l'entraîner loin de chez elle, de son milieu, au large, émancipée jusqu'à la transgression et l'accélération de son époque, amazone inégalée.

Les Veillées des chaumières s'entichent d'elle à leur tour, toute mimi en robe décolletée bleu-violet, un bouquet tenu à deux mains ou devant un guéridon et une nappe d'époque jaune et blanche, comme le fera *Modes et tricots*. Elle pose alors pour Robert Doisneau à l'occasion du *Bal des débutantes*. Passe à la télévision pour la première fois le 4 janvier 1951 pour présenter la mode sports d'hiver de Hermès, en plaid écossais, entourée d'enfants.

Le 10 février 1951, c'est la première d'une très longue série de couvertures de *Paris-Match* qui deviendra, et restera, *son* magazine. Pour ce numéro 99, elle illustre prophétiquement « Ce qui va changer en France », en marinière rayée rouge et blanche, souriante, de trois quarts, avec frange et une queue-de-cheval : « J'étais affreuse, on aurait dit une noix de coco avec une perruque », racontera-t-elle au grand reporter Christian Brincourt, devenu son ami. Son nom n'est mentionné qu'en page 36, elle est encore une inconnue, même si son visage ne l'est plus. Par la suite elle deviendra omniprésente dans les locaux du journal où Vadim a été engagé comme reporter par Hervé Mille et Jean Prouvost dans les bureaux du 55, rue Pierre-Charron. Elle y passera des soirées et des nuits de bouclage à faire la foire, danser sur la table, s'endormir dans le canapé et aller boire des coups à la Belle Ferronnière ou au bar de l'hôtel Bellman qui accueille leurs aventures adultérines à l'angle de la rue François-Ier. « *Paris-Match* fut mon havre, ma grotte secrète avant et après la célébrité, dit-elle aux Brincourt père et fils dans leur spectaculaire *Brigitte Bardot, la petite fiancée de Paris-Match* (Glénat, 2013). Ce fut ma seconde famille, toujours complice et surtout fidèle, tous les photographes étaient mes complices attentionnés. » Le rédac-chef Dédé Lacaze sera même témoin de son mariage avec Charrier.

Elle lui offre à nouveau sa couverture début 1952 : elle est encore châtain, avec une sage queue-de-cheval, une boucle blanche à l'oreille, un rouge à lèvres très rouge et appuyé, foulard de soie imprimée, en cardigan vert émeraude strict. On l'y retrouve le 24 mars derrière une femme plus âgée, dans des robes identiques. Le 31 mai, c'est au tour de *Match* de remettre ça (« la nouvelle Leslie Caron »), trompettant hâtivement, mais avec pertinence : « Cette jeune femme sera célèbre dans l'année qui vient. » On la voit en famille et danseuse, image champêtre de fleurs sauvages à la main et ensemble bleu et rose. Elle n'est alors en compétition qu'avec Brigitte Fossey, six ans, qui triomphe en mai avec *Jeux interdits* et a droit, elle aussi, à deux couvertures et de nombreux reportages dans le magazine.

Le 29 décembre 1952, une double page annonce : « Jeunes filles de 1953 : voici votre mode. » « Brigitte ouvre sa porte, elle vous montre sa mode qui est aussi la vôtre » : ballerines plates, queue-de-cheval, frange ondulante. Elle se regarde dans la glace avec des animaux en peluche. On aperçoit sa première couverture et des photos d'elle, dont l'une dessinée par Vadim, qu'elle vient d'épouser quelques jours auparavant. Sa robe de bal valorise ses formes et envoie le message de la défloration annoncée (de longue date dans les faits) : la jeune fille s'apprête à devenir femme.

Vadim le premier réseaute et comprend la culture de l'image qui deviendra celle de la célébrité, des people… Brigitte Bardot fera quarante-cinq couvertures de *Elle*, trente-neuf de *Paris-Match*, soixante-quatorze de *Jours de France* (à début 2014). Le 23 novembre 1952, il organise une apparition à la télé de Brigitte à ses côtés, pour une fausse interview dans un programme de Marc Allégret intitulé « Entrée des artistes » (comme son film à succès de 1938), qui se veut un talent show pour jeunes comédien(ne)s (l'histoire est un éternel recommencement, à la télé aussi : Pascal Sevran en reprendra le titre).

« C'est vrai que je me crée un monde à moi qui est intégré dans un monde normal des adultes », dira cette Brigitte-là, dix-huit ans. Elle porte les jeans américains et les duffle-coats de la Beat Generation. Et plus qu'un monde, c'est un être qui va éclater à la face du monde, après différents séjours en Italie et à Londres pour entretenir une carrière et un ménage exigeants, avec la déflagration sexuelle, existentielle et esthétique de *Et Dieu créa la femme*.

« Le style Bardot, écrit Marie-Dominique Lelièvre dans *Plein la vue*, c'est le style joli. Joli au sens étymologique de joyeux, frais, agréable. » Comme les futures bobos, Bardot est naturelle, ou presque (elle se maquille quand elle est stressée), décontractée, cool, spontanée, sans façons (mais pas sans bonnes manières), sans préjugés, indépendante, libre, bonne vivante, comme en témoigne sa coiffure « choucroute bordel », comme elle la nomme avec ce mélange hipster de classe et de grossièreté désarmorcée ; elle a du goût, se contente de peu mais toujours du meilleur, aime allumer mais plus encore conclure, assume sa féminité jusque dans la caricature qu'en présentèrent Virgile et Ovide. Hippie chic avant l'heure, elle finit par séduire Coco Chanel qui avait libéré les femmes dans les années vingt mais habille maintenant les bourgeoises et incarne la haute couture. Heureusement, Féraud (la robe de coton blanc achetée à Cannes), Estérel, Vachon, Réal, plus tard Bouquin, bondiront sur la chance que constitue cette ambassadrice du prêt-à-porter qui défile encore pour Lanvin en 1953. La poupée Barbie, lancée en mars 1959, réunira les formes de Marilyn et Bardot, qui avait elle déjà inspiré la Bild Lilli allemande dont Barbie sera la déclinaison U.S.

C'est d'ailleurs là une des différences majeures entre BB et Marilyn. Là où la seconde vient du peuple angélin, élevée par une fille mère mentalement instable et placée sous tutelle de l'État dans une série d'institutions et de familles d'accueil, toujours en précarité et en mouvement, Bardot incarne la grande bourgeoisie parisienne, stabilité dominante proche de la pétrification. Et si Marilyn sera une icône absolue et un sex symbol inaltérable, son degré de transgression restera très américain, professionnel, dans la tradition hollywoodienne, bordée par les exigences des studios et de la presse qui autorisent l'excentricité mais jamais la provocation. Elle sait d'où elle vient – socialement, sinon, comme Patrick Sébastien et Charles Manson, elle n'aura jamais su qui était son père – et compte bien ne surtout jamais y retourner, allant jusqu'à s'accrocher aux Kennedy pour s'en assurer et se suicidant en découvrant que même le pouvoir ultime ne peut lui apporter ce type de sécurité. Bardot, au contraire, va au gré d'un vent dont elle seule connaît le souffle, décrète ses propres règles, fait de sa liberté et de son être son armure, et ne se contente pas de séduire et d'amuser, certaine de sa propre aristocratie : elle transgresse, elle révolutionne, elle s'amuse de choquer tout en ne comprenant pas très bien pourquoi elle est aussi choquante, mais, comme beaucoup de choses, s'en moque.

Leur rencontre – furtive mais historique, comme celle des Beatles et de Bob Dylan à l'hôtel Delmonico de New York le 28 août 1964 – se déroule en terrain neutre. Ni L.A., ni Saint-Tropez : Londres.

Le 29 octobre 1956, elles sont toutes deux invitées de la reine Elizabeth II lors de la Royal Command Film Performance, à l'Empire de Leicester Square, pour la première de *The Battle Of the River Plate,* film de guerre, parmi une vingtaine d'actrices, dont Joan Crawford et Anita Ekberg aux seins en forme de fusées. En robe blanche avec bustier rebrodé de perles créée par Pierre Balmain, Brigitte a été invitée grâce à la productrice de *Doctor At Sea,* alors que *Mam'zelle Pigalle* est sorti à Londres depuis peu. Marilyn est en lamé or moulant, doté d'un décolleté vertigineux. Mieux encore que se côtoyer, elles se croisent dans une loge attenante aux toilettes. Assise, MM embaume la pièce de Chanel n° 5, vérifie l'immaculité de son sourire, se remet de la poudre, BB du noir aux yeux, se décoiffe et dégage ses seins. Elles échangent un regard complice « comme une caresse ». « Marilyn était très belle », dira celle qui n'est encore qu'une starlette dont l'Américaine ignore l'existence. Pour Gilles Jacob, dans *Le Matin,* Brigitte se souvient : « Nous devions être présentées toutes les deux à la reine d'Angleterre. J'étais à moitié morte de peur. Un peu avant la représentation, j'essayais de rajuster mes cheveux de mes mains tremblantes. Nous nous trouvions dans un salon spécial, qui était réservé. Marilyn entra d'un trait, comme une coulée d'air frais. Elle était tout ébouriffée comme si elle venait de sortir de son lit. On nous avait dit qu'on ne pouvait endosser de robe trop collante. Mais la sienne l'était, et comment ! Marilyn donnait l'impression de la liberté la plus absolue, de la désinvolture la plus totale. Quelqu'un a écrit après que ses yeux exprimaient l'angoisse pendant qu'elle se trouvait devant la reine et qu'elle n'avait pas pu faire la révérence. Des blagues. Marilyn était bien embêtée à cause de sa robe trop collante, mais elle fit la révérence. Et je vous assure qu'il n'y avait pas de trace d'angoisse dans son regard. Plutôt une lueur arrogante. » Le lendemain, le *Times* ne mentionne même pas BB, aveuglée par l'autre Blonde Beauté : « Je la buvais des yeux. Je la trouvais sublime. Marilyn Monroe a toujours représenté pour moi tout ce qu'une femme doit rêver d'être : beauté et fragilité en même temps. » Le *Daily Mirror* l'affirme pourtant déjà, avant même la bombe atomique de *Et Dieu créa la femme* : « BB : encore plus blonde et ensorcelante que MM ».

Brigitte, qui a exécuté une révérence impeccable face à la reine à l'issue de la projection ainsi que le montrent les archives de la BBC, est à l'aise à Londres, où elle a connu le succès, contrairement à la France, grâce à *Doctor At Sea*. Mais elle est surtout à l'aise parce qu'elle est à l'aise partout, comme les rois, les putes et les voleurs. « Une fois de plus, elle vint seule. Elle descendit du train-bateau à la gare de Victoria, portant une chemise et une cravate d'homme comme pour affirmer sa nouvelle indépendance. Elle avait perdu ses bagages et n'avait rien à se mettre, attirant ainsi immédiatement l'attention sur elle. Elle alla au Savoy et se fit discrète, disant qu'elle ne l'avait pas été suffisamment par le passé, et que maintenant qu'elle allait rencontrer la reine, c'était le moment de se tenir tranquille. On envoya quelqu'un à Paris chercher sa robe du soir, une robe de Balmain à sequins comportant peu de tissu au-dessus de la taille », écrit la journaliste du *Daily Mail* Glenys Roberts dans *Bardot : A Personal Biography Of the Sex Symbol* (Sidgwick & Jackson, 1984).

À *American Weekly*, une fois la gloire obtenue au pays de Marilyn, elle tentera d'expliquer sa différence, sa fondamentale modernité : « Je suis une fille ordinaire, une fille comme toutes les autres. Quand je me regarde dans le miroir, je vois une drôle de frimousse et je me demande comment les gens peuvent trouver que j'ai de l'allure. Quand j'étais petite, je me trouvais moche et sans caractère. Adolescente, je me trouvais trop maigre. Je grignotais tout le temps. » Elle n'est pourtant pas absente de cette transformation, de ce dépouillement en forme de déflation : « C'est vrai que je n'ai jamais fait très attention à moi. Quand j'étais petite, ça faisait le désespoir de ma mère. Elle me privait souvent de dessert, ou m'interdisait de sortir. Quand j'ai débuté au cinéma, on a commencé à me coiffer et à me maquiller. Moi qui ne me mettais jamais rien sur la peau, on m'a collé plein de fond de teint sur le visage. Ça me dégoûtait. » Si Brigitte aime tant se présenter au naturel, c'est à la fois qu'elle en a les moyens plus que toute autre, mais aussi que c'est là sa nature.

« Je conserve l'image que j'avais enfant d'un monde qui doit être joli. C'est l'un des buts de mon existence : préserver un monde le plus joli possible, le plus honnête possible. Mon monde à moi est l'objet d'agression de tous les côtés, venant de l'extérieur, mais je suis là pour le défendre », déclare-t-elle à Jean-Pierre Elkabbach dans « Actuel 2 », bien après qu'elle eut instauré dans les années cinquante le mode de vie de la Me Generation des années soixante-dix dépeinte et ainsi désignée par Claire Bretécher dans ses *Frustrés,* bien avant d'être formalisée et installée par David Brooks (*Bobos In Paradise*) et Renaud, donc (« Les bobos »).

Ses habitats en seront le reflet autant que sa garde-robe. En 1958, elle a acheté un trois-pièces au septième, avenue Paul-Doumer, dans un immeuble récent en triangle à l'angle de la rue Nicolo, en plein Passy, à cent mètres de la maison de ses parents et en face du rez-de-chaussée de sa grand-mère. Douze mois plus tard, elle acquiert l'unique appartement du huitième, sur la terrasse. Puis elle en privatise l'escalier. Enfin, en octobre 1959, elle annexe l'appartement contigu du septième. Du coup l'ensemble est biscornu, en forme de proue. Salle de bain rouge et noire, cuisine de poupée, lierre grimpant dans les toilettes. À l'étage, le living, avec un divan, un électrophone avec des cartons emplis de disques pour danser. Par terre une pile : cha-cha-cha, Bach, Mozart, *Les Quatre Saisons* et un magnétophone pour chanter, plus ce transistor qu'elle promène partout avec elle.

En bas, la chambre bonbonnière dont elle change la déco au gré de ses humeurs, s'écrasant les doigts avec son marteau plutôt que de faire appel à des professionnels pour planter ses clous. La télé, que cette grande amatrice d'émissions de variétés regarde systématiquement le soir, est face au lit. Lorsque Paul Giannoli lui rend visite pour un long sujet de *Jours de France* daté du 17 janvier 1959, il est frappé par les tissus roses et les fauteuils pastel. Le boudoir minuscule est tendu de vert anglais, avec un lit, des tableaux ovales représentant des fleurs séchées, quelques peintures sur émail, un portrait de Vadim qu'elle a dessiné. La cheminée de briques horizontales est protégée par un pare-feu, accompagnée de son soufflet et des pignes qu'elle ramène dans le coffre de sa voiture depuis Saint-Tropez : elle fait face à de gros fauteuils de velours. Une commode, une coiffeuse, des bibelots, un téléphone blanc, une tête de lit et une couverture rouges avec une taie d'oreiller blanche à fleurs bleues. On l'a compris, chez Brigitte, c'est cool, c'est un peu enfantin, c'est très féminin, c'est bourgeois et c'est bohème. Chic et cher, mais cool. Différent. Individuel.

Même ses voitures en donnent la preuve : une Morgan, une Floride/Caravelle, des Rolls Silver Cloud, une Océane, des Mini Moke. Soit Saint-Tropez en une image que pourrait résumer la chanson de Laurent Voulzy (paroles d'Alain Souchon – et Pete Brown pour la partie anglaise) : « Le soleil donne la même couleur aux gens » – et à l'argent, pourrait-il rajouter. Chez Bardot/St-Trop les lignes s'estompent, on ne sait plus qui est quoi, ni qui fait quoi ou qui possède quoi. L'espace d'un été, sans cesse renouvelé, les classes sociales se dissolvent pour faire place à cette dolce vita irrésistible.

Il en ira de même à Bazoches, demeure campagnarde à la rusticité préservée, tout comme à La Madrague donc, réserve naturelle où la simplicité méditerranéenne a valeur de charme, de légèreté, de fraîcheur – comme la vie. En un mot, la tradition, additionnée du confort optimal et d'une originalité créative et sans chichis : Bardot, c'est avant tout le monde ce mélange idéal et contradictoire à la fois de progressisme et de conservatisme, de coolitude et de rigidité, balançant sans cesse entre amoralité et moralisme. Emporté par son élan, comme souvent, son père poète sentimental, Louis Bardot, le 16 mai 1959 à La Madrague, définit ainsi sa fille, « Brigitte » :

C'est un torrent d'humour, de gaieté, de franchise,
De gentillesse aussi. Dévouée aux amis.
Envoie avec entrain bouler qui catéchise.
Mélange curieux de cigale et de fourmi.

Qui adore faire la cuisine elle-même, des plats simples, provençaux, comme elle adore les marrons glacés que Vadim lui offrait. Ses amis doivent l'amuser et assurer toute sa discrétion. Elle les appelle « mon petit », instaure un tourniquet de favoris et n'utilise « mon gros petit » que pour son père. Elle préfère dîner dans des bistrots plutôt que des restaurants chics. Elle a un bel appétit, avec prédilection pour le steak au poivre, les côtelettes de mouton, le camembert et le beaujolais. Elle garde toujours des biscuits et des fruits sur sa table de nuit en cas de fringale nocturne, fréquente. Pour éviter les repas d'affaires qu'elle exècre, elle reçoit chez elle, en dehors des heures de repas, en grignotant des noix ou des chocolats et caressant ses toutous. Toujours cet équilibre, cette balance entre décontraction et tenue, simplicité et luxe, gratuité et fortune. Elle l'a simplement été, fait et médiatisé avant tout le monde.

En 1968, année de sa décélération, le magazine *Elle* estimera que Brigitte a lancé neuf modes : les ballerines, le Vichy, la broderie anglaise, le duffle-coat, la casquette, le débardeur, la veste Mao, les brandebourgs, le bandana. C'est sans parler de la révolution des mœurs, des attitudes, qu'elle a engendrée. Sa vie amoureuse sera le même théâtre de la liberté prise avec naturel face aux conventions, et si Brigitte sera attentive à la situation sociale de ses époux, il n'en sera pas de même de ses amants, qui seront aussi bien ses partenaires à l'écran qu'un électro de plateau ou un barman. Belle démocratie. La seule fois où elle cédera face à la pression sociale et reculera devant le scandale et ses potentielles retombées sera l'épisode « Je t'aime, moi non plus » avec Gainsbourg, ce qui permet d'ailleurs de dater précisément – décembre 1967 – son déclin. Dès qu'un artiste se censure, admet la peur, il est cuit. Bardot n'était pas culturellement prête à assumer Mai-68 alors même qu'elle en incarnait – avec la Beat Generation, les Beatles, Dylan, le rock en général, le marxisme romantique révolutionnaire et l'euphorie économique des Trente Glorieuses – l'esprit et sinon la lettre, du moins l'image et la posture.

C'est qu'en même temps elle continue de garder un lien avec le classicisme conservateur de son enfance, de son éducation, de l'autre visage de sa personnalité. Comme Johnny Hallyday, elle est moderne, mais pas seulement. « Je n'ai jamais quitté une certaine forme de bourgeoisie, confiait-elle à Chancel. J'ai un certain sens moral, aussi drôle que ça puisse paraître. J'ai ma morale à moi. Donc je ne fais pas beaucoup de choses parce que j'estime que je ne dois pas les faire et non pas parce qu'on m'a appris à ne pas les faire. »

Lorsqu'elle devient Marianne, Jean Dutourd la compare dans *France-Soir* à la beauté française traditionnelle, voyant son visage rond chez Renoir, Fragonard, Clouet et même les miniatures du Moyen Âge : « Ses jugements, ses sentiments, ses goûts semblent venir du fond des temps. Ses idées sont rangées dans sa tête comme des piles de draps (entrelardés de sachets de lavande) dans une armoire normande. Elle pense et parle comme une femme d'autrefois. Et pas n'importe quelle femme : comme une Française. »

On laissera la conclusion à ce titre qui n'en n'est pas un – les bobos se vivent chantres des vertus de la démocratie qui les nient pourtant quotidiennement – à un observateur anglais, ceux-ci devenus depuis les Sixties meilleurs auscultateurs des signes culturels mouvants de la société, l'historien et romancier Leonard Mosley, du *Daily Express,* auteur de biographies de Goering et de Walt Disney, entre autres : « Bardot a montré qu'une femme pouvait aussi ressembler à un garçon manqué et se comporter comme tel. Il n'y a rien de faux en elle. Elle est devenue le symbole mondial – à travers ses films et par sa vie privée – de la fille heureuse qui laisse tomber les autres femmes gnangnan et va jouer avec la bande de garçons au coin de la rue. La première des beatniks, c'était ça, Bardot. »

La danseuse

Le mambo dément de *Et Dieu créa la femme* où elle est la négresse blonde dévergondée, au corps et à l'âme incandescents envoûtés par la transe primitive, le groove primordial, emportée vers les rivages dangereux du stupre et du métissage, laissant son corps habité dicter sa loi à un esprit qui ne lui appartient plus, voyage incontrôlé dont le tempo lui-même crée la vie, réinvente le monde, en même temps qu'il détruit toutes les fondations de la civilisation occidentale, explose toute morale monothéiste, judéo-chrétienne.

Par cette simple extase exhibitionniste, exécutée dans un film dont elle constitue l'apothéose orgasmique, Brigitte Bardot attente à tout ce qui constitue alors les fondements de la société, péniblement débarrassée de toute trace paganiste à l'issue d'un combat de près de dix mille ans. Certes, Elvis Presley, quelques mois plus tôt pour le public, le 5 juin 1956, a déjà fait exploser les codes rigides du comportement en braillant « You ain't nothing but a houndog », soit l'animalité primale, devant les quarante millions de téléspectateurs du « Milton Berle Show », gagnant au passage le sobriquet de « Elvis le pelvis » et l'interdiction de recommencer pareille exhibition du vice sur NBC et ailleurs. Mais Elvis est un homme. Pour autant que ses déhanchements et ses ahanements bestiaux soient choquants – pour l'Amérique WASP, on dirait un Noir – et constituent une menace pour l'ordre social, il reste dans la domination et ne menace pas aussi complètement la famille, la société que le fait Bardot en perdant le contrôle de son corps – donc de la fécondation, de la naissance, de la paternité et de la filiation, du patrimoine, tout ce sur quoi le monde moderne bourgeois repose depuis qu'il a éradiqué le libre arbitre hormonal et maîtrisé la terrifiante sexualité féminine en imposant le patriarcat, soit l'idée fondatrice que Dieu serait bien un homme.

Et encore, si l'on en croit Vadim, nous n'avons, nous dizaine de millions de spectateurs de son film, vu que la version édulcorée, mise en scène, rejouée pour les caméras, de la furie incontrôlable qui s'était emparée d'elle sur la piste quelque temps plus tôt, délire vaudou plus lascif et abandonné encore, authentique, ivresse digne des extases à venir des ballrooms de San Francisco et de leurs « dances » psychédéliques (puis des raves britanniques), qui avait inspiré à son mari stupéfait cette scène historique.

C'était son destin. Brigitte était née pour danser. Spontanément, en écoutant des 78 tours de Trenet, de Maurice Chevalier et des valses de Strauss sur le phonographe à manivelle de son père qui la filme, elle s'était mise à onduler et à chalouper, et bientôt à faire la roue et à tournoyer sur elle-même. Sa mère, qui s'était rêvée danseuse elle aussi, déjà, l'y poussait, en la forçant à marcher droit dans l'appartement avec une cruche sur la tête lorsqu'elle était enfant et la giflait si jamais elle la faisait tomber. Christine Gouze-Rénal attestera des conséquences heureuses de cet entraînement : « Elle a une élégance naturelle incroyable. C'est quelque chose que je n'ai jamais eu l'occasion de voir chez qui que ce soit. »

Mme Bardot mère inscrit très vite son aînée à un cours de danse une fois par semaine, dans une tunique de soie rose pâle. « J'ai débuté dans la vie en voulant être ballerine, se souviendra Brigitte à la télévision. J'ai une base classique impeccable. »

Elle fait ses premiers pas de petit rat dans la classe de M. Rico, qui vient parfois parfaire ses leçons à domicile. Elle est très maigre, élancée, élégante, souriante, fière de ses pointes et de son tutu. « J'adorais danser, c'est comme si j'étais une autre moi-même », rédemption essentielle en ces années de guerre où elle ne s'aime pas et n'aime pas sa vie. Ayant quitté La Bourdonnais pour la Muette, elle laisse ensuite l'école de danse Rico pour celle, créée en 1940, de Mlle Marcelle-Claire Bourgat, ancienne étoile de l'Opéra (1929-1933) et des Ballets russes de Monte-Carlo, qui vient de perdre sa sœur Alice avec laquelle elle triomphait dans *L'Éventail de Jeanne*, sur une musique de Maurice Ravel. En 1946, elle publiait aux PUF *La Technique de danse* dans la collection Que sais-je ?, ouvrage de référence maintes fois traduit et réédité depuis.

Au fond de la cour d'un immeuble de la rue Spontini, au cinquième étage par un lent ascenseur hydraulique, dans une salle au plafond très haut et aux murs gris, équipée d'un piano, pendant trois ans, Brigitte alterne trois jours de danse avec ses trois jours d'études, faisant tous ses devoirs à la maison. « Quand madame sa mère me confia Brigitte, elle n'avait que sept ans. Douée et jolie, elle a été la plus assidue de mes élèves. Elle n'a pas manqué le cours une seule fois, et elle n'est jamais arrivée en retard. Elle se dépensait beaucoup et la satisfaction se lisait sur son visage. Elle était toujours volontaire pour les exercices supplémentaires. À l'âge où les enfants ont les bras et les jambes comme des clous, elle était agréablement modelée, visage expressif, grands yeux, chevelure abondante, jambes très souples, bien dessinées, pieds cambrés, taille fine, poitrine esquissée. Ses bras prenaient d'instinct des contours harmonieux », se souviendra Marcelle Bourgat dans un ouvrage à compte d'auteur consacré à ses « merveilleuses élèves ». « Comme je les aimais, ces exercices à la barre – toujours les mêmes – qui échauffaient nos muscles et mettaient nos corps en condition... J'accueillais la musique tremblante de la pianiste comme le sésame de ma véritable personnalité. La danse m'a donné ce port de tête et cette démarche qui me sont, paraît-il, très personnels », se réjouit encore Brigitte cinquante ans plus tard lorsqu'elle rédige ses mémoires. En deuxième année de cours, elle obtient son diplôme de Premier Prix.

Les leçons deviennent bientôt quotidiennes et vont lui faire acquérir une discipline impitoyable : « Une ballerine sourit même quand elle souffre. » La comédienne Cécile Aubry, qui fera bientôt la couverture de *Life,* se souviendra d'elle pour Catherine Rihoit : « Elle était très mince, incroyablement gracieuse, absolument ravissante. » Elles donnent un spectacle pour les fêtes de fin d'année en costume devant parents et amis. « Une année, nous avons dansé toutes les deux dans une même chorégraphie. Il s'agissait de *L'Amour et Psyché*. J'étais Psyché, elle était l'Amour. »

À treize ans, le 27 octobre 1947, Brigeton se classe septième sur cent cinquante dans un concours très relevé pour entrer au Conservatoire national de danse et de musique de Paris (seules les dix premières sont reçues). Elle est admise au cours de Mlle Jeanne Schwarz, elle aussi ancienne étoile de l'Opéra (1919-1928), responsable des femmes (Violette

Verdy, Leslie Caron, Josette Amiel), qui la fait débuter sur la « Gymnopédie n° 1 » d'Erik Satie, exigeant une discipline très rigoureuse, avec risque de renvoi permanent. Elle y effectuera deux heures de danse quotidiennes en même temps que sa quatrième à Hattemer, sur cinq étages au 52, rue de Londres. « J'ai une formation rigoureuse de danseuse. Deux heures tous les jours, toute l'année, c'est un entraînement intense, comparable aux plus grands sportifs. »

Mme Camille Legrand, « la Big », sa gouvernante, assiste à tous les cours, en chapeau et parapluie, et la récupère souvent les pieds en sang, épuisée. Elle lui offre une limonade en sortant au café du coin en guise de récompense et de réconfort. L'examen de fin d'année se déroule à l'Opéra Comique, son jury présidé par l'écrivain et critique de danse Léandre Vaillat (*Histoire de la danse*, Plon, 1942). Muscles durcis, Brigitte, morte de trac, danse comme jamais. Elle décroche en juin 1948 un premier accessit avec la très blonde Christiane Minazzoli, qui fera une très longue et riche carrière d'actrice au cinéma, à la télévision et au théâtre. Les Bardot ne veulent toutefois pas que leur aînée soit de la tournée en Égypte.

La jeune Brigitte, disgracieuse et complexée, trouve là une rédemption à ses malheurs. Le vilain petit canard se sent pousser des ailes : « La danse me rendait belle, à l'intérieur comme à l'extérieur. J'étais très douée, souple, cambrée, les muscles longs et déliés, gracieuse, avec un sens du rythme et de la mesure qui me permettaient de suivre parfaitement la musique. » Bien plus tard, dans *Un cri dans le silence,* elle précisera : « Une danseuse est toujours belle. Mais pas forcément jolie. Elles acquièrent une grâce, une légèreté, une façon de se mouvoir, de marcher, de tenir leur tête avec un port de reine. Un régime draconien et des exercices quotidiens sculptent leurs corps. Rien ne pendouille, leur ventre est plat, leurs cuisses fermes, leur mental d'acier. Elles soignent leurs cheveux qu'elles gardent précieusement longs, parure naturelle d'une féminité profonde, qui leur donnent des airs de sylphides, légères, impalpables, qui les différencient du reste du monde. »

Fin janvier 1949, Jean Barthet, modiste, roi du bibi, ami d'Anne-Marie Bardot, propose à sa fille de participer à la présentation de sa première collection d'après-guerre, pour laquelle chaque chapeau est porté par une danseuse sur un air de musique classique à la galerie d'art du faubourg Saint-Honoré. Brigitte, quatorze ans, vêtue d'un tutu ruban noir et corsage rose, n'en mène pas large : « Je me sentais très sotte. » Elle lui paraît gauche et timide, tant elle n'ose pas le regarder en face.

Au Conservatoire, cette année-là, on note seulement à son sujet : « A concouru ». Brigitte est alors prise en main par Boris Kniazeff, maître de la technique de barre au sol, ancien danseur et chorégraphe du Théâtre des Champs-Élysées, des Ballets stylisés et des Ballets russes, de retour d'Amérique du Sud, qui s'occupe également de Zizi Jeanmaire et de Leslie Caron, de trois ans plus âgée, experte en la matière : « Brigitte était longue, mince, elle avait des gestes très élégants ; nous l'appelions Bichette. Elle n'était pas très musclée ni très sûre d'elle-même. Mais il est vrai qu'à l'époque elle était très jeune. Elle était un peu paresseuse. Elle n'était ni étincelante ni rapide. Elle avait du talent et une stature magnifique. Elle aurait pu être une merveilleuse danseuse si elle avait voulu s'en donner la peine. Mais pour cela il aurait fallu travailler très dur, disait-elle à Jeffrey Robinson. Kniazeff se promenait dans le studio, un bâton à la main, et n'hésitait jamais à frapper une fille si elle ne réagissait pas. Je me souviens qu'il a failli la rouer de coups parce qu'elle était lente et allait toujours au plus facile. »

Début 1948, Leslie Caron quitte Knazieff pour intégrer le Ballet des Champs-Élysées. Brigitte et Pilou vont les voir en coulisses, comme Michael Jackson épiera James Brown sous les marches de l'Apollo à Harlem. Jean Robin, alors administrateur des Ballets des Champs-Élysées, s'en souvenait : « Je la vois encore, avec son père. Un vrai épi de blé. Grande et mince, pas très jolie, mais très timide. Elle parlait à peine. » En justaucorps de répétition, collants résilles, guêtres et pointes, Brigitte devient l'une des favorites du maître, qui n'hésite pourtant pas à se servir de sa cravache pour obtenir de ses danseuses la tenue qu'il exige.

Progressivement, sans qu'on sache si elle se voit emportée par son indolence naturelle, d'autres exercices corporels dont elle vient de découvrir les délices ou simplement parce qu'elle ne supporte plus de rester éloignée de Vadim le moins du monde, ses performances vont décroître. « Brigitte n'était alors qu'un corps de ballet prometteur, dira Leslie Caron à Marie-Dominique Lelièvre. Un peu faible sur les pointes, il aurait fallu qu'elle travaille beaucoup. Pas bûcheuse, elle faisait les choses à moitié. » Le 30 septembre 1950, alors qu'elle vient d'avoir seize ans, c'est toutefois définitif : « Rayée ».

Elle applaudit pourtant avec son père à de nombreux ballets et impressionne son tout nouvel amant. « J'allais parfois assister à ses exercices au studio Wacker et j'étais émerveillé, se souviendra Roger Vadim. Gracieuse, aérienne, elle se donnait à son art corps et âme. Je ne l'ai jamais vue sur un plateau, devant la caméra, aussi parfaitement en accord avec elle-même... Elle serait certainement devenue l'une des plus grandes ballerines de son temps. » Si Brigitte découvre de nouveaux émois que lui procure son corps, Vadim reste enthousiaste : « Brigitte était de la race des rois. Elle marchait avec la grâce souple et raide des danseuses, bougeait la tête à la façon des chats et le regard suivait le mouvement. » Quand il va la chercher 69, rue de Douai, presque à l'angle de la place de Clichy où était Zelda Fitzgerald et où elle suit ses cours : « Elle transpirait dans ses cuissières en laine, fragile et souveraine, faite pour l'envol, écartelée, courageuse. Les danseurs s'observent et se corrigent devant la glace. Avec Brigitte, on avait l'impression que son reflet cherchait à lui ressembler. »

Que s'est-il passé ? Pourquoi a-t-elle décroché, alors même que la danse semblait résoudre ses problèmes d'estime de soi et lui offrir un avenir prometteur sous la protection de Kniazeff ? Certes, l'amour de Vadim et la pratique extensive de l'activité sexuelle l'auront autrement rassurée quant à son physique, et ses débuts dans le mannequinat lui offrent d'autres perspectives. Avait-elle tellement peur de la solitude, une névrose abandonnique qui ne dirait pas son nom, cette solitude infinie, existentielle, qui rend l'absence intolérable, comme une négation de soi plutôt que comme une parenthèse ? Elle ne s'étendra jamais véritablement sur le sujet, se contentant d'évoquer des difficultés financières et d'agenda.

Brigitte Bardot, qui revendique « douze ans de danse », n'en a pourtant pas fini avec sa passion. À tel point que le grand chorégraphe, premier danseur étoile des Ballets des Champs-Élysées, Christian Foye, demande à Toty de la laisser danser avec sa troupe à Fougères et à Rennes pendant un mois l'année suivante. Irène Chevalier, professeur de l'école de danse de Rennes : « Foye m'a dit : “Tu sais, je peux (re)venir avec une belle fille qui danse." Elle était déjà prise par la mode, mais elle n'était pas plus connue que cela. » Pour preuve, l'affiche du spectacle proclame : « Semaine de la danse 1951 avec le concours de Brigitte Barbot (sic). » Elle déjeune avec la troupe à la Chope, rue de la Chalotais, près de la place de Bretagne, pose au parc du Thabor en tenue de danseuse, pointes et tutu blancs. « On ne sentait pas la grande étoile, elle n'était pas très accrochée », soupirera toutefois Foye, auquel il n'échappe cependant pas qu'elle est toujours entourée de garçons. Elle commence son numéro en blackface *Love and Theft,* comme le feront plus tard Grace Slick, Gainsbourg, Zappa, Daho et Cali, puis danse sur glace sur Prokofiev et *Les Scènes d'enfant* de Robert Schumann.

André-Pierre Tarbès, promoteur des parfums Carven de la rue Beaujon et des croisières de luxe, ami des parents Bardot, lui propose de devenir danseuse de la croisière « Pâques au soleil » sur *L'Amiral de Grasse,* qui appareille du Havre le 5 avril 1952, direction Madère, les Canaries et les Açores. La croisière présente à sa clientèle « Les Ballets de Paris » avec Brigitte, dix-sept ans, en pseudo-danseuse étoile d'une compagnie imaginaire pour impressionner les passagers. Elle partage sa minuscule cabine « digne de celle des Marx Brothers » avec le mannequin Capucine, meilleure amie d'Audrey Hepburn, qui défile pour Dior et Givenchy et partira bientôt faire carrière en Amérique. Brigitte a fabriqué elle-même ses tenues avec son cachet, danse en tutus colorés avec un tambourin attaché à la taille à la gitane, ou avec un calot de militaire en jouant du tambour. Elle coud elle-même ses costumes destinés aux différentes danses : slaves, espagnoles, classiques – pour ce que le public en connaît. Elle gagne un salaire de misère, mais elle a adoré, surtout ce costume de sirène mouillée qui moule son corps de danseuse. « C'était quelqu'un de très timide. Elle devenait très nerveuse quand elle devait danser, et il fallait la rassurer. Et même si parfois elle était un peu maladroite, le public était enchanté, racontera Tarbès à Catherine Rihoit. Sur le bateau, tout tournait autour de Brigitte. Les hommes mariés rêvaient de l'inviter à danser, les femmes étaient jalouses. »

Mais là encore Vadim lui manque. Excessivement. « Je ne peux pas être danseuse et rester près de toi. Nous serions toujours séparés. Je fais tout par amour. Rien que par amour », lui aurait-elle déclaré (cité par Dominique Choulant dans *Brigitte Bardot, le mythe éternel*).

Trop amoureuse, trop nonchalante, trop peu ambitieuse peut-être, bientôt prise par sa carrière de comédienne (elle tourne *Le Trou normand* sur ces entrefaites), Brigitte laissera tomber la danse en tant qu'exercice et que carrière. Elle n'en aura jamais fini, toutefois, s'emparant de toute opportunité pour la pratiquer d'une manière ou d'une autre, et en en conservant tous les avantages, traversant la vie comme une ballerine. Jeanne Moreau, sa rivale, le dira mieux que quiconque : « La voir marcher, c'est comme écouter de la grande musique. » De fait, c'est exact : la danse lui a appris à maîtriser l'espace, à gérer la place de son corps dans celui-ci, à se l'approprier, à y être à l'aise, à le dominer, qualité que l'on ressent dès ses tous premiers films, alors qu'elle déclame encore trop fort, trop haut.

Elle ne se privera pas de jouer de cet avantage. Dès 1955 dans *Futures Vedettes*, perchée sur une échelle, elle danse en tutu et pointes ce qu'on appelle alors « un blues » et dans *Une Parisienne* sur du jazz. Dans *Cette sacrée gamine,* elle danse comme une folle, dans un long tableau de sept minutes découpé en quatre parties oniriques, tantôt classique, tantôt comédie musicale, faisant partager aux spectateurs sans doute celui de ses talents dont elle estime qu'on ne peut lui contester. « Je voulais être une danseuse étoile, affirmera-t-elle à la télévision, bien plus tard : C'est une question de discipline, de travail uniquement, on ne peut pas tricher. »

Elle s'y remet avec entrain, devenue star scandaleuse et phénomène de société, pour l'émission du 31 décembre 1958 à la télévision, pour offrir aux cinq millions de téléspectateurs (il n'y a alors qu'une chaîne en noir et blanc, et la part de marché est donc de 100 %, mais l'équipement est encore en cours de développement) un aperçu spectaculaire de ce talent qui n'a rien de gratuit. Elle ne s'est pas économisée, travaillant encore quatre semaines quatre heures par jour au point d'avoir les talons en sang et des ampoules qui l'empêchent de marcher même pieds nus.

« Je dansais le ballet *Sylvia* de Léo Delibes. Il y avait huit ans que j'avais interrompu la danse classique. Pas d'argent pour les cours... Puis plus le temps... » Elle travaille d'arrache-pied le pas de deux de *La Belle au bois dormant* avec le premier danseur étoile de l'Opéra, Michel Renault (1946-1959), ainsi qu'un flamenco avec Luiz Diaz, et se montre absolument impeccable, arrachant d'un critique le compliment suivant : « Si après sept ans d'arrêt, elle est à ce niveau, c'est qu'elle devait être vraiment au top auparavant. »

Cet entraînement lui sera utile pour *Voulez-vous danser avec moi ?*, qui lui offre l'occasion de s'éclater avec le futur interprète de « Brigitte Bardot, Bardot » : « Je passais mes journées à danser dans les bras de Dario Moreno qui reprenait des rumbas. Je volais dans les bras de Philippe Nicaud sur des rocks effrénés. Je séduisais Henri Vidal en me déhanchant langoureusement au rythme de blues super-sexy », se souvient-elle dans *Initiales BB,* enchaînant de fait tango, mambo et be-bop dans la salle de danse des Florès.

La Femme et le pantin pour les besoins duquel elle est coachée par le magistral Gitan andalou Lele de Triana (qui en fera de même pour Belmondo dans *Un singe en hiver*) lui donnera l'occasion de faire étalage de son amour du flamenco et de la rumba, dans ce rôle qui l'exige, et où elle excelle : ses extensions, ses coups de tête, ses palmas et ses zapateados, haut et bas du corps dissociés, sont parfaitement crédibles et correspondent idéalement à sa sensibilité exacerbée, son besoin de matérialiser ses émotions, les théâtraliser. Elle en avait appris les bases à Torremolinos, lors des longues semaines d'ennui et de solitude où l'avait conscrite le tournage apocalyptique des *Bijoutiers du clair de lune* (c'est que si Brigitte aime la rigueur de la danse, elle en apprécie tout autant le plaisir. Au retour d'Espagne, elle dort au Negresco, mais sort en boîte tous les soirs avec Vadim).

Elle s'y adonnera tout autant en privé, si l'on peut dire, à La Madrague, à l'Épi-Plage, à L'Esquinade, à Bazoches, accompagnée par Manitas comme plus tard par Los Reyes, qui deviendront les Gipsy Kings et Chico and the Gypsies. Comme entraînée par Murray Head, elle ira jerker dans les clubs hip du Swinging London.

Elle retrouvera souvent l'occasion de faire étalage de sa facilité à se mouvoir en rythme, se déhancher, bouger avec une grâce inégalée de ses consœurs. Dans *Viva Maria !,* elle donne au côté de Jeanne Moreau dans le cabaret, Pigalle style, transformant leur numéro catastrophe en strip-tease improvisé,

Brigitte ne forçant pas plus son talent lors de « Ah, les petites femmes de Paris ».

Dans *Boulevard du rhum,* en revanche, elle danse frénétiquement le jitterbug comme si elle était une belle du Cotton Club, puis s'abandonne au tango dans les bras de Guy Marchand, avant de littéralement inventer « La Lambada » en tortillant invraisemblablement du bassin pour tenter de séduire Lino Ventura au bord d'un fleuve au son d'un ragtime. Danse païenne, irrésistible, facile pour elle sans doute, mais éprouvante pour le cœur des spectateurs masculins, quel que soit leur âge.

Le 12 février 1969, elle valse en robe à paillettes noires de Dior sur un air de Strauss avec Jacques Chazot pour *Sur la pointe des pieds* de Gilbert et Marie Carpentier. Ceux-ci, se souvenant de son charleston sur « Les amis de la musique » pour le réveillon 1961, et de sa façon de twister « L'appareil à sous », vont la relancer en 1974 pour les besoins d'un « Top à Brigitte Bardot ». Elle répète pour l'occasion un pas de deux sur le *Casse-noisettes* de Tchaïkovski avec Michael Denard, après s'être rendue chez Repetto acheter, pour la première fois depuis vingt ans, les nécessaires chaussons de satin. Elle sort des répétitions rompue, mais rassurée sur la capacité de son corps à retrouver la force et la souplesse de ses vingt ans. En vain, une dispute plus forte qu'une autre avec Laurent Vergez, suivie d'une fugue à Saint-Tropez, ayant finalement eu raison du programme.

C'est dommage, mais pas autant que l'échec du projet de comédie musicale intitulée *À cœur joie* (sans rapport avec le film dans lequel elle a finalement joué) qu'elle préparait avec Michel Deville, et qui aurait sans doute permis de donner libre cours à sa fantaisie, ainsi qu'à la possibilité d'en faire bien plus que dans *L'Ours et la poupée*. Mais décidément, si la carrière de Bardot est quelque chose, il était dit qu'elle ne serait rien à côté de ce qu'elle eût pu être si elle avait eu plus de volonté, et un entourage plus déterminé et ambitieux.

Car Vadim en est toujours resté convaincu : « Elle n'a eu qu'une véritable passion, et c'est la danse. Personne ne pouvait savoir ça mieux que moi. Elle avait du talent pour ça, et a beaucoup travaillé. Ce qu'elle n'a jamais fait une fois devenue actrice. » À France Roche, dans « Cinq colonnes à la une », le 9 janvier 1959, elle le confirmait bien volontiers : « J'adore la danse classique. J'ai mes propres responsabilités. Si je fais quelque chose de bien, j'en suis la seule responsable et si je fais quelque chose de mal, j'en suis aussi la seule responsable. J'aime bien ce côté d'indépendance que je n'ai pas toujours dans un film. »

Un de ses proches témoignait de sa facilité naturelle : « Elle danse comme elle baise. »

La chanteuse

La sagesse populaire, l'opinion médiatique, la postérité, sont toutes d'accord sur ce point : Brigitte Bardot n'a rien d'une grande chanteuse. Certes. On ne saurait la comparer à Maria Callas, Cecilia Bartoli, Édith Piaf, Billie Holiday, Joan Baez, Janis Joplin, Aretha Franklin, Melody Gardot, ni même à Beyoncé, Céline Dion ou Susan Boyle. Mais elle n'en est pas moins une authentique chanteuse pour autant, instantanément identifiable. Pour s'en persuader facilement, il suffit de comparer sa version – impeccable, irrésistible, chaleureuse, touchante, sensuelle, iconique – de « La Madrague », avec celle, pitoyable, vide, impersonnelle, qu'en a donné Loana en 2010, pour témoigner de la terrible différence qui sépare une véritable chanteuse, dotée d'un timbre, d'un phrasé, d'un timing, d'une précision, d'une personnalité, qui habite et vit, interprète réellement ses chansons, d'une pauvre guide-chant de karaoké. Jusqu'à l'hommage (*Marie-France visite BB*) rendu en 2009 par le transsexuel pied-noir Marie-France Garcia (elle avait débuté en imitant Marilyn), qui en constitue surtout un par comparaison.

La musique, il est vrai, fait partie intrinsèque de la vie de Brigitte Bardot, de son être, de son univers, et ce n'est pas de la pose. Il existe tant de photos d'elle à la guitare qu'on pourrait en tirer un ouvrage thématique entier. « Tous les six mois, j'ai ce que Vadim appelle une crise de *guitarite* aiguë. Pendant une heure, je casse les oreilles à tout le monde en tentant (infructueusement) de faire des accords presque parfaits, puis je remets la guitare dans un placard pour un très long moment, racontait-elle déjà avant la gloire, en janvier 1955, à *Ciné-Révélations*. Je joue des airs sud-américains, un peu de flamenco. » Elle en joue pour le plaisir, pour la détente, pour tout simplement se sentir moins seule. C'est la bonne aux cheveux blancs de la rue Chardon-Lagache, Olga de la Vérandère, prétendue veuve d'un baron belge (en réalité, une certaine Marinette Féraud), qui lui en enseigne les rudiments lors des premiers mois de son mariage avec Vadim. À son tour, Brigitte donnera des cours à Catherine Deneuve à La Madrague.

De sa chambre d'adolescente parisienne aux coussins de La Madrague, du Brésil à Rome, des plateaux de *La Vérité* à ceux de *Shalako* comme dans *La Femme et le pantin* et chacun de ses shows télévisés, elle semble s'être toujours munie de cette amie particulière pour conjurer l'ennui, rythmer la fête ou partager une passion, dos à dos ou face à face avec Sacha Distel sur leur lit bourgeois, sèche et demi-caisse électrique accordées. Indispensable instrument dont l'étude fut représentée à l'occasion du show télé « À vos souhaits » de 1963 dans la chanson sketch interprétée en duo avec le « meilleur guitariste français » de nombreux référendums de *Jazz Hot*, l'élégant Olivier Despax (membre des Gamblers, « les jazzmen du rock »). Toute en couettes et choucroute, une sage Brigitte y déclare à ce séduisant professeur : « Si tu m'apprends à jouer de la guitare / Tes leçons, je te les paierai avec un baiser. » Puis deux, trois, etc., incrémentation à la « Un kilomètre à pied, ça use, ça use » qui se termine par un mariage sous la neige, comme il sied à la saison de diffusion de cette émission du Nouvel An.

Dans la plus pure tradition des stars actrices/chanteuses/danseuses de Hollywood et d'ailleurs, de Ginger Rogers à Judy Garland, de Doris Day à Lena Horne, de Marlene à Marilyn, il était donc inévitable que Brigitte, toquée de guitare, enregistrât à son tour. « J'avais envie de chanter. Et je savais ce que je voulais chanter. Un peu de tout. Mais surtout des choses naturelles, gaies, drôles, qui ne se démodent pas avec le temps. »

Déjà, dans *Manina, la fille sans voiles,* on l'avait vue chanter, à défaut d'entendre sa voix, celles de la Marseillaise Maria Vincent et de la Franco-Américaine Irène Hilda étant synchronisées à la place, de manière aussi incongrue que grotesque. Ce subterfuge en lip sync sera réutilisé, de manière plus habile, dans *Doctor At Sea*, où elle incarne Hélène, une chanteuse française embarquée à Rio de Janeiro qui sérénade en anglais les passagers d'un cargo avec son « Je ne sais quoi » bourré d'expressions idiomatiques purement françaises. La chanteuse Jill Day fait un boulot très crédible, même si l'on discerne malgré tout son accent britannique lorsqu'elle passe au français.

Ça se gâte à nouveau à l'occasion de *Futures Vedettes*, pourtant concocté par Vadim et Marc Allégret. « J'avais le rôle d'une future cantatrice. J'ai fait de la danse pendant très longtemps, j'ai un peu appris la comédie, mais alors le chant, c'était zéro pour moi, surtout les roucoulades des sopranos. Il a fallu que j'apprenne à mettre la bouche en chemin d'œuf, à respirer et à prendre des airs de prima donna. Je chantais sur un playback les airs de *La Tosca*, et *Madame Butterfly*. »

Brigitte s'essaie finalement à chantonner elle-même

à plusieurs reprises dans *Et Dieu créa la femme*, de « Je suis une croqueuse de diamants » de Zizi Jeanmaire (paroles de Raymond Queneau) à « Perdido mi corazon, perdido » (Ella Fitzgerald) en passant par « Moi, j'm'en fous, je m'en contre-fous » d'Yves Montand, sans pour autant figurer autrement qu'en photo sur le « premier disque microsillon de Brigitte Bardot » édité par la firme Versailles appartenant à Ray Ventura, qui apprécie aussi... les Collégiennes. Symbole de l'exploitation tous azimuts dont elle fait l'objet, la pochette la montre assise toute en jambes sur le sable de la plage de Pampelonne, les pieds léchés par les vagues, sans que le vinyle laisse entendre autre chose que la musique de Paul Misraki (avec Distel à la guitare)... L'industrie du disque n'a jamais su faire l'économie d'une petite arnaque.

Elle goûte tout de même à la chanson dès le 16 novembre 1956, à l'occasion de la comédie *La Parisienne* de Michel Boisrond où elle incarne la femme effrontée et séductrice du président du Conseil. Boris Vian et Alain Goraguer, qui ont composé ensemble « La java des bombes atomiques », « Fais-moi mal Johnny » et les premiers rocks parodiques de Henry Cording (alias Henri Salvador), lui concoctent justement « La Parisienne », sur mesures :

On a le monde
Quand on est blonde
Et bien roulée

Elle restera pourtant inédite. Ensuite, ses liaisons successives avec Gilbert Bécaud, puis Sacha Distel, auront vraisemblablement raison de sa vocation pendant un temps. Avec le premier, elle apparaît dans le show télévisé « Parade de fin d'année » 1957 où elle chante avec lui « Pour qui veille l'étoile » couchée sur son piano et joue les utilités amoureuses dans les proto-clips des « Marchés de Provence » et de « Alors regarde » (sans rapport avec l'hymne à venir de Patrick Bruel), respectivement en Provençale et mystérieux objet de rêve comme il se doit.

Le second lui donne des leçons de guitare, puis exige qu'elle abandonne sa carrière d'actrice pour se consacrer à la sienne – et à ses « Scoubidous » (be-doo be-doo à la Sinatra, son idole). Il la chantera (« Brigitte ») et l'instrumentalisera en profitant de sa notoriété jusque sur la scène de l'« Ed Sullivan Show » où il est présenté comme « Mister BB ». Elle aura l'élégance de reconnaître – exagérément : « C'est lui qui a fait entrer la musique dans ma vie. »

Du coup, elle ne reviendra à la chanson qu'à l'occasion du numéro 29 du magazine *Sonorama,* dont elle orne la couverture au printemps 1961, et pour lequel elle chante avec personnalité le doux et tendre « Sidonie » aux paroles (de son poète favori, Charles Cros) adéquates : « Sidonie a plus d'un amant. » Où se dévoile un autre thème naturiste qui deviendra récurrent : « Parce que pour elle être nue / Est le plus charmant vêtement. » La mélodie à la Brassens est du jeune guitariste Jean-Max Rivière, grand ami et confident de Louis Bardot qui lui a recommandé ce texte. « S'il n'avait pas existé, je n'aurais jamais chanté, écrit-elle au magazine *Platine* en septembre 2011. C'est un compositeur formidable. » (Et un auteur, qui a notamment signé « À présent tu peux t'en aller » pour Richard Anthony et « Il suffirait de presque rien » pour Reggiani).

En février 1962, ce sera chez Barclay son premier enregistrement réellement commercialisé, qu'elle interprète du bout des lèvres et à la guitare dans *Vie privée,* superstar abandonnée et cernée par les paparazzi dans une pauvre chambre d'hôtel de Spoleto, près de Rome, comme Audrey Hepburn chantait « Moon River » dans *Diamants sur canapé* (*Breakfast At Tiffany's*). Plus tôt, à la fenêtre d'un appartement genevois, elle fredonnait, parodiant *Carmen* : « L'amour est enfant de Genève / Il n'a jamais connu que toi… »

« Chanter l'amusait et elle avait une voix très singulière, moitié petite fille, moitié sirène. Elle ne chantait pas une chanson, elle la disait. Pour être honnête, elle n'a pas une grande voix. Mais elle avait un talent indéniable pour faire passer une mélodie, et elle prenait très au sérieux sa carrière discographique », racontait Eddie Barclay, tropézien comme elle. Ils concocteront même un temps un projet de compagnie commune, Bardot-Barclay – BB –, qui ne verra jamais le jour.

Entre-temps, il y aura eu le show télévisé du réveillon, le 31 décembre 1961, « Bonne année Brigitte ». À cette occasion son amie journaliste de *Paris-Match*, Irène Dervize, qui lui avait déjà présenté Distel, lui fait rencontrer son mari, le pianiste de jazz et compositeur de musiques de films Claude Bolling, aussitôt rebaptisé « Dubol ». Elle lui réclame « du rigolo » pour l'émission de fin d'année de François Chatel (père de Philippe Chatel qui écrira *Émilie Jolie*). « Claude me faisait énormément travailler. Il voulait que je chante bien et il a eu raison. Il est le seul homme à m'avoir menée à la baguette. » « Il a été formidable, confirme Rivière. Il l'a cadrée » (sans doute comme l'a fait Louis Bertignac avec Carla Bruni, en lui montrant les trucs du métier, comme taper du pied en chantant pour ne jamais perdre la mesure).

Bolling la fait répéter, chez lui avenue Jean-Jaurès à Boulogne-Billancourt, au piano, elle debout à ses côtés, tous deux en pull rouge corail. Pour « On the Sunny Side Of the Street », popularisé par Lionel Hampton et Louis Armstrong, sagement vêtue d'un costume cravate strict et chapeautée d'un haut-de-forme, elle ne chante pas mais se contente d'accompagner à la guitare le trio de Bolling, bientôt rejoint par une section de cuivres. Dans « Noir et blanc », original de Bolling et de Rivière, elle est alanguie sur le ventre, en perruque brune, les Frères Jacques lui donnant hors champ la réplique sur le thème corps blanc, cœur noir – et inversement. Sur le vieillot « Stanislas », ce sont eux qui l'entourent, quatre Dupond-Dupont en chapeaux melon et collants noirs de danseurs ridicules, moustaches assorties, auxquels elle réplique sous son manteau d'ocelot. Enfin, pour « Les amis de la musique », elle apparaît d'abord au banjo, puis chante assise sur le piano droit en robe à franges, coiffée d'un bibi à fleur, « Je suis le jazz de 1925 », ragtime qu'elle danse bientôt charleston centre scène, agitant ses gambettes à la manière saccadée des films muets, avec un flow impressionnant, passant syllabes et notes avec une facilité que seule France Gall sera capable d'égaler. On reste toutefois là dans le registre aimable de la comédie télévisée relativement convenue. « C'est un timide "Bonne année Brigitte" que je présentais aux téléspectateurs... chantant en public pour la première fois. » Elle considère qu'il s'agit pour elle d'une simple récréation, et refuse tout cachet, pour ne pas gâcher le plaisir. « J'ai adoré chanter. Je le faisais gratuitement parce que c'était une récompense, pas un travail. » Effectivement, pour elle, « la chanson est une drogue », certifie Rivière, « elle était tellement heureuse quand on enregistrait, toujours au champagne. »

Pour son show télé suivant, « À vos souhaits », elle a visiblement pris goût à l'exercice. Dès le 17 juillet 1962, elle met en boîte deux duos à cet effet. « Tiens !

c'est toi » la retrouve en jeune bourgeoise bien mise, chevelure empilée et escarpins effilés, en ironique duo de comédie amoureuse avec le parolier qui définit son personnage provocant et anticonformiste de chanteuse débutante, Jean-Max Rivière, lui-même interprète chez Philips de « Saint-Germain du Brésil ». Comme « La leçon de guitare » avec Olivier Despax également enregistré à cette occasion et « La belle et le blues », « Tiens ! C'est toi » restera inédit et conscrit aux archives de la RTF jusqu'à l'édition en 1993 chez Phonogram de l'anthologie *Initiales BB,* réalisée par Jean-Yves Billet.

En novembre, le directeur artistique franco-suisse de Philips, Claude Dejacques, réunit chez Bolling pour la première fois Bardot et Gainsbourg, pianiste compositeur du « Poinçonneur des Lilas » et de « La chanson de Prévert », pour qu'il lui présente ses chansons. Il lui montre quelques lignes de « L'appareil à sous », suffisamment pour l'appâter – et l'amuser. Elle lui prendra également le titillant « Je me donne à qui me plaît », « La belle et le blues » (musique de Bolling, caractéristique du son Salvador de l'époque) et annonce son intention d'enregistrer également « La javanaise » – qu'il réserve finalement à sa principale cliente, l'égérie existentialiste Juliette Gréco (qui héritera également d'un texte de Jacques Brel que Brigitte récuse d'évidence, ne partageant en rien le désir de devenir « Vieille », même par vengeance).

Lors de la diffusion, le 1er janvier 1963, elle twiste l'excellent « Appareil à sou-rire » (sou-pirs, etc.) en jupe écossaise (que récupérera Sheila), mais reste en manteau dans un décor de fioritures mobilières, pour le plus convenu (musicalement) « Je me donne à qui me plaît », sur le thème archétypal de la femme au cœur brisé, déçue des hommes, qui ne pouvant avoir celui qu'elle voulait décide de les avoir tous. Vengeance masochiste bien à la Gainsbourg, qui déclare, laconique et cynique : « BB, c'est bon pour ma cote », bien qu'elle n'en soit pas extraite.

Avec « El Cuchipe », chanson bolivienne que reprendront aussi Dario Moreno et Los Lobos (avec des talents et des bonheurs différents), en chapeau melon, châle et jupes superposées, elle démontre à la caméra qu'elle sait parfaitement faire ses barrés de guitare et explore dans un excellent espagnol une autre facette de sa personnalité, ce goût immodéré et jamais démenti pour les musiques sud-américaines. Qu'on retrouve dans « Invitango », « presque argentin », où en pull et collant elle s'alanguit sur une peau de léopard et nous « invite à l'indécence », dans la meilleure tradition hollywoodienne que n'aurait pas reniée Mae West. Dans « Pas d'avantage », tout en pizzicati, sous un parapluie photographique et en imper, elle joue la séduction effarouchée en *close shot* sur une mélodie à la Gréco où l'arrangeur de Jacques Brel François Rauber substitue son orchestre à celui de Claude Bolling. Aimable bossa contrariée, « Faite pour dormir » la trouve allongée dans un hamac, sereine de féminité assurée, toute en expression buccale et étincelle dans le regard. « À vos souhaits » s'achève sur le sketch très Ray Ventura « C'est rigolo », montage burlesque à la Spike Jones ou *Hellzapoppin* dont les Carpentier feront plus tard une carrière et un genre télévisuel, préfigurant déjà les styles de Dani comme de Carlos, vamp à l'américaine déguisée jusqu'en Castafiore de sous-préfecture accompagnée par un espiègle big band dixieland. Elle y imite tour à tour chanteuses de cabaret, d'opérette, en parfaite meneuse de revue, passant sans mal d'Annie Cordy à Juanita Banana. « C'était gai, c'était joyeux, c'était charmant. Une époque d'insouciance, de joie de vivre. On faisait ça pour s'amuser et donner un peu de joie à ceux qui nous regardaient », se souvenait-elle dans « Vivement dimanche ».

On le voit, les débuts de BB dans la carrière de chanteuse sont ceux d'une star hollywoodienne des années cinquante entre comédie, danse, cinéma et télévision, toute en pétulance et mélancolie alternées, son répertoire ciselé en fonction de la personnalité qu'elle projette avec la force de son caractère et de sa beauté irradiante, sexualité à la fois exaltée et tempérée par un systématique recours à l'humeur et à l'humour. Son premier album éponyme, reprenant sept des dix chansons de « À vos souhaits », en récupère deux de « Bonne année Brigitte » et y ajoute trois nouveautés : le standard « Everybody Loves My Baby », enregistré entre autres par Louis Armstrong, les Georgia Melodians, Fletcher Henderson, les Boswell Sisters et Doris Day, composé en 1924 par le Néo-Orléanais Spencer Williams (qui viendra à Paris écrire pour Joséphine Baker), dont les paroles s'inspirent d'un poème de Langston Hugues ; le désuet et bucolique « Rose d'eau » ; « La Madrague », enfin, chef-d'œuvre identitaire absolu de douceur langoureuse et nostalgique, alanguissement idéalement tropézien, où la voix traînante et la diction parfaite de Brigitte font l'histoire sur les paroles de Jean-Max Rivière et la musique délicate de Gérard Bourgeois, « association de choc pour dames sensibles et chanteuses à la recherche de bonnes chansons », comme les décrira Juliette Gréco : « Sur la plage abandonnée / Coquillages et crustacés / Qui l'eût cru déplorent la perte de l'été / Qui depuis s'en est allé ». Trois mythes réunis et installés en deux minutes quarante : Bardot, l'été et Saint-Tropez. Ce sera, en 2006, le pivot tout aussi caressant du triomphe de

Laurent Voulzy consacré à la bande sonore idéale de l'été de ses rêves, *Septième vague*. « C'est ma chanson fétiche, celle que je préfère, qui me colle à la peau », affirme-t-elle encore en 2011 à *Platine*.

La pochette de l'album *Brigitte Bardot,* léonine, magique, étale sa blondeur dorée de lumière que seul perce son regard écarquillé : star, déesse, belle au bois dormant. Les Américains, eux, opteront pour un portrait plus sage, sa chevelure luxuriante cette fois retenue dans un chignon étagé. Ici, Philips en tirera toutes les variantes possibles : deux EP super 45 tours (quatre titres chacun) et un 25 centimètres, huit titres, intitulé *L'Appareil à sous* sur la pochette duquel elle apparaît en bas noirs, assise sur une chaise chanceuse. Le succès est au rendez-vous, l'artiste complète : elle pose, danse, joue, chante – et enchante.

Un an plus tard, convertie à la samba par le premier album de Jorge Ben *Samba Esquema Novo* (avec « Mas que nada » et « Chove chuva ») qui rythme toutes les soirées de La Madrague, elle s'est prise au jeu. Et le chante sur un léger rythme simili brésilien d'allumeuse des sens : « Moi je joue ». Ce sera en 2009 (et par la suite) la chanson de la pub Miss Dior réalisée dans un Paris bubblegum idyllique par Sofia Coppola avec le top model russe Maryna Linchuk en baby doll acidulée, et les Puppini Sisters l'enregistreront sur leur album *Hollywood,* dans une version swing tzigane qui cohabite avec « Diamonds Are a Girl's Best Friend », établissant là aussi le parallèle entre BB et Marilyn. « "Moi je joue", "On déménage", des chansons comme ça, c'était tellement simple, c'était sa vie », s'émerveille encore aujourd'hui Jean-Max Rivière.

Sur ce deuxième album paru en janvier 1964, intitulé sobrement *BB,* sous pochette de profil, mouvement de cheveux hyper-blonds, nez, lèvres, parfait, il est de nouveau à la manœuvre avec Gérard Bourgeois. Alain Goraguer, compositeur de musiques de films (*J'irai cracher sur vos tombes*, *L'Eau à la bouche*) et arrangeur de Serge Gainsbourg, succède à Claude Bolling pour les orchestrations. Au milieu d'originaux d'une moindre densité que sur l'album précédent, elle se risque de manière charmante, avec un excellent accent (elle roule les *r* comme en italien) à reprendre « Maria Ninguém », bossa nova fondatrice de Carlos Lyra composée en 1959 pour l'historique *Chega de saudade* de Joao Gilberto, dont on ne saurait lui reprocher de ne pas atteindre les sommets de délicatesse et de suavité du maître et inventeur d'un style qui envahit jusqu'à l'Amérique via Stan Getz, Charlie Byrd, Dave Brubeck, Herbie Mann, Ella Fitzgerald et Frank Sinatra. « En 1963, le Brésil bruissait de commentaires sur les moindres faits et gestes de BB et de son Bob Zagury », racontait Carlos Lyra à Dominique Dreyfus en 1987 pour *Libération*. « La clique des bossa-novistes que nous étions a eu vent que voulant inclure quelque musique brésilienne dans son prochain disque, elle prospectait dans le répertoire local. Ce fut alors une ruée générale parmi les compositeurs, qui ont tous vu là l'occasion, non pas tellement d'être chantés par la plus célèbre star de la planète (et donc d'empocher de conséquents droits d'auteur), mais de la séduire ! Et voilà Tom Jobim, Vinicius de Morais et bien d'autres se bousculant à ses pieds pour lui présenter, sous leur meilleur jour, leur proposition. C'est moi qui l'ai emporté, mais malheureusement seulement pour ma chanson. »

Le reste se répartit entre agaceries espiègles et/ou aguicheuses plus ou moins réussies ou enlevées, certaines à l'extrême limite de la justesse (« Jamais trois sans quatre »), saupoudrées d'un poil de soul/

jazz à la Georgie Fame – ou Nougaro – en vogue qui la rapprochent yéyé de Sylvie Vartan (« Ça pourrait changer », « Ne me laisse pas l'aimer » que convoitait Françoise Hardy), renouant avec la tradition du music-hall à la Trenet (le taquin « Ciel de nuit »), et ballades balnéaires alanguies et nostalgiques (« Une histoire de plage », « À la fin de l'été », soient « La Madrague » bis et ter). Plus intéressant, le léger blues coloré à la Chet Baker (« Un jour comme un autre »), qui laissait entrevoir de véritables possibilités *saudade*. « Je danse, donc je suis » et « Les cheveux dans le vent » tentent le manifeste sans convaincre véritablement, faute d'arguments suffisamment développés. Est-elle moins concentrée ? Goraguer l'a-t-il moins menée « à la baguette » que Bolling ? Le répertoire dépasse-t-il plus sa tessiture ? Sans décevoir, *BB* l'album reste un demi-ton en dessous de *Brigitte Bardot* l'album.

La suite se balancera entre deux eaux. Après leur première rencontre, Gainsbourg avait essayé de la rappeler pour remiser quelques pièces dans son « Appareil à sous », mais elle avait changé de numéro et leur juke-box en était resté là (de dépit, il en écrit début 1963 sur une musique de Henri Salvador « Il n'y a pas d'abonné au numéro que vous avez demandé » pour Isabelle Aubret). Du 22 au 24 juin 1965, toutefois, au légendaire studio Blanqui dans le treizième arrondissement, sous la direction de l'arrangeur anglais de Françoise Hardy et de Richard Anthony (ainsi que de P. J. Proby et Gene Pitney) Charles Blackwell, elle enregistre à nouveau deux de ses titres exubérants, « Les omnibus » et « Bubble Gum ». Elle les interprète en comédienne, à la Régine, limite – comme d'ailleurs les deux autres morceaux du EP correspondant, l'intéressant « Les hommes endormis » et le banal « Les adjectifs » – chant qu'il trouve trop détaché, trop showgirl savante, pétulante, comédienne, pas assez impliquée. Elle a refusé « Les petits papiers », qui offriront à Régine le succès le plus respectable de sa carrière, et, de manière très surprenante, « L'amitié » que Jean-Max Rivière donnera à Françoise Hardy, dont l'interprétation s'avérera bouleversante au générique du film multi-césarisé (et également primé à Cannes et aux Oscars) de Denys Arcand, *Les Invasions barbares* (suite et fin de son fameux *Déclin de l'empire américain*). Elle ne voudra pas non plus de « Un petit poisson, un petit oiseau » que chantera Gréco : « Elle n'aimait déjà pas qu'on caricature les animaux », rigole Rivière dans le patio de l'hôtel Amour, près de chez lui.

Qu'aurait pensé Gainsbourg des chansons rétro de *Viva Maria !*, numéros de music-hall interprétés en duo avec Jeanne Moreau, récente remarquable chanteuse du « Tourbillon » de *Jules et Jim* et de « J'ai la mémoire qui flanche » ? Louis Malle et Jean-Claude Carrière en signent les paroles très Pigalle sur des musiques quasiment parodiques de Georges Delerue. « Paris Paris Paris », « Ah les petites femmes de Paris » et « Maria Maria » font l'affaire dans les numéros de cabaret et de strip-tease du film, mais ces Folies tiennent difficilement la route une fois coupées des images, frisant la ringardise Moulin Rouge.

Passée chez Disc'Az au printemps 1966 mais toujours cornaquée par le duo Rivière-Bourgeois, Brigitte continue de miner la même veine, alternant la thématique dolce vita tropézienne avec d'un côté « Le Soleil », assez réussi, et « Je reviens toujours vers toi », pâmé, et de l'autre la chanson fantaisiste, représentée par l'enlevé « On déménage » et l'inutile « Gang Gang » qui n'arrive pas à la cheville du « Bang Bang » de Sonny pour Cher que Sheila n'a pas encore adapté en français, mais pas « La marguerite » de Brassens, qu'elle rejette d'un mot : « Monsieur Brassens, quelle belle chanson ! Mais ce n'est pas pour moi, je vais vous la saccager. »

Heureusement, Gainsbourg veille et va réveiller en elle une tout autre ambition.

L'occasion de leur véritable rencontre est le « Spécial Bardot » du Nouvel An 1968. La production, par son ex Bob Zagury, est chaotique. « Personne n'était responsable de rien, je n'avais ni maquilleuse, ni costumière, devant me débrouiller seule avec mes propres vêtements et mes propres fonds de teint... J'étais sur le point de tout laisser tomber. » Un appel de Gainsbourg à Brigitte va la transfigurer. Rendez-vous est pris en tête-à-tête au 71, avenue Paul-Doumer. Il lui joue au piano « Harley Davidson », une vision puisque aucun d'entre eux ne fait de moto. « Je n'osais pas chanter devant lui. Il y avait quelque chose dans sa façon de me regarder qui me bloquait. Une sorte de timide insolence, une sorte d'attente, avec un zeste de supériorité humble, des contrastes étranges, un œil moqueur dans un visage extrêmement triste, un humour froid, les larmes aux yeux », se souvient-elle dans ses *Mémoires*. Elle essaie pourtant de s'imaginer en icône motarde. « Mais les mots me restaient coincés au fond de la gorge, je chantais faux, je gargouillais ces paroles d'insolence comme on récite un Pater au moment de l'extrême-onction. » Timidement, Serge demande si elle a du champagne. Ils ouvrent une bouteille de Moët et Chandon. Les bulles alcoolisées les déboutonneront tous les deux. « Le lendemain, je recevais une caisse de Dom Perignon. Il revint me faire répéter – la glace était rompue. »

Les répétitions se poursuivent le lendemain. Serge travaille alors pour Mireille Mathieu (qui enregistre mais ne publiera pas son « Desesperado ») et supervise l'enregistrement de Dominique Walter pour lequel il a écrit « Johnsyne et Kossygone » (soient Lyndon Johnson et Alexeï Kossyguine, alors maîtres respectifs des États-Unis et de l'Union soviétique, préfiguration du « Two Tribes » de Frankie Goes To Hollywood). Le 19 octobre 1967, Brigitte grave « Harley Davidson » et « Contact » au studio Barclay de l'avenue Hoche sous la direction d'orchestre de Michel Colombier. Elle chante impeccablement juste... et leur relation iconique commencera ce soir-là, selon les règles de la thermodynamique : un but commun devient vite communion.

À partir de là, Gainsbourg prend les commandes. C'est lui qui choisit les robes, dirige tout, y compris « Oh ! qu'il est vilain », écrit à la demande de Brigitte elle-même par la paire Rivière/Bourgeois, et la séance photo d'ouverture avec Sam Levin où elle pose nue dans du papier d'emballage.

Le 1er novembre, il chante déjà « Comic Strip » avec elle dans le « Sacha Show ». « Quelle élégance dans sa démarche, quelle femme sublime dans sa gestuelle, sa morphologie. Elle avait des hanches et des jambes d'adolescente, c'était une vraie chorégraphie de la regarder marcher », se souvenait-il en 1986 pour Catherine Rihoit. Ébloui, Serge enchaîne avec le tournage. « Je les ai vus hier au studio de la rue Francœur enregistrer ensemble la chanson "Comic Strip" pour le show télé de fin d'année que réalise François Reichenbach. Quand Brigitte est apparue dans un collant parme, cape noire, longue perruque brune, bottes à mi-cuisses, cerclée de chaînes, il y a eu comme un soleil de plus sur le plateau déjà arrosé de lumière par les projecteurs. Brigitte sourit et c'est la fête. Brigitte dit : "J'ai des soucis, ma cape fout le camp..." Brigitte a faim, Brigitte prend la pose. Brigitte est très contente de son compositeur et

Gainsbourg de son interprète. Leur entente professionnelle s'est bien vite doublée d'amitié. BB, c'est connu, ne peut travailler qu'avec des copains », rapporte *France-Soir*.

Rediffusé en juin à la demande générale et devenu cultissime, le « Bardot Show » mis en scène par Reichenbach et Eddy Matalon est vendu jusqu'en Amérique à NBC, d'où la version anglaise de la chanson pour laquelle elle interprète les onomatopées futuristes, « Shebam ! Pow ! Blop ! Whizz ! » initialement interprétées par Madeline Bell, choriste de Dusty Springfield et future chanteuse de Blue Mink, puis du groupe disco français Space. Brigitte apparaît dans un décor de ballons gonflables ornés de lettrages psychédéliques figurant des phylactères. On l'y voit déchirer un panneau et s'avancer insolente, moulée des pieds au cou dans une combinaison à peine teintée chair, une petite cape d'héroïne de science-fiction sur les épaules, bottée et perruquée de noir tel un négatif de Barbarella sur fond de décor BD.

« Serge passait des nuits à composer des merveilles sur mon vieux piano Pleyel. Un matin, il me joua son cadeau d'amour, "Je t'aime, moi non plus". » Ils l'emballent au studio Barclay le 10 décembre. Ne se trouvent là que l'arrangeur Michel Colombier, l'ingénieur du son Denis Bourgeois et Claude Dejacques. William Flageollet, futur César du meilleur son une fois passé au cinéma, est alors assistant du studio : « La première séance ne se passe pas très bien. Le playback a déjà été enregistré. Mais, ce soir-là, il n'y a pas d'émotion, de part et d'autre. La séance de voix est remise au lendemain. Et là, ils miment la chanson. C'est Bardot qui a débloqué Gainsbourg – ils étaient très près l'un de l'autre et sans aucun geste réprouvé par la morale... la séance a été chaude –, ils se sont fait des câlins, on a baissé les lumières. »

Il fallait bien ça. Emportée par le flot impétueux des cordes et la richesse de la mélodie, Brigitte se laisse aller à l'impudeur, conjuguant la chaleur de la passion non feinte, vibrante, frissonnante, tremblante de plaisir, avec les talents d'interprète conjugués d'une amoureuse éperdue et d'une doubleuse de porno. Elle détaille dans *Initiales BB* : « Lorsque nous avons enregistré “Je t'aime”, tard dans la nuit, nous avions chacun un micro. À un mètre l'un de l'autre, nous nous tenions la main. J'avais un peu honte de mimer l'amour que me faisait Serge en soupirant mes désirs et mes jouissances devant les techniciens. Mais après tout je ne faisais qu'interpréter une situation, comme dans les films que je tournais. Et puis Serge me rassurait par une pression de la main, un clin d'œil, un sourire, un baiser. C'était bon, c'était beau, c'était pur, c'était nous. »

Ils sont effectivement côte à côte, lui clope à la main, casque de retour sur les oreilles. Dans son mémoire *Piégée la chanson,* Claude Dejacques livre sa version. « Je les attends vers dix heures du soir. Ils déboulent d'un taxi noir et dérivent, amoureux fous comme dans la chanson, jusque dans le long couloir qui mène au studio. C'est déjà beau et sitôt lancée la bande du playback, voilà qu'ils rejoignent l'essentiel du mirage où ils basculent, habillés seulement de musique et de mots, ivres d'eux-mêmes, tellement vrais que la prise devient beaucoup plus qu'un duo de chanteurs à la mode devant un micro : la trace d'un moment d'éternité. Mais, vers dix heures le lendemain, arrive un ordre de tout suspendre : l'avocat de Brigitte interdit la publication. »

En réalité, il se passera un petit plus de temps que cela. C'est François Marin qui met le feu aux poudres dans *France-Dimanche,* en date du 12 décembre 1967, titrant : « 4'35 de râles et de cris amoureux ».

Et poursuivant : « Même Gunter Sachs, le mari de Brigitte, n'a pas été autorisé à pénétrer dans le studio. Je lui ai téléphoné pour avoir son opinion. Sa cameriste m'a répondu : "Monsieur Sachs est parti en voyage." »

Il est en Suisse, près de ses francs. Alerté, il saute dans un avion. Surgit le 21 décembre à Paris dans l'appartement de sa femme, où il n'était pas attendu. Il venait d'apprendre que tout le monde pourrait se procurer l'extase adultère de son épouse pour 6,50 francs. À Genève, à un photographe qui filmait son départ, il jette : « Je vais chercher Brigitte et je reviens avec elle ce soir. Ne nous attendez pas, elle sera de mauvaise humeur. » Dejacques reprend : « Il a fait une scène épouvantable, lui a demandé de choisir entre Serge et lui. C'est à ce moment qu'elle a eu peur et qu'elle a envoyé un télégramme pour interdire la sortie. » La stratégie de la terreur a fonctionné sur la petite bourgeoise qui réside toujours en Brigitte : « Madame Olga m'avait prévenue que, si le disque sortait, Gunter se séparerait de moi en faisant un scandale mondial qui ternirait à jamais mon image de marque. » Elle intime alors à Serge d'écrire à Philips.

Gainsbourg réagit en gentleman et accepte avec élégance, comme toujours, de supprimer la chanson de l'album *Bonnie and Clyde* à paraître début 1968. Elle sera pourtant diffusée une fois, sur Europe n° 1 à 13 heures. Grâce à Dejacques : « Il devait y avoir saisie de la bande master. Je me suis arrangé pour la mettre de côté. En fait, les huissiers n'ont emporté qu'une copie. »

Le 24 décembre, Serge est sur France Inter : « Il y a eu un article scandaleux dans un journal à scandale et il n'est pas question d'en faire un avec ce titre parce qu'il est trop beau. C'est un disque érotique qui évidemment aurait été interdit aux moins de dix-huit ans. Mais la musique était très pure. Pour la première fois de ma vie, j'ai écrit une chanson d'amour et voilà ce qui en est, on la prend mal. » Début janvier, il poursuit dans *France-Dimanche* : « Je ne suis pas un aventurier et je crains l'exploitation que certains ne manqueront pas de faire avec ce disque. » Rue de Verneuil, qu'il vient d'acquérir pour eux deux, il expose, posée sur un lutrin, la lettre à en-tête Brigitte Sachs-Bardot : « Serge, je te supplie d'arrêter la sortie de "Je t'aime"… »

Pendant des années, il fera écouter aux visiteurs de son antre, immanquablement qualifiés de « petits gars », dans son salon noir musée sur sa chaîne MacIntosh à ampli à lampes installée au pied du piano Steinway, l'acétate usé, rayé, de la vraie version de « Je t'aime, moi non plus », inédite jusqu'à 1986, où Brigitte autorise enfin sa publication au bénéfice de sa fondation. L'histoire lui en est reconnaissante, même si, en l'occurrence, une fois de plus, la conjugalité s'est mise en travers de la vérité – à ses dépens. Brigitte Bardot, qui en avait déclenché tellement sur toute la planète, ne sera pas la première à reproduire un orgasme sur les antennes de toutes les radios du monde occidental.

En effet, un an plus tard, Gainsbourg recycle le morceau, cette fois en mode orgue et guitare basse sous double influence psyché Procol Harum et Aphrodite's Child, avec Jane Birkin qui le prend une octave plus haut que BB et devient numéro un presque dans le monde entier avec ce scandaleux marqueur culturel vendu à six millions d'exemplaires : « J'ai cru mourir lorsque j'entendis, un peu plus tard, l'enregistrement de cette chanson, interprétée par Serge et Jane. Mais c'était dans l'ordre des choses. Je n'en voulus jamais ni à l'un ni à l'autre. Au contraire, je m'en voulus à moi, de ma lâcheté, de mon manque de décision, de ma façon de croire que tout m'était dû, du mal que j'ai pu faire inconsciemment et qui me retombait, comme un pavé sur le cœur », se remémore-t-elle.

Chef-d'œuvre d'esthétique pop 1967, le « Spécial Bardot », programme musical de cinquante-deux minutes en couleurs diffusé à 20 h 30 sur la deuxième chaîne le jour de l'an, lui, est un triomphe, régulièrement rediffusé et réédité depuis, sous toutes les formes (et le nom de « Bardot Show »). Il s'ouvre sur une musique très cinématographique du Niçois Francis Lai enchaînée à « La Marseillaise », sur des images de Brigitte enroulée dans le drapeau tricolore, puis posant torse nu pour un *shooting hot* avec Sam Levin.

C'est aussitôt après l'iconique « Harley Davidson », qui s'ouvre sur un vrombissement de basse électrique inspiré du break de John Entwistle dans « My Generation » des Who, figurant la sonorité particulière, grave, mâle, menaçante, du moteur Harley, avant de faire place à l'apparition dans ce studio/garage de la femme à la moto, déesse de cuir noir, toute en cuissardes remontant au-dessus des genoux, mini-robe cintrée d'une chaîne et longs cheveux blonds au vent(ilateur) descendant jusqu'aux seins, chemise blanche aux manches évasées, Gene Vincent ou Vince Taylor femelle entonnant cet hymne Hell's Angel féministe, « Born To Be Wild » au milieu des chromes : « Je n'ai besoin de personne / En Harley Davidson ». Assorti d'un érotisme irrésistible lorsqu'elle précise sentir les trépidations de sa machine lui faire monter des désirs dans le creux de ses reins. Avec elle, en effet, tant qu'à aller au paradis, autant que ce soit dans un train d'enfer, on ne saurait attendre.

Après « Comic Strip », on la retrouve à Carnaby Street, au cœur du Swinging London, en veste noire à brandebourgs, comme les Beatles sur la pochette de *Sergeant Pepper's Lonely Hearts Club Band,* avec une coupe blonde à franges bouffantes sur les yeux à la Brian Jones (ou Keith Relf, pour les spécialistes du style anglais), chantant le baroque « The Devil Is English » au nez et à la barbe des bobbies et des gardes qui encadrent le 10 Downing Street voisin avant de monter dans la Rolls Silver Ghost qui l'attend, pareille à celle avec lequelle Gainsbourg renversera fictivement Melody Nelson. Pour « Bubble Gum », elle descend d'une vieille anglaise, flanquée d'un Claude Brasseur mou et collant comme une gomme à mâcher.

Permanentée et en minijupe de satin blanc, elle renoue avec le boulevard pour « Ce n'est pas vrai » avant de retrouver « La Madrague », pieds nus dans le sable chaud, visite guidée parmi les tamaris, les palmes, les canisses, les jarres de fleurs, devant barque, rames, hamac, banc et fauteuils de jardin, appuyée à son portail de fer forgé blanc ou posée sur les coussins multicolores de la baie vitrée ouverte sur le coucher de soleil de la baie des Canoubiers. Chez Albert Debarge (l'inventeur du suppositoire) à l'Épi-Plage, dans un décor de bungalow louisianais, Manitas de Plata et son cantaor José Reyes lui donnent l'aubade : elle rit, s'émeut, se mord les doigts en l'écoutant, le dévorant des yeux. Pour « Mister Sun », version anglaise du « Soleil », elle s'élance ensuite de Pampelonne en parachute ascensionnel, sanglée de noir les jambes à l'air, pour survoler les flots, les hors-bords, le port de Saint-Tropez et ses bateaux, et regagner la plage aux nudistes en pilotant son Riva pour s'y rouler dans le sable et les algues en bikini mandarine. Enfin, elle n'effectue que l'envol, hurlante, morte de trouille. « Je crus avoir une crise cardiaque. » C'est une doublure, une nommée Heidi, qui lui succède ensuite.

Puis après un shopping promenade en Méhari verte sur le port de Saint-Tropez et essayages chez Bouquin et Mic-Mac, c'est l'hilarant « La bise aux hippies », toujours inédit en disque à l'exception du rarissime album américain offert par une marque de chaussettes, *Burlington Cameo Brings You Special Bardot,* occasion d'un impayable ménage à trois indianisant entre Bardot, Gainsbourg et Sacha Distel (ils l'ont déjà interprété tous les trois lors d'un « Sacha Show », le 1er novembre) en miroir parodique et cynique du « Triad » de David Crosby avec lequel Jefferson Airplane défraie la chronique et menace la famille américaine. Rare occasion aussi, de voir Gainsbourg tenir maladroitement une guitare électrique. « "La bise aux hippies" n'avait rien de provocateur ni d'érotique, c'était plutôt nul », se souvient-elle pour *Platine* en 2011.

Devant les maisons toutes neuves de Port-Grimaud en mini-robe ras-le-minou à losanges verts et blancs, puis sur un voilier qui en quitte le port, elle joue avec un bébé guépard et chante nonchalamment « Je reviendrai toujours vers toi ». Direction Paris vu du ciel, et un bateau-mouche sur la Seine le temps du mélancolique et pluvieux « Un jour comme un autre », commencé en béret à pompon et manteau chic à hauteur de Notre-Dame et terminé à l'île aux Cygnes, pont de Grenelle, devant la réplique de *La Liberté guidant le monde*. On passe ensuite au space opéRa-banne de « Contact » avant la séance de photos à la *Blow Up* avec David Bailey pour terminer avec le classique romantique « Bonnie and Clyde » en bas et porte-jarretelles, colt (Gainsbourg) et sulfateuse Thompson (Bardot) brandis, placide comme Nico parmi le Velvet Underground, puis une nouvelle version de « Everybody Loves My Baby » ambiance Chicago avec l'orchestre de Bolling, histoire de rappeler combien tout cela devrait normalement être prohibé. Gainsbourg est derrière la caméra. « Voilà, c'est fini », dit-elle à la fin, et, pour le coup, son acmé vient de passer.

L'album paraît finalement le 2 janvier 1968 chez Philips. « Ces douze titres de Brigitte et de moi sont autant de chansons d'amour. Amour combat, amour passion, amour physique, amour fiction. Amorales ou immorales, peu importe, elles sont toutes d'une absolue sincérité », explique le compositeur. Espèce de *Double Fantasy* avant l'heure, il est crédité à Brigitte Bardot et Serge Gainsbourg, mais ne contient que six titres du show télévisé : « Bonnie and Clyde », « Comic Strip », « Bubble Gum », « La Madrague », « Un jour comme un autre » et « Everybody Loves My Baby ». Les 6 autres morceaux sont de Gainsbourg seul, de « La Javanaise » à « Baudelaire ». Le 10 décembre, Disc'Az avait publié le single réunissant « Harley Davidson » et « Contact ». Et il faudra attendre février pour que paraisse l'album incomplet du « Brigitte Bardot Show », qui reprend en fait les titres ne figurant pas sur *Bonnie and Clyde*, en omettant « La bise aux hippies », remplacé par « Ay que viva la sangria », hymne à son flamenco adoré avec lequel – et laquelle – elle enivre les fêtes de La Madrague.

L'année suivante, elle est de retour chez Philips et se produit, éclatante et magnifique, dans le « Sacha Show », comme n'importe quelle chanteuse de variété, pour promouvoir l'acidulé « La fille de pa-a-aille » et le quelconque « Je voudrais perdre la mémoire », tous les deux composés par un Gérard Lenorman débutant. « Un jour, Jacques Ourévitch, gendre de Bruno Coquatrix et animateur à Europe 1, m'appelle :

“Ça t’amuserait d’écrire des chansons pour BB ?” Un rendez-vous est organisé chez elle, avenue Paul-Doumer. On était plusieurs auteurs-compositeurs : Guy Bontempelli, Jean-Claude Annoux. Brigitte nous offre un verre gentiment, on parle. Alors que tout le monde s’en va, elle me dit, “Reste avec nous.” Je crois qu’elle avait un petit béguin pour l’enfant que j’étais resté. Ce qui est bizarre, c’est que moi qui suis très timide, avec Bardot, je me sentais très libre. On a dîné ensemble avec des copains à elle, puis elle m’a dit qu’elle aimerait bien qu’on se revoie. Je lui ai composé “La fille de paille” avec Franck Gérald, qui décrivait son côté fofolle et “Je voudrais perdre la mémoire” avec Christian Arabian, plus nostalgique et “Madrague”. Il y avait toujours chez elle un journaliste ou un photographe. Avec une délicatesse inouïe, Brigitte me permettait tout naturellement d’entrer dans son clan. Installée lascivement sur son canapé, elle se tournait opportunément vers moi, tout en écoutant la chanson que je lui soumettais, en ne perdant jamais de vue l’objectif de Jicky Dussart. Les jours suivants, je me retrouvais dans *Paris-Match* ; l’article mentionnait la présence d’un jeune auteur-compositeur que Brigitte Bardot allait bientôt lancer… Elle m’a convié souvent à Bazoches-sur-Guyonne les week-ends, où elle se lançait dans de très simples et pourtant spectaculaires spaghetti parties pour tous ses amis. Puis l’hiver est arrivé et elle m’a invité à Méribel. Là, j’ai senti qu’il fallait que j’arrête. Avec elle, j’ai cependant beaucoup appris de l’élégance et du mystère. » Brigitte est moins lyrique. « Ces deux chansons que je trouvais jolies et charmantes n’ont pas été de grands succès. Gérard était très jeune et n’avait pas encore le talent qu’il a acquis par la suite. » Les arrangements sont de Jean-Claude Petit.

Elle n'a presque pas revu Distel depuis leur rupture, plus d'une décennie auparavant (ils ont été en 1969 les témoins du mariage de Josiane Rousset et d'Albert Debarge, milliardaire des laboratoires pharmaceutiques et propriétaire de l'Épi-Plage). Bécaud est aussi de la partie : deux ex d'un coup. Dans les studios de la SFP des Buttes-Chaumont où se tournent les émissions de Maritie et Gilbert Carpentier, elle est accompagnée de sa seule nouvelle amie, une toute jeune Maria Schneider, fille naturelle de Daniel Gélin (il ne la reconnaîtra jamais), à laquelle Patti Smith dédiera un morceau, sur la scène de l'Olympia, le 22 novembre 2011 (« Maria » figure ensuite sur son album *Banga*). Ses anciens beaux la snobent, les armées de maquilleurs, coiffeurs, danseuses, attachés de presse, impresarios s'étonnent de la voir si peu entourée. Elle se sent méprisée, larguée, et commence à perdre goût à l'exercice.

Passée malgré cela chez Barclay début 1970, elle adapte à la demande d'Eddie « Nem vem que nao tem » du Brésilien Wilson Simonal, sous le titre de « Tu veux ou tu veux pas », mais se fait devancer au hit parade par la version plus fantaisiste du clarinettiste de jazz Marcel Zanini, père de l'écrivain Marc-Édouard Nabe au look Leon Redbone avec sa moustache essuie-bite, son bob et ses lunettes rondes, qui l'a enregistré pour la même maison quarante-huit heures plus tôt. La réalisation du même quatre titres est du nouveau directeur artistique maison, François Bernheim (précédemment membre des Roche-Martin avec les sœurs Violaine et Véronique Sanson). Brigitte est la première artiste que lui confie Barclay. « C'est un choc. Quand j'étais gamin, j'avais sa photo au-dessus de mon lit. Elle est extrêmement belle, vit avec Patrick Gille, et me fait aussitôt écouter sa version de "Je t'aime, moi non plus" avec

Gainsbourg. Elle adore chanter. Je suis jeune mais c'est moi qui la dirige. Elle se met dans mes mains comme une comédienne le fait avec un metteur en scène. » Bernheim et Yves Roze (connu du public sous le nom de Jean-François Michaël), lui offrent « John et Michael », qui poursuit le thème rousseauiste et hippie de l'amour étendu au-delà du couple évoqué dans « Triad » et ainsi pragmatiquement développé par Grace Slick : « Nous étions tous des amis si proches et que pouvez-vous faire d'autre quand vous vous sentez aussi proches que de coucher ensemble ? » C'était faire fi des phéromones, de la question de la filiation, de la morbidité inhérente à la nature humaine et de l'inexorable évaporation de l'amour, mais c'était – comment dire ? – bien intentionné. On notera au passage qu'au début de la chanson John et Michael sont amants, ce qui – à l'époque – ne dérange en rien Brigitte, qui au passage partage donc l'opinion d'Édith Cresson sur l'ambiguïté sexuelle supposée des Anglais (mais ne peut pas saquer Frigide Barjot, dont le pseudo dérangeant n'est rien en comparaison des centaines de gallinacées qu'elle a laissées à l'abandon dans Paris après une Manif pour tous, mais pas pour poules).

Après le plan à quatre survient l'allumeuse, avec « Mon léopard et moi », où tout est affirmé d'emblée via Dary Cowl : « Et je n'ai rien de plus sur la peau que ce manteau qui léoparde. » Comment dire que le texte de ce morceau, distribué en single promo gratuitement lors du trente-septième gala de l'Union des artistes qu'elle co-présente en haut-de-forme avec Belmondo, le 17 avril, va très vite embarrasser la pasionaria de la cause animale, qui s'opposera au port de la fourrure comme les autres femen du PETA (People for Ethical Treatment of Animals, dont Chrissie Hynde, les McCartney, Pamela Anderson, Kim Novak, Charlize

Theron et jusqu'à Justin Bieber) ? L'auteur de « Ma jeunesse fout l'camp », Guy Bontempelli, complète le tout avec le mélancolique « Depuis que tu m'as quittée ».

Bernheim va travailler avec Brigitte pendant deux ans. « Elle ne proposait pas de chansons, elle enregistrait ce que je lui apportais. Elle découvrait les orchestrations lorsqu'elle arrivait au studio, connaissait ses chansons par cœur. Elle avait le sens de la mesure inné, elle chantait juste instinctivement, dans l'interprétation aussi. Elle n'avait besoin que d'une coupe de son propre champagne, qu'elle apportait elle-même. Elle n'assistait pas au mix. » Le single suivant, « Nue au soleil », est si évident qu'il était inévitable, au dos duquel elle ressasse, en bonne « Bossa Nova Baby » : « C'est une bossa nova », un petit succès, composé par Bernheim. On le voit, les thématiques plafonnent, la formule s'use, le personnage de BB chanteuse ne parvient pas à dépasser le périmètre de son image d'Épinal, l'inspiration tourne en rond et se mord la queue, sans plus de capacité de réinvention : n'est pas Madonna ni Mylène Farmer qui veut. D'ailleurs, c'est tout le problème de Brigitte : elle ne veut pas, ou en tout cas pas assez. Et son moment est bel et bien passé, comme l'amour fou, avec Gainsbourg.

Celui du moment, Laurent Vergez, « garçon charmant » selon Bernheim, toujours à la manœuvre, s'attaque présomptueusement en duo avec elle au vaporeux « You're a Lady » de Peter Skellern qu'elle a entendu adapté en français par Hugues Aufray (« Vous, ma lady »), et qu'elle écoute en boucle sur la stéréo ultra-sophistiquée qu'elle a fait installer dans son appartement du boulevard Lannes, où libérée du cinéma elle tourne en rond entre deux allers-retours au bois de Boulogne dans sa Fiat 125 pour promener ses chiennes Nini et Pichnou. Ce naufrage vocal – Vergez chante très mal, et Brigitte reste dans un souffle qui ne la valorise pas, que ne peut pas sauver l'orchestration de Michel Bernholc – est heureusement en partie rattrapé par la présence de « Tu es venu, mon amour », concocté pour elle par Eddie Barclay, Eddy Marnay et Raymond Le Sénéchal, qui mérite d'être entendu, ne serait-ce que pour la manière unique que Brigitte a de prononcer du bout de ses lèvres charnues « mon-namour ». Elle l'enregistre également en italien (« Sei arrivato, amore mio »). « Brigitte avait beaucoup d'humour, était très généreuse, elle m'invitait sans cesse à dîner, elle savait que je n'avais pas un rond, elle m'invitait chez elle à Bazoches ou boulevard Lannes. Les rapports étaient plus difficiles avec son agent, Olga Horstig, très militaire », se souvient Bernheim, qui connaîtra le succès avec les Poppys, Gérard Lenorman, Renaud, Patricia Kaas, etc. « J'ai toujours regretté qu'elle ne fasse pas de scène, elle aurait été excellente, elle n'avait aucun problème de mise en place. Mais elle ne voulait pas. Elle tournait *Colinot* avec Nina Companeez, arrêtait le cinéma, et bientôt la chanson. Elle est très fidèle, n'oublie jamais de mentionner mon nom. En 2011, j'ai donné un spectacle et lui ai écrit un mot pour l'inviter à y participer. Elle m'a répondu, adorable, que j'étais gentil, mais qu'elle ne pouvait plus se déplacer qu'avec ses béquilles. »

Parallèlement à cette collaboration, elle chante encore au cinéma, en duo avec Annie Girardot (« Chacun son homme »), pétulance de cabaret sur une musique bastringue de François de Roubaix, qu'elle chante aussi dans *Boulevard du rhum,* au milieu des marins, en robe de mariée, célébrant leur vie dédiée à « La vague et le sel », vague ragtime un peu trop appuyé à la Dani. La fin du film, ou plutôt du film dans le film, en noir et blanc, lui offre aussi l'occasion d'un duo, disons, prématuré, avec Guy Marchand (« Plaisir d'amour » – mais pas des oreilles : on est loin des interprétations bibliques de Joan Baez ou d'Emmylou Harris de ce classique de la Renaissance, initialement baptisé « La romance du chevrier »).

Brigitte se retirera au printemps 1973 sur un ultime succès en duo avec Sacha Distel, manière sans doute de refermer avec lui une boucle qu'il n'avait pas eu besoin d'ouvrir. Dans « Top à Sacha Distel » des Carpentier, en robe de soie orange, des roses rouges dans les cheveux, elle rejoint en sashayant un Distel goguenard et mateur, pour lui sussurer de sa voix traînante, sexy, les répliques immanquablement directes et évidentes de « Tu es le soleil de ma vie ». Elle vient d'annoncer son retrait du cinéma, et les médias se battent pour recueillir son témoignage. Pas dupe, elle en profite pour promouvoir au passage cette version crooner Sporting de Monte-Carlo du récent standard « You Are the Sunshine Of My Life » de Stevie Wonder, ambiance cocktails super-club sur fond de piano électrique, rythme latino de fausse bossa, chœurs et cordes doucereuses. Les Carpentier la solliciteront de nouveau, cette fois lui confiant son propre « Top à Brigitte Bardot ». Cela l'amuse beaucoup, la distrait de son existence désormais vide, aussi se prend-elle au jeu avec enthousiasme. Elle apprend « J'ai deux amours », rendu célèbre par Joséphine Baker, qu'elle doit interpréter comme elle, ceinte de bananes et gominée, « Pour réussir dans la chaussure », de l'opérette *Fifi*, qu'elle répète avec Antoine, « Toute la musique que j'aime » de Johnny, mais se désiste après une dispute avec Laurent Vergez et un certificat médical rédigé à Saint-Tropez par le bon docteur Fayard, rue Gambetta, qui signait également mes certificats d'aptitude au sport nécessaires à renouveler chaque année ma licence de – jeune – footballeur.

Elle aime pourtant formidablement la musique, la guitare et la chanson. On la verra à plusieurs reprises dans les années qui suivent à Saint-Tropez, jouant de la guitare avec un amant brésilien, ou une nuit, à la terrasse du Café des Arts, sur la place des Lices, accompagnant son amie Nicole, buskeuse professionnelle, pour les caméras de « Telle Quelle », émission spéciale d'Antenne 2 qu'elle a confiée à son compagnon d'alors, Allain Bougrain-Dubourg (la séquence ne sera pas conservée au montage).

C'est à cette occasion qu'elle repique au virus de la chanson, en 1982, à l'initiative de son ami Jean-Max Rivière, avec un double manifeste Pro Life Animal au bénéfice de sa fondation, de la SPA et de Greenpeace : le confondant « Toutes les bêtes sont à aimer » (mais moins que les belles, justement) et le désarmant « La chasse », qui révèle peut-être la petite fille Disney qu'elle serait au fond, si justement elle n'avait toute sa vie été pareille proie. « Malheureusement ces deux chansons que j'aime tant, qui reflètent tant mon engagement, n'ont pas été suffisamment médiatisées à leur sortie. J'avais déjà tourné le dos à tout ce qui est promotion, TV, radio et patati et patata. Il n'est jamais trop tard ! » confie-t-elle de son écriture constante et appliquée aux questions du magazine *Platine*.

Elle ne se réintéressera à la chanson quelques années plus tard que pour aider sa protégée Mylène de Mulder, vingt ans, pour laquelle elle reprend contact avec Eddie Barclay. En duo avec un Bébert (« dont le style, la personnalité et le registre vocal sont équivalents, voire même supérieurs à ceux de Johnny Hallyday »), celle-ci enregistre quatre maquettes qui ne donneront rien. Délestée du pauvre Bébert, Mylène continue de composer à la guitare des chansons qui ravissent Brigitte, avec laquelle elle se produit lors de l'inauguration du bateau-mouche *Le Brigitte Bardot,* en 1989, où un orchestre joue son répertoire : par jeu, Brigitte chante « La Madrague », et en duo avec Mylène « Harley Davidson », que Gainsbourg n'a pas souhaité produire une nouvelle fois. Lors d'un dîner avec Dany Saval, Michel Drucker et Allain Bougrain-Dubourg qui vit désormais avec Jeane Manson, et où elle leur a préparé une marmite de pommes de terre aux truffes, Michel propose à Mylène de chanter son hymne biker sur TF1 dans « Stars 90 ». Ce qu'elle fait, après une première apparition dans « Sacrée soirée », le 26 novembre 1991, entrant sur le plateau au guidon de l'engin en question, toute de cuir vêtue et bottée, annoncée par Michel comme « la fille adoptive de Brigitte Bardot », « la filleule de Serge Gainsbourg ». Le single sortira concomitamment, avec en face B une composition de Mylène et de mon copain Daniel Fasola qui sert de générique à l'émission télé de Brigitte, « SOS animaux », et un texte où elle présente sa jeune amie blonde et longiligne « farouche, sauvage », « obstinée ».

Deux ans plus tard, comme je dirigeais depuis peu la maison de disques récemment lancée par la Fnac, je reçus la visite d'une amie tropézienne, Isabelle, connaissance de Brigitte qu'elle avait assistée dans sa boutique La Madrague, rue d'Aumale, et aux débuts timides de sa fondation, me proposant de signer Mylène, estampillée « Star 90 » : malheureusement pour elle, le répertoire et l'environnement (Gainsbourg est décédé entre-temps) sont trop légers pour pareille aventure et je choisis de continuer de me consacrer plutôt à Carole Laure, Robert Charlebois,

Nino Ferrer, Hubert-Félix Thiéfaine, Kat Onoma, Marc Morgan et Manu Dibango (sans parler de Willy DeVille, Moon Martin et Jean-Luc Ponty). Malgré un second 45 tours chez Atoll (« Seule » et « Rien » – ce qu'il se passera), Mylène ne deviendra jamais la vedette que Brigitte escomptait, avec laquelle elle joue pourtant à deux guitares, dans les moments de cafard, à La Madrague, rumba flamenca et bossa nova. Elles se produisent même en trio avec Nicole, parfois accompagnées par une batterie et une guitare électrique, dans le restaurant de leur ami antiquaire Coville à Montfort-l'Amaury, formation que Bernard d'Ormale, compagnon de Brigitte au verbe souvent imagé et volontiers provocateur, surnomme les Gipsy Gouines ! Après une aventure sans suite aux États-Unis avec un producteur iranien, Mylène deviendra championne de squash !

Brigitte, elle, continue de jouer de la guitare à l'occasion, rencontrant ainsi au milieu des années quatre-vingt-dix au restaurant Le Passy, proche de sa fondation, le Colombien Yuri Buenaventura, membre de Mambomania, vedette des soirées de la Java et de la Coupole, que je signe en 1996 chez Mercury sur les conseils de Rémy Kolpa-Kopoul qui matraque sur Radio Nova sa version salsa de « Ne me quitte pas ».

Si on ne saurait sérieusement prétendre que Bardot appartienne au gotha des chanteuses françaises, d'Édith Piaf à Catherine Ringer, de Véronique Sanson à Camille, de Françoise Hardy à Vanessa Paradis, elle aura en revanche marqué de son empreinte tendre, câline et sulfureuse, de son ton piquant ou nonchalant, le son des glorieuses années *Salut les copains* au côté de Sylvie Vartan, Sheila, France Gall et autres Petula Clark, pas moins. « La Madrague », « Moi je joue », « Harley Davidson », « Contact », « Bonnie and Clyde » et sa version de « Je t'aime, moi non plus » sont plus que des madeleines proustiennes : de véritables classiques French pop à part entière.

La Tropézienne

La météo annonçait un épouvantable week-end de l'Ascension de pluie et d'orage, en ce début juin 2011 de sécheresse et de délire médiatico-sexuel lié à l'affaire DSQ. À Saint-Tropez, il fait pourtant un soleil radieux, un temps de rêve, une mer d'huile. Après une baignade sur la plage des Salins, dans une eau tendre et calme, j'emmène mes fils, Luka et Félix, ce dernier accompagné de sa jeune amie Victoria, crapahuter sur le sentier du littoral. Balisé de marques jaunes, parmi les asphodèles, les dents du diable fleuries de jaune ou de mauve, la salsepareille, les chardons, les massifs de lauriers-roses, les agaves, les aloès, les figuiers de Barbarie, les joncs et les canisses, escaladant rochers gris coupants et dévalant buttes de terre ocre, il surplombe plages minuscules de sable ou de galets et quelques à-pics face au large. Jusqu'à la villa de la famille von Opel, en travaux, grues, pelleteuses et engins de travaux échoués et rouillés sur les rochers, gardiens désagréables et paranoïaques, son hangar à bateaux, son orgueilleux port privé, ses paraboles et ses tuiles vert bouteille. Nous dépassons ensuite la Villa del mar et la Petite Maison, après laquelle nous descendons les quelques marches sur la droite qui conduisent sous les arceaux de canisses aux talus d'algues séchées et saumurées blanches, grises et marronnasses au bord de la baie des Canoubiers qui jouxtent le mur interdisant l'accès à La Madrague. De là, on n'aperçoit plus l'antenne râteau de télévision qui y trônait quinze ans plus tôt, mais une parabole satellitaire, une série de fenêtres d'un bâtiment aux tuiles fatiguées. Des voix s'en élèvent, et aussitôt j'applique la règle d'or des Tropéziens : laisser Brigitte tranquille, lui accorder la paix à laquelle elle aspire plus que tout.

De retour sur le chemin piétonnier, nous longeons le mur au crépi blanc, puis la rangée de cannes grillées, les deux portes bleues, les cyprès, la boîte aux lettres haut perchée, la bâtisse à la peinture rose pâle écaillée, défraîchie, et, surprise, à l'angle du portail d'entrée bleu à double battant et de sa lanterne, comme un aveu, un « Toutou's bar » ainsi nommé par la propriétaire, soit un minuscule abreuvoir destiné aux compagnons de passage, indiqué par une mosaïque représentant une chienne Disney. Aujourd'hui, donc, Brigitte ne se cache plus, l'accès du chemin n'est plus interdit aux véhicules par la chaîne de métal dont seuls les riverains possédaient la clef du cadenas.

Elle avait acheté La Madrague le 15 mai 1958, sur recommandation de sa mère, pour 27 millions de francs de la IVe République. Elle tourne alors aux studios de Boulogne quelques scènes de *La Femme et le pantin,* et prend le train bleu Calais-Méditerranée-Express gare de Lyon direction Saint-Raphaël un samedi soir, pour la visiter le dimanche matin. C'est le coup de foudre. Par l'intermédiaire d'un notaire qui a gardé son étude ouverte au cas où, elle règle comptant la riche propriétaire, Mme Moisan, antiquaire du Haut-Var qui réside sur le port au-dessus de Chez Vachon, et possède sur la route des Salins le domaine de Saint-Roch.

Une maisonnette de tuiles roses et de pierres sèches

aux murs blancs, ancien hangar à bateaux transformé en habitation de pêcheur entourée de lauriers-roses et d'eucalyptus, déserte depuis un bail, La Madrague souffre d'un certain délabrement, sans eau courante, seulement un puits à sec en été, comme tous ceux de la presqu'île : on y fait la vaisselle et on s'y lave à l'eau de mer. Malgré les différents aménagements et les importantes rénovations apportées au gré du temps (Petite Madrague) jusqu'au début des années soixante-dix (piscine d'eau de mer, chauffage, salles de bain, dressing, bar par Willy Rizzo), elle conserve la modestie de ses origines, ainsi qu'une situation exceptionnelle, lovée au creux d'une baie paisible, et une décoration chaude, chaleureuse, provençale, dans des tons allant du jaune au rouge en passant par toutes les déclinaisons de l'ocre. Pour l'anecdote, bien avant BB, Saint-Tropez possédait déjà son « roi de la madrague », maître de la pêche au thon : « madrague », *madraga* en provençal, vient de l'arabe *madraba* (« lieu où l'on frappe ») et désigne un large enclos constitué de filets de pêche savamment organisé en réseau de manière à capturer vivants, avant de les sonner, un maximum de thons de Linné, abondants dans le golfe.

Lorsqu'elle s'y installe pour la première fois les pieds dans l'eau, en juillet, accompagnée de son secrétaire Alain Carré, de son ami le peintre et photographe Ghislain Dussart, de sa productrice Christine Gouze-Rénal et du mari de celle-ci, le comédien Roger Hanin, pas encore Navarro mais déjà beauf de François Mitterrand, tout y est à refaire : électricité, plomberie, sanitaires, évacuation des eaux. Elle y campe avec sa petite troupe, dédommagée de l'inconfort des six pièces par le charme rustique de l'endroit : cheminée, tomettes, murs blanchis à la chaux, boiseries, qu'elle réchauffe de coussins, de couvertures en crochet, de canapés, de tapis, de lampes et de chandeliers. Elle y fait la cuisine, simple et odorante, et sert elle-même à table, les reins drapés dans un tablier à petits carreaux qui nargue les couturiers. Elle vivra là dans une ambiance assez spartiate, une vie qu'elle souhaite vraiment privée, flânant toute la journée en maillot de bain, en robe de chambre, recevant sans fard, en chandail et en blue jeans. Nue au soleil. Aucune marque de luxe, ni bijou, ni fourrures.

C'est que si certains contestent à Brigitte Bardot nombre de ses qualités (actrice, chanteuse, mère, icône, protectrice animale, écrivain, analyste politique), personne, mais absolument personne, ne lui conteste sa légitimité ultime : tropézienne. Elle a épousé jusqu'aux principaux défauts des habitants de la petite ville la plus célèbre de la planète – en grande partie grâce à elle. Elle est ombrageuse, râleuse, privilégie plus que tout son intimité et sa tranquillité, et constitue ce déroutant mélange, apanage de tous les suds du monde, du Texas à la Côte d'Azur, de très grande générosité adossée à une tendance correspondante à la rugosité, souvent plus jouée que réelle, entêtement qui fait la réputation des autochtones jusque dans le jeu de leurs équipes de football.

Très vite, très tôt, presque immédiatement, les Tropéziens, la main sur le cœur, l'ont adoptée – comme ils m'ont adopté et « naturalisé » mousquetaire de la Bravade annuelle, honneur rare et précieux accordé à un défenseur (à tous les titres, j'étais libero de l'UST) des couleurs rouge et blanc comme du saint patron de la cité, le chevalier martyr romain Torpès. Et se sont portés garants de son indépendance, de son sanctuaire, solidaires de la traque qu'elle fuyait, fiers de sa beauté et de son caractère bien trempé plus que de sa notoriété, phénomène dont ils sont blasés depuis la fin du XIXe siècle qui a vu le dix-septième port français envahi par les écrivains depuis la description qu'en fit Maupassant dans *Sur l'eau,* ayant accosté là sur son *Bel-Ami* le 12 avril 1887 : « Saint-Tropez, à l'entrée de l'admirable golfe appelé jadis golfe de Grimaud, est la capitale de ce petit royaume sarrasin dont presque tous les villages, bâtis au sommet de pics qui les mettaient à l'abri des attaques, sont encore pleins de maisons mauresques avec leurs arcades, leurs étroites fenêtres et leurs cours intérieures où ont poussé de hauts palmiers qui dépassent à présent les toits. » Ayant déjeuné et logé à l'hôtel du Bailli-de-Suffren, sur le port, son enthousiasme n'est pas retombé : « C'est là une de ces charmantes et simples filles de la mer, une de ces bonnes petites villes modestes, poussées dans l'eau comme un coquillage, nourries de poissons et d'air marin et qui produisent des matelots. Sur le port se dresse en bronze la statue du bailli de Suffren. On y sent la pêche et le goudron qui flambe, la saumure et la coque des barques. On y voit, sur les pavés des rues, briller comme des perles, des écailles de sardines, et le long des murs du port le peuple boîteux et paralysé des vieux marins qui se chauffent au soleil sur les bancs de pierre. »

Les peintres lui emboîteront le pas, eux aussi « sur l'eau », à bord du voilier *Olympia* de Paul Signac, accompagné de sa compagne Thérèse Roblès, de son disciple anarchiste Maximilien Luce et de son collègue belge Thomas Van Rysselberghe en mai 1892. Signac s'y installe aussitôt. Avec sa moustache et son bouc grunge, sa casquette de costaud loup de mer, ses bottes et sa cape de jute épaisse, une canne toujours à la main, il s'installe à la Ramade, au-dessus de la plage des Graniers, sur les conseils du peintre local Augustin Pégurier. En janvier 1898, il achète la Hune, entre la Citadelle et le Moulin-Blanc (aujourd'hui avenue… Paul-Signac). Dans la quiétude de cette grande maison tarabiscotée aux tuiles vert bouteille et au grand jardin planté d'eucalyptus et de lauriers-roses, il invitera à le rejoindre une génération entière de confrères impressionnés : nabis, fauves, indépendants, pointillistes, ils alimentent les mouvements avant-gardistes de l'époque et constitueront a posteriori une véritable école de Saint-Tropez, dont le lien principal sera « un certain goût du bonheur » si l'on en croit l'académicien René Clair. Après Charles-Henri Person, Lucie Couturier et Louis Valtat, Henri Matisse, invité par Signac qui l'installe en face de la Hune à la Cigale de juillet à octobre 1904, en fait le haut lieu du fauvisme naissant. Henri Manguin séjourne à ses côtés, bientôt rejoint par le Bordelais Pierre-Albert Marquet, le Marseillais Charles Camoin, et plus tard Francis Picabia, André Dunoyer de Segonzac, Pierre Bonnard, Suzanne Valadon, Raoul Dufy, Kees Van Dongen, Picasso, alors fou amoureux de la Tropézienne Gabrielle Lapeyre, avant d'y amener dans les années trente Dora Maar, puis, à la Libération, Françoise Gilot. Une nouvelle génération de peintres s'installera alors à Saint-Tropez, où seul est resté Segonzac : Bernard Buffet, qui rencontre Annabel Schwob de Lur, égérie germanopratine au moment même où Brigitte acquiert La Madrague, et avec laquelle il s'installe 20, rue des Remparts dans l'ancien atelier de Camoin, Dany Lartigue, Fred Vachon, Antoni Clavé, Vincent Roux, jusqu'à mon ami hongrois Ivan Hor, échappant aux chars russes qui entrent dans Budapest…

Colette, en pleine gloire, y débarquait en 1925. « Saint-Tropez était un petit port paresseux dont les rares estivants, des peintres pour la plupart, ne troublaient pas la vie tranquille. Les yachts n'avaient pas encore chassé de son bassin les vétustes tartanes.

Des tonneaux déchargés attendaient une vendange lointaine », se souviendra son nouveau compagnon, le courtier en perles franco-hollandais Maurice Goudeket. Lucien Guitry, son fils Sacha et la femme de celui-ci, la soprano et comédienne Yvonne Printemps, le poète anversois Émile Verhaeren, son collègue parisien Léon-Paul Fargue, l'ont précédée dans son nouveau paradis, aux Canoubiers, entre la baie et la route des Salins où elle investit Tamaris-les-Pins, qu'elle rebaptise « La Treille Muscate » à la vue des pampres qui envahissent le puits et grimpent dans une ramade. Elle vivra là « une vie de luxe effréné, pieds nus, un maillot de laine décoloré, une vieille veste, beaucoup d'ail et le bain à toute heure », jours de paresse et d'écriture, qui la voient passer avec la même volonté de son immense divan protégé par une moustiquaire à sa table de travail, en sandales et les yeux noircis au khöl, parmi ses chats (jusqu'à onze), sa chienne, ses fleurs, ses plantations, ses voisins, ses amis, ses visiteurs (le metteur en scène Paul Géraldy, les journalistes Georges et Joseph Kessel, Antoine de Saint-Exupéry, Francis Carco, etc.). Elle écrit notamment là *La Naissance du jour, Bella Vista, Prisons et paradis, La Chatte,* etc.

Très vite, « Call some place paradise / Kiss it goodbye », comme le chanteront les Eagles (« The Last Resort »), et « on retrouvait là tout ce qui était capable de tenir un pinceau ou un stylo », notera l'écrivain américain Paul Théroux. En 1930, partout il y a foule : de yachts, de voitures, de vacanciers qui s'enivrent du parfum irrésistible de la fête licencieuse des Années folles, fument de l'opium, prisent de la cocaïne et dansent sans effort ni regrets jusqu'à l'aube dans des clubs où la morale seule reste à la porte. Saint-Tropez devient officiellement station balnéaire, déshabillée et désinvolte, lieu de villégiature du Tout-Paris, allant jusqu'à se donner un maire parisien, roi du show-biz : Léon Volterra, directeur du Casino de Paris, du théâtre Marigny, du Lido et du bar Le Perroquet où se retrouve tout le *Paris by night*. Au château auquel il donne son nom, qu'il acquiert parmi les palmes et le maquis en contrebas du cap Camarat, il invite les artistes qu'il engage à Paris : Mistinguett, Maurice Chevalier, Jean Sablon, Raimu, Pagnol...

Saint-Tropez fourmille déjà de naturistes en tous genres venus goûter « la vie tahitienne » décrite par Anaïs Nin. Le couturier Paul Poiret organise depuis 1928 la débauche dans son club libertin de la tour du Portalet où se retrouvent couples illégitimes, ministres d'importance, femmes légères, gitons et tous ceux que la Bible, la morale et les bonnes mœurs déclarent « contre-nature », la mode Vachon fait la une de *Vogue* outre-Atlantique d'où les stars de Hollywood viennent depuis leurs bateaux ancrés dans le golfe pour danser le galop Chez Palmyre, au pied de la Citadelle. On se presse sous les lampions, verre de vin blanc à la main, autour de la « viole », sorte de piano mécanique à carte perforée qu'on trouve habituellement dans les bordels (situés eux autour du port et de la rue Allard). L'instrument enchaîne allègrement mazurkas, polkas, scottishs, tangos, paso doble, dans la fureur et la chaleur de la nuit, qui voit une jeunesse ivre de sensations danser frénétiquement – et nu-pieds – en tournant autour du poteau de la salle de bal. Et autour de jeunes femmes seulement vêtues de filets de pêche, s'encanailler avec les marins et les voyous rustauds, lesteurs tatoués en maillots rayés qui rivalisent de virilité et de force suante pour faire monter les enchères de leur chair bronzée, souvent monnayée, ce qui ne va pas sans échauffements. « Les danses se payent d'avance à raison de cinq centimes ou un franc pour la journée. Toute discussion doit se régler à l'extérieur du bal », indique un écriteau suspendu à l'entrée. Mistinguett, la reine du music-hall, y a pris ses habitudes, comme la tragique et ardente danseuse américaine Isadora Duncan, Anaïs Nin, et plus tard Tino Rossi, Jean Marais et Gérard Philipe, qui passera un soir derrière le bar pour abreuver Clark Gable, Tyrone Power et Errol Flynn, dont le voilier est amarré face à l'hôtel Sube et Continental à côté de celui de Marlene Dietrich, qu'Angèle Bonacorsi, la patronne, refusait de servir, ne comprenant pas l'anglais. Pendant « le quart d'heure de passion », lumières éteintes, la musique ralentit. On peut alors tâtonner en rythme, dans le plus total anonymat, et la crainte, divine, d'être surpris quand tout se rallume, sans prévenir.

Le cinéma s'empare des plages, du Pinet à Tahiti, et des venelles et terrasses pittoresques du village. Le port est le théâtre – c'est le mot – d'une telle cohue, où l'on se presse pour bader les vedettes faisant les beaux pour les objectifs des photographes de la presse à sensation (*Voilà* précédait *Voici* de plus d'un demi-siècle), la circulation si dense, et les conducteurs si désorientés, qu'une demi-douzaine de véhicules tombent chaque jour à la mer.

Après-guerre, les écrivains (Paul Éluard, Louise de Vilmorin, Jacques Prévert, Jean-Paul Sartre, Boris Vian, Françoise Sagan), les acteurs (Greta Garbo, Kirk Douglas, Pierre Brasseur, Odette Joyeux, Jean Cocteau, Daniel Gélin, Michel Piccoli, Orson Welles), les musiciens (Louis Durey du groupe des Six, Boris Vian, Don Byas, Duke Ellington, Mouloudji, Aznavour, Juliette Gréco) reprennent leurs habitudes, et viennent exporter pendant l'été l'existentialisme de Saint-Germain-des-Prés, Beat Generation française *Sur la route* nationale 7 comme les New-Yorkais Kerouac,

Ginsberg et compagnie s'exilaient à San Francisco pour y chercher une frontière, un absolu, une permissivité. Jusqu'à Louis et Anne-Marie Bardot qui suivent le mouvement comme toujours les riches collent aux artistes, bien avant que leur fille ne s'y niche. Ces derniers y font des séjours réguliers, alors que le port, détruit par les Allemands à la suite du débarquement américain sur la plage de Pampelonne, est encore en pleine reconstruction – heureusement à l'identique, en partie grâce à Colette. En 1948, ils passent des vacances idylliques chez des amis, au cap Myrtes, en bas de la Croix-Valmer, dans trois maisons de marbre blanc d'avant-guerre de 1914 à l'abandon, à flanc de colline en plein champ de rosiers et de lauriers. Brigitte et Mijanou ont la délicieuse plage de Gigaro, en contrebas, déserte pour elles seules, découvrent le climat méditerranéen, ses arômes, ses couleurs, son soleil, sa chaleur, ses étoiles, et font bronzer leurs peaux pour la première fois.

En 1950, les Bardot louent un cabanon aux Salins, puis acquièrent l'année suivante La Miséricorde, maison d'angle aux fenêtres vertes et aux murs roses dévorés par une bougainvillée sur quatre étages à deux pas de celle de mes parents (rue de la Treille), derrière Palmyre (en 1964, retraité, Pilou achètera la Pierre Plantée, au milieu des vignes, des figuiers et des mûriers, à droite au transformateur sur la route des Salins). Simone Duckstein, tropézienne de naissance, propriétaire de l'Hôtel de la Ponche, se souvient d'eux dans l'ouvrage qu'elle consacre au havre de paix ouvert par sa mère, Margot Quindici, et son père qui tenait le Bar des Pêcheurs, huit tabourets et un comptoir, bientôt rebaptisé Bar de la Ponche : « De grands bourgeois qui avaient une maison de vacances dans la rue de la Miséricorde. Leurs deux filles étaient très belles et extrêmement bien élevées. Brigitte, c'était *Le Printemps* de Botticelli, une femme enfant à l'insouciance quasi animale » (*Hôtel de la Ponche, un autre regard sur Saint-Tropez*, Cherche-Midi, 2006).

Déjà venus s'y dévorer deux ans et demi plus tôt en échappant au chaperonnage de la mère de Vadim dans une crique en contrebas du chemin des douaniers après la plage des Graniers, juste avant leur mariage, en décembre 1952, Brigitte et Vadim y logent pour leur deuxième escapade tropézienne, écumant L'Escale, Le Gorille, le Café des Arts où ils jouent au babyfoot des heures durant. Ils se retrouvent régulièrement dans une crique déserte proche des Graniers, abrités des regards par des pins d'Alep et des oreilles par les crissements insistants des cigales, moments paradisiaques loin des menaces et des hypocrisies adultes.

En 1958, venant de quitter Bécaud et lui Anna Karina (partie avec Godard), Brigitte se réfugie avec Ghislain Dussart à la Miséricorde (il lui avait prêté son cabanon de Cassis pour abriter ses amours avec Trintignant), déclenchant chez elle le désir de s'établir à Saint-Tropez.

Elle conservera toujours ce sentiment de s'inscrire dans le prolongement d'une lignée d'esthètes qui ont trouvé là un petit paradis, presque îlien, à l'écart, préservé des routes principales, où l'on peut vivre en paix dans une atmosphère parnassienne, protégée par un micro-climat et des habitants sauvages mais accueillants.

Enfin, Brigitte saura se faire accepter des vieilles familles tropéziennes, pêcheurs et commerçants, ouvriers de l'usine de torpilles du Treizain, en s'intégrant sans effort, grâce à son goût des choses simples, du naturel, et sa bonne éducation, ses attentions : pas un Noël ne se passe sans qu'elle ne se rende, chargée de cadeaux, à la maison de retraite des

Platanes, soutenir le moral de ses « petits vieux ». Combien de fois, gamin, puis adolescent, l'ai-je vue faire son marché, panier en osier ou en chanvre au bras, sur la place des Lices, tout en Vichy au marché aux poissons attenant à la place aux Herbes ou au Casino alimentaire à l'angle de la rue Gambetta et de la rue de la Citadelle, descendant la rue Laugier en short et large ceinture devant l'agence Coccoz, au volant d'une Méhari, d'une Mini Moke sur le port ou de la Fiat 500 blanche et pourpre de Simone Bouquin, dînant à l'étage en son QG du Café des Arts ou à la Pizza Romana au quartier des Carles, bronzant nue sur le ponton de La Madrague pendant que je nageais avec ma petite clique à proximité où nous avions élu domicile pour profiter du calme et de l'intimité que nous offrait sa protection – involontaire, mais bienveillante –, jamais nous n'aurions osé, ni cherché, à la déranger. Au contraire, avions-nous, comme tous Tropéziens, le sentiment de devoir la protéger des « estrangers », ces importuns.

À ses débuts tropéziens, elle déambule dans les rues en short Vichy et en débardeur avec son couffin de paille, farfouille chez Vachon et chez Choses sur le port, chez Peau d'Âne place de la Mairie, va danser au Club des Murènes et au Tropicana, s'éclate à L'Escale avec Johnny Hallyday, Steve McQueen et Georges Pompidou, circule encore à tout berzingue en Océane grise Mercedes, peinte spécialement pour elle à Francfort, par frénésie, envie d'être déjà à destination après quatorze heures de route sur la nationale 7 jusqu'au Luc ; rien de la morbide métaphysique de Françoise Sagan et sa vieille Jaguar X 440 noire toujours couverte de la poussière qu'elle soulève dans sa fureur de vivre. *Goodbye Blues* plutôt que *Bonjour tristesse*. Prévoyante, Brigitte acquiert toutefois très vite une concession dans le cimetière marin, au pied de la Citadelle, face à La Madrague de l'autre côté de la baie (Pilou y sera enterré avec les grands-parents le 5 novembre 1975, comme Toty qui redoutait tant le socialisme, le 5 août 1978, après une messe dite à quelques pas de son ancienne maison, à l'église de la Miséricorde).

Et s'il est vrai que le succès international de *Et Dieu créa la femme* fera de Saint-Tropez l'un des centres du monde à dater de 1957, la présence de Brigitte en entretiendra la brûlante réputation. À partir de ce moment, et encore aujourd'hui, chaque fois que quelqu'un s'approche de vous à Saint-Tropez, fait mine de vouloir vous interroger, vous connaissez par avance sa question : « Où se trouve la maison de Brigitte Bardot ? »

Que les touristes, américains, allemands ou italiens, n'imaginent pas si modeste, à la manière de Graceland, ni discrète, cachée à la vue de tous. Et la confondent immanquablement, lorsqu'ils tentent de la dénicher du regard depuis la Citadelle, le Moulin-Blanc, le cimetière marin ou la route des Graniers, avec l'arrogante villa de la famille von Opel donc, à quelques dizaines de mètres plus à gauche, quand ça n'est pas, sur les hauteurs, l'improbable château Borelli et sa tour de tuiles vertes, fantaisie d'un bey égyptien qui domine depuis plus d'un siècle le cap Saint-Pierre, et n'est plus guère habité depuis que le débarquement allié en a chassé les Allemands qui en avaient fait leur Kommandantur (il a récemment été découpé en appartements de grand luxe).

Ceux qui s'aventurent au-delà de la plage des Graniers, par le chemin de douane escarpé, encombré de ronces, surplombant les criques où se cachent nudistes et couples très épris, s'agrippant parfois aux arbres et crapahutant sur les rochers quand ils n'ont pas pris le raccourci qui consiste à emprunter le chemin de l'Estagnet qui longe la baie des Canoubiers et dépassent l'école de voile, n'entretiennent qu'un espoir : voir BB à poil. Déçus, parfois intrigués, lorsqu'ils découvrent, en insistant à pied ou à bord d'un de ces bateaux qui offrent la visite des villas des vedettes à grands renforts de hauts-parleurs dix-sept fois par jour d'été, comme sur les canaux de Bruges ou d'Amsterdam, l'exiguïté des lieux et de cette maison basse, presque au ras des flots.

Fière de cette cité de tout juste cinq mille habitants (mais déjà plus de cinquante mille l'été en 1960), farouchement indépendante comme elle, Brigitte n'aura cesse d'en faire la publicité. Dès son premier été à La Madrague, elle y est poursuivie, par les fans, les voyeurs, les stalkers et les photographes. Le 26 juillet, la presse note : « BB, vacances pour un animal traqué », cernée par les professionnels déguisés en pêcheurs ou en simples nageurs pour tenter d'obtenir d'elle un cliché sensationnel dans sa « prison ensoleillée ». Le 16 août, *Paris-Match* signale que « le vieux village de pêcheurs est devenu la casbah des estivants, empli d'étrangers, de voitures de sport et de femmes qui singent son allure. » On la voit furtivement dans les rues avec Sacha Distel, en jeans et tee-shirt, dans le documentaire baroque *Du côté de la côte* d'Agnès Varda, dans tous les magazines, tous les reportages télévisés, en short ou en maillot, souvent ses courses à la main, vanter le refuge que lui offre l'ancienne Héraclée.

Elle ne se contente pas d'y passer l'été. Dès l'hiver 1958-1959, elle déambule à vélo en pantalons de ski et bottes, gros pull et foulard noué sous le cou devant chez Sénéquier quand elle ne tape pas le carton dans les bistrots avec sa bande, le plus souvent à la belote bridgée. À la terrasse de l'Hôtel de la Ponche en compagnie de Claude Bolling pour lequel elle a fait livrer un piano à La Madrague, un fichu sur la tête ou pieds nus sur les pavés disjoints de la place de la Mairie, panier en osier au bras, bustier blanc, BB est alors là ce qu'Elvis est à Memphis, une semi-divinité.

Brigitte Bardot est omniprésente à Saint-Tropez, elle *est* Saint-Tropez.

Après son deuxième mariage, elle vit une furtive lune de miel idéale à La Madrague, farniente principalement constitué de longues siestes câlines et de bains de soleil langoureux sur le ponton de bois où est amarré son hors-bord, enveloppée par l'odeur musquée des reliefs d'algues séchées qui font là office de plage. Ça ne sera qu'ensuite, une fois sa grossesse révélée, traquée par les paparazzi, cernée par leurs objectifs pornographiques, qu'elle se terrera dans la maison de ses parents, enfermée derrière les volets fermés de sa chambre du premier étage, veillée par sa mère, sa grand-mère et sa nurse italienne. Jusqu'à ce que sa garde rapprochée de Tropéziens historiques (Félix Giraud de L'Escale, Félix Palmari de Tahiti Beach, François Guglietto et Roger Urbini de L'Esquinade) expulse les intrus de la cité manu miltari ou presque. De cet instant, Brigitte Bardot devient la propriété privée des Tropéziens, et sa tranquillité, sa sécurité, l'affaire de tous.

À la naissance de Nicolas, elle fait construire à son intention la Petite Madrague, annexe indépendante, grande pièce unique seulement séparée de la maison principale par la végétation luxuriante, à la foison quasi tropicale : cannes, bougainvillées, géraniums en jarre, tamaris, palmiers, cocotiers, cactus, mimosas. Elle passera désormais aux Canoubiers tous ses étés, quelques printemps et arrière-saisons.

En ce début des années soixante, ce sont principalement Jacques Charrier, puis très vite Sami Frey, Mijanou, Pilou et Toty, Christine Gouze-Rénal et Roger Hanin, Anne de Miollis et Jicky Dussart, André Pousse, Eddie Barclay, Francine et Jean-Max Rivière, Irène et Claude Bolling, qui fréquentent La Madrague, au son du *Concerto d'Aranjuez* interprété à la guitare par Narcisso Yepes ou à la trompette par Miles Davis et l'orchestre de Gil Evans. Jusque-là, la maîtresse des lieux sort assez peu, se couche relativement tôt, se lève tard, vivant comme une sauvageonne, entre gin tonics savourés sur la balancelle, séances de bronzage à la plancha sur la pierre chauffée par le soleil, pêche (prohibée) aux amphores dans le golfe et ski nautique derrière le Sabri (composite de Sami et Brigitte), son premier Riva.

Les badauds qui la harcèlent montent sur le toit de la bâtisse basse, escaladent les clôtures, se font la courte échelle pour voir par-dessus le portail quand ça n'est pas pour l'enjamber purement et simplement, abordent même par la mer, s'installent là sans plus de cérémonie, jusque dans son lit parfois. Les hauts fonds de la baie des Canoubiers eux, suffisent à faire échouer – au sens précis – la plupart des débarquements.

La journaliste tropézienne de *France-Soir* France Roche occupe parfois La Madrague avec leur amie commune Olga Horstig-Primuz. « Brigitte menait une vie épouvantable. Des types venaient de la mer, de la terre, faisaient n'importe quoi pour essayer d'espionner sa vie privée. Il arrivait avec Olga que nous séjournions là en son absence. Ça n'arrêtait personne. Un jour, j'ai dû crier à quelqu'un qui me photographiait : “Foutez-moi la paix, vous voyez bien que je ne suis pas BB.” »

Les Golden Sixties éclatent alors véritablement, au son des Beatles, des Rolling Stones, des yéyés, de la bossa nova, du flamenco, des guitares et des sambas endiablées. Le Franco-Brésilien Bob Zagury convertit BB au night-clubbing permanent. C'est à La Madrague comme dans tout Saint-Tropez le carnaval incessant de mai à octobre. Les parties de charades à gage et de strip-poker durent toute la nuit, les gains se consomment charnellement au rythme du « Pais tropical » de Jorge Ben et au son des rescuados de la guitare gitane de Manitas de Plata. Tout le monde va passer par La Madrague. Johnny Hallyday, avec lequel elle joue de la guitare, mais ne formera pas – pas même un soir – le couple mythique qu'il constituera avec Sylvie Vartan ; Dalida, qui y passera quelques jours de vacances en 1966 ; Chantal Goya et Jean-Jacques Debout, Distel, de retour en terrain balisé, Jeanne Moreau, Romy Schneider. Alain Delon, lui aussi, vient s'y réfugier à une période délicate, mi-août 1968, à l'invitation de la maîtresse de maison pendant le tournage de *La Piscine,* logé dans la chambre d'amis d'une remise à bateaux entre le ponton, une chaise et une table de fer forgé blanc avec un transat blanc à la mexicaine, des plantes grasses, un tapis provençal, des coussins et un fauteuil en osier, ainsi qu'il s'en souvenait pour *Gala* : « J'étais à l'époque au milieu de l'agitation qu'avait créée l'affaire Markovic et je n'avais pas la paix, harcelé par les journalistes et les photographes. La proposition de Brigitte qui était une star d'exception et que je connaissais pour avoir tourné avec elle dans un sketch du film *Les Amours célèbres* en 1962, où nous mourions tous deux noyés, enlacés et emportés par les flots d'une rivière, était plus que gentille et je l'avais acceptée, heureux de me retrouver en son paradis, vrai lieu mythique, bien que constamment cerné par des curieux et des reporters du monde entier.

Dans la baie des Canoubiers, logé dans la Petite Madrague, maisonnette de pêcheurs attenante à la maison principale, à l'abri des roseaux et des bambous, derrière les murs de la propriété et les murets de la plage, je fus tranquille et je retrouvai un peu de tranquillité, nécessaire à la préparation du tournage d'un film qui s'annonçait comme impressionnant. »

À son tour, il invite Brigitte à le rejoindre sur le tournage, dans une villa de l'Oumède, sur la route de Ramatuelle par les plages. « Un jour, nous avons reçu sur le plateau la visite de Robert Sargent Shriver qui, alors ambassadeur des États-Unis en France, serait candidat à la présidence américaine quatre ans plus tard. Il était accompagné par sa femme Eunice, sœur des frères Kennedy. J'avais organisé ce soir-là un dîner en son honneur, en présence de Romy et aussi de Brigitte, qui, portant une perruque noire, était venue nous rejoindre. Une photo a été faite de cette rencontre et je garde, précieusement encadré chez moi, accroché au mur dans ma maison de Douchy, ce souvenir en noir et blanc qui m'est particulièrement cher. Je crois que c'est l'un des rares clichés les réunissant toutes deux, au coude à coude. »

Mais si les stars se pressent auprès d'elle, elle rend visite à d'autres, comme Louis de Funès, qu'elle tient à féliciter sur le tournage du *Gendarme de Saint-Tropez,* ce qui aura le don d'énerver Michel Galabru, délaissé. Mais surtout Brigitte offrira la notoriété à ceux des Tropéziens dont elle s'entoure, ou dont elle consomme les produits. Le Polonais Alexandre Micka, notamment, traiteur de la place de la Mairie, chargé du catering sur le tournage de *Et Dieu créa la femme,* créateur de cette brioche au sucre parfumée à l'eau de fleur d'oranger et fourrée d'une épaisseur de crème, mélange original de crème pâtissière et de crème au beurre, qu'elle baptise aussitôt « la tarte tropézienne », dont on peut aujourd'hui trouver de mauvaises imitations – avec des fraises ! – sous ce nom dans le monde entier, de Saint Mark's Place à New York au Murat, porte d'Auteuil.

De l'hirsute Jean Bouquin, pionnier chez Renoma à Paris, elle fera le couturier hippie, dont la boutique, installée dans un garage à bateaux à l'extrémité du port, quai Frédéric-Mistral entre la descente de la mairie et la tour des Mouscardins, sera visitée par toutes les stars, de Monica Vitti à Mick Jagger, de Polanski à Nicholson (il transformera jusqu'en 1971 France Gall, Gainsbourg, Johnny, Polnareff, Claude François, la troupe de *Hair*, organisera plus tard le festival d'Auvers-sur-Oise, annulé en raison de la pluie, qui verra quand même le Grateful Dead se produire au château de Hérouville pour *Pop 2*). « Nous venions d'ouvrir. C'était mi-juin 1964. Jicky Dussart est passé et m'a dit : “Ce que vous faites est extraordinaire, je vais vous amener quelqu'un.” J'avais déjà eu Aznavour. J'ouvrais le magasin à huit heures du matin, et on fermait le soir tard. Pendant que les autres commerçants tropéziens fermaient à une heure de l'après-midi et allaient à la plage jusqu'à cinq heures avant de rouvrir, moi, je restais travailler. Ce jour-là, en plein cagnard, à quatorze heures, j'étais sur le carrelage de cet ancien hangar à bateaux en bermuda, tee-shirt et pieds nus. Je cousais. J'ai vu arriver des pieds nus. Je les ai reconnus instantanément. Avec ma femme, on adorait Brigitte. Non seulement parce qu'elle était sublime, mais aussi parce qu'elle avait tellement de fantaisie. Des comédies comme *Une parisienne, Une ravissante idiote,* étaient délicieuses. C'était Brigitte, avec Bob Zagury. Ils étaient venus en barque de La Madrague. Elle regarde les fringues : “Ça je prends, ça je prends, notez tout." Elle a pris beaucoup de vêtements. Puis elle m'a dit : "Je vous ferai renvoyer ce que je ne garde pas par le chauffeur." J'ai noté ce qu'elle emportait. Et elle a demandé mon numéro de téléphone, puisque nous n'avions pas pensé à faire de cartes de visite. Elle m'a rappelé deux heures après : "On ne va pas faire comme ça. J'aime trop ce que vous faites. Je vais partir au Brésil, puis au Mexique. On va faire une collection. C'est assez pressé, pouvez-vous venir demain à onze heures à La Madrague ?" Et là on a tout de suite sympathisé. Elle était très avenante, très facile de contact. "Je vais être habillée par vous pour mes reportages." Pendant un mois je lui ai fait des vêtements. Elle a été de parole. En octobre, elle avait six pages dans *Elle* et la couverture avec une accroche formidable qui disait : "Dans mes malles, j'ai mis tous les vêtements de mon couturier, Jean Bouquin, et je vous les présente." On ne peut rêver mieux : elle était au firmament. Elle a fait la mode. Les filles s'habillaient comme Brigitte. Elle était plus qu'une vedette de cinéma. Elle était l'image d'une époque en France. Elle a fasciné tout le monde. C'était la reine de France, quand on parlait de Brigitte Bardot, c'était la France qu'on évoquait. Quand elle est revenue, on est devenus intimes. Notre rapport était désintéressé. Naturellement, je l'ai toujours habillée gratuitement, mais c'était la moindre des choses. C'est une femme extraordinaire, d'une rare intelligence, nous avons passé des moments merveilleux, et d'une très grande générosité contrairement à ce qu'on pourrait penser en regard de certaines choses, et qui était une amoureuse de la vie. »

Tropézien depuis 1950, Jean-Marie Rivière, comédien devenu roi de l'Alcazar qui anime les soirées au Café des Arts en organisant des compétitions toutes plus loufoques les unes que les autres, est aux petits soins pour la souveraine de Saint-Tropez, qui vient faire la fête et dîner chez Georges Bain et ses amis, Johnny Hallyday, Eddy Mitchell, Henri Salvador, Sacha Distel, Enrico Macias, Eddie Barclay : « Quand elle n'était pas en forme, elle ne sortait pas, racontait-il à Catherine Rihoit. Brigitte s'était très bien intégrée à la communauté tropézienne. Elle avait une sorte d'aura. Et puis un truc formidable, un très grand respect d'elle-même. On la disait capricieuse, mais ce n'était pas ça. Elle avait de temps en temps de petites allergies, des œdèmes avec poussées de boutons, et là elle se cachait comme les animaux qui se cachent quand ils ne sont pas en forme, qui vont dans leur trou. À cette époque, dans les années soixante, j'avais le Café des Arts. Elle dînait souvent dans l'arrière-salle. J'avais monté un spectacle permanent, une espèce de happening. Brigitte venait souvent. Elle avait un charme fou, et une gentillesse. Brigitte était une déesse. Ça venait de son intériorité ; elle se mouvait dans le monde très bien. » Ensuite, elle finit au petit matin par un dernier verre, ou une omelette, voire des spaghettis, chez Henri Guérin, « Le Gorille », ainsi surnommé en raison de sa toison pectorale fournie, sur le port, où officie son barman Virgile Azzéna (dit Zize) et sa compagne Michèle.

Manitas de Plata, le plus célèbre Gitan de la planète que lui dispute Jeanne Moreau, roi de la guitare flamenco du Fillmore à Carnegie Hall, sera lui l'objet de toutes ses attentions. Le 28 septembre 1967, elle fête son trente-troisième anniversaire en mini-robe lamée à l'Épi-Plage, à Pampelonne, pâmée au son de son cante jondo, se mordant les doigts devant les caméras de François Reichenbach pendant qu'il lui joue en chemise blanche et cravate « Alegria Chico », puis « Galop de Camargue ». Elle posera, alanguie à ses pieds, pour la pochette de son album *Hommages*.

BB dîne et danse à L'Esquinade avec Claude et Georges Pompidou, Premier ministre en exercice, fait la fête au Papagayo, au bout du nouveau (à l'époque) port où Ghislaine permet aux danseurs de découvrir les plaisirs de la douche dorée, euphoriques qu'ils sont de se croire arrosés au champagne depuis le balcon. Pendant l'été 1966, elle y jerke sur la musique de Steampacket, soient Long John Baldry, Julie Driscoll qui ouvrait le courrier des fans des Yardbirds au bureau de Giorgio Gomelsky à Londres, Brian Auger et son orgue Hammond B-3, mais pas Rod Stewart (l'agent George Webb a mis aux voix qui vient parce que le cachet n'est pas suffisant pour tout le monde, et c'est lui qui a été exclu). La rythmique est composée de Ricky Fenson, Vic Briggs (futur Animals) et Micky Waller (futur Jeff Beck Group). Tous en chemises blanches, costards, cravates, boutons de manchettes, sauf Julie, cheveux courts pas encore afro, robe ajourée, bras nus, se défoncent sur « Rock Candy », « Back At the Chicken Shack », « Can I Get a Witness », « (Baby) Don't You Do It »... « On faisait de notre mieux pour continuer à jouer sans trop montrer qu'on bavait d'envie, pour ne pas dire plus, tellement elle se tortillait devant nous en tenue ultra-sexy », se souvenait l'organiste qui allait triompher deux ans plus tard à la tête de sa Trinity avec « Save Me » et autres « This Wheel's On Fire ».

Mike d'Abo (futur chanteur de Manfred Mann) les avait précédés avec A Band Of Angels, comme les Blue Men de l'Irlandais Micky Finn (futur Heavy Metal Kids, guitariste de Higelin et de Nino Ferrer), et Bluesology, avec à l'orgue un certain Reginald Dwight, qui sous le nom d'Elton John deviendrait Tropézien à la fin des années quatre-vingt, s'installant d'abord au Byblos, puis acquérant une immense propriété au Val-de-Rian, La Libanaise.

Les groupes de r'n'b anglais font alors la joie des clubs tropéziens, parfois avec des chanteurs noirs américains, comme celui qui inspira « Je veux être Noir » à Nino Ferrer, cependant que bien d'autres musiciens britanniques se contentent, eux, comme Rod Stewart, Syd Barrett et David Gilmour, de faire la manche aux terrasses de Sénéquier et du Gorille et dormir sur la plage de la Ponche ou dans leur Combi pour financer leurs vacances en chantant le répertoire de Ramblin'Jack Elliott, de Bob Dylan, des Beatles et des Rolling Stones. Gilmour, dont les parents francophiles possèdent une villa au cap Camarat, sera omniprésent dans le golfe, avec ses différents groupes, Flowers, The Crew (avec Gary Wright et Archie Leggett) et Bullitt. Avec Pink Floyd, il s'installe à Saint-Tropez pendant tout l'été 1970, se produisant notamment le 8 août dans la carrière du Moulin Blanc (dont le décor minéral, filmé par *Pop 2,* inspirera le film *Live At Pompei*), puis à l'Épi-Plage, sans pour autant renouer avec Mijanou, qu'il affirme connaître plutôt que Brigitte, malgré l'hostilité affichée par Gunter Sachs à son égard.

Soft Machine première manière (Daevid Allen, Kevin Ayers, Robert Wyatt, Mike Ratledge), avait précédé le Floyd dans les rues de Saint-Tropez, faisant scandale en 1968 en assurant la musique du spectacle de Jean-Jacques Lebel tiré de la pièce de Picasso *Le Désir attrapé par la queue,* happening avec les superstars de la Factory Ultra Violet et Taylor Mead qui voit notamment Kevin Ayers entrer en scène à dos de chameau, et le disquaire niçois aux moustaches d'ours Benjamin Vautier (futur Ben) menacer les spectateurs du carrefour de La Foux en face du Luna Park, sur lesquels on jette des poulets, en jouant à la roulette russe la tête dans un sac, muni d'une hache. Brigitte avait ensuite assisté, avec Delon, Jean-Luc Godard et le Tout-Saint-Tropez, au lancement de leur premier single, « Love Makes Sweet Music », lors de la Nuit psychédélique organisée par Eddie Barclay sur la place des Lices le 14 juillet, au cours de laquelle le groupe s'était lancé dans une version de quarante minutes de leur mantra répétitif « We Did It Again (And Again And Again) ».

Relativement peu sensible aux délires enfumés et éthérés de l'avant-garde, Brigitte, à la culture classique, est en revanche plus attirée par la sexualité rebelle des Rolling Stones, et assiste au *Beggars Banquet* décadent, dîner de mariage de Mick Jagger, dont Vadim est l'un des témoins, offert par Ahmet Ertegun, « le dernier sultan », légendaire président des disques Atlantic, au Café des Arts, le 12 mai 1971, en présence de deux Beatles (Paul et Ringo), des cinq Stones (dont Keith, totalement rétamé), d'un Who (Keith Moon), de quatre Faces (dont deux deviendront Stones – Ron Wood et Ian McLagan – et l'un Who – Kenny Jones), de deux Santana (David Brown, Michael Shrieve), d'Eric Clapton, Peter Frampton, Stephen Stills, Nicky Hopkins, Bobby Keys, Terry Reid, Doris Troy et l'ancienne Ikette P.P. Arnold.

À La Madrague, les soirées sont nombreuses chaque été, et réunissent ce qu'on appelle alors la jet-set. Francine Bréant, la skieuse qui a épousé Sacha, en fait partie : « Un soir nous sommes allés à un bal costumé à La Madrague où Brigitte nous avait invités. Elle était déguisée en tigresse, somptueusement belle ainsi qu'à l'accoutumée, et je portais une couronne de marguerites. » Une autre fois, Brigitte se déguise en blackface (et body !) pour être confondue avec Anne Dussart et stupéfie Dionne Warwick comme

Clouzot. À ceux qui lui rendent visite par la mer, elle vient ouvrir le chenal parmi les hauts fonds de la baie des Canoubiers pour accoster à son ponton sur son Riva, à la proue, torse nu. Elle s'expose, s'abandonne, se donne et se dore au soleil sans la moindre protection, comme les vieux Tropéziens, ce qui explique pourquoi elle sera aussi rissolée plus tard, rétive qu'elle sera à toute retouche réparatrice.

La plus démente fiesta se tient le 7 juillet 1968, comme Brigitte s'en souvient pour Christian Brincourt dans *La Petite Fiancée de Paris-Match* : « J'étais vêtue d'un bikini de cuir noir, des cuissardes noires, un poignard à la ceinture, mes longs cheveux cachant mes reins, et un loup de plumes noires cachait mon visage. Mes copines étaient toutes plus ou moins nues, Sveeva et Carole allongées devant moi, voilées, parfumées... Je me souviens d'un véhicule tiré par quatre chevaux d'où sont sortis Félix de L'Esquinade et ses amis en Dalton. »

Cinq cents invités parmi lesquels Eddie Barclay, Jean Lefèvre, Daryl Zanuck, les Distel, Michèle Mercier, Jean-Jacques Manigot et les Aphrodite's Child de Vangelis, Demis Roussos et Lucas Sideras, qui se produisent tous les soirs au Byblos et triomphent avec le slow de cet été-là, « Rain and Tears » (adapté du « Canon » de Pachelbel sur des paroles anglaises d'un Boris Bergman débutant). Sans oublier la bande des Italiens de la villa Brigantine déguisés en Touaregs arrivant à dos de chameaux, Bepe Piroddi, le « Prince » Franco Rapetti, Rodolfo Parisi, Gianfranco Piacentini et surtout Luigi Rizzi, le playboy de Plaisance qui la séduit, le temps d'une aventure, « brève mais intense avec cette personne exceptionnelle, d'une simplicité désarmante, rien du vampire qu'on décrit », selon le promoteur des fameuses discothèques « Il Number One » de Milan et de Rome, avec lequel elle partage tout l'été bouillabaisses et vins de la presqu'île à L'Escale sur le port ou au Café des Arts sur la place des Lices (il y joue au foot avec Bécaud), danse au Papagayo (où Johnny les rejoint boire du Cointreau) et à L'Esquinade, bronzettes sur le ponton de La Madrague et apaisement des sens.

Mais bientôt, malgré les travaux, La Madrague est trop envahie et sa ménagerie trop nombreuse. Avec l'arrêt de sa carrière, Brigitte est de plus en plus souvent tropézienne et commence à ressentir les effets négatifs de l'invasion par la Me Generation égoïste des années soixante-dix. Au Club 55 elle s'acoquine avec Los Reyes, qui viennent chaque été depuis 1972 faire la saison à Saint-Tropez et campent sur Mooréa dans leurs roulottes. « On jouait sur la plage dans la journée, et le soir, on parvenait souvent à se faire inviter dans une villa pour mettre l'ambiance musicale », raconte le guitariste prodige Tonino Baliardo. « C'est comme ça que nous avons rencontré Brigitte Bardot. Parfois, elle venait danser avec nous dans les caravanes. »

Le 20 juillet, elle danse pieds nus le flamenco avec eux, chante, joue de la guitare, boit du rosé. Elle les invite à se produire pour son anniversaire, le 28 septembre donc. Elle les adore, se lève, chante et danse avec eux. « Ce fut une rencontre fulgurante. Je les ai trouvés formidables et je ne les ai plus lâchés tant je voulais absolument jouer de la guitare et danser les pieds nus avec eux. » Dans l'euphorie, elle se persuade d'avoir du sang gitan dans les veines, et annonce à Chico Bouchiki, leur porte-parole, qu'elle est prête à se produire en leur compagnie chaque fois qu'il leur manquera une chanteuse-danseuse. Ce dernier a le culot et la bonne idée de la prendre au mot à l'occasion de l'animation d'un mariage. Maquillée en Andalouse, parée de sa plus belle robe gitane, les cheveux défaits, avec de lourdes boucles d'oreilles dorées, elle tient sa promesse avec toute sa grâce, montant sur les tables et jouant du guiro et des castagnettes dans plusieurs soirées privées données dans de luxueuses propriétés de la presqu'île, où elle suffoque les convives qui s'extasient et se pressent autour de Chico pour obtenir le numéro de téléphone de cette caraque qui ressemble tellement à Brigitte Bardot ! Laquelle invite aussitôt ses guitaristes à chaque fête à La Madrague, les entraîne partout dans son sillage, ne ratera pas une occasion de les retrouver et devient leur marraine, qui contribuera à lancer leurs succès mondiaux de 1987, « Djobi, Djoba » et « Bamboléo ».

Elle fête encore ses quarante ans à La Madrague avec Françoise Sagan, Jean et Simone Bouquin, les Dussart, on ne peut plus tropéziens grâce aux photos extraordinaires de Laurent Vergez, qui la montrent, bien avant Jane Fonda, aussi belle à cet âge qu'elle l'était à vingt-trois quand elle avait acquis ces deux mille mètres carrés au bord de l'eau. Elle est devenue cordon-bleu, spécialisée dans la cuisine provençale, quasi végétarienne, ne faisant d'exception que pour rougets et daurades de temps à autre. Il se murmure alors à l'étude Mercury qu'elle serait prête à vendre, pour 3 millions de francs de l'époque (devenus « nouveaux » depuis son achat), pour acheter à la place la propriété somptuaire du photographe de *Match* Willy Rizzo (qui a inspiré à Hergé *Les Bijoux de la Castafiore*) et de sa compagne, l'actrice italienne Elsa Martinelli.

Elle commence par se refugier à La Garrigue à la rentrée 1978, quatre hectares sur les hauteurs de Capon, vers les Salins, qui descendent jusqu'à la plage de sable déserte où se baigne son gros cochon (pas de blague, hein ?). Elle a fait construire elle-même sa petite maison basse, au toit de tuiles, cachée derrière les bougainvillées, jasmins et pins parasols, avec cheminée provençale, grande table massive de chêne, et sa tonnelle de glycine, bégonias et chèvrefeuille. Elle s'y rend dans sa vieille 4 L retrouver chiens, chats, pigeons, canards, poules, oies, ânes, moutons, chèvres, ponettes, juments et, donc, cochons, dont les sangliers sauvages viennent partager la nourriture. Chemin faisant, elle croise encore quelques voisins, comme Tatiana Eltsine, la fille de Boris, Michèle Morgan et Gérard Oury. « Nous adorions nous promener sur la route et souvent, chemin faisant, nous croisions Brigitte quittant La Madrague pour aller dans sa maison, voisine, de La Garrigue. Elle circulait au volant de sa voiture emplie de chiens », racontent ceux-ci à Henry-Jean Servat.

Elle copine aussi avec sa voisine qui descend sa bouteille de vodka quotidienne, Cristina von Opel, cousine de Gunter dont les parents décédés étaient amis avec les Bardot. Àgée de vingt-huit ans, elle est arrêtée avec son compagnon et deux complices pour détention dans sa villa de deux tonnes de haschich. Robert Badinter, ancien avocat de Brigitte (elle en a eu beaucoup), qui défend ses intérets demande à son ancienne cliente d'obtenir sa grâce auprès du président de la République. Giscard, se prenant pour Kennedy avec Marilyn, en profite pour remonter toujours plus haut sa main sur la cuisse de Brigitte, qui n'est pas venue pour cela. Condamnée dans un premier temps à dix ans de réclusion aux Baumettes par le tribunal de Draguignan, Cristina verra sa peine réduite de moitié en appel à Aix-en-Provence le 18 juin 1980. Elle sera libérée par anticipation après l'élection de François Mitterrand grâce à Badinter, devenu garde des Sceaux.

Pour Noël 1980, Brigitte dîne avec son compagnon Allain Bougrain-Dubourg, la pasionaria des animaux de *Libération* Germaine Aziz, Gloria Klein, sa confidente chilienne en instance de divorce, Jicky Dussart abandonné, et l'homme à tout faire Gérard Morel, qu'elle a baptisé « la perruque ». Son amant animalier la filme pour Antenne 2 dans une émission-confession exceptionnelle en trois épisodes : BB « Telle Quelle », soit trois heures de tournage en juin 1982 à La Madrague et sur la plage de Pampelonne, où elle danse avec Los Reyes, pieds nus, cheveux jusqu'au bas de reins ; à Bazoches en pull à rayures, elle fume devant un feu de bois pour saluer le moratoire de la Commission européenne sur le massacre des bébés phoques ; sur un bateau-mouche, à Paris, il lui demande si elle dira « toute la vérité, rien que la vérité » : elle lève la main et dit : « Je le jure. »

La Madrague a beau être un petit paradis et la misère moins pénible au soleil, celle de l'âme, le mal de vivre, lui, se moque bien du panorama. 1983 est une mauvaise année pour Brigitte, qui a assisté le 25 juin au mariage de son ami Philippe d'Exéa à la chapelle Saint-Anne où s'était déroulé celui, religieux, de Mick Jagger, célébré par l'abbé Lucien Baud (de même que ma communion solennelle).

Pour l'anniversaire de ses quarante-neuf ans, le 28 septembre donc, elle dîne Chez Palmyre, rue du Petit-Bal, avec quelques amies proches, dont Gloria, venue lui remonter le moral. Champagne à volonté (elle picole aussi du whisky sec). Ivre, gavée d'Imménoctal (un psychotrope abrutissant), elle part ensuite nager de nuit devant chez les Opel, et coule. Miraculeusement, encore une fois, Gloria la sauve, parvient à la conduire à la clinique de l'Oasis, à la sortie de Saint-Tropez, commune de Gassin, à gauche sur la route de La Foux, où on finira par la tirer de son coma profond.

Gloria l'aidera aussi à ouvrir sa boutique La Madrague dans une cave de la rue d'Aumale, quinze mètres carrés en sous-sol, capharnaüm où elle vend ses souvenirs pour entretenir sa fondation en faveur des animaux. D'avril à août 1987, elle sera aussi tous les mardis et samedis matin au marché de la place des Lices où elle va vendre de 6 h 30 à 11 heures les vêtements qui lui restent, toujours pour tenter de la maintenir à flot financièrement.

Si la génération des yéyés n'a pas fait excessivement partie de ses fréquentations, contrairement à ce qu'on aurait pu imaginer (Johnny et Sylvie, avec laquelle elle partage un reportage de *Salut les copains*, mis à part), elle va en revanche se trouver des affinités avec France Gall, habituée de l'Épi-Plage et des galéjades de Jean-Marie Rivière sur la place des Lices en compagnie de Philippe Debarge et des sœurs Haas, Christine (astrologue de RTL et de *TV Magazine*) et Babette. Au milieu des années quatre-vingt, la chanteuse s'est installée avec son mari Michel Berger à Capon et se souvient pour *Gala* : « Ma maison est proche de la sienne. Et quand je me promène, je la croise. Un soir, en allant dîner à La Romana, elle s'y trouvait. Je lui ai écrit, sur la table, une petite lettre. Je la lui ai fait passer. Quelques minutes plus tard, je me retourne, et je la vois à côté de moi, à genoux sur le gravier. Je lui ai dit de se lever, nous avons discuté, nous nous sommes embrassées. Brigitte, c'est une petite fille toute simple qui est devenue la plus belle femme du monde. »

Toute simple, mais jalouse de son intimité – on le serait à moins, peu ont été aussi violées que la sienne – mais aussi de ses prérogatives. La loi de 1681 exige que les quatre premiers mètres à partir du rivage soient publics. Il est évident qu'à La Madrague elle est inapplicable sous peine d'envahissement permanent. Ce que quelques Tropéziens égalitaristes contesteront régulièrement, ce qui ne manquera jamais de la mettre en pétard (elle se met facilement en pétard, il est vrai). Elle obtient en 1963 une autorisation temporaire d'ériger des murets qui avancent d'une dizaine de mètres dans l'eau pour se protéger des indiscrets, pour garantir son isolement. Mais Louis Le Pensec, ministre de la Mer du gouvernement Mauroy, les fera interdire vingt ans plus tard, lui confirmant tout ce qu'elle avait à redouter d'un état socialiste. Son désamour pour Saint-Tropez en découle et en 1986 elle annonce son départ : « Je suis lassée d'être le Mickey de ce Disneyland. Je m'en vais. »

Trois ans plus tard, c'est le nouveau maire, Alain Spada, qui déclenche en août ses foudres en interdisant les plages aux chiens sous peine d'amende. De rage, elle en arrache les pancartes. Annonce qu'elle quitte ce « Saint-Tropédés » et se fend d'une lettre ouverte pleine d'amertume. « L'impudeur, le vice, le fric, l'homosexualité, sont devenus les symboles tristes et dégradants du village dont vous avez la responsabilité. Les étrons humains, les préservatifs, les déjections et ordures de toutes sortes polluent la baie et les plages. La saleté humaine se répand comme une marée noire gluante. » À part l'homosexualité, dont on ne voit pas ce qu'elle vient faire dans cette liste (ou on craint de le voir), elle n'a pas complètement tort lorsqu'elle ajoute : « La ville est envahie par des voyous, des drogués, des escrocs de toutes sortes. C'est Miami. Le petit port ensoleillé des années soixante avec ses jolies filles, ses mannequins, ses cover girls, a disparu. C'est aujourd'hui le règne des frites et des saucisses... Il n'y a à Saint-Tropez jamais eu de frein ni de contrôle. Ce qui explique cette anarchie de constructions, cette invasion des foules, qui ont transformé des plages sublimes en bordels à touristes. » (Les statistiques ne lui donnent pas tort, malheureusement : en 2013, la zone Saint-Tropez-Gassin, regroupant soixante-quatorze mille habitants, figure parmi le top cinq national des violences physiques crapuleuses, des violences aux personnes, des atteintes aux biens et des cambriolages.)

Au fil des ans, elle poursuivra sur ce registre nostalgique et désobligeant, sans pour autant jamais lever le camp, tel un Socrate qui aurait fini par abandonner tout stoïcisme. « À La Madrague, je pensais vivre au rythme des saisons, de la nature, de la liberté. Quelque part, je cherchais la Provence, ses odeurs, sa terre, sa douceur, sa paresse. Je compris bien vite que ce bien-être-là, cette vérité-là, ne se trouvent plus à Saint-Tropez. »

Dans sa préface de *Colette et la Côte d'Azur* d'Évelyne Reymond (Éditions Édisud), elle réitère sur le thème : « Je suis restée ancrée à ce port de déplaisance, phare touristique et odieux qui d'année en année attire la foule curieuse et me recroqueville au fond de ma chambre tel un escargot dans sa coquille. Maintenant, le touriste recherche ce qui ne le dépayse plus. Il faut le confort, l'hygiène, l'air conditionné, les insecticides, les pesticides, les spots électriques, les surgelés, l'acier, le skaï, le marbre, les hélicoptères ! Mais où sont les tomettes d'antan, les tonneaux de vin blanc en perce, les rigolades décontractées autour du pain frotté à l'ail et tartiné d'anchoïade, les tables et les bancs de bois, les siestes à la fraîche, les bains de coucher de soleil, le chant des cigales, où est "l'assent" du Midi, où sont les promenades libres et solitaires ? Où se cache le talent ? La vérité ? Le silence qu'on peut entendre lorsque le mistral s'est tu et que la mer est d'huile ? »

Elle devra se résoudre en décembre 1991 à léguer La Madrague à sa fondation pour en assurer la pérennité (parution de l'acte au décret du *JO* le 21 février 1992), annonçant : « Maintenant je vis chez mes animaux. » Elle a depuis pris la décision d'en faire à sa disparition un musée, et de s'y faire enterrer, pour que le mythe qu'elle abhorre ne dérange pas la quiétude de ceux qu'elle aime au cimetière marin, sans cesse étendu, où reposent non seulement ses parents, mais aussi Vadim, avec lequel elle avait dîné en 1994 à l'auberge des Maures après qu'il fut passé la prendre à La Madrague. Le 18 février 2000, c'est lui qui y est inhumé, accompagné de ses femmes successives (à l'exception de Catherine Deneuve), Annette Stroyberg, Jane Fonda, Catherine Schneider, Marie-Christine Barrault ; Brigitte fait accompagner la procession, dans les ruelles de Saint-Tropez, par un trio de violonistes russes.

Le 4 juin 1994, alors qu'elle accueille Gonzague Saint-Bris venu l'interviewer pour le magazine *Femme* à l'occasion de ses – bientôt – soixante ans, le député-maire Jean-Michel Couve a la mauvaise idée d'organiser le congrès des chasseurs du Var dans la salle des fêtes Jean-Despas, où se déroulaient mes cours d'éducation physique et où j'avais disputé mes premiers matchs de volley. Brigitte, hystérique, manifeste bruyamment avec un mégaphone et trois cents personnes, se heurte aux sept cents chasseurs réunis et aux quatre-vingt-dix représentants de l'ordre également armés, s'écroule dans l'étal de fruits et légumes voisin de Mijo. Remets les clefs du local de la fondation situé à l'octroi au rival de Couve, Spada, et annonce qu'elle quitte Saint-Tropez une nouvelle fois.

Sans doute pour se faire pardonner et dans un souci d'apaisement, le 9 juillet 1995, Couve l'invitait à présider à la projection de *Et Dieu créa la femme* en présence de Vadim au cinéma La Renaissance, puis à dîner au Café des Arts voisin pour le centenaire du cinéma. Il lui remet à cette occasion la médaille de la ville de Saint-Tropez : personne ne l'avait autant méritée.

Le 31 mai 1996, Jicky Dussart meurt, une tasse de thé à la main à La Garrigue, où il vivait en ermite depuis des années, ne recevant comme visiteuse que Brigitte, à laquelle il conseillait ses lectures. On ne l'y découvre que le 5 juin, alors qu'elle est à l'aéroport de Hyères pour aller assister à Neuilly aux obsèques de Jean-Pierre Hutin, le producteur de « 30 millions d'amis ». Elle est effondrée : « Il était le frère que je n'ai jamais eu. »

Elle ne sort dès lors plus beaucoup de son repaire tropézien, ne se rendant à Paris qu'une fois par an pour l'assemblée générale de la fondation. Elle fêtera toutefois ses soixante-dix ans à la plage de L'Esquinade, à Pampelonne, en robe de velours noir, les cheveux piqués de fleurs rouges à la Sévillane, pieds nus avec Chico et les Gypsies. Et accueillera en 2004 Michel Drucker et son équipe pour un « Vivement dimanche » spécial diffusé le lendemain de Noël. Elle souffre d'arthrose des hanches, a perdu quatre centimètres, doit se bourrer de cortisone, a du mal à se déplacer, ne peut plus conduire que sa 4 L avec vitesses à la main, mais refuse absolument de se faire opérer, de peur de mourir bêtement, comme Jean-Luc Lagardère. « Il aurait fallu qu'un animal le lui demande », se désole Jean-Max Rivière.

Recluse, ne recevant plus que quelques amis triés sur le volet, dont le journaliste Henry-Jean Servat, elle démarre la journée en faisant les mots croisés du *Figaro*, écoute Radio Classique, ses chansons préférées

(« Ne me quitte pas », « Syracuse », « Les feuilles mortes », « Ma préférence »), déjeune souvent d'un simple thé au citron et d'un croissant, a arrêté de boire même du champagne, tricote, siffle ses chiens entre ses doigts comme un mec, lit son amie Yourcenar, Bernard Clavel, Maupassant, Zola, Diderot, Sand, Balzac, Stendhal, Hugo, Daudet, Kundera, Stefan Zweig, La Rochefoucauld dont elle adore les Maximes (« il est un temps pour réussir dans la vie, il est un temps pour réussir sa vie »), le catholique dissident allemand Eugen Drewerman (*Le Progrès meurtrier*), mais aussi Brasillach « assassiné », Christian Signol, Karl Lorenz (*Sauver l'espoir*) et Barjavel, l'auteur panthéiste des *Chemins de Katmandou,* mais aussi de *La Faim du tigre, Une rose au paradis* et *Le Grand Secret,* ouvrages de science-fiction où il rêve d'une paix édénique entre espèces qui ne se dévoreraient pas pour survivre. « J'adore Barjavel. *Si j'étais Dieu*. » Dans leur ouvrage commun, *Brigitte Bardot, amie des animaux,* on la voit s'élancer vers un éléphant, donner le biberon à un faon, cajoler un bébé lion et un bébé tigre, crapahuter à quatre pattes vers des manchots, zoo certainement pas plus exotique pour elle que celui de la jungle tropézienne dont elle est la reine, Tarzanne nue que recherchent tous les explorateurs du sexe et de la célébrité.

Ces jours-ci, elle y règne toujours, dans son splendide isolement, et y peste contre l'humanité, pour qui sa beauté, sa grâce, et leurs conséquences irréductibles et inconvenables sur sa vie, auront été insoutenables jusqu'au bout.

La muse

Ça n'est pas rien. Par sa seule performance incendiaire de naturel dans *Et Dieu créa la femme,* BB a aussi déclenché la vocation du plus immense de tous les auteurs-compositeurs, génie qui révolutionnera l'approche même de l'écriture de chansons, transformera la pensée et le destin de sa génération dans sa recherche enragée et illuminée de vérité et d'identité, d'expression de l'intime, de « Blowing In the Wind » à « Chimes Of Freedom », de « Mr. Tambourine Man » à « Like a Rolling Stone », de « All Along the Watchtower » à « Visions Of Johanna », en passant par des dizaines et des dizaines d'autres gemmes, chantées par la terre entière, de Jimi Hendrix aux Rolling Stones, de Joan Baez à Elvis, des Byrds à Bruce Springsteen, de Hugues Aufray à Francis Cabrel, de Bashung à Johnny. Il s'appelle encore Robert Allen Zimmerman, vit dans la moche petite maison cubique en stuc gris de son père Abraham, marchand d'électroménager à Hibbing, dans le nord glacial du Minnesota, près de la frontière canadienne, « la plus grande petite ville du monde » grâce à son immense mine de minerai de fer à ciel ouvert, et où les autocars Greyhound ont basé leur dépôt national. S'il chante déjà depuis des années dans les fêtes de famille juives et s'essaie au rock'n'roll naissant des pionniers avec son copain John Bucklen, c'est sur le quart-de-queue blanc de ses parents que le futur Bob Dylan convoque pour la première fois l'inspiration démentielle qui sera la sienne pendant le demi-siècle à venir.

« Ma première chanson était pour Brigitte Bardot, au piano. Je m'imaginais que si je l'écrivais, je pourrais la lui chanter en personne un jour. Je ne l'ai jamais rencontrée », raconte-t-il à Izzy Young, le décisif propriétaire du Folklore Center, à l'angle de MacDougal et Bleecker au cœur de Greenwich Village, en 1961, alors qu'il vient tout juste de débarquer à New York sur les traces de son premier modèle, Woody Guthrie. Il le répétera à l'envi, au magazine pour adolescentes *Seventeen,* puis à l'écrivain et critique musical Nat Hentoff en 1965, précisant qu'il avait alors quinze ans (plutôt seize, donc) lorsque *And God Created Woman* embrasait l'Amérique jusqu'au drive in de Hibbing, où Bob découvrit tout aussi enfiévré *The Girl In the Bikini* (*Manina, la fille sans voile*), « où vous verrez plus de Brigitte que jamais ». Au passage, elle est nommée dans l'une des chansons de son album fondateur *The Freewheelin'Bob Dylan* (en France, longtemps *Bob Dylan en roue libre*), « I Shall Be Free », qui servira plus tard d'inspiration aux fameuses « Élucubrations » d'Antoine : « Mon téléphone n'arrêtait pas de sonner / C'était le président Kennedy qui m'appelait / Il me dit mon ami Bob comment redresser le pays / Je lui ai répondu, mon pote John / Brigitte Bardot, Anita Ekberg, Sophia Loren / Ça va sacrément le redresser, le pays ».

En 1978, avec le recul et la maturité, il sera moins joueur auprès de la journaliste Julia Orange : « J'ai choisi Bardot parce qu'elle conjuguait à la fois les qualités d'une enfant et d'une femme, ce qui m'a toujours attiré. » Effet développé par Simone de Beauvoir dans l'essai d'*Esquire* qu'elle consacre en août 1959 à l'icône sulfureuse du *Deuxième Sexe* : « La femme adulte habite désormais le même monde que l'homme, mais la femme enfant se meut dans un univers où il ne peut entrer. Cette différence d'âge rétablit entre eux cette distance qui semble nécessaire au désir. » Tout autant que de Françoise Hardy et Edie Sedgwick, c'est donc bien d'elle que Dylan parle dans « Just Like a Woman », particulièrement au refrain, où le sujet fait « tout comme une femme » mais « craque comme une petite fille » (dans son adaptation de 2012, « Comme une femme », Francis Cabrel chante : « Elle se brise comme une petite fille »). Dans ses remarquables – et remarquées – *Chroniques*, vol.1 (Fayard, 2005), Dylan mentionne à nouveau Brigitte à propos d'un de ses amours d'adolescence dans le Minnesota, dont la qualité principale était évidemment de lui ressembler.

C'est un tout autre effet – mais pas moins puissant – qu'elle produira sur deux adolescents du Liverpool gris, morose, humide et éventré d'après-guerre, pareillement épris des deux libérations concomitantes qu'incarnent le rock'n'roll américain et l'icône sexuelle française, également érotiques et métaphysiques. Son poster, soigneusement découpé par morceaux, comme un puzzle, semaine après semaine dans le magazine *Réveille,* adorne le plafond de la chambre du jeune John Lennon, et l'obsède, au point qu'il choisit lui aussi sa première petite amie, Barbara Baker, quinze ans, parce qu'elle est blonde et que ses initiales sont… BB. John vient de découvrir la *sex kitten* française dans *Doctor At Sea* (*Rendez-vous à Rio*). Son mélange totalement inédit d'innocence encore enfantine et de volupté féminine très adulte possède le jeune Lennon, onaniste frénétique. « À la fin des années cinquante, Brigitte Bardot est devenue l'amour de ma vie. Toutes mes petites amies qui n'étaient pas brunes ont subi la même pression incessante : devenir Brigitte Bardot.

Quand j'ai épousé ma première femme, Cynthia, naturellement auburn, elle était devenue blonde aux cheveux longs, même coupe. » Celle-ci détaille la tenue requise : « Longs cheveux blonds de rigueur, pulls noirs moulants, minijupes étroites, chaussures pointues à talons hauts et, touche finale obligée, bas résille et porte-jarretelles noirs. » Un jour de 1963 où, à la suite d'une incompréhension avec sa coiffeuse, elle raccourcit sa chevelure, John refuse de lui adresser la parole pendant deux jours. L'enjeu du mimétisme est à ce point. Dans son autobiographie *Many Years From Now,* son alter ego Paul McCartney souligne ce trait d'union particulier à Lennon-McCartney. « John et moi étions excités par Brigitte Bardot quand nous étions adolescents, et nous essayions de faire en sorte que nos petites amies lui ressemblent. C'était le summum, l'une des premières qu'on pouvait voir nue, ou moitié nue. Elle était stupéfiante – et française. Pour nous, Brigitte, avec ses longs cheveux blonds, sa silhouette inouïe et ses petites lèvres boudeuses, représentait la beauté féminine absolue. Mais si elle ne s'était pas dépoilée, elle n'aurait pas été aussi attirante. Ce qui nous excitait, c'était de la croire cochonne. Elle était très cool… J'avais une petite amie régulière à Liverpool, Dorothy Rohne. La future femme de John, Cynthia Powell, et elle, sont venues nous rejoindre à Hambourg, et je me souviens lui avoir acheté une jupe en cuir et l'avoir incitée à laisser pousser longs ses cheveux pour qu'elle ressemble à Brigitte. Elle était blonde. Cynthia était pareil : jupe courte serrée, chevelure blonde. En vérité, elle n'était pas blonde, mais John lui a demandé de se teindre pour qu'elle ressemble un peu plus à Brigitte. Je me souviens de l'une de nos conversations : “Ben oui, plus elles ressemblent à Brigitte, plus c'est bon pour nous.” »

Toujours à Hambourg, où les Beatles naissants se produisent à plusieurs reprises de longs mois dans les clubs pour soldats américains et marins allemands en goguette de la Reeperbahn, John en pince pour Astrid Kirchherr, l'étudiante amoureuse de son meilleur ami et alors bassiste des Silver Beatles Stu Sutcliffe. Elle les accueille chez elle et prend les photos iconiques d'eux en cuir noir qui participeront si fort de leur légende. Il a tôt fait de l'appeler « la Brigitte Bardot allemande ». Lennon avait également baptisé une autre petite amie blonde de Liverpool, fan de la première heure, Patricia Inder, sa « petite Brigitte Bardot » (c'est pour elle qu'il écrivit « Hello, Little Girl »).

John et Paul ne sont pas les seuls Beatles envoûtés. Lorsque le *New Musical Express* demande aux nouvelles sensations de ce qui n'est pas encore la Beatlemania, le 15 février 1963 (« Please, Please Me » vient tout juste de leur procurer leur premier numéro un), quelle est leur actrice favorite, les deux autres ne font pas d'autre choix. Et, si George Harrison flashe sur Pattie Boyd sur le plateau du film *A Hard Day's Night*, c'est avant tout parce que cette blonde élégante lui rappelle « Something » de Brigitte : il lui demande aussi sec de l'épouser.

Pete Shotton, plus proche ami du jeune Lennon, au point que le duo de terreurs du quartier de Woolton se faisait appeler Shennon et Lotton, révèle l'application pratique de cette fixation : « Lors de notre première année au lycée de Quarry Bank, nous avions pris l'habitude de nous lancer avec nos copains dans des séances de masturbation collective. "Allez, les gars, annonçait l'un d'entre nous, on se fait laquelle, aujourd'hui ?" Nous lancions à tour de rôle le nom des déesses sexuelles du moment, chaque nom nous projetant vers de nouveaux vertiges de désir, tandis que nous polissions nos érections. Le choix de John se portait inexorablement sur Brigitte Bardot. » McCartney le confirme, et en détaille certaines circonstances :

« Nigel Walley, avec lequel nous jouions dans les Quarry Men, était le fils du chef de la police, aussi il lui arrivait souvent d'être seul la nuit dans leur maison du quartier de Woolton. On dormait tous là et, nous installant dans des fauteuils avant d'éteindre la lumière, en bons adolescents pubères, nous nous branlions. Notre truc, c'était de dire "Brigitte Bardot", ce qui mettait tout le monde d'accord… et en branle. »

Lorsqu'ils se produisent à l'Olympia, en janvier 1964 à la même affiche que Sylvie Vartan et Trini Lopez, les quatre Beatles réclament d'une même voix la visite de Brigitte. Un mot leur parvient du patron de Pathé Marconi, leur maison de disques, accompagné de boîtes de chocolat, leur annonçant que Bri-Bri est malheureusement retenue au Brésil. Le photographe star de *Salut les copains* Jean-Marie Périer se souvient malgré tout avoir organisé leur rencontre à l'hôtel George-V, où ils écoutaient en boucle *The Freewheelin'Bob Dylan* et exultaient en apprenant que « I Want To Hold Your Hand » venait de leur offrir leur premier numéro un aux États-Unis. Dans *Le Temps d'apprendre à vivre,* il raconte comment il a initié la rencontre. « Pendant l'heure du thé, la conversation revint encore une fois sur Brigitte Bardot, l'obsession de tous les musiciens anglo-saxons. "Ça vous amuserait de la rencontrer ?" Comme ils ne semblaient pas me croire, je décroche le téléphone et j'appelle Brigitte. *"Give us a break, man"*, me dit John, pensant que je me moque d'eux. Elle aussi s'ennuie chez elle. Je passe donc la chercher avenue Paul-Doumer. » Comme ils le seront aussi plus tard en présence d'Elvis, les Beatles sont muets lorsque confrontés à leurs idoles. « Je me souviendrai toujours du moment où j'ai ouvert la porte : l'effet qu'elle produisait était incroyable. Le silence qui suivit fut des plus difficiles à combler. Les Beatles étaient assis dans un coin de la pièce. Tétanisés, ils la regardaient comme une couverture de *Jours de France*. Quant à elle, timidement assise à l'autre bout, elle les examinait comme s'ils sortaient d'une pochette de disque. Ce n'est pas tant qu'ils n'avaient rien à se dire. Simplement, leur situation exceptionnelle leur avait fait oublier l'habitude d'être spectateurs. » La rencontre s'éternise dans l'embarras, au point que Jean-Marie ne l'immortalise pas, un cliché qui vaudrait pourtant une fortune, aujourd'hui comme alors. « Dans l'ascenseur, un peu déçue, Brigitte me confie : "Ils ne sont pas très bavards, tes amis." »

Plus tard, quand Paul McCartney conçoit la première mouture de la pochette de *Sgt Pepper's Lonely Hearts Club Band,* l'album phare des Beatles paru à l'aube du Summer of Love le 1er juin 1967, il imagine déjà les quatre garçons dans le vent moustachus, en tenues militaires, assis avec des instruments de fanfare dans une salle de musée, entourés des portraits encadrés de leurs héros. Sur leur gauche, trois fois plus grand que tous les autres, s'étend un poster géant tiré de *Et Dieu créa la femme,* Bardot assise sur ses pieds, les genoux en avant, ses cuisses nues largement écartées, en body noir surmonté d'une jupe portefeuille vert bouteille, ses bras levés remontant langoureusement ses cheveux derrière sa nuque. L'idée sera finalement abandonnée et recyclée au profit du montage du maître du pop-art anglais Peter Blake que tout le monde connaît.

Brigitte n'en a pas pour autant fini avec les Beatles. En 1968, elle les invite à dîner tous les quatre, avec trois de ses amies. Elle a réservé au très sélect Parkes, sur Beauchamp Place, à côté de Harrods, et appelle le premier bureau d'Apple au 95 Wigmore Street. Mais Paul est en Écosse, George et Ringo sont pris par leurs familles respectives. Leur attaché de presse, Derek Taylor, prévient John, toujours aussi fasciné.

Selon Shotton, qui s'occupe alors de sa maison de Kenwood, à Weybrige, « jusqu'à Yoko, elle est restée son fantasme, au point qu'il avait fait encadrer l'une de ses photos, encore bien en vue sur un de ses murs en 1968 ». À tel point qu'abandonné par ses trois complices Lennon décide de prendre du LSD pour se donner du courage avant de se rendre avec Taylor dans sa Rolls Phantom V psychédélique à l'hôtel Mayfair, où l'attend son idéal féminin. Tétanisé et sous l'influence paralysante du vingt-cinquième diéthylamide d'acide lysergique, Lennon est incapable de décrocher plus de deux mots au-delà du « *hello* » qui accompagne leur poignée de main, grillant nerveusement Gitane sur Gitane. Comme il ne parle pas français et que Brigitte n'a pas un anglais exceptionnel, la conversation en reste là et Brigitte appelle deux amis pour renforcer le contingent masculin. Énervés par la présence des deux types qui se muent en traducteurs encombrants, Lennon et Taylor se sentent exclus et décident incroyablement de rester méditer dans la suite de Brigitte plutôt que de se joindre au dîner. Elle n'en revient pas : « Il était dans un triste état. Il m'a demandé de déménager tous les meubles de ma chambre dans le couloir, de disposer des bougies par terre et de m'asseoir sur un tapis : je me suis enfuie et j'ai eu le plus grand mal à m'en débarrasser. » Lorsqu'elle revient au petit matin, en effet, Taylor s'est endormi sur son lit, et elle passe une guitare à John, carbonisé, lui enjoignant de lui chanter quelque chose. Il s'exécute quelque temps, avant de réveiller Taylor et de décamper – la queue basse. « La seule chose que je lui ai dite de toute la soirée, ce fut "bonsoir", raconte-t-il de retour à Shotton, frustré de ne pas avoir été autorisé à l'accompagner. Ensuite, j'ai essayé de parler français avec ses amis et je n'ai jamais trouvé quoi lui dire. » Vexé, il résumera leur rendez-vous raté aussi laconiquement qu'acrimonieusement dans son *Skywriting By Hand Of Mouth,* publié à titre posthume : « J'étais sous acide et elle était sur le déclin. »

Il existe toutefois une autre version de cette rencontre avortée. Imaginaire certainement, du nombre de ces murmures des Sixties, légendes d'une époque où se produisaient tant de choses incroyables que tout paraissait possible dans un brouillard médiatique avéré et que le journalisme d'investigation, surtout dans le domaine culturel, n'était pas encore ce qu'il est devenu aujourd'hui, souvent réduit à l'état de « on m'a dit que... ». Elle voudrait que l'aBBey road ait conduit la plus belle femme du monde du XXe siècle, accompagnée de l'une de ses amies libérée (à l'origine de cette fable) à la suite de George Harrison dans un hôtel londonien où ses trois partenaires les auraient rejoints pour ce que Bayon qualifie dans un hors-série de *Libération* de « décharge métaphysique, fantasme des fantasmes des années soixante ».

Mais décidément rien ne sera possible entre la Sabine atomique et les Fab Four. Le projet de Richard Lester, réalisateur de *A Hard Day's Night* et de *Help !* de caster les Beatles dans le rôle des quatre *Trois mousquetaires* avec BB dans celui de la sulfureuse Milady de Winter, se brisera sur les dissensions internes consécutives à la disparition de leur manager Brian Epstein (Lester tournera finalement *The Three Musketeers* en 1973 avec Oliver Reed, Richard Chamberlain, Michael York, Frank Finlay – et Faye Dunaway). Brigitte et Beatles sont pourtant des mots qui vont si bien ensemble...

Si John Lennon a fait une apparition éclair chez Jean Bouquin, Paul McCartney passera son pluvieux voyage de noces au printemps 1969 avec Linda et sa fille issue d'un premier mariage, Heather, à Ramatuelle, descendant sur Saint-Tropez à la recherche de La Madrague comme tout le monde. Mick Jagger, en revanche, est familier de l'endroit depuis 1955 qu'il y venait en vacances enfant avec son père Joe, professeur d'éducation physique, sa mère australienne Eva et son frère Chris, campant et dormant à la belle étoile sur la plage de Tahiti. Lorsqu'il s'y marie le 12 mai 1971 avec Blanca Rosa Perez-Mora, dite Bianca, la Nicaraguayenne qu'il a chipée à Eddie Barclay après le concert des Rolling Stones à l'Olympia de l'automne précédent, Brigitte est inévitablement de la fiesta *Beggar's Banquet* décadente qui réunit au Café des Arts jusqu'à l'aube toute l'aristocratie rock internationale et la jet-set tropézienne. Le 29 mars 1966, elle avait assisté au *Musicorama* des Stones à l'Olympia. Séduite par leur show, elle les appelle ensuite au George-V où elle débarque aussitôt avec une bande de copains, les laissant à leur tour muets et mesmérisés d'admiration. Elle retourne les voir en septembre au Royal Albert Hall (en première partie Ike and Tina Turner et les Yardbirds avec Jeff Beck et Jimmy Page), puis de nouveau en avril 1967 au palais des sports de Rome, accompagnée cette fois par Jane Fonda et Gina Lollobrigida. Elle espérait leur trouver un rôle dans *À cœur joie* (*Two Weeks In September, Head Over Heels*), ce que leur management refusera, sous prétexte que « comme les Beatles, les Stones font leurs propres films » (ce qui ne se réalisera jamais). En représailles, elle boude et rate l'occasion d'entrer dans leur légende en ne se libérant pas pour présenter en redingote écarlate et chapeau haut-de-forme de Monsieur Loyal, comme Jagger en avait rêvé, leur show « Rock'n'Roll Circus » pour la BBC, qui réunit les Stones, les Who, John Lennon, Eric Clapton, Jethro Tull (avec Tommy Iommi), Taj Mahal et la Bardot anglaise éprise de Mick et grande bourgeoise dévoyée comme elle, Marianne Faithfull.

Déjà, à son départ pour l'armée, Elvis Presley se disait

lui « amoureux » de BB et avait expliqué à la télévision américaine ce qu'il espérait faire en Europe : « Aller à Paris. Et peut-être rencontrer Brigitte Bardot. » À peine installé à Bad Nauheim, ville moyenne proche de Francfort-sur-le-Main, il s'éprend d'une jeune fille de seize ans, Margit Bürgin, dont il écrit à ses amis à Memphis combien « elle ressemble à BB ». Lorsque Priscilla Beaulieu, quatorze ans, lui succède au 14 Goethestrasse, le dimanche 13 septembre 1959, elle est rebutée par... un immense poster de BB.

Jimi Hendrix aurait fait mieux que l'admirer, lui, si l'on en croit le journaliste américain Charles Cross, qui affirme dans *Room Full Of Mirrors* que le guitariste exceptionnellement membré, client de Bouquin lui aussi, aurait connu une brève liaison avec la star française après une rencontre fortuite dans un aéroport parisien. Brigitte réfute absolument (et vu la taille, avérée par le moulage des Plaster Casters, ça ne saurait s'oublier) l'avoir même seulement rencontré (et a fait condamner par l'avocat Thierry Lévy un journal qui reprenait l'allégation). Elle dément aussi les prétentions de Patrick Balkany, généralement moins habile sur le manche et qu'on soupçonne plus ignorant des vertus de la « Purple Haze ». Angus Young, le guitariste du groupe de hard-rock australien AC/DC qui se produit sur scène éternellement déguisé en écolier, culottes courtes et cartable sanglé sur le dos, avoue lui que celui-ci ne contient rien d'autre que des photos de Brigitte Bardot. « Je me souviens d'avoir vu, très jeune, un film d'elle en noir et blanc. Je n'ai jamais rien vu d'aussi bon... »

Son image, avec ou sans son instrument, ornera même les pochettes d'albums des années cinquante et soixante qui ne sont pas d'elle. Parmi eux, *Guitare magique,* de l'Américain Johnny Smith, *Hommages* (à BB, Picasso, Dalí, Cocteau, etc.) de Manitas de

Plata, *La Belle Bardot* de Ray Ventura et ses Collégiens, *Claude Bolling joue les airs de Brigitte Bardot* et un disque argentin improbable, intitulé *Bailamos papi*, sans compter les innombrables compilations de musiques de films, de musique d'ambiance, de tubes des Golden Sixties. L'excentrique luthier italien Wandré Pioli, lui, en profitera pour lancer en 1959 sous licence Framez un modèle BB au vibrato très yéyé avec micro Davoli, évoquant son amour de l'instrument autant que son idéal dessin en forme de 8 qui séduira Jimi Hendrix, et encore aujourd'hui Buddy Miller (membre des Spyboys d'Emmylou Harris et du Band of Joy de Robert Plant, entre autres).

Indubitablement, Brigitte aura marqué les esprits et les libidos des auteurs de chansons, dans tous les domaines et dans toutes les langues. À commencer par Gilbert Bécaud, son amant coup de vent de nuits de fêtes et d'amour, « forcené de travail » dans le souvenir de son fils Gaya (vidéaste et directeur de la création de RTL), qui trouve malgré tout le temps de lui écrire « Croquemitoufle », chanson toute en mot-valise qu'interprétera notamment Dalida, et « Le mur », où Gil fantasme de larguer sa famille pour vivre « nu au soleil » avec « Brige ». Elle le rencontre à la télévision dans les studios des Buttes-Chaumont pour le show « Une parade de fin d'année » du 31 décembre 1957, authentique apparition éperdument amoureuse dans « Alors raconte », rayonnante dans « Les marchés de Provence » et duettiste de « Pour que veille l'étoile ». « Quand j'ai vu Brigitte arriver sur le plateau, c'était une sirène, un miracle, un scandale, un gâteau, une friandise, c'était superbe », se souvenait-il. Mais si « Monsieur 100 000 volts », marié comme elle, ne peut publiquement lui chanter « Je t'appartiens » (« Let It Be Me »), son successeur, le guitariste Sacha Distel, n'aura pas à s'embarrasser de pareille discrétion. Peu après leur rencontre à Saint-Tropez, il l'emmène le 14 août à Antibes assister au mariage de Moustache, le sympathique ancien batteur de Sidney Bechet qui fera les beaux jours du Bœuf sur le toit. Elle adore qu'il lui joue « Nuages » de Django Reinhardt et l'entraîne dans les clubs des Champs-Élysées, le Blue Note, 27, rue d'Artois, où Ben Benjamin programme à partir de l'été 1958 Kenny Clarke, Chet Baker et Sarah Vaughan, et le Mars Club de Barbara et Barney Burns, au 6, rue Robert-Estienne, courte impasse dans la rue Marbeuf, rendez-vous des homosexuel(le)s et des écrivains américains en exil (James Baldwin, Irwin Shaw, James Jones), assister avec Quincy Jones et Petula Clark aux sets de Billie Holiday et Miles Davis. Entre deux bœufs du clarinettiste Claude Luter et du violoniste Stéphane Grappelli à Saint-Germain-des-Prés, le neveu de Ray Ventura, instrumentiste émérite et reconnu, décide que l'occasion est trop belle de se lancer dans une carrière de crooner à l'instar de Frank Sinatra, son idole. « Il aime la musique sous toutes ses formes, comme moi. Mais je ne suis quand même pas capable de passer toute la journée à écouter des chansons de Frank Sinatra, comme il le fait parfois. Moi aussi, j'aime beaucoup Sinatra, mais il ne faut quand même pas exagérer », raconte Brigitte superstar en temps réel à *American Weekly*. Le 19 décembre 1958, ils se rendent même à l'opéra Garnier pour assister au concert historique de Maria Callas, en présence de René Coty, dont c'est la dernière sortie de président de la IVe République avant de passer la main au général de Gaulle, « le plus illustre des Français ».

« Ma rencontre avec la plus belle femme du monde me propulse à la une et je n'ai que quelques semaines pour prouver que je peux être autre chose qu'un chevalier servant », concédera-t-il. À La Madrague, Sacha passe des semaines à tâtonner pour accoucher, avec l'aide du compositeur des Compagnons de la chanson Jean Broussole, de l'opportuniste « Brigitte », dont il compte bien qu'elle assure pour lui la promotion. Elle s'y pliera de mauvaise grâce. Déjà, elle déteste la chanson, « une vraie merde », mièvre en tout cas, qui l'interpelle sur un rythme de cha-cha-cha comme si elle était l'un de ses toutous chéris : « Brigitte, Brigitte, viens vite, viens vite, reposer sur mon bras ta jolie tête blonde. » Le pire survient le 8 octobre 1958, jour de la sainte Brigitte. Bruno Coquatrix, Ray Ventura et Sacha ont l'idée géniale de dédicacer le 45 tours « Brigitte » dans le hall de l'Olympia, boulevard des Capucines, en présence du sujet de la chanson, qui figure bien sûr en photo *trophy wife* à La Madrague avec son interprète sur la pochette.

Elle s'y rend à reculons, coincée derrière un stand à signer des photos et des pochettes à tour de bras à des admirateurs empressés et pressants. Dans un geste d'euphorie étourdi, Sacha se met alors à jeter des pochettes vides aux fans de BB comme il jetterait des cacahuètes à de petits singes. Mal lui en prend. Furieux que les pochettes soient vides et ne contiennent pas la bluette sonorisée en boucle dans l'entrée de velours rouge du plus célèbre music-hall de la planète, ces derniers se comportent comme l'auraient fait les primates en question, et retournent les pochettes inutiles à la tête du prétendant Sinatra français et de sa Bé-Belle, furieuse et humiliée, mais soumise à la volonté de son homme, comme c'était encore la norme de sa génération. Qu'elle n'accompagne toutefois pas à New York, le 28 septembre 1958 (jour de ses vingt-quatre ans) pour participer à l'« Ed Sullivan Show », où – à (gros) défaut – il est présenté comme « l'amant de BB », interprétant « Parlez-moi d'amour ». Installé plus tard avec son staff chez Bardot avenue Paul-Doumer, Distel se remettra de ce premier bide pseudo-romantique en passant au fantaisiste « Scoubidou », chantre de « La belle vie » que Tony Bennett rendra standard (« The Good Life »), puis en citant sa maîtresse dans la liste de ses « Personnalités » (adaptation du « Personality » de Lloyd Price) parmi d'autres symboles sexuels en *o* : Juliette Gréco, Mylène Demongeot, la Môme Moineau, Greta Garbo, Marilyn Monroe...

Son oncle, Ray Ventura, signera un hommage instrumental (*La Belle Bardot*), comme plus tard le pianiste Claude Bolling (*joue les airs de Brigitte Bardot*). Puis ce sera « Gimme That Wine » du trio de jazz vocal new-yorkais Lambert, Hendricks and Ross, qui compare son sex appeal à ceux de Lana Turner et de Rita Hayworth.

Mais ce n'est rien en comparaison de la déferlante « typique » du « Brigitte Bardot, Bardot (beijou, beijou ») de Jorge Veiga, marche du carnaval de Rio 1961, scie signée du compositeur de jingles publicitaires carioca Miguel Gustavo Werneck de Sousa Martins, qui envahira tout le monde latin et au-delà pendant des années dans différentes versions, interprétées, selon et avec plus ou moins d'authenticité et d'humour, par Dario Moreno (on la voit danser avec lui sur la pochette du 45 tours Fontana, en robe Vichy virevoltante), le futur producteur de Demis Roussos Roberto Seto, Dino Garcia, Michelino et autres Rolf Peer (par la suite, on aura droit à Éric Morena et même à Jean-Pascal Lacoste pour la « Star Ac' »).

« Fous donc BB dans ta chanson, ça fera chanter tous les couillons », commente le Monégasque Léo Ferré dans « Les temps difficiles ». Guy Béart n'en aura pas le droit, une Bardot énervée faisant interdire son « Bob, Bob BB » cancanier qui liste gratuitement ses amants notoires (« Vadim, Jean-Louis et Sacha, Jacques et François et Sami, et Bob pour terminer »), alors qu'elle avait présenté à la télévision son « Vous (ce que j'aime en vous, c'est vous) » lors de « Télé Variétés », le 31 décembre 1958.

Claude Nougaro essaie, lui, de conjurer son charme irrésistible dans « Le cinéma », sur une musique de Michel Legrand : « Bardot peut partir en vacances / Ma vedette c'est toujours toi. » Antoine, dans « Votez pour moi » (le premier vinyle de couleur – rouge), propose qu'« À la loterie comme gros lot / On fasse gagner Brigitte Bardot », ce qui l'amusera beaucoup. Claude François, qui s'escrime derrière ses percussions au Papagayo du nouveau port à Saint-Tropez au sein des Gamblers d'Olivier Despax et Jean-Pierre Sabar, n'est pas allé chercher plus loin l'inspiration du tube qui lancera sa carrière, « Belles, Belles, Belles », adapté des Everly Brothers (« Gone, Gone, Gone »). Rapatrié d'Alexandrie via Monaco, Clo-Clo, futur patron du magazine de charme *Absolu,* pour lequel il la photographiera nue en couverture à l'occasion de ses quarante ans, est tout retourné par sa rencontre avec la Femme : « Elle a la pureté d'une enfant et la beauté d'une déesse. On peut la photographier n'importe comment, c'est toujours sensationnel. Et gentille avec ça ! Mais quand on l'a apprivoisée, car elle est timide. Je commandais les figures des madisons. Je m'arrangeais de façon que les danseurs se téléscopent. Elle pouffait. Maintenant que je sais ce qu'est la rançon d'une vie publique, je la plains. Elle a moins de défense que personne pour y faire face. »

Vince Taylor, qu'elle allume, recyclera pour elle le « Big Blond Baby » de Jerry Lee Lewis (« BB Baby »). Nino Ferrer, séducteur-né avec lequel elle vivra une aventure torride en 1971, de sa grande propriété La Martinière à Rueil-Malmaison jusqu'à Rome (Agostino Ferrari est italien) en passant par Saint-Tropez où il s'installait tous les étés pour sillonner la Côte d'Azur avec son orchestre au sein duquel on remarquait Manu Dibango, est subjugué, et le restait encore, quelques mois avant son suicide à la rentrée 1998 : « BB est le grand regret de ma vie. C'est la femme idéale, indépassable, la beauté qui transcende toutes les autres. » Lorsqu'elle le quitte, au bout de quelques mois, elle n'a pas enregistré « La libellule et le papillon », California funk qu'il lui destinait, et qu'il offrira à la sculpturale Afro-Américaine qu'il retrouve ensuite, Radiah Frye (future mère de Mya). Elle le publie en 1974 sous le titre « Playboy Scout » à la mémorable pochette nu(e)bienne, cependant que Christophe, qui s'est essayé aux parties de poker et aux tournois de pétanque sur la place des Lices, affirme dans « Parfums d'histoire » : « Bardot pieds-nus au bord de l'eau / C'est l'instant magique où tout bascule ».

Et pourquoi Henri Salvador et Jean Yanne disent-ils « Allo Brigitte ? » dans leur sketch musical de 1960, plutôt que « Allô Yvonne ? » ? Pour la même raison, bien sûr, que le duo féminin le plus médiatique de l'année 2011, récompensé d'une Victoire de la musique, choisira de faire de ce prénom indélébile une marque : Brigitte. Avant elles, déjà, deux Australiennes s'étaient baptisées Bardot en 2000 le temps d'un éphémère « Poison », succédant au angélines Bardeux (soient deux Bardot), qui triomphaient dance à la fin des années quatre-vingt avec « When We Kiss » et autres « Thumbs Up ». Sans oublier, Toastie, la Japonaise Baguette Bardeux, qui reprend French touch dans sa langue « La Madrague » et autres « Contact » sur son album *Best Of BB*. Et plutôt que ces BB Brunes, qui cartonnent une décennie plus tard avec leur teen rock, il faut se tourner en 2014 vers The Liminanas, duo perpignanais côté outre-Manche, pour retrouver une « Bb » néo-psyché aguicheuse aux effluves de « Harley Davidson ».

Le chanteur et comédien américano-jamaïcain des droits de l'homme Harry Belafonte lui consacre un couplet entier de sa « Zombie Jamboree » de 1966, dans lequel sa beauté apparaît définitivement comme objet de damnation. Pour Elton John (et Bernie Taupin, son parolier), Brigitte constitue au contraire l'unique antidote au suicide adolescent dans l'ironique « I Think I'm Going To Kill Myself » sur l'album *Honky Château* enregistré à Hérouville pendant l'hiver 1972 :

If you want to save my life
Brigitte Bardot gotta come
And see me every night
(Si vous voulez me sauver la vie
Brigitte Bardot doit venir
Me visiter chaque nuit)

Les barbus Texans ZZ Top (« Loaded »), Fish, l'ancien chanteur du groupe de prog-rock écossais Marillion (« Big Wedge »), la Chicagoane Liz Phair dans *Exile in Guyville,* sa brillante réplique au machisme des Rolling Stones de *Exile on Main Street* (« Stratford-on Guy »), les Red Hot Chili Peppers angélins (« Warlocks »), les Floridiens country-pop Bellamy Brothers (« You're My Favorite Star »), le Donovan tropicaliste bahianais Caetano Veloso (« Alegria, alegria » sur l'album *Tropicalia* où elle apparaît, tentatrice stylisée sur la pochette), le Belge ironique Jean-Luc Fonck et son groupe Sttellla (« Brigitte Bardot danse le tango »), la pauvre Anne Léonard qui déplore « Mon p'tit Q » (« C'est pas les miches à Bardot »), Bertrand Burgalat (« Bardot Dance »), mais pas David Bowie (le « bardo » dont il est question dans « Quicksand » est un état d'illumination bouddhiste), ni Alice Cooper produit par Frank Zappa (« BB on Mars » évoque

Big Brother), la mentionnent tous, comme Billy Joel dans « We Didn't Start the Fire », où elle se retrouve entre l'ouverture de Disneyland et l'insurrection de Budapest parmi les événements marquants des années cinquante. Chrissie Hynde, elle, en fait grand cas dans le tube exubérant de ses Pretenders « Message of Love », comme si BB personnifiait le bonheur :

When love walks in the room
Everybody stand up
Oh, it's good, good, good
Like, Brigitte Bardot !
(Quand l'amour paraît
Tout le monde applaudit
Oh, c'est tellement bon
Qu'on dirait Brigitte Bardot !)

Nina Hagen, la pasionaria punk allemande (de l'Est) folledingue, la célèbre dans le refrain de son « Früling in Paris » de 1983 :

Voulez voulez-vous Picasso
Ou coucher avec Brigitte Bardot ?

Pete Townshend (et sa compagne Rachel Fuller) ne sont pas moins existentiels dans leur « It's Not Enough », composé pour le premier album des Who depuis vingt-quatre ans, *Endless Wire* en 2006, où à travers Brigitte ils questionnent les mystères de l'amour et son incomplétude :

Like Brigitte Bardot
In Godard's Le Mépris
I can't love you enough
To make you feel complete »
(Comme Brigitte Bardot
Dans Le Mépris de Godard

Je ne puis t'aimer assez
Pour te satisfaire complètement)

Mais le plus touchant reste certainement Tom Zé, le tropicaliste du Sertão à la carrière brisée par la junte brésilienne avant d'être réhabilité par David Byrne sur son label Lukua Bop, et son terrible « Brigitte Bardot » :

A Brigitte Bardot està ficando velha
Envelhence antes dos nossos sonhos
(Brigitte Bardot devient vieille
Elle a vieilli avant nos rêves)

Le Bahianais l'imagine suicidaire, et se souvient avoir tant rêvé d'elle, espérant que devenu grand, il serait son amant :

Mas a Brigitte Bardot
Està ficando triste e sozinha
(Mais la Brigitte Bardot
Est devenue triste et solitaire)

Les Brésiliens ont décidément une affection durable pour elle puisque, après Caetano Veloso et Tom Zé, c'est le bien plus jeune Zeca Baleiro qui l'envisage encore en 2000 dans son album *Liricas* comme ultime nostalgie :

A saudade e Brigitte Bardot
Acenando com a mao
Num filme muito antigo
(La tristesse c'est Brigitte Bardot
Faisant signe de la main
Dans un film très ancien)

Ce ne sont pas des Brésiliens, toutefois, pas même la troupe de théâtre anarchiste des années soixante-dix

Asdrubal trouxe o trombone (le charmant « Brigitte Bardot você conquistou o mundo »), qui ont popularisé le dicton coquin qui voudrait que la meilleure façon de manger un avocat (le fruit) serait sous elle (« The best way to eat avocado / Is under Brigitte Bardot »), mais l'émission satirique de la BBC, *I'm Sorry, I Haven't a Clue*, en 1972.

Les rappeurs et les chanteurs de r'n'b qui envahissent le Saint-Tropez bling-bling post « Loft Story » sur les traces de Puff Daddy, n'ont cure de cette mélancolie, et convoquent Brigitte pour son pur sex appeal, à l'instar de Robin Thicke dans l'explicite « Meiple » (soit l'allitération de « Me I Play », traduction telle quelle de « Moi je joue », dont la mélodie est évoquée). Ce délire confus sur les supposés délices lubriques français s'enrichit d'une imitatrice qui geint des « oui oui » et des « fuck » à la « Je t'aime, moi non plus » :

Black Brigitte Bardot Beyoncé
(Beyoncé Brigitte Bardot noire)

Le featuring de Jay Z qui sert de refrain à « Meiple » est plus limpide : « I know you wanna fuck ».

Ce qui, évidemment, nous amène à Gainsbourg.

Ça n'avait pourtant pas bien commencé. « J'aurais aimé faire des chansons pour Marilyn et j'ai cru la remplacer par Brigitte Bardot, raconte-t-il au *Midi-Libre* en février 1966. Ce fut ma plus grande déception. L'enregistrement était formidable. En chantant, Bardot se tord voluptueusement, se caresse les hanches, déborde de sensualité. Et rien ne passe au disque. BB ne serait bonne que pour le scopitone. » Dix-huit mois plus tard, alors qu'il écrit principalement pour France Gall (les fameuses « Sucettes », mais aussi « Laisse tomber les filles », « Baby Pop », « N'écoute pas les idoles » et autres « Poupée de cire, poupée de son ») et pour le cinéma (« L'eau à la bouche », « Sous le soleil exactement »), ayant appris qu'elle cherchait des chansons pour son show télévisé du Nouvel An, il l'appelle pourtant dans sa loge des studios de Boulogne, avenue de Silly, où elle tourne avec Alain Delon et déprime. « J'étais sur le point de tout laisser tomber. Serge parlait peu et très bas. Il voulait me faire entendre, à moi seule, une ou deux chansons qu'il avait composées pour moi. Avais-je un piano ? Oui. Il vint à la Paul-Doumer. J'étais aussi intimidée que lui », se souvient-elle dans ses *Mémoires*. Ils déjeunent donc dans son appartement parisien du seizième, le 6 octobre 1967. Il lui joue « Harley Davidson » sur son vieux Pleyel. Elle n'a jamais fait de moto, n'en a aucune envie, et n'est pas du tout certaine que la chanson lui convienne. Intimidée aussi par la crudité des paroles érotiques. Quand il apprend qu'elle doit être filmée dans la première exposition d'art cinétique « Lumière et mouvement » au musée d'Art moderne de la ville de Paris dans la minirobe Squam en cotte de mailles de Paco Rabanne qui préfigure Lady Gaga d'un demi-siècle, il lui compose aussitôt le futuriste « Contact ».

Le 10 novembre, il assiste à la projection de *Bonnie and Clyde,* le film événement d'Arthur Penn avec Warren Beatty et Faye Dunaway dans le rôle du couple de hors-la-loi texans. Leur destin informera les chansons du moment. « The Ballad Of Bonnie and Clyde » par Georgie Fame est numéro un en janvier 1968, puis adapté en français par Johnny Hallyday (« L'histoire de Bonnie and Clyde »). Gainsbourg, lui, s'inspire dans le même temps de « The Trail's End », poème crépusculaire de Bonnie Parker, la scandaleuse meurtrière qui fume le cigare et manie le colt, pour raconter en filigrane l'histoire de deux autres desperados de l'amour que l'establishment médiatique rêve d'abattre à leur tour. « Je dîne avec Bardot et, sciemment, je me pète la gueule. Elle m'appelle le lendemain et me demande pourquoi j'ai fait ça. Moi, silence du genre : "J'étais terrassé par ta beauté." » Mais c'est une nuit, dans ses bras, qu'elle lui lance le plus impossible des défis. « Elle me dit ceci : "Écris-moi la plus belle chanson d'amour que tu puisses imaginer." Dans la nuit, j'ai écrit "Bonnie and Clyde" et "Je t'aime, moi, non plus". »

Brigitte est conquise : « De ce jour, de cette nuit, de cet instant, aucun être, aucun autre homme ne compta plus pour moi. Il était mon amour, me rendait la vue, il me faisait belle, j'étais sa muse. » Elle veut alors qu'il lui écrive une comédie musicale. « Les titres de Brigitte et moi sont autant de chansons d'amour. Amour combat, amour passion, amour physique. Amorales ou immorales, peu importe, elles sont toujours d'une absolue sincérité », écrit-il dans les notes de pochette de l'album *Bonnie and Clyde*.

Comme elle aura raison de toute l'utopie généreuse et irréfléchie des années soixante, l'histoire en décidera autrement et aura raison en un éclair du couple français le plus mythique, original – et clandestin. Serge parsèmera nombre de chansons de son amertume, du cruel « Manon » qu'il interprète lui-même à « La vie est une belle tartine » où il file l'homonymie ferroviaire (« J'étais couché sur la voie / En attendant la BB ») et à l'explicite « La plus belle femme du monde n'arrive pas à la cheville d'un cul-de-jatte » qu'il donne tous deux à Dominique Walter, lequel avait connu un éphémère succès grâce ses « Petits boudins ». « Je t'aime, moi non plus » deviendra un immense classique érotique et transgressif, censuré par le Vatican et la BBC, un marqueur culturel international et générationnel, dans la version que Serge en enregistre avec sa compagne suivante, Jane Birkin, anglaise, plus fondamentalement pop, que lui a présentée Bouquin. La version originale, avec sa muse, ne sera finalement commercialisée qu'en 1986, après que le porno se fut imposé partout et qu'Irène Papas eut dépassé vocalement les prouesses de Brigitte (et de Jane) dans le *666* du groupe grec Aphrodite's Child, concocté peu après par Vangelis dans le même studio Barclay du 9, avenue Hoche. Bourvil et Jacqueline Maillan (« Ça ») et les Charlots (« Sois érotique ») en feront des parodies, le reggaeman anglais blanc Judge Dread (numéro neuf en 1975 au Royaume-Uni), le groupe de Wendy James Transvision Vamp (« Twangy Wigout » en 1991), la chanteuse anglaise Misty Oldland (« A Fair Affair » en 1994), Nick Cave avec Anita Lane, Brian Molko et Asia Argento, Kylie Minogue et jusqu'à Madonna à l'Olympia en 2012, en assureront la pérennité dans les mémoires, particulièrement outre-Manche, ce qui aurait ravi son auteur, éperdu de reconnaissance pop anglo-saxonne, qui adorait sur le plateau de « Génération 80 », pour Antenne 2, à côté de la place des Victoires, que le réalisateur américain Peter Stuart et moi nous adressions à lui dans la langue de Shakespeare.

Mais le grand geste d'adieu de Serge sera « Initials BB », opus londonien arrangé violons, chœurs et trompettes par Arthur Greenslade (« Goldfinger »), musique inspirée par la *Symphonie du Nouveau Monde* de Dvorak et paroles dérivées du poème narratif d'Edgar Allen Poe, « Le corbeau », que traduisirent Mallarmé et Baudelaire (dont « Les bijoux » sont également paraphrasés), léguant à Brigitte perdue et captive cet « hymne nostalgique qui glorifie à jamais une image de déesse adorée ». Let it BB.

La mère contrariée

« De ce corps sublime, dans sa plus glorieuse vigueur, un enfant a été fait. Mais il n'y a pas eu de miracle. On regrette autour d'elle qu'elle ne s'occupe pas plus de cet enfant ou qu'elle ne s'en occupe pas de manière conventionnelle. Pourquoi ? Parce que sans doute n'aimait-elle plus assez l'homme de qui elle l'a eu, mais aussi parce qu'elle n'avait pas, à ce moment-là de sa vie, le moyen de passer à l'acte maternel. Dans un réflexe d'autodéfense, elle s'en est gardée. L'autre, impitoyable, inévitable, qu'aurait été l'enfant, ce rival d'elle-même, elle a évité de le rencontrer. L'enfant, c'était elle. C'est encore elle peut-être aujourd'hui. À elle la liberté, les plaisirs et les joies, bien sûr, mais ce n'est pas si simple : demain sera si vaste et si vide que vous ne suffirez plus à le meubler. Il faut élargir l'égoïsme ou alors… Mais il est certain qu'elle connaîtra plus tard l'ennui de n'être que dans sa peau », écrivait Marguerite Duras dans un portrait de septembre 1964 pour la revue *Candide*.

Ce chapitre pourrait en rester là, tant tout est dit, magistralement. Forcément.

Brigitte Bardot dédie ses mémoires, *Initiales BB*, à « Nicolas, mon enfant », alors même qu'elle l'y maltraite. C'est dire le poids de la culpabilité, la nécessité de la justification, qui ont présidé à leur rédaction. Comme toute autobiographie, celle-ci est principalement destinée à donner sa version des faits, particulièrement celui qui lui est le plus reproché, le plus reprochable pour beaucoup, parce que le seul acté. Avec le temps, tous les autres méfaits dont elle a pu être accusée, pour aussi ridicules qu'ils étaient depuis leur origine, sont tombés d'eux-mêmes, la société ayant évolué et ayant rattrapé, puis imité tous ses comportements alors considérés « déviants », et devenus, tout au contraire, admirables pour ce qu'ils ont induit d'altérité, et de libération, puis de liberté, pour son genre qui en avait, plus encore que l'impérieux besoin, le droit absolu.

L'incroyable violence dont elle fait preuve à l'égard de son fils unique, pour autant qu'elle soit le fruit d'une intransigeante introspection et d'une douloureuse confession, ce que nul n'est en légitimité de lui contester, reste pour la plupart difficilement excusable, si l'on se met à la place de Nicolas. « Le plus épouvantable crime du monde », écrit même un journal américain, qui n'a pas dû lire Simone de Beauvoir et sa théorie de la construction de l'instinct maternel, et ne doit pas posséder de correspondant de guerre.

Quand bien même son ressenti en serait l'exact reflet, on est en droit de s'interroger sur la nécessité d'infliger pareille dégelée à un être qu'elle a suffisamment secoué au cours des trente-six années écoulées entre sa naissance et la publication de cette répudiation publique à retardement. Confuse, sinon incompréhensible, bien des femmes se reconnaissant peut-être dans l'ambiguïté de leur mission de perpétuation de l'espèce.

Certainement, Brigitte Bardot cherche-t-elle à expliquer au monde les circonstances qui l'ont conduite, comme tant de femmes (et d'hommes) de sa génération de juste avant la mise en vente de la pilule, pas exactement « dans les Monoprix » comme le réclamait Antoine dans ses fameuses « Élucubrations », mais accessible sur simple ordonnance, à abandonner un enfant plus ou moins désiré, fardeau encombrant à une époque où les carrières n'étaient pas professionnalisées comme aujourd'hui, et restaient aléatoirement soumises à l'impression de disponibilité que pouvaient projeter les stars vis-à-vis de leurs publics concupiscents. Comme elle, Jeanne Moreau, Johnny Hallyday, Yoko Ono et John Lennon (séparément) ont été de mauvais parents ; d'autres ne l'ont pas été du tout, refusant de reconnaître (Daniel Gélin, Alain Delon), faisant adopter leurs rejetons à la naissance (Patricia Clapton, Joni Mitchell, Rod Stewart, David Crosby) ou les abandonnant (Julia Lennon, Doris Lessing, Ian Hunter, Andy Gibb), plus pour protéger leur réputation ou leur carrière et emportés par un style de vie inadapté que par coupable légèreté.

Dans *Ma réponse à Brigitte Bardot,* Jacques Charrier, également malmené par les souvenirs dénigrants de son ex-femme, démonte de manière assez convaincante – sans pour autant être irréfutable – la stratégie de la Bardot, qui se victimiserait pour se justifier de son désengagement envers leur fils.

Elle ne s'en cache pas, dans une interview donnée à Christian Brincourt de *Paris-Match* en 2009 : « Ce fut une naissance d'une incroyable violence, à tous points de vue. J'avais l'impression que j'allais mourir ou devenir folle. Nicolas en a subi les retombées. Quarante-neuf ans plus tard, je sais que la plus grande injustice que j'ai infligée à mon fils, c'est que je lui en ai voulu de naître dans des conditions pareilles. C'est pourquoi j'ai écrit ces lignes si dures concernant sa naissance. » Et aussi parce qu'elle sait que l'histoire est toujours écrite par les vainqueurs et que les guerres d'aujourd'hui, médiatiques, se remportent à la notoriété, ce qui lui laisse sacrément espérer avoir le dernier mot, celui que l'histoire, donc, retiendra. C'est certainement ce qu'elle espère, quand elle écrit dans *Initiales BB,* après avoir décrit l'horreur de sa grossesse, de son accouchement et son inadaptation à la maternité, page 257 : « Au moment où j'écris ces lignes, j'ai quarante-sept ans et un merveilleux Nicolas de vingt-deux ans qui est ma famille, mon appui. Je l'aime plus que tout. Et je remercie le ciel de me l'avoir donné, pour rien au monde je ne recommencerais une vie sans lui, mais à l'époque ! » On est à la moitié du livre, et malgré cette incantation, le mal est déjà rédigé.

On peut d'ailleurs lui reprocher tout ce qu'on veut, sauf d'être franche, et de l'assumer. Florilège : « Comment vouliez-vous que j'élève un enfant alors que j'avais encore besoin de ma mère ? » « Il m'était difficile d'imaginer la présence d'un enfant dans ma vie. » « Je devais être un monstre. » Dans *Initiales BB,* elle s'interrogeait : « Pourquoi étais-je si effrayée d'avoir un enfant ? [...] Pourquoi ce refus viscéral de la maternité ? »

C'est que pour aussi difficile qu'il soit de le concevoir aujourd'hui, où la contraception paraît un jeu d'enfant – à côté du sida, déjà, la conception est un moindre mal –, pour les femmes de la génération de Bardot (et les précédentes), la sexualité est un enfer, la grossesse inopinée une terreur, un malheur. Qui induit la fin des haricots, de la jeunesse, de la liberté, des espérances de carrière ou d'autonomie ; l'opprobre souvent, voire, en cas de refus de se soumettre aux lois essentielles de la nature, un chemin de croix dans la clandestinité. Car si « la loi de 1920 » que vilipendera Antoine en 1966 interdit la contraception, celle de 1942 fait de l'avortement un crime d'État passible de la cour d'assises. Comme tant de femmes de sa génération, Brigitte pratique l'aléatoire méthode Ogino, basée sur la présomption de fécondité liée à la durée de validité des ovules de la désirante (on l'espère) au cours de son cycle menstruel.

Elle était tombée enceinte de Vadim une première fois pendant le tournage du *Trou normand* au printemps 1952. Avorte une deuxième fois de lui, en Italie deux ans plus tard, manque de mourir à l'anesthésie, saigne abondamment pendant des jours, se remet très difficilement. En 1959, Brigitte a découvert qu'elle était à nouveau enceinte lors d'un séjour à Chamonix. Charrier, lui, tient à son enfant, affirme qu'il est communément désiré (et produira des lettres qui le prouvent), mais la réalité de la grossesse tempère progressivement l'enthousiasme de sa femme. Christine Gouze-Rénal lui propose de l'aider à avorter. Tous les médecins et les cliniques suisses contactés refusent. Plus personne n'accepte : elle est trop connue, et au regard de la loi c'est un crime, d'autant que Charrier ayant fait connaître son état elle ne peut plus se dissimuler.

Elle appelle Vadim, comme toujours quand ça va mal, et lui donne rendez-vous porte de la Muette. « Tu me reconnaîtras, j'aurai une rose jaune à la main. » Elle monte dans sa Ferrari, lui confie que ça y est, elle est enceinte de Charrier. Il lui conseille de garder l'enfant, mais elle est terrifiée : « Personne ne comprend ma trouille d'être mère. Et si j'étais un monstre ? J'ai peur des enfants. » Séparée de Charrier par le service militaire, se sentant abandonnée face à ce qu'elle ressent comme un fléau, poursuivie par les pires inconvénients de sa notoriété qu'elle s'est mise à haïr, soignée à la morphine des séquelles d'une chute qu'elle attribue à une lutte conjugale comme à des coliques néphrétiques, elle se blesse après avoir été coincée par des photographes en tentant de s'échapper de chez elle par la porte de service, au 28, rue Vital, dont elle ne réchappe que par miracle, son enfant avec elle.

Nicolas-Jacques naît par une nuit sans lune à 2 h 10 à domicile. « Il est costaud, mon fils », dit BB à sa mère. « Nicolas, c'est tout le portrait de Brigitte à sa naissance, la même forme de tête, la même bouche… Mais il a de très grands pieds alors qu'elle les avait petits. » Pour ne pas prendre le risque d'abîmer ses seins, Brigitte le fait nourrir au biberon. « J'avais vingt-cinq ans et j'ai été marquée à vie. Au lieu de prendre cette naissance comme quelque chose de joli, je l'ai subie comme une épreuve. »

À 19 heures, le dimanche 10 janvier, BB buvait un café au lait et mangeait une tartine beurrée en regardant la télé allongée entre son mari et sa sœur : *Circonstances atténuantes* (sic) avec Arletty et Michel Simon, film de Jean Boyer dont on se souvient pour la chanson « Comme de bien entendu » que reprendront en duo Patrick Bruel et Renaud en 2002. Brigitte ressent des douleurs depuis vendredi. Elle a connu une grossesse difficile, avec crise de colibacillose et douleurs rénales. À 22 h 30, Mijanou prend congé. Ses parents passent voir si tout va bien. À peine sont-ils repartis que Brigitte appelle Jacques : « Cette fois, je crois que ça y est. » Il convoque toute une batterie de médecins, l'anesthésiste, la sage-femme. À 23 h 30 elle descend au septième dans le bureau de Jacques, une pièce en rotonde avec cinq fenêtres et des rideaux écossais transformée en salle d'accouchement, projecteurs, bouteilles d'oxygène, anesthésie, masque respiratoire, forceps, plasma, baquet pour baigner le nouveau-né, table de travail. Elle s'étend sur un divan vert. Jacques Charrier est en blouse blanche. À minuit et demi, le 11, l'accouchement commence. Ils espèrent un garçon : « Nous n'avons pas prévu de prénom si c'est une fille. » Le bébé pèsera trois kilos trois cents, c'est bien un garçon, et il s'appellera Nicolas : « C'est un nom qui me plaît. C'est rigolo. »

Au petit matin, provisoirement dégagé de ses obligations militaires, Charrier invite les dizaines de reporters présents depuis des semaines autour de l'immeuble à boire un verre au Royal Passy, monte sur la table et déclare, comme un pêcheur fier de sa prise, les deux mains écartées : « J'ai un fils comme ça », image qui fera le tour du monde.

Dans le hall, un vigile moustachu à casquette plate et uniforme bleu, sur le palier du septième, deux jeunes karatékas se relaient jour et nuit pour empêcher les intrus de s'approcher plus qu'ils ne le font déjà depuis deux mois, crapahutant sur les toits, se déguisant en employés du gaz, en bonnes sœurs, en plombiers, en ramoneurs, pour tenter d'obtenir un cliché de Brigitte enceinte, traquée comme jamais, cent quatre-vingt-seize photographes du monde entier mobilisés pour tenter de la shooter, ce qui contribue largement à sa mauvaise humeur. Incroyablement, mais au prix d'un enfermement permanent, doublement nécessaire (son médecin lui impose une grossesse allongée), cloîtrée, rideaux tirés, volets clos, elle parvient à ne jamais être photographiée enceinte, une obsession qui démontre combien elle redoute les transformations physiques de son état et ses effets sur l'opinion. « J'étais cernée par deux cents journalistes qui planquaient jour et nuit dans les escaliers, dans leurs voitures, sur le toit de l'immeuble. Les volets fermés, j'ai tourné en rond pendant deux mois sous la menace des téléobjectifs », se plaint-elle à *Paris-Presse*.

Cinq jours après sa naissance, Nicolas Charrier est présenté au monde via la caméra de « Cinq colonnes à la une », commentaire de Pierre Desgraupes. Son père, lunettes de soleil et look Bashung, le dépose dans les bras et sur la poitrine de Brigitte, toute en nattes et dents de lapin. Elle est souriante, très, et adopte tous les gestes de la mère parfaite, faisant accrocher son doigt par ceux, minuscules, du nourrisson, frottant son nez contre le sien à la manière des Esquimaux. Elle ne parle jamais à la caméra, mais s'adresse à elle en permanence, du geste, du regard. Le tableau du bonheur familial est idyllique, fiction parfaite. *Jours de France* met la mère et l'enfant en couverture : toute en choucroute blonde en chemise de nuit de dentelles, le bébé de deux jours dans les bras, qu'elle tient correctement contrairement à Michael Jackson : elle, au moins, a un lien biologique avec son enfant, même si elle dira à *Paris-Match*, en mars 2009 : « Je n'ai jamais cru aux liens du sang. » Décidément, elle n'est pas faite pour la maternité.

Dix jours après l'accouchement, la voilà sur le plateau de *La Vérité*. À Vadim, venu lui rendre visite sur le tournage, elle confie : « Croira qui le veut, ça ne me fait aucun effet d'être mère. J'attends que Nicolas grandisse pour me faire une idée de nos relations. » En fait, son attitude est plus celle d'un père, qui nécessite d'une certaine manière la confirmation de sa paternité par le lien créé et validé a posteriori par son enfant, que d'une mère, qui l'a développé en elle, porté pendant neuf mois, puis mis au monde et n'a pas besoin de vérifier qu'il est bien le sien. Aujourd'hui, on attribuerait sûrement ce manque de sentiment maternel à une chute brutale, ou à une absence, d'ocytocine et on la traiterait immédiatement pour y remédier. À l'époque, ce déficit n'a d'autre qualificatif que celui de mauvaise mère, contre lequel elle va lutter, on ne peut plus maladroitement, comme on l'a vu. Médiatiquement, en temps réel, elle fait encore bonne figure : « Cet enfant, je l'ai voulu. Je voulais l'avoir pendant que je suis encore jeune ; et je voulais que ce soit un garçon. »

Après une parenthèse de parturiente à la montagne en tête-à-tête avec Charrier et un séjour dans le froid et l'humidité de La Madrague, où ils retrouvent Nicolas, confié à sa nourrice, son baptême a lieu à deux mois en l'église Notre-Dame-de-Grâce de Passy où elle s'était mariée avec Vadim. Christine Gouze-Rénal est la marraine, le parrain Pierre Lazareff. Pilou est nommé second parrain.

Une fois de plus, Vadim fait office de confident : « Je n'avais vu qu'une fois Brigitte avec son fils. Nicolas avait alors six mois. C'était un très beau bébé qui respirait la santé. Elle allait sortir et s'était coiffée d'un chapeau à larges bords, piqué de fleurs artificielles et assez peu dans son style. Elle se pencha sur le berceau pour embrasser Nicolas qui se mit aussitôt à pousser des hurlements.

« Tu vois, il me déteste.

— Mais non, c'est ton chapeau qui lui fait peur.

— Il pleure même quand je n'ai pas de chapeau. »

En fait, adulée par tous, Brigitte ne comprend pas que son fils n'en fasse pas de même. Et plus elle le confie à sa nourrice Moussia, engagée à Cagnes sur le tournage de *Voulez-vous danser avec moi ?*, à sa grand-mère et à son arrière-grand-mère, plus elle s'absente, moins il la reconnaît et tresse de liens avec elle, comportement tellement déroutant et inhabituel pour elle qu'elle lui en veut en retour, attitude infantile de sa part, mais explicable dans son contexte, à défaut d'être réellement « compréhensible ».

Dès 1961, elle reconnaissait : « Après la naissance de Nicolas, je me suis occupée de lui avec l'aide d'une nounou et de ma maman, très fière de son très joli petit-fils. J'ai ressenti une très grande satisfaction d'avoir mis un bébé au monde, et j'étais fière de moi. Mais j'étais certaine, bien avant d'avoir Nicolas, de ne jamais vouloir devenir l'esclave de mon fils. Il y avait ma carrière – et j'étais déterminée à la poursuivre. Nicolas a été mis en d'excellentes mains – celles de la mère et de la nounou. Ça peut paraître rude, je dois avouer par souci d'honnêteté que j'en suis arrivée au point où je ne voyais plus mon enfant qu'une heure ou deux le dimanche. Mon travail m'accapare tant que je ne pouvais plus remplir mon rôle de mère comme je l'aurais dû. Franchement, je n'étais pas faite pour être mère. Je le regrette, mais c'est la vérité. » Évidemment, cette attitude rebelle, scandaleuse, transgressive de la Nature elle-même, qui veut que chaque femelle se consacre à sa portée, ne rencontre pas l'adhésion du père, traditionaliste. « Jacques, cependant, voyait les choses différemment. Il pensait que je devais abandonner ma carrière au cinéma et me consacrer à la tranquillité de la vie domestique. Je ne le pouvais pas et le lui ai dit, malgré ses assurances qu'il pourrait gagner notre vie à tous en retournant à son artisanat – la céramique. »

On le voit, le conflit entre eux n'est pas récent. Et comme toujours dans les antagonismes conjugaux, c'est le travail qui offre une porte de sortie : « Ma réponse fut de retourner faire *La Vérité*. » Pour tout compliquer, Brigitte, mère cafardeuse, qui subit son retour de couches en plein air, lors d'un vol pour Lisbonne pour la présentation de *La Femme et le pantin,* va rapidement tomber amoureuse de son partenaire de *La Vérité,* Sami Frey, cependant que son mari, dépressif, sursitaire à tous les sens du terme, finit, confronté à son cocuage, par la quitter en septembre.

Le 28 septembre 1960, Nicolas Charrier n'a que huit mois, et pourtant sa mère, séparée de son père depuis peu, mais aussi de son amant Sami Frey, sous les drapeaux en Algérie, décide de mourir, dans une bergerie au-dessus de Menton, sans se préoccuper d'en faire un orphelin, tant doit être immense son désespoir de trouver une issue à sa situation. « Pas de plénitude, dit Jean-Max Rivière, ça n'était pas du cinéma. Elle avait vraiment envie de mourir. »

De retour de la guerre d'Algérie au printemps 1962, Charrier demande le divorce. Et se fait représenter par son ami Gilles Dreyfus, qui vient d'intégrer le barreau de Paris. Le jour de la conciliation au palais de justice, il s'isole dans un couloir avec Brigitte et lui propose de prendre entièrement à sa charge la garde de Nicolas, ce qui la réjouit et résout provisoirement son problème. Elle ne reverra plus Nicolas pendant cinq ans. Olga Horstig : « Elle a été plus honnête que bien des femmes. Elle a reconnu être incapable d'élever Nicolas, et a permis à Jacques de s'en charger. »

Le 30 janvier 1963, dans le cadre de la procédure de divorce, Nicolas est officiellement confié à son père. Celui-ci demande qu'il soit élevé par sa sœur Évelyne qui a plusieurs enfants. Dans la foulée, sur les conseils de Jean-Jacques Debout, Jacques Charrier, qui tente de reprendre sa carrière interrompue de comédien, acquiert une grande propriété où il s'installe avec Nicolas et Moussia. C'est là que se déroule un pseudo-fait divers qui fera la une en Allemagne et la rumeur en France, généré par une simple blague. Le troisième grand photographe français des Sixties avec Jean-Marie Périer et Tony Frank, Henry Pessar, ami de John Lennon et Yoko Ono, qui a souvent photographié Brigitte, s'y rend : « Nicolas habitait chez son père, à Montfort-l'Amaury. Il avait cinq ans et fréquentait l'école maternelle. Toujours à la recherche d'un sujet original, je fais le paparazzo et shoote la nurse qui le fait monter dans la voiture qui vient le chercher à la sortie. J'envoie mes photos à *Stern,* avec, comme toujours, un intitulé blagueur : "Le kidnapping du fils de BB". Le problème, c'est qu'ils y ont cru et que ce fut le titre de l'article. »

Pendant ce temps, à Saint-Tropez, les habitants, qui adorent BB, s'inquiètent de ne jamais voir cet enfant. Toutes les rumeurs se développent et se répandent, la principale assurant que la raison pour laquelle on ne voit jamais ce fils serait qu'il s'agit d'un monstre, handicapé au dernier degré ou pire, immontrable, et impossible à assumer, sans doute caché au tréfonds de La Madrague, là où personne, ni le facteur ni aucun médecin connu, n'est autorisé à se rendre. Vraisemblablement informée de ce qui se raconte en ville et des questions dérangeantes qui se posent, Brigitte, devenue la respectable Mme Sachs, va devoir sortir du bois et, pour cela, sait qu'elle peut compter sur ses alliés.

Le 19 août 1967, elle fait la couverture de *Paris-Match* en chapeau de paille noir avec son fils, sept ans et demi, hilare. Jacques Charrier le conduit à 10 heures à La Madrague. Elle l'emmène sur sa barque *Lou Planti* pour un pique-nique jambon, poulet froid, coca, œufs durs. Nicolas montre qu'il sait plonger, nager sous l'eau, faire du ski nautique. « Nicolas est tout le portrait de Jacques, mais il a mes dents ; bien plantées, larges et solides. Je suis très fière de lui », se réjouit Brigitte, comme si elle parlait d'un cheval. Ils font du youyou qu'il amarre tout seul. S'entiche d'un piano mécanique qu'elle a acheté chez un antiquaire.

Deux ans après cette mise en scène sans suite, BB avoue son échec : « Je ne veux toujours pas être une mère, explique-t-elle. J'ai besoin d'une mère. Je savais qu'avoir un enfant était pour moi une erreur avant la naissance de Nicolas, mais il était déjà trop tard. Comment peut-on être enceinte, avoir des enfants et être encore totalement libre ? Je ne peux vivre sans liberté. Je ne serai jamais mère à l'écran. Si mon physique m'interdit un jour d'incarner les personnages auxquels je suis habituée, je raccrocherai. »

Nicolas habite alors avec son père et sa belle-mère France Louis-Dreyfus (famille Rothschild, cousine du futur propriétaire de l'Olympique de Marseille), ses deux demi-sœurs, Marie, trois ans, et Sophie, trois mois. Mais après le second divorce de son père, il revient chez sa tante Évelyne dont le mari est médecin dans le Tarn. Il a douze ans quand il revient à l'improviste voir Brigitte à Saint-Tropez. Mais il n'y a pas de place à La Madrague. Jacques Charrier s'arrange pour qu'il loge chez Vadim et Catherine Schneider. Un chauffeur vient le chercher le lendemain. Brigitte lui donne un cours de guitare et l'emmène en promenade en bateau. « Qu'est-ce que j'aurais pu lui montrer ? La vie d'une folle, celle que je menais, en larmes tout le temps ? » essaiera-t-elle de se justifier auprès de Jeffrey Robinson.

Pourtant, quand il a quinze ans, BB invite à nouveau Nicolas, introverti, discret, à La Madrague. Son père l'accompagne et s'acolyte avec Mirko, artiste et joueur de cartes comme lui, dont Brigitte avortera l'année suivante.

Pour ses dix-huit ans, alors qu'il est en fac à Dauphine en maîtrise de gestion, et réclame une voiture, elle l'invite avec Charrier pour Noël à Bazoches, où il venait déjà avec son père fréquenter la piscine. Ils se retrouveront, fin 1978, et au printemps 1979 pour la mort de leur grand-tante (et arrière-grand-tante) « Tapompom » et son enterrement au cimetière Montparnasse.

« Quand il a eu dix-huit ans, il semble que Brigitte ait voulu l'intégrer à son monde, en cherchant à se racheter et à redécouvrir son fils. Elle l'a supplié de lui pardonner. C'était très poignant. Ensuite Brigitte a changé d'avis, elle est redevenue elle-même, et l'a rejeté », racontera Christine Gouze-Rénal, sa marraine, un peu peinée quand même. En 1983, âgé de vingt-trois ans, Nicolas Charrier, ayant appris le piano, envisage une carrière artistique. Comme son père avant lui, qui avait enregistré en 1959 *Quatre chansons de Pierre Nicot* (« C'est sérieux », « Mon ami le potier », « Douce, si douce », « Paris, c'est un bal travesti »), le beau brun publie un 45 tours chez Phonogram : « Station Music »/« Accélération », dont il a signé les paroles sur des musiques de Christian Fournols. Ce sera un bide, ce que sa mère lui reprochera, exigeant de sa chair l'excellence. À *L'Officiel Homme,* l'une des rares publications à se faire l'écho de son œuvre, il admet : « Mes relations avec ma mère, chacun peut les imaginer. »

Le 27 septembre 1984, devenu informaticien, Nicolas Charrier épouse le top norvégien rencontré chez Cardin où il mannequinait pendant ses études : Anne-Line Bjerkan, fille de diplomate, avec laquelle il aura deux filles : Anna Camilla et Thea Josephine. Brigitte Bardot n'est pas invitée. Elle l'apprend par Mme Barbet, l'antiquaire, car des amis à elle ont été conviés. Elle lui écrit alors rue de la Montagne-Sainte-Geneviève, appartement qu'elle a acheté pour lui, mais son courrier lui est retourné : parti sans laisser d'adresse. « Ma mère aime les bébés phoques et moi, une Norvégienne », commentera-t-il, pour se situer sur le terrain de la chasse. Il lui envoie toutefois une photo de son aînée, toujours exposée à La Madrague.

Le 18 septembre 1984, sa mère reçoit une lettre de l'avocate Christine Courrégé parce que Nicolas envisage une première procédure contre elle à la suite d'un article de *Paris-Match* du 6 juillet dans lequel elle se plaint qu'il ne l'aide pas dans son combat pour les animaux et rappelle qu'il « tirait les rats dans les poubelles, pour qui j'avais l'indulgence des tripes ».

Lorsqu'elle fait don de La Madrague à sa fondation pour avoir la reconnaissance d'utilité publique, Nicolas, qu'elle consulte, donne son accord : il n'aime pas Saint-Tropez et son tintamarre. À cette époque, Bernard d'Ormale l'assure, Nicolas appelle sa mère chaque semaine.

Le 12 août 1992, alors qu'elle visite, invitée par Edna, l'épouse scandinave de Roger Urbini, la Norvège avec l'intention de lui présenter son nouveau compagnon qui souhaite le rencontrer, Nicolas vient les voir avec sa dernière fille de deux ans et demi. Edna fait des photos, qui se retrouveront dans *Match,* causant un procès que Dreyfus gagne pour Nicolas. Mais auparavant ils vont dîner avec ses deux petites filles et son épouse blondes dans le duplex qu'elle leur a offert deux ans plus tôt. Le 16, Brigitte et Bernard se marient, avec Edna pour seul témoin familier dans une toute petite chapelle tout en bois à l'écart. Le soir, après s'être perdus en chemin, ils vont dîner dans un grand restaurant sur les hauteurs d'Oslo avec Nicolas et Anne-Line plus des amis. Nicolas s'énerve et se rue sur un photographe alors qu'une vingtaine d'autres attendent dehors. « Non seulement Brigitte est une maman épanouie, mais aussi une grand-mère heureuse qui aime jouer avec ses petits-enfants », affabule en partie la presse française alertée.

L'été suivant, Nicolas est invité à Bazoches, puis débarque chez sa mère à Saint-Tropez, « pour réfléchir ». Il est barbu, ce qu'elle déteste – « un mélange de Carlos et de Philippe Léotard », dit-elle, ce qui chez elle ne risque pas d'être flatteur. Il se sent mal à l'aise, tout comme elle, et repart le surlendemain. Après quelque temps en tête-à-tête, c'en est trop. « Qu'avait-il pris de mon patrimoine génétique ? s'interroge-t-elle dans *Le Carré de Pluton*. Peut-être cette sensibilité exacerbée, cette vulnérabilité, ce besoin d'absolu, ce tempérament autoritaire et colérique qui le laissaient à la merci de toutes les tempêtes. »

Il redébarque pourtant en mai 1996. Elle l'installe dans la maison d'amis de La Garrigue ; lui fait lire son manuscrit, note les corrections de sa main. Elle tient compte de ses remarques.

Le 4 décembre, il lui intente un procès à la sortie, comme son père, lui réclamant 6 millions de francs (un peu moins de 1 million d'euros) de dommages et intérêts pour violation de la vie privée, diffamation et injure, après s'être fait traiter de « bouillotte en caoutchouc », de « tumeur », de « punition du ciel » (on se croirait dans une chanson de Lou Reed), son avocate Karen Berreby allant jusqu'à inventer le concept d'« atteinte à la vie privée intra-utérine ». Bardot est furax, ainsi qu'elle le confie à Jean-Max Rivière : « C'est le problème des avocats. » Charrier se rebelle à son tour, pour la première fois depuis son uppercut sur Sami Frey, en publiant ensuite *Ma réponse à Brigitte Bardot,* où il démonte les arguments de son ex, citant notamment les lettres d'amour que lui envoyait Brigitte, s'enthousiasmant alors de sa grossesse et de leur parentalité à venir. « Mon enfant qu'elle a tellement désiré est devenu une larve immonde », dit Charrier, réitérant : « C'est un enfant qu'elle a souhaité », là où elle prétend : « J'aurais préféré accoucher d'un chien. » « Sa vie est entachée de cet abandon de ce fils qu'elle a aimé au début et qu'elle a laissé tomber », se lamente le deuxième de ses maris dans l'émission de France 2 « Un jour, un destin ».

Le 6, elle appelle Nicolas pour lui souhaiter bonne fête : il lui raccroche au nez comme si elle était le père Fouettard. Après le procès de ses mémoires perdu en référé, Brigitte souligne : « Avez-vous remarqué que je ne parle presque plus de Nicolas ? Mon cœur saigne, j'ai subi de sa part tant de procès affreux lors de la parution d'*Initiales BB* que je préfère m'abstenir d'en dire quoi que ce soit. »

Le silence reste entre eux le meilleur des statu quo. « Depuis dix ans, je n'ai plus aucune nouvelle de mon fils et je ne veux pas en parler. C'est très triste parce que je n'en ai qu'un. À la sortie de mes mémoires, alors que je lui avais fait lire le manuscrit, son père a fait un scandale et on ne se parle plus. » Et refuse aussi de parler de lui désormais : « C'est un sujet complètement interdit. Par respect pour Nicolas », dit-elle alors, sans trop convaincre. Au téléphone depuis La Madrague, le 22 février 2014, Bernard d'Ormale confirme toutefois l'information entendue quelques mois plus tôt : Nicolas a informé sa « mamma » (en norvégien) qu'elle était devenue arrière-grand-mère, lui a envoyé des photos. « Nicolas n'a pas été un garçon facile. Mais il a changé et ils ont maintenant de très bonnes relations. »

La pasionaria des animaux

« La seule chose qui la force à se tirer du lit le matin, c'est l'idée qu'elle aura, un jour, sa ferme à elle. Avoir une ferme à elle est sa grande ambition », affirme le journal *Samedi-Soir* dès le 3 mars 1955, alors que Brigitte Bardot n'est encore qu'une starlette prometteuse du cinéma français, habituée des couvertures de magazines féminins et familiaux. Le 29 avril à *Ciné Revue*, elle affirme : « Il y a une seule chose dont j'ai horreur : voir souffrir les animaux. » Le 6 septembre de l'année suivante, elle confirme auprès de *Cinémonde* : « J'aimerais vivre à la campagne, dans une ferme, et élever des animaux sans jamais les tuer. J'en ferais le refuge de toutes les pauvres bêtes de la région. »

« C'était un rêve de petite fille. J'ai fait du cinéma en espérant pouvoir m'acheter une ferme où on ne tuerait pas les animaux », expliquait-elle encore à Michel Drucker à Noël 2004.

« J'ai donné ma jeunesse aux hommes et ma beauté aux hommes, aujourd'hui je donne mon expérience, le meilleur de moi-même, aux animaux », assènera-t-elle le 17 juin 1987 lors de la vente aux enchères à la maison de la Chimie au bénéfice de sa fondation d'une centaine de ses effets personnels (le buste de Marianne d'Aslan présenté en 1970 à la mairie de Saint-Tropez, son portrait par Marie Laurencin, des gouaches d'Antoni Clavé, des lithographies de Chagall, Dalí, Folon, Leonor Fini, sa robe Paco Rabanne, celle de son mariage avec Vadim, la guitare Jacques Favino offerte par Rivière, ses bijoux, ses robes, ses costumes). Ce manifeste, elle le portait en elle depuis toujours. « Enfant, j'avais ramené un chien errant à la maison. Ça a été un drame, je n'ai pas pu le garder. » Avec le temps, la cause animale va prendre le pas sur toute autre considération, y compris son propre intérêt. « Je réalise que si je ne m'étais pas occupée d'animaux, je me serais foutue en l'air, comme Marilyn ou Romy », confiera-t-elle à Henry-Jean Servat en septembre 2009 pour *Madame Figaro,* dans cette recherche éperdue d'impossible transcendance face à l'inexorabilité du déclin. « Elle s'échappe et ça la sauve », renchérit Jean-Max Rivière : « Elle voulait montrer qu'elle pouvait faire quelque chose par elle-même. Elle entrait dans les ordres auprès des animaux. »

« Ça vient de très, très loin. De ma petite enfance. Je ne supportais pas quand mon père tuait des souris, ou que le chat tuait des oiseaux. » Au point d'avoir caché une souris chassée et estourbie par son père dans la manche de son pull-over et de l'y avoir conservée un dîner entier avant de pouvoir la relâcher, traumatisée, loin des visées assassines du balai paternel. Cet attachement naturel des enfants, des malades, des autistes pour les bêtes lui est non seulement resté mais, contrairement à beaucoup, elle en a fait sa raison de vivre. « J'ai été très impressionnée par *Blanche-Neige* de Walt Disney. C'est ensuite inconsciemment que s'est ancré en moi cet amour des animaux, cette envie de vivre de manière magique avec eux. » Engagement qu'elle poussera jusqu'au sacrifice. « Je donnerais ma vie si cela pouvait améliorer le sort des animaux », avouait-elle à François Forestier pour *Le Nouvel Observateur*. « L'amour à l'état pur, la fidélité à la vie, à la mort, voilà ce qui me lie à eux », écrit-elle dans *Pourquoi ?* (Éditions du Rocher, 2006). Au détriment de sa vie personnelle. « Les hommes, je m'en fous. Qu'ils fantasment, ou l'aient fait, ça me fait une belle jambe. C'est très gentil. Je suis reconnaissante qu'ils m'aient donné ce nom qui me permet aujourd'hui de défendre la cause animale. Mais j'ai une vie qui me détruit. » Pour laquelle elle a abandonné le luxe, le confort, l'apparat de la vie d'hyper-people qui était la sienne. « Je ne pense plus du tout à cette vie de star que j'ai eue. Je vis au jour le jour. La seule chose importante, positive, c'est le moment présent. » C'est qu'en sus de son affinité naturelle avec le règne animal, c'est précisément cette vie-là qui l'a rapprochée d'eux, lui a fait épouser leur sort.

« Je me sentais traquée. Comme un animal par les chasseurs. C'est pour ça que je me sens plus proche des animaux que des êtres humains. » Cette empathie particulière pour nos frères à quatre pattes (ou plus) est attestée par René Barjavel dans *Brigitte Bardot, amie des animaux* (Fernand Nathan, 1976), le livre où ils présentent ensemble soixante-dix-huit photos de Mirko Brozek, son compagnon de l'époque, prises dans la réserve africaine de Thoiry chez le comte de La Panouze : « L'amour qu'elle leur porte est d'une nature essentielle, profonde, qui tient autant de l'instinct vital que du sentiment, s'épanche-t-il : Brigitte Bardot est lionceau, gazelle, et un peu éléphant… Dans la savane, l'éléphant vit à part. Il est beau, il est fort. On le regarde de loin, on l'admire. On n'y touche pas. » *Paris-Match* du 14 janvier 1977 salue « le livre des trois *b* : Barjavel Bardot Brozek », « un bête-seller ». « Ce qui me frappe, c'est qu'on sent qu'elle est sur le même plan que les animaux. Ils sont du même clan », ajoute-t-il.

Darwin, déjà, vantait la nécessaire préservation des espèces. Gandhi, lui, en fait un baromètre de civilisation : « La grandeur d'une nation et ses progrès moraux peuvent être jugés par la manière dont elle traite ses animaux. » Milan Kundera le transpose sur le terrain de la philosophie : « Le véritable test moral de l'humanité, ce sont ses relations avec ceux qui sont à sa merci : les animaux. »

Le risque, au-delà de cette nécessaire solidarité entre les espèces, c'est celui de l'anthropomorphisme, qui peut prendre chez certains amoureux des animaux le masque de la bêtification. Pourtant, aucun scientifique ne conteste que les animaux pensent, comme le précise Boris Cyrulnik. « Au début de l'éthologie en France, nous avons rapidement découvert que l'expression animal-machine de Descartes et Malebranche était un énorme contresens. Dès l'instant où l'on a observé des animaux en milieu spontané, on s'est rendu compte qu'ils possédaient un monde mental. Les animaux peuvent traiter des tas d'informations et s'en servir pour résoudre des problèmes, ce qui est la définition de l'intelligence. On mourra de honte d'avoir mis ces êtres qui pensent dans des cages dans le seul but de nous amuser, comme on meurt de honte d'avoir toléré l'esclavage ou les génocides. » Le philosophe de la déconstruction Jacques Derrida, végétarien, affirmait que, l'évolution poursuivant son cours, un jour « on ne supportera plus de donner la mort ». Joy Sorman (*Comme une bête,* Gallimard, 2012), Isabelle Sorente (*180 jours,* Lattès, 2013) poursuivent cette réflexion à leur manière. Vingt-quatre « intellectuels » français, de Michel Onfray à Alain Finkielkraut, de Mathieu Ricard à

Luc Ferry, signaient le 25 octobre 2013 le manifeste de la Fondation 30 Millions d'amis destiné à conférer une personnalité juridique aux animaux, « entre les personnes et les biens ». Parmi eux, Frédéric Lenoir insiste sur « le déficit de notre perception occidentale. En Orient, on n'a jamais érigé cette séparation entre les animaux et les hommes ». Le Franco-Canadien Hubert Reeves ajoute dans *Le Parisien* : « Ce serait une avancée fondamentale que la législation leur permette de vivre une vie convenable, aussi bien chez les particuliers que dans l'agriculture ou les laboratoires. » Pas en reste, Laurent Joffrin souligne dans son éditorial du *Nouvel Observateur* combien « la France souffre dans ce domaine d'un retard de civilisation » et qualifie le manifeste de « bon sens même. Il est temps que cet archaïsme, hérité d'une économie rurale, soit réformé ».

Le radical théoricien australien de la libération animale Peter Singer, titulaire de la chaire de bioéthique de l'université de Princeton, détaille les effets de la proximité génétique entre mammifères : « Des études intéressantes d'électrophysiologie permettent d'observer qu'un animal voyage mentalement dans le passé ou se projette dans le futur. L'activité neuronale de l'hippocampe du rat indique s'il pense au labyrinthe où il se trouvait précédemment ou à celui où il sera plus tard. Tous les ingrédients de la tambouille philosophique – essence, finalité – se retrouvent dans le monde animal. Un babouin employé dans une ferme de Namibie pour surveiller un troupeau de chèvres s'acquittait très bien de sa mission, apportant les petits à leur mère quand il fallait les nourrir. Mais quand une chèvre met bas des jumeaux, les fermiers préfèrent que chaque chevreau soit allaité par une chèvre différente. Le babouin ne voulait rien savoir : le bébé devait aller à sa mère génétique. C'est que pour lui il y a une essence qui fait qu'un bébé chèvre n'appartient qu'à sa mère. » Et renchérit. « Les animaux, comme les hommes, ont un intérêt propre à vivre. Dès lors, agir de façon éthique signifie que nous devons choisir nos actions en fonction de leurs conséquences non seulement sur les hommes mais aussi sur les animaux. Et ne leur faire du mal que si cela permet d'obtenir un plus grand bien pour d'autres êtres sensibles. À l'évidence, nous ne respectons pas ce standard. »

L'homme, on le sait depuis Plaute (puis Hobbes), est un loup pour l'homme et parfois bien pire encore. Son attitude envers ses semblables à travers les âges – et encore récemment pour ne pas dire aujourd'hui selon d'où on parle – est tellement impensable, inexcusable, inhumaine, qu'on ne peut malheureusement pas s'étonner qu'il en fît de même avec nos cousins aux génomes très légèrement différents. Et, du coup, leur défense apparaît pour beaucoup comme un combat d'arrière-garde, voire un égoïsme au détriment de l'humanisme. Si l'homme est un carnassier qui se retourne contre ses semblables, il l'est immanquablement aussi pour les animaux, ce qu'affirme l'écrivain Isaac Bashevis Singer, pour qui, au regard des bêtes, nous sommes tous des nazis, exagérant gratuitement et cruellement les lois de la nature. Ce que confirme le biologiste Yves Christen, auteur de *L'animal est-il une personne ?* (Flammarion) et *Les Surdoués du monde animal* (Éditions du Rocher) : « Dans la jungle, ce n'est pas la loi de la jungle. La justice, c'est ce qui correspond à l'ordre des choses. Cet ordre repose sur un contrat entre êtres vivants, mais un contrat tacite. Comme dans les sociétés animales, où les règles sociales sont implicites. » Dans son premier livre, *La Politique du chimpanzé* (Éditions du Rocher, 1992), l'éthologue néerlandais Frans de Waal, spécialiste des primates, décrit même « les manœuvres politiques » utilisées par ces sujets pour gravir les échelons de la hiérarchie sociale, prouvant si besoin était notre proximité comportementale.

Immanquablement, on accuse Bardot, Marlene Dietrich comme *L'Osservatore romano*, de se tromper de combat, de préférer les animaux aux êtres humains, d'autant qu'elle ne ménage pas ses critiques envers ses semblables : « Je sais qu'il y a des imbéciles qui ne comprennent rien et qui me le reprochent, comme si les gens avaient un cœur pour aimer les animaux et un cœur pour aimer les hommes. J'aime tout ce qui vit et tout ce qui souffre. » Elle s'en expliquait par avance dans « Actuel 2 » le 9 avril 1973, interrogée devant dix millions de téléspectateurs par Jean-Pierre Elkabbach : « Je crois que l'amour qu'on a en soi, on peut le donner à tout le monde. Il se trouve simplement que beaucoup de gens s'occupent des problèmes des femmes, des enfants, des vieillards, mais personne ne s'occupe du sort incroyablement inhumain qu'on fait parfois subir aux animaux. » À Henry-Jean Servat, dans *Vies privées* (Albin Michel, 2006), elle ajoute : « J'aide les pauvres et malheureux que je rencontre. Je donne de l'argent et de mon temps pour des personnes âgées et des adolescentes, mais je ne le crie pas. C'est personnel, ce n'est pas mon combat. Que chacun, face à sa conscience, accomplisse ce qu'il croit utile, juste et bien. La charité, la vraie, ne fait pas de bruit. » Elle le répétera à Gonzague Saint-Bris pour *Femme*. « Le bruit ne fait pas de bien, le bien ne fait pas de bruit. »

Elle a fait siennes les convictions de Pythagore (« Tant que les hommes massacreront les bêtes, ils s'entretueront ») comme de Tolstoï (« Tant qu'il y aura des abattoirs, il y aura des champs de bataille »), qu'elle cite abondamment.

Nombreux sont ceux qui la moquent, la prennent pour une vieille toquée, misanthrope, seulement heureuse entourée de ses toutous et de ses ânes, avec lesquels on la soupçonne inévitablement de pratiques que la morale réprouve, alors même qu'elle dénonce avec dégoût les dégâts de la zoophilie, pratique qu'on a du mal à imaginer mais bien plus répandue qu'on ne sait, et pas seulement dans les campagnes les plus reculées ni, si l'on en croit les comiques troupiers, au sein de la Légion étrangère.

On ne remet pas impunément en cause une dizaine de milliers d'années de domestication et d'élevage, donc de consommation systématique de nos compagnons, devenus aujourd'hui otages de véritables camps de concentration d'élevage industriel et plus seulement unique source de survie de populations rurales. Pourtant, il faut se souvenir qu'il y a encore peu les grands esprits européens se demandaient si les Africains et les peuples premiers avaient une âme, étaient de véritables personnes, ne considéraient pas les femmes comme les égales des hommes et ne se préoccupaient pas des droits des enfants ni de la souffrance des bébés. Un jour, il en ira de même de la manière dont nous traitons nos frères animaux. « Entre les spectateurs de la corrida et des combats de coqs, une partie du monde paysan attaché à une conception ancestrale de l'animal, les chasseurs et les pêcheurs à l'ancienne, les amateurs de foie gras ou les tenants de l'abattage rituel, une vaste conjuration traditionaliste s'évertue à tourner en ridicule les personnalités ou les associations qui luttent avec courage contre les cruautés infligées aux animaux », plaide Joffrin.

Dès le début du XIXe siècle, le réformateur britannique Jeremy Bentham s'émouvait de voir les animaux absents de la réflexion sur les droits de l'homme.

Le végétarien Peter Singer, lui, reste réservé sur la notion de « droit des animaux » mais souhaite leur offrir une protection légale et qu'on cesse de leur causer du tort. Dans *Le Nouvel Obs,* il affirme : « Les Français ont déjà réalisé que la peau foncée n'est pas une raison pour abandonner sans recours un être humain aux caprices d'un persécuteur. Peut-être finira-t-on un jour par s'apercevoir que le nombre de jambes, la pilosité de la peau ou l'extrémité de l'os sacrum sont des raisons tout aussi insuffisantes d'abandonner une créature sensible au même sort. »

« Les animaux ne se contentent pas de souffrir ou d'éprouver du plaisir, explique Élisabeth de Fontenay, l'une des rares philosophes à s'intéresser de longue date à la question animale. Leur environnement est pour eux un système de signes qu'ils interprètent : ils ont des mondes, et ces mondes se croisent avec le nôtre. La question n'est donc pas celle de leur intelligence, de leurs capacités ou de leurs performances : c'est celle de leur subjectivité. Une fois qu'on a pris acte de cela, on ne peut plus les traiter comme des instruments ou comme des choses. » Ce que ne reconnaît pas notre Code civil, instruit par la certitude de Descartes que les animaux n'ont pas de conscience, qui fait d'eux des « biens meubles », alors même que l'Union européenne fait de la protection du bien-être animal l'une de ses valeurs. Il est vrai que dans son délire mystique d'autoflagellation bien judéo-chrétien, saint Augustin assurait même que les animaux ne pouvaient pas souffrir puisqu'ils n'avaient pas commis le péché originel...

Le combat pour faire reconnaître les droits de ses animaux chéris, unanimement admis « êtres sensibles », y compris par ceux qui les consomment, n'est pas, chez Brigitte Bardot, une lubie de vieille star désœuvrée ni un moyen de rester dans la lumière, une fois les feux de l'actualité éloignés. Il faut, si l'on en doute, absolument voir son intervention dans « Cinq colonnes à la une », le 9 janvier 1962, pour inaugurer la séquence « Avocat d'un soir ». Après avoir découvert des photos « prises en douce » montrant le sort des bêtes dans les abattoirs, elle décide de ne plus ingérer de « nourriture cadavérique » et demande la généralisation de l'usage du pistolet d'abattage indolore avant la saignée. Sérieuse, appliquée, sagement vêtue et coiffée d'un serre-tête, elle s'exprime avec une élocution parfaite dans un français impeccable, précis, et avec une détermination impressionnante. « Je me suis dit : "Je vais encore avoir l'air ridicule parce que ce n'est pas du tout à moi de m'occuper de ce genre de choses, mais si je ne le fais pas, personne ne le fera." Vraiment ça me tenait à cœur. Je peux dire : dans ma vie, j'aurai au moins fait ça de positif. Vous comprenez ? »

Sa sortie, motivée par le reportage clandestin de trois semaines effectué « avec un courage incroyable » par Jean-Paul Steiger, du Club du jeune ami des animaux, obtiendra après le forcing de Brigitte auprès du ministre de l'Intérieur Roger Frey (sans relation avec Sami) un décret de l'Élysée ordonnant « l'étourdissement préalable à l'abattage », qu'amélioreront Edgard Pisani en 1964, puis Edgar Faure en 1969. En mai 2008, sa fondation alertait encore les autorités publiques, le Sénat, les députés, la Commission européenne sur les conditions d'abattage en France. Aujourd'hui, Élisabeth de Fontenay demande qu'on aille jusqu'au bout de la logique, comme on le fait pour le tabac, et qu'on dépasse l'ironie exprimée par le fameux tableau sanglant de Keith Haring *Tout le monde sait d'où vient la viande, elle vient du magasin !* : « Il faut du moins inscrire désormais sur la viande vendue en grande surface que l'animal a été abattu sans étourdissement préalable. Le consommateur doit savoir qu'il mange un animal qui aura mis longtemps à souffrir avant de mourir. Les rabbins et les imams qui, avec l'aide de vétérinaires, qui sont leurs coreligionnaires, dénient cette souffrance sont des menteurs. Les pays catholiques sont en retard sur les pays protestants. Les Anglais, les Allemands, les Scandinaves ont légiféré en faveur des animaux depuis longtemps. »

Hypersensible comme la petite fille qu'elle est toujours restée au fond, Brigitte, comme saint François d'Assise, ne supporte pas la souffrance des animaux. Et passera sa vie à devenir leur Mère Teresa. Sans perspective de béatification, mais avec la même farouche énergie du désespoir, combat moralement admirable, quoique voué au malheur, au quotidien fait de mort, de maladie, d'accident, de mutilation, de déception, pour de petites victoires et un horizon trop lointain pour comporter une dose de joie propre à positiver la balance des émotions. Ce qu'elle reconnaît sans peine. « C'est usant, triste, sans fin. Ça désespère, ça fait du mal. Ça m'entame le cœur profondément. Mais si on ne fait rien il ne risque pas de se passer quelque chose. Je suis costaud, parce qu'il faut du courage. » Mais les hommes ? « La guerre est née de la chasse. Le sang appelle le sang. Il faut extirper les racines du mal. »

La première à la solliciter activement sera la Bruxelloise Marguerite Yourcenar. Dès le 24 février 1968, elle lui a écrit depuis le Maine pour attirer son attention sur le massacre des bébés phoques. « Je suis persuadée que vous pouvez plus que quiconque persuader le public féminin de boycotter les vêtements obtenus au prix de tant de douleur et d'agonie. » Elle lui décrit la mise à mort des blanchons. « L'homme coupable de férocité ou, ce qui est peut-être encore pis, d'indifférence envers la torture infligée aux bêtes est plus capable qu'un autre de torturer les hommes. Il s'est pour ainsi dire fait la main. » Et conclut par un joli compliment : « Il est merveilleux que la grâce et la beauté soient aussi la bonté. »

Lorsqu'elle devient la première femme élue à l'Académie française, en 1980, on lui demande quelle est la personne qu'elle veut rencontrer. Elle répond : « Brigitte Bardot. » Mais celle-ci est à La Madrague en plein hiver, s'occupe de ses animaux, et répond qu'elle ne viendra pas. Peu importe, c'est Yourcenar qui débarque à Saint-Tropez avec son chauffeur pour trouver Brigitte sous la pluie, avec des bottes, dans la boue. Une rencontre formidable pour Brigitte : « On a passé la soirée au coin du feu. » Satisfaction partagée : « Brigitte Bardot, si belle, ayant parfaitement réussi ses films de femme enfant, de femme objet, qui aurait pu se satisfaire d'être une éternelle jolie femme, et qui à la place de tout ça est devenue la défenderesse des animaux, a pris aussi part à la défense de la nature d'une façon excessivement active, excessivement courageuse, et ce d'autant plus qu'elle a trop souvent recueilli elle aussi les ironies. »

Heureusement, à côté des incessantes moqueries, elle recevra le soutien indéfectible d'un certain nombre de personnalités, dont quelques-unes (Patrick Sébastien, Alain Delon, Jean-Paul Belmondo, Robert Hossein, Johnny Hallyday) ont parrainé les adoptions de Noël organisées chaque année par sa fondation et la SPA à Levallois-Perret, mais aussi : Michel Drucker, Isabelle Adjani, Jane Birkin, Sophie Marceau, Nicolas Hulot, Yann Artus-Bertrand, Jean-Claude Brialy, Hélène Grimaud, Dorothée, Claude Bolling, Mylène Demongeot, Paul Bocuse, Hugues Aufray, Mireille Mathieu, Annie Cordy, Véronique Jannot,

Anny Duperey, Clémentine Célarié, Bernard Montiel, Henry-Jean Servat, Pascal Sevran, l'Aga Khan, Pamela Anderson, Laurent Baffie, Michel Serrault. Ce dernier s'en explique : « Elle est excessive ? Certainement. Son combat est sincère, passionné, un peu outrancier parfois, mais elle doit faire face à toutes sortes de gens (viandards, transporteurs d'animaux véreux, vivisecteurs, etc.) qui ne sont pas l'expression la plus raffinée du genre humain. » Même Hollywood, qu'elle a pourtant rejeté, l'honore : Kim Basinger, Leonardo Di Caprio, Kirk Douglas, la vénèrent ; Gretchen Wyler y a créé l'International Brigitte Bardot Award du film animalier dénonçant un scandale (elle recevra par ailleurs le Prix de l'ONU pour la défense des animaux à Rio). Les Français ne sont pas seuls à l'accompagner dans son combat en faveur des animaux : Paul et Linda McCartney, David Crosby et Graham Nash, Manfred Mann, Brian May, Chrissie Hynde, Morrissey, Moby, Slash, Michael Jackson, comme de nombreux autres artistes, se sont à un moment ou à un autre mobilisés pour défendre leurs droits, grands singes, baleines, dauphins, chevaux, lamas, chiens, chats ou autres serpents. « Si je ne suis pas militant, je suis sensible à la cause animale », affirme à *Néoplanète* à l'été 2013 Alain Souchon, qui résume la pensée générale : « Certains pensent que les hommes, c'est plus important que les animaux, ce qui est vrai, mais ça n'empêche pas de s'engager pour les protéger. »

Si on y prête attention, on s'aperçoit d'ailleurs que dans la majorité de ses films (on ne parle même pas ici des tournages) – *Hélène de Troie*, *Cette sacrée gamine*, *Les Week-ends de Néron*, *Une Parisienne*, *Et Dieu créa la femme*, *Les Bijoutiers du clair de lune*, *Les Novices*, *L'Ours et la poupée*, *Boulevard du rhum*, *Spécial Bardot*, etc. –, Brigitte Bardot fait toujours un quelconque câlin à l'un ou l'autre animal, en adopte à tour de bras, prononçant sur un chemin tropézien *le* verbatim incongru de la Nouvelle Vague, directement issu de son propre idiome : « Quel cornichon, ce lapin. »

En 1969, interrogée par Sélim Sasson, le brillant spécialiste du cinéma de la télévision publique belge, pour son « Carrousel aux images », charmante à fondre, elle décrit déjà son engagement : « Quand on est connu, il faut se servir de cette notoriété pour faire un peu de bien là où on peut, autre chose que les couvertures des magazines. La politique, les guerres, je ne peux rien faire. J'essaie de faire quelque chose pour les bébés phoques. Si vous m'aimez bien, faites quelque chose. Je m'indigne contre ce qui est injuste et cruel inutilement. » Elle prévoit pourtant déjà les chagrins à venir : « Ce sont des coups d'épée dans l'eau. »

C'est sur le tournage de *Colinot,* où elle s'ennuie au point de se demander ce qu'elle fait là, que se déclare définitivement sa vocation : elle remarque une fermière et sa biquette qu'elle caresse, avant de découvrir qu'elle doit servir de méchoui au repas de communion du petit-fils trois jours plus tard. Elle l'achète et l'installe avec la petite chienne Pichnou tout juste adoptée, dans le lit de son hôtel quatre étoiles, décrétant qu'il y a bien plus important dans sa vie que le cinéma. Elle l'avait déjà démontré dix ans plus tôt, en ratant une première au Lido pour accoucher elle-même dans sa cuisine Guapa, la chienne mouchetée trouvée dans une poubelle à Madrid, pendant le tournage des *Bijoutiers du clair de lune*.

Fin 1959, avenue Paul-Doumer, elle la faisait cohabiter avec le cocker que Vadim lui avait acheté pour l'aider à surmonter la solitude au cours de ses nombreuses absences nocturnes, plus Frisette, deux tourterelles et deux perruches, verte et jaune. « Avant d'épouser Jacques Charrier et d'avoir un bébé, je recherchais l'affection de mes chiens – pendant des heures. Encore maintenant. J'ai deux chiens, un cocker espagnol noir, Clown, que j'appelle Clouclou, et Guapa, que j'ai recueillie et ramenée à Paris. Mes chiens sont très importants pour moi parce qu'ils sont loyaux, sincères et fidèles – et affectueux. Quand je suis loin en tournage, je leur envoie des cartes postales. Ils me manquent. À Saint-Tropez, où j'ai une maison, je garde un chat que j'appelle Monsieur Trotte. Je lui envoie aussi des cartes postales. J'y ai aussi des colombes. Mais je ne leur envoie pas de cartes postales, elles ne comprendraient pas. » Bon. On fait souvent les choses les plus désintéressées pour soi-même, en vérité. L'altruisme n'interdit pas un certain humour, fût-il fleur bleue ou cul-cul la praline.

Par la suite, cette ménagerie domestique ne fera qu'augmenter, emplissant La Madrague, Bazoches, La Garrigue, se professionnalisant peu à peu, notamment au refuge de la mare Auzou à Saint-Aubin-le-Guichard, en Haute-Normandie (huit hectares qui abritent chiens, chats, chevaux, moutons et bovins), arche de Noé concrétisant le fantasme autarcique immense de cette petite fille Disney, Brigitte au pays des merveilles malheureusement et terriblement blessée d'assister sans cesse à la négation de son rêve de monde bisounours idéal, devenant progressivement l'esclave de ses protégés et leur consacrant toute sa fortune, toute son énergie, jusqu'à ne plus en avoir pour elle-même, ne plus avoir d'autre horizon, et surprenant ses visiteurs peu habitués à leurs odeurs entêtantes et à leurs poils envahissants, qui dominent l'atmosphère et la texture de ses différentes demeures. Même son amie France Roche s'en plaignait : « Le problème, c'est que chez elle, ça sentait l'animal. Je ne comprends pas qu'on puisse aimer à ce point quelque chose qui ne vous parle pas. »

Mais, au-delà de ce cirque maniaque, elle va mener de manière incessante et infatigable un combat épuisant, moralement comme physiquement parfois, pour faire respecter la dignité et la survie de ces chers compagnons, où qu'ils soient sur la planète. Ses débuts sont difficiles : elle appelle la SPA, monte une ménagerie à Bazoches-sur-Guyonne à côté de Montfort-l'Amaury et à La Madrague ; participe à des émissions de télé comme « Aujourd'hui madame » et celles du docteur Klein. « Je ne savais pas quoi faire et passais mes journées à me demander comment défendre les animaux », avouait-elle à Michel Drucker, qui partage son engagement avec son épouse, ancienne actrice blonde elle aussi, Dany Saval, et lui consacrera de nombreuses émissions, toujours avec son concours et celui de sa fondation. Elle va bientôt trouver : « Nous sommes le pays du monde qui a le plus d'animaux domestiques. Mais nous sommes aussi le pays du monde qui a les lois les plus faibles pour défendre les animaux domestiques. Je veux rendre les lois fortes et applicables. »

La plus célèbre de ces causes, celle qui lui vaudra le plus d'ennuis aussi, est donc la défense des bébés phoques, qui l'enflamme à la suite d'un reportage à la télé sur leur massacre, écorchés vivants sur la banquise canadienne. Évoqué en mars 1976 lors d'un dîner avec le grand reporter de TF1 Christian Brincourt et Philippe Letellier, rédacteur en chef de *Parents,* il précipite Brigitte à leur secours, indignée de cette cruauté. Et connaît un premier faux départ à Londres pour rejoindre les îles de la Madeleine, retenue par une hémorragie sanguine trois jours après un nouvel avortement qui l'oblige à rebrousser chemin. Mais, le 6 avril, elle manifeste devant l'ambassade de Norvège, à côté de RTL, avec une pancarte « Pitié pour les bébés phoques ». À Fécamp, un chalutier français de Terre-Neuve lui ramène un bébé phoque rescapé. Elle l'adopte, le baptise Chouchou et le ramène à Bazoches dans sa Pacer (il finira sa vie au Marineland d'Antibes). Elle prend alors contact avec l'environnementaliste bâlois Franz Weber et lui propose de militer par lettre express : « J'ai envie de vaincre la connerie et la cruauté humaine. Je suis seule. » Elle écrit aussi à Valéry Giscard d'Estaing : lui-même chasseur, il l'est également de femmes. « Elle me dit la vérité, admettra-t-il, elle est horrifiée par cette campagne. » Mais lors de leur rencontre, il commet l'erreur de lui demander comment va son cœur, drague légère qu'elle prend de travers. « Mon cœur, on s'en fout, est-ce que vous chassez toujours ? La France doit s'engager. » Il dit oui, contrairement à elle. La France interdit l'importation de peaux de jeunes phoques.

L'année suivante, elle décide à nouveau de se rendre sur le terrain des massacres. Informé de son initiative, Allain Bougrain-Dubourg la contacte. « Je tombe sur elle directement. Elle accepte une interview : "On se retrouve au Canada". Elle a peur de ne pas être crédible. »

Brigitte embarque finalement le 14 mars 1977 à bord d'un avion privé Corvette avec Mirko, Franz Weber et un photographe de l'agence Sygma. Après des escales aux îles Hébrides puis à Reykjavik où elle reçoit un appel de Giscard, ils atterrissent au Groenland, sur une base américaine. L'expédition atteint ensuite Goose Bay au Labrador, et enfin Sept-Îles, à 2 h 30 du matin, après quatorze heures de voyage. Le lendemain, les sept hélicoptères promis (et payés d'avance) sont absents, et il lui faut tripler le prix du seul qui se présente (ce qui la fait soupçonner le gouvernement canadien d'entrave). Le lendemain, elle adresse une supplique à la reine Elizabeth pour qu'elle ordonne d'arrêter le massacre des bébés phoques à St. Anthony sur Terre-Neuve. Bloquée, elle improvise avec Weber qui a organisé un voyage pour quarante-cinq journalistes (dont *Libération* et *Le Figaro*), rejoints par une centaine de confrères nord-américains, une conférence de presse au cours de laquelle elle s'attaque à l'économie locale, propose de compenser la perte qu'occasionnerait l'arrêt de la chasse aux bébés phoques, tance les photographes, menace, puis quitte la salle en pleurs. Surtout, elle déçoit ses supporters, ne convainc pas ses interlocuteurs, qui la moquent et ne la prennent pas au sérieux, puis très vite en grippe. Son discours ne passe pas. Elle n'y est pas allée avec le dos de la cuillère, comme ce sera souvent le cas par la suite. « Chasseurs, c'est un grand mot pour ce qu'ils font ; bouchers, plutôt », et assène son terrible « Canadiens assassins », peut-être emportée par son admiration sans bornes pour le général de Gaulle qui lançait le 24 juillet 1967, dans l'euphorie de sa descente du Saint-Laurent sur le chemin du Roy, son historique, quoique moins diffamatoire, « Vive le Québec libre ! ». Avec un résultat encore plus mitigé. Elle est depuis haïe dans ce « pays riche », qu'elle accuse, pour se détendre, de « vendre les pénis des phoques aux Chinois qui ne peuvent plus bander ». Sa demande de parler au Premier ministre fédéral, Pierre-Elliott Trudeau, dont la femme Margaret s'éclate au même moment avec Ron Wood sur la tournée des Rolling Stones à Toronto, restera lettre morte (un chef de gouvernement ne peut décemment pas recevoir quelqu'un qui vient de qualifier son peuple de génocidaire).

Le 16 au matin, en sus d'une tempête de neige qui durera trois jours, un blizzard médiatique l'attend donc, réveillée par France Inter puis Radio Canada, alertés par le bazar qu'elle vient de déclencher, son action relayée dans le monde entier, stigmatisant pour la caméra « les manteaux de fourrure pour les connes qui veulent se mettre ça sur le dos ». Le 18 à l'aube, deux représentants de Greenpeace installés à Belle-Isle la recueillent à mi-chemin du site des massacres. Leur appareil se pose finalement à Blanc-Sablon, la municipalité la plus à l'est de l'État du Québec, leur destination, où les attend Hubert Henrotte, le patron de Sygma, malgré certaines tracasseries administratives ; il fait moins vingt degrés le jour, moins quarante la nuit. Le 19, elle parvient enfin sur la banquise et manque aussitôt de se noyer, une de ses jambes se dérobant sur la glace jusque dans l'eau glaciale. Mirko aperçoit bientôt deux bébés phoques éloignés de leur mère, que Bardot câline aussitôt, donnant lieu à la photo qui fera le tour du monde, et sera même saluée par la Poste qui en édite un timbre (« Les images de Brigitte Bardot sur la banquise sont des instants d'éternité », assure Isabelle Adjani, qui dîne avec elle à Saint-Tropez en 2004 et porte son message au Canada).

« Je reviendrai », promet Bardot, comme le général McArthur chassé des Philippines. Elle reviendra effectivement à soixante-douze ans, survolant le Canada en avion pour protester contre le massacre des bébés phoques à nouveau autorisé (jusqu'à trois cent cinquante mille par an), débarquant à Ottawa le 21 mars 2006, bourrée de cortisone avec ses béquilles et Bernard d'Ormale. À peine débarquée à l'aéroport, la sécurité la conduit au bureau de l'immigration pour deux heures d'interrogatoire, craignant qu'elle ne veuille commettre un attentat ! Ayant finalement obtenu un visa de trois jours seulement, elle demande un rendez-vous au Premier ministre Stephen Harper, qui refuse de la recevoir : elle veut se faire enchaîner devant son bureau tant elle tient à remettre une lettre. Lors de sa conférence de presse, en présence de Paul Watson, elle déclare : « Avant ma mort, je veux voir cesser ce massacre. Je vous le demande de toute mon âme, de tout mon cœur. » Pamela Anderson viendra soutenir son action en faveur des phoques rue Vineuse le 15 février 2008 – mais il y en a peu à Malibu ! Et les Québécois lui en voudront longtemps de critiquer ainsi le rude mode de vie ancestral d'une partie de la population (pour preuve, à l'automne 2013, un restaurateur proposait pour 20 dollars canadiens sous le nom de *Bardot phoque burger* un sandwich à la viande de phoque assorti de foie gras, d'épinards de mer et d'amélanches).

Nicolas Sarkozy la recevra en grande pompe à l'Élysée le 27 septembre 2007, alors qu'elle souffre tellement qu'on lui injecte de la cortisone à haute dose, l'enserrant sur la photo, lui promettant son appui, mais elle qualifiera le résultat en citant Dalida : « Paroles, paroles et toujours des paroles… ». En septembre 2013, elle twitte (@brigitte_bardot) : « François Hollande me l'a promis lors d'un entretien privé, le Quai d'Orsay confirme : l'Union européenne défend l'embargo phoques », ce dont atteste un courrier du ministre délégué aux Affaires européennes, Thierry Repentin. L'OMC confirmera.

Mais en mars 1977, à son retour à Paris, tout va mal. Brincourt l'attend sur les marches du 59, boulevard Lannes avec son équipe de télé : elle est épuisée, découragée et découvre combien elle est critiquée. *Le Figaro*, en particulier, n'est pas tendre.

Un article de Philippe Bouvard affirme notamment qu'elle est tombée bien bas… « La presse française m'a descendue en flammes, pensant, ironie du sort, que je faisais ça pour ma publicité. Là-bas, il était normal que je sois détestée, humiliée. Je n'étais peut-être pas très diplomate. Mais ici ! »

Le 1er avril paraît la fameuse couverture de *Match*. En janvier 1978 elle s'attaque au Groenland (propriété du Danemark) et va plaider la cause des bébés phoques devant le Conseil de l'Europe à Strasbourg. Les Pays-Bas bannissent l'importation de peaux de phoques à l'instar de la France. Le 31 mai 1991, la Commission européenne à Bruxelles vote l'interdiction d'importer des fourrures d'animaux piégés (elle y reviendra, accompagnée de l'Aga Khan).

C'est alors qu'elle décide de créer la Fondation Brigitte Bardot avec Jacques-Yves Cousteau et Paul-Émile Victor à Saint-Cloud. En juin au Pré-Catelan, dans le bois de Boulogne, elle donne une conférence de presse dramatique, au cours de laquelle elle tremble et pleure, ce qui la décrédibilise aussitôt. Lance avec Réal la collection La Madrague pour la financer : 30 % du budget de 12 millions de francs proviennent de ses revenus personnels. Mais elle devra procéder à sa dissolution trois mois plus tard, lorsqu'elle découvre que son argent a servi à rembourser les dettes de la fondation Paul-Émile Victor et à acheter des œuvres d'art discutables. Aussitôt, elle rembourse de sa poche tous les adhérents et se retourne contre Philippe Cottereau et P.-E.Victor : Gilles Dreyfus, l'ami de Charrier, devenu voisin de Brigitte aux Vanades, sur la route des Salins, est désormais son avocat. Pour se refaire, elle tourne une publicité pour un after-shave (Zendig, de Goya), puis pour la promotion des produits français aux États-Unis et pour les jeans Karting. Nécessité fait force de loi, justifie-t-elle aux médias anglo-saxons ébahis : « *When you can take, you take.* » Elle refuse pourtant parallèlement 1 million de dollars pour tourner avec Marlon Brando.

Pour relancer sa fondation sur de nouvelles bases, indépendantes, elle vend ce que les Américains appellent sa *memorabilia,* d'abord sur le marché de la place des Lices, puis dans sa petite boutique de la rue d'Aumale, avant la vente aux enchères de toutes ses valeurs à la Maison de la chimie par maître Tajan. Le marteau est en fanon de baleine et en ivoire : elle le pousse à le vendre. C'est Alain Trampoglieri, un Tropézien spécialisé en Marianne(s), qui l'achète. Brigitte récolte 3 millions de francs à cette occasion et installe dans un premier temps sa nouvelle fondation au 4, avenue Franklin-Roosevelt, avant de retrouver la rue Vineuse, où était sis le siège de la société familiale au 39 : elle est au 28.

Dès lors, elle n'aura de cesse de solliciter les responsables politiques pour tenter de leur arracher l'une ou l'autre mesure destinée à adoucir la cruauté humaine envers les autres mammifères. Très à son écoute, Giscard annonce l'interdiction de l'importation de peaux de phoques en France. Il interviendra aussi pour qu'on cesse d'expérimenter les crash tests automobiles avec des singes vivants.

Elle estime Michel Rocard, qui la reçoit au ministère de l'Agriculture puis à Matignon. Il est vrai que celui-ci épouse en secondes noces Sylvie Pélissier, qui siège au conseil d'administration de la Fondation Bardot (ils ont quatorze chats et trois chiens). Elle interpelle Huguette Bouchardeau dans *France-Soir* sur le thème des pièges à mâchoire, l'accusant de « baisser sa culotte devant deux millions de chasseurs », ce qui fait effectivement peur pour elle. Elle la rencontre à trois reprises au ministère de l'Environnement, la trouve gentille et généreuse. Le 13 avril 1985, elle inaugure avec Pierre Mauroy le nouveau chenil intercommunal de Lille.

Jacques Chirac, tout nouveau Premier ministre, l'invite à Matignon avec Allain Bougrain-Dubourg. Il l'appelle « ma petite biche » et lui conseille un jour de l'an de la fin des années quatre-vingt d'aller bronzer à l'île Maurice chez des amis discrets. Elle l'adore, même s'il ne cédera pas à toutes ses demandes, loin de là. Elle lui conseille de parler des animaux au cours de sa campagne, mais il s'empêtre dans une histoire mal maîtrisée de prix des boîtes de Canigou, trop chères pour les pauvres : elle est dépitée... et ne veut pas que Mitterrand lui remette la Légion d'honneur qui lui a été octroyée le 7 avril 1985 : « Ma Légion d'honneur, je la dédie aux animaux qui souffrent. Elle est galvaudée. »

Quand il était maire de Paris, Chirac organisait à chaque Saint-François-d'Assise une foire à l'adoption des animaux à l'hippodrome de Vincennes, organisée conjointement par la mairie et sa fondation. Le 17 juin 1991, elle posait avec lui à l'Hôtel de Ville toute en chignon. Le 7 juin 1994, il lui remettait la médaille de la ville de Paris à L'Empire, avenue de Wagram, là où se tournaient les émissions dominicales de Jacques Martin (et sur le toit duquel Antoine de Caunes présentait « Chorus »). Pour le neuvième Festival de cinéma de la ville de Paris, elle rayonne auprès de lui en présence de Louisa Maurin. En 1995, ça se gâte : elle est reçue par Lionel Jospin rue du Cherche-Midi le 3 juin entre les deux tours alors que Chirac refuse même de répondre par écrit à ses questions. Du coup, elle ne le soutient pas.

Si elle manifestera toutefois toujours beaucoup d'indulgence envers le futur président de la République, attendant donc qu'il soit élu pour se faire remettre la Légion d'honneur (mais elle ne l'a toujours pas), elle vilipendera en revanche ses ministres à qui mieux mieux. Le 22 avril 1986 elle sollicite Charles Pasqua à propos du massacre des tourterelles dans le Médoc. Elle lui apporte une branche de mimosa de La Garrigue mais, s'il lui réserve un bel accueil place Beauvau, elle n'en entendra plus parler. Elle reviendra le voir au Sénat en 1989 pour demander des conseils concernant sa fondation et râlera contre lui tout en lui affirmant son affection, attitude typique des rapports qu'elle entretient avec la droite : même quand elle la conchie, elle n'oublie jamais que c'est quand même son camp historique.

Le 12 septembre 1990, elle interviewe François Léotard sur les corridas qui se déroulent dans sa ville de Fréjus. Ils ont beau se connaître pour avoir dîné avec Nathalie Baye, Philippe Léotard et Alice Sapritch, après qu'elle a été reçue au ministère de la Culture le 11 avril 1986, elle écourte l'interview, outrée, comme elle le sera plus tard par le soutien du Barcelonnais, ministre de l'Intérieur, Manuel Valls à la tauromachie. Elle trouve la chanson de Francis Cabrel (« La corrida »), « très émouvante. Ça montre que beaucoup de gens sont écœurés par ce spectacle de la mort. Ce sang qui appelle l'hystérie chez certains, c'est atroce. »

Elle rencontre Michel Barnier, ministre de l'Environnement, qui la snobe. « Tous des pourris. Je le dis bien haut et fort. M'attaque qui voudra, je n'ai jamais eu peur de mes opinions. » Pareil avec Jean Puech à l'Agriculture, qu'elle déteste, qui la méprise et qu'elle surnomme peut-être hâtivement et sans le vérifier préalablement « bite qui n'a jamais servi ». Édouard Balladur refuse d'adopter en direct un petit chien noir, et figure depuis dans ses petits papiers sur une liste de la même couleur, comme Frédéric

Mitterrand, pourtant cinéaste et cinéphile, qu'elle traite de « ministre de l'inculture » lorsqu'il fait classer la tauromachie au patrimoine culturel immatériel français. Elle dit ne pas aimer Toubon ni Juppé, sans trop de précisions, mais adore, en revanche, le ministre de l'Agriculture, de la Pêche et de l'Alimentation de ce dernier, le journaliste Philippe Vasseur.

Ça ne s'était pas mieux passé avec la gauche, évidemment. « Il vaut mieux être maladroite que mal à gauche », résume-t-elle alors ses opinions. À l'issue d'un rendez-vous stérile avec Michel Crépeau, qu'elle qualifie d'incapable, elle se fend d'une « Lettre ouverte aux ministres français » avant le vote à la CEE sur l'interdiction de l'importation des peaux de bébés phoques. La France refuse de prendre position. Le 24 novembre 1982 elle écrit à François Mitterrand aux bons soins de sa belle-sœur Christine Gouze-Rénal, mais ne reçoit pas de réponse. Commande alors un sondage à la Sofres qu'elle finance, démontrant que les Français sont très majoritairement favorables à l'interdiction. Christine Ockrent en annonce le résultat en ouverture du 20 heures d'Antenne 2 : Crépeau signe.

Le 16 octobre 1984, Brigitte est finalement invitée à l'Élysée avec Allain Bougrain-Dubourg. Mais ils ne sont pas mariés et elle n'a pas le droit de venir en pantalon (De Gaulle était plus cool, question stylisme). Elle promet à sa Cri-Cri d'épouser bientôt Allain et déniche une vieille robe de sa mère en dernière minute. Tous deux remettent à leur hôte une liste de mesures urgentes à prendre en faveur des animaux au cours d'un déjeuner végétarien (« Je ne mange plus de viande depuis plus de trente ans. Je ne porte plus de fourrure »). Brigitte sort au bras de Mitterrand en manteau noir à boutons dorés, sac en bandoulière et bottes rouges comme l'est la cravate de Mitterrand pour les photos sur le perron et se met aussitôt la SPA à dos pour avoir osé dire que pour la première fois des représentants des associations de défense des animaux avaient été reçus par un président de la République. « Ce fut une escroquerie à ma naïveté », dira-t-elle plus tard. « Il ne s'est rien passé ensuite, raconte-t-elle en 2004 à Michel Drucker. Avec Giscard, Mitterrand et Chirac, j'ai été reçue à bras ouverts. On m'a fait des promesses faramineuses. Mais depuis trente ans, personne n'a bougé son cul. Je me demande à quoi servent ces hommes politiques. » Idem de l'issue de sa rencontre avec le recteur de la mosquée de Paris, Dalil Boubakeur, qui lui accorde pourtant le 11 février 2004 qu'on puisse étourdir les moutons pourvu qu'ils restent vivants avant de les égorger. Il est accompagné d'un théologien, en présence d'une trentaine de journalistes, et offre un Coran à Brigitte, toute contente, qui appelle aussitôt Nicolas Sarkozy, ministre de l'Intérieur et des Cultes. Celui-ci lui écrit alors des promesses, sans pour autant que celles-ci soient suivies d'effet dans les abattoirs français, malgré les relances de Brigitte auprès des Premiers ministres Jean-Pierre Raffarin et Dominique de Villepin.

Ses relations tourmentées avec les élus n'y suffisant pas, et la seule pression qu'elle puisse exercer sur eux étant d'alerter l'opinion publique, déterminée à user des armes dont elle dispose, sa notoriété et les médias, elle participe aux « Dossiers de l'écran » diffusés le 1er janvier 1980, enregistrés dans les studios de Cognac-Jay, près du pont de l'Alma, produits par Armand Jammot avec Allain Bougrain-Dubourg, qui devient son amant de détresse (elle sera sa démente maîtresse). Michel Fugain et son Big Bazar lui composent une chanson en vidéo. Elle revient dans l'émission le 7 avril 1981 sur la vivisection face au glacial professeur Jean Bernard. Elle aborde à nouveau la question, de manière détaillée et posée, structurée, à La Garrigue, dans l'émission que lui dédie Patrick Sabatier en 1988 : « C'est la honte de notre civilisation actuelle. Ce sont trois cents millions d'animaux qui crèvent dans des souffrances et des douleurs inimaginables. » Qu'elle décrit ensuite graphiquement, tortures et éventrages, qu'elle compare à des « fours crématoires », expérimentations dignes d'« Auschwitz et Dachau » au profit de laboratoires, plus pour les cosmétiques que pour la recherche, contrairement à Pasteur. « Tout se tient », martèle-t-elle, en assurant que ces pratiques barbares, atroces, menacent aussi l'humanité, citant par ailleurs dans *Le Figaro* Émile Zola qui se demandait en 1896 : « De cet amour universel des bêtes par-dessus les frontières, peut-être arriverait-on à l'amour des hommes ? » L'anthropologue Alain Froment le conseille à sa façon dans son *Anatomie impertinente* (Odile Jacob, 2013), rappelant après Charles Darwin qu'elles sont non seulement notre famille mais aussi notre ascendance : « Tous les organismes, animaux et végétaux, sont apparentés parce qu'ils descendent d'un même ancêtre, une cellule baptisée Luca, pour Last Universal Common Ancestor… L'espèce humaine n'est que le minuscule segment du tout petit rameau qui, au sein du règne animal, représente les mammifères. Les êtres humains sont des primates intelligents. »

De 1989 à 1992, la plus belle des guenons – et pas la moins intelligente, loin de là – se lance à cinquante-quatre ans dans une cinquième carrière (après danseuse, modèle, comédienne et chanteuse) de présentatrice de télévision, s'investissant dans « SOS animaux » sur TF1, à compter de quatre numéros par an à 22 h 30. Produite par Jean-Louis Remilleux (futur producteur de Stéphane Bern et de Frédéric

Lopez, notamment) et Roland Coutas (futur fondateur de Travelprice.com), rémunérée 100 000 francs (soient 15 000 euros mais à l'époque c'est une petite fortune) par numéro, en tenue de velours éponge Sonia Rykiel et chignon avec petites mèches et fleurs séchées, ébouriffée, n'autorisant ni qu'on la maquille ni qu'on touche ses cheveux, elle consacre sa première émission au trafic d'ivoire : le 19 mai 1989 à 22 h 30 « SOS éléphants » est regardé par six millions sept cent mille téléspectateurs, à la suite de quoi Brice Lalonde, secrétaire d'État à l'Environnement, fait interdire l'importation d'ivoire en France. Le 23 juin « SOS expérimentation animale » touchera cinq millions et demi de personnes à 22 h 15. Le numéro trois se dressera contre l'incroyable loi Verdeille de 1964, qui viole le droit de propriété au bénéfice des associations de chasse. Le 30 octobre, ce « SOS la chasse » séduit sept millions trois cent mille Français.

En 1990, les émissions auront pour thème « SOS animaux de boucherie » (3 janvier à 22 h 25), « SOS trafic d'animaux » (le 9 mai, elle est à la une de *France-Soir* en menaçant : « Je ferai sauter le gouvernement »). Le 12 septembre, à l'occasion de « SOS mammifères marins », elle intervient au 13 heures de TF1 avec Patrick Poivre d'Arvor et le Premier ministre Pierre Bérégovoy à propos du massacre des otaries en Namibie. Suivront « Combats d'animaux » et « Animaux à fourrure », puis, le 1er avril 1991, « SOS chevaux » (contre la viande chevaline), le 17 juin « SOS chiens et chats » pour lequel elle interviewe Jacques Chirac à l'Hôtel de Ville de Paris.

Jusque-là, tout va bien, les moqueurs raillent, mais le grand public la regarde et la soutient. Las, « SOS grands singes » sera un bide. Une autre émission, « SOS trois ans », est déprogrammée parce qu'une spéciale Guy Bedos déborde de son horaire prévu et n'en finit pas. Elle écrit à Patrick Le Lay, président de TF1, et rompt son contrat en mars 1992 (comme le fera Patrick Sébastien après l'affaire « Osons »).

En octobre, après que sa fondation a été reconnue d'utilité publique par le Conseil d'État le 21 février 1992 en même temps que les Restos du cœur, la voilà donc sur France 3 pour une émission coprésentée par Éric Cachart, un débat sur la chasse auquel participe Ségolène Royal.

Le 26 janvier 1994 elle est l'invitée de « Sacrée soirée » en duplex depuis son appartement de la rue de la Tour, son dernier pied-à-terre parisien, toujours dans le seizième, à deux pas de Passy. Elle s'y attire les foudres des bouchers qui vendent du cheval. Le 28 septembre, elle est cette fois en plateau auprès de Jean-Pierre Foucault et rencontre Lech Walesa. Le 27 septembre 1996, « Sacrée soirée » devient « Sacrée Brigitte » pour huit millions quatre cent soixante-quatre mille cinq cent quatre-vingt-dix téléspectateurs, représentant à l'époque 44 % de part de marché, occasion de retrouvailles avec Sylvie Vartan.

Comme elle luttait contre la loi Verdeille, un jour des chasseurs de sangliers éméchés entrent à La Garrigue et menacent Bougrain qui prend son petit déjeuner : « Un coup est vite parti. » Ça, Brigitte en sait quelque chose... Elle se battra aussi sur France 3 pour qu'on cesse de manger du chien à Tahiti et écrit un article à ce sujet pour *Match,* rencontre le pape Jean-Paul II à Rome le 27 septembre 1995 en compagnie de Bernard d'Ormale puis le maire écolo de Rome Francesco Rutelli qui lui offre une louve, discute avec le Dalaï Lama le 15 juin 1998, finance le trimaran le *Brigitte-Bardot* du militant antispéciste Paul Watson, ancien de Greenpeace et fondateur de la Sea Shepherd Foundation, qu'elle a rencontré au Canada en 1977. En décembre 2012, lors de l'affaire des éléphantes du cirque Pinder logées au parc de la Tête-d'Or de Lyon, menacées d'être euthanasiées parce qu'elles sont soupçonnées d'avoir contracté la tuberculose, Brigitte monte encore une fois au créneau, comme elle le fait contre la corrida, l'équitaxe, l'usine à mille vaches, les abattoirs clandestins, les ours dansants de Bulgarie, le trafic d'ivoire et le massacre des éléphants et des rhinocéros en Afrique de l'Ouest (une conversation d'une demi-heure avec François Hollande à ce sujet lui permettra d'obtenir le soutien logistique de l'armée française pour localiser les braconniers qui les empoisonnent et les massacrent, tuant les rangers qui les protègent), etc. Au *Parisien* qui lui demande pourquoi elle tient tant à les sauver, elle répond du tac au tac : « Quelle question, vous êtes rigolo, vous ! Mais tout le monde a envie de les sauver, la France entière se mobilise là-dessus. J'ai dédié ma vie au sauvetage des animaux, mais c'est assez compliqué du moment où l'administration s'en mêle... » Le 7 janvier 2013, à la suite de Gérard Depardieu, elle va jusqu'à menacer de s'exiler à son tour dans la Russie de son admirateur forcené Poutine, auquel elle trouve « beaucoup d'humanité », et de « fuir ce pays qui n'est plus qu'un cimetière d'animaux ». Elle indiquera plus tard que cette menace était « tactique », et remportera cette bataille-là, Baby et Népal étant finalement adoptées par Stéphanie Grimaldi, chanteuse occasionnelle et princesse de Monaco, qui les recueille au domaine de Fonbonne. Encore et toujours, sans relâche, elle se démène infatigablement pour secourir les animaux martyrs et combattre les pratiques qui les torturent : objectif sans fin, puits sans fond, qui contribuent à son malheur et à sa solitude, lui valant l'amour et la reconnaissance des uns, les quolibets et la haine des autres. « Mon quotidien consiste à traverser des horreurs. Je vis en enfer. Au côté d'êtres vivants qui souffrent inutilement de par la volonté des hommes qui les pourchassent et qui les persécutent », confie-t-elle à Servat. Vadim n'en est pas supris : « Si on étudie de près son désir de sauver les animaux, de s'occuper d'eux, de s'en entourer, on y voit une solitude effrayante, qui vient directement de son égocentrisme. »

Victor Hugo avait beau affirmer : « Vous ne serez jamais et dans aucune circonstance tout à fait malheureux si vous êtes bon envers les animaux », son combat, sans issue malgré de petites victoires ponctuelles, l'isolement sans cesse accru qui l'accompagne, vont progressivement accroître le mal de vivre constituant de Brigitte Bardot. Dépressive, elle se laisse parfois aller à la boisson au-delà de la saine vie épicurienne dont elle possède le luxe. Dégoûtée, elle résume, depuis l'extrême poste d'observation qu'est Saint-Tropez, où mon père a longtemps été inspecteur des impôts et en témoigne également : « La religion de l'être humain, c'est le pognon. »

Un soir de Noël, elle se gave de Mogadon, tombe dans un coma profond. Sauvée par une de ses nouvelles amies, Édith, médecin aux pieds nus qui la ramène à La Madrague, puis à la clinique Oasis. Un 31 décembre, elle boit « à la santé des enculés que la terre porte » et Dieu sait s'il y en a. « Trop souvent, elle n'était entourée que de filles un peu ratées, quelque part entre secrétaire, mannequin et chanteuse, attendant le mariage providentiel », se souvenait France Roche quelques jours avant son décès, le 13 décembre 2013. « Elle était très gentille avec ses amis. Jusqu'au jour où elle les suspectait de quelque chose et se mettait à se méfier. Alors là, ça n'allait plus. Du tout. »

Une autre fois, à Bazoches, c'est un tube de Témesta qu'elle avale, retrouvée par chance par Mylène sous une botte de paille dans la bergerie… Après l'affaire du château de Saint-Amé, sur la route de Tahiti à Saint-Tropez, en octobre 1992, où un berger a lamentablement laissé mourir de faim et de maladie toutes ses bêtes, elle tente une nouvelle fois de mettre fin à ses jours, trop durs, trop désespérants, trop solitaires sans doute, de cette solitude existentielle et ce malaise qui l'habitent depuis toujours et que seule l'effervescence de son cœur, de sa carrière, l'amour, parvenaient ponctuellement à tempérer.

« Pourquoi la souffrance d'une bête me bouleverse-t-elle ainsi ? » s'interroge-t-elle, citant encore Émile Zola. En 1984, elle avait rédigé la préface du manifeste de Rebecca Hall, *Voiceless Victims* (Wildwood House) en paraphrasant le « Licence To Kill » de Dylan, résumant par ce questionnement sans réponse son désarroi comme sa souffrance et son engagement : « Qui a donné à l'homme (mot qui a tragiquement perdu son humanité) le droit d'exterminer, de démembrer, de découper, de massacrer, de chasser, de piéger, d'enfermer, de martyriser, esclavagiser et torturer les animaux ? Qui permet les génocides, les atrocités, qui conduisent à la disparition d'espèces entières ? » *The answer, my friend Brigitte, is blowing in the wind,* évidemment…

« Qui ne s'indignera jamais de voir des champs de moutons égorgés, de taureaux immolés, de vaches massacrées et de daims abattus ne comprendra jamais le respect dû à Bardot qui n'accepte pas le non-dit », assure son confident Henry-Jean Servat.

« J'entends dire qu'en France on qualifie parfois mes propos et ceux du Mouvement de libération animale tout entier comme d'extrême droite, eugénistes parfois aussi, se désole Peter Singer, qui continue de lutter contre le spécisme humain. Les gens ont commencé par ridiculiser le mouvement et moi avec, y compris dans les rangs de la gauche, en disant que c'était une cause de bourgeois soucieux de détourner l'attention de la lutte des classes. Le Mouvement de libération animale fait partie du projet de la gauche d'aider ceux qui sont sans pouvoir contre ceux qui en ont un. »

Bardot a en plus dû subir les sarcasmes de ceux qui ont vu dans sa passion pour les chiens-chiens à leur mémère le délire d'une actrice cinoque en perte de notoriété les premières rides venues. « On me considéra comme une gentille cinglée, une star en mal de publicité, une capricieuse se croyant capable, du jour au lendemain, d'avoir la compétence nécessaire pour assurer une prise en charge de responsabilités si énormes. » Pourquoi ? « L'honnêteté est la pire de mes qualités. » À Bruno Ricard, pour *TV Magazine,* elle admet qu'aucun de ses combats n'est une victoire : « Excepté les bébés phoques, puisque cette année, après trente-trois ans, l'Union européenne interdit enfin l'importation des produits dérivés sur le territoire européen. Et ça, franchement, on me le doit. » De fait. Sur Twitter, Brigitte a retrouvé une nouvelle vigueur, une ultime jeunesse, une justesse qui rédime heureusement – pour l'instant – ses excès, ses injures et ses errements passés. Elle semble d'ailleurs aller mieux depuis quelque temps, peut-être boostée par la vigueur et les succès de sa fondation (quatre-vingt-dix salariés, soixante-dix mille donateurs, six cents délégués bénévoles), abondamment financée, présente sur tous les fronts de la défense animale, requinquée par les réseaux sociaux qui mobilisent efficacement ses supporters, et profite de la soudaine mode d'une cause qui n'est plus ringarde qu'auprès de ceux qui restent encalminés au XXe siècle, s'offrant de la pub sur France Info et une page dans *Le Parisien* et dans *Le Figaro* pour interpeller le président de la République sur les sujets qu'elle traite, avec un certain humour (« Monsieur le Président, le changement, pour les animaux, c'est maintenant ») : captivité des oiseaux sauvages, chasse, animaux de compagnie, animaux de ferme, fourrure, abattoir, expérimentation animale, hippophagie, combats d'animaux...

Bardot, elle, résume son existence à son essence plutôt qu'à sa légende : « J'aime mieux qu'on pense à moi comme protectrice des animaux. » À Christian Brincourt pour *Paris-Match,* en 2009, elle affirme d'ailleurs : « La photo avec le bébé phoque symbolise toute ma vie. De la célébrité à l'isolement sur la banquise, la solitude que j'ai souvent affrontée, et enfin la protection animale. »

L'imprécatrice

« La France d'aujourd'hui, je ne la reconnais plus. Ça n'est plus la mienne. Je ne suis pas réac. Je trouve que les choses belles ne devraient pas être détruites. La France était un beau pays, avec de très belles valeurs, une très belle langue. Mais tout ça part en couille, pour parler comme on le fait aujourd'hui. L'intégration, c'est une désintégration. Les cultures, les traditions, les religions sont trop différentes, elles ne peuvent pas s'entendre. Ça me fait peur. J'ai eu trois condamnations en justice pour avoir dit ce que je pense. Je ne suis jamais extrémiste. Ni dans un sens ni dans l'autre. Mais il n'y a plus de droite. J'ai dit que Chirac avait mis sa droite à l'envers, comme sa culotte. Alors, oui, je peux avoir des idées que je partage plus avec le Front national qu'avec Olivier Besancenot ou avec Arlette Laguiller. Mais je ne suis pas d'accord sur l'avortement, par exemple. Nous avons lutté pour en obtenir le droit, il faut le préserver. »

Quelle mouche a piqué cette femme qui incarnait, grosso modo de 1956 à 1975 au moins, la liberté essentielle, naturelle, absolue, la libération de celles « qui soutiennent la moitié du ciel », comme le disait Mao – les femmes –, pour que le conservatisme de sa famille, de son éducation grand-bourgeoise, prenne le dessus et renverse sa rébellion constituante, pour en faire, contrairement à ce qu'elle croit pouvoir affirmer ci-dessus, précisément une réactionnaire ? Elle le dit, en réalité : la dégradation, l'abîmement de ce qu'elle aimait, de l'ordre qui lui convenait, de sa place dans le monde qu'elle dominait et qu'elle rapportait à elle, à ses critères, à ses canons ; la sienne aussi, peut-être, celle de sa vie, de ses amours, de ses rêves, de ses espoirs, de ce qu'elle voit dans le miroir, elle pour qui la beauté compte justement plus que tout, même si, on l'a vu, elle est d'une glaçante lucidité envers elle-même. Et sans doute aussi, parallèlement, cette difficulté originelle de la gauche à réconcilier égalité sociale et liberté individuelle, qui empêche certaines altérités fortes d'y adhérer.

Mais si cette déclaration n'a absolument rien de répréhensible, même moralement – elle a le droit de penser ce qu'elle veut, qu'on soit ou pas d'accord avec elle, de voter pour qui elle souhaite –, malheureusement, Brigitte Bardot, au plus grand dam de nombre de ses amis et de la grande majorité de ses supporters, ne s'est pas contentée, loin s'en faut, de ce genre de réflexion.

Le 1er août 1990, dans le journal *Présent,* dont elle ignore le positionnement, elle répond à un questionnaire sur l'Aïd el-Kébir (la plus grande fête religieuse de la communauté musulmane) et suscite un scandale national. Sa réputation est faite. Bardot n'est plus simplement « réac », ou de droite, ce qui n'est pas toujours bien vu chez les stars : elle devient « facho », accusée de racisme. Surtout qu'elle réitère en mai 1993, montrant bien qu'il ne s'agissait pas là, comme cela arrive parfois aux artistes, d'une poussée urticante, d'une erreur de communication sous le coup d'une émotion ou d'une déprime trop fortes, mais passagères. Elle écrit cette fois une lettre ouverte publiée par la presse et les agences, intitulée « La France est devenue la fille aînée de la religion musulmane » : « Le sang des moutons a inondé lundi la terre de France. » Ce qu'elle dit est relativement factuel, rien de vraiment scandaleux, mais suspect. Elle annonce qu'elle va écrire au pape Jean-Paul II car nous sommes lundi de Pentecôte et que « l'agneau pascal était symbole de paix, de bonté et d'innocence ». Jusque-là, c'est outrancier, exagéré, frileux, mais ça va encore à peu près.

Le 26 avril 1996, elle écrit au *Figaro,* dans la rubrique « Opinions », « Lettre à ma France perdue » que le journal retitre : « Mon cri de colère à l'occasion de l'Aïd ». « La France est de nouveau envahie, avec la bénédiction de nos gouvernants successifs, par une surpopulation étrangère, notamment musulmane, à laquelle nous faisons allégeance ! Au droit desquels nous nous plions avec soumission. » Elle invoque ensuite « les mauvaises interprétations de leurs religions et le mépris de l'ordre public ». Elle regrette que « d'année en année nous voyons fleurir les mosquées un peu partout en France, alors que nos clochers d'églises se taisent faute de curés ». Saint-Nazaire, Marly-le-Roi et Quimper jettent leurs Marianne à son effigie en signe de répudiation de sa représentation.

Elle se retrouve en correctionnelle six mois plus tard, accusée de racisme. La chanteuse Régine déclare à Anne Sinclair dans « Sept sur sept » : « En épousant Bernard d'Ormale, Brigitte Bardot a épousé le Front national. » Le 19 décembre 1996, la 17e chambre correctionnelle la relaxe des accusations portées par le MRAP, la Ligue des droits de l'homme, SOS Racisme et la Licra. Elle sera condamnée en appel.

D'autant qu'elle recommence en avril 1997 et se retrouve de nouveau assignée pour « récidive d'incitation à la haine raciale ». Condamnée cette fois en appel à 20 000 francs d'amende pour incitation à la haine et à la discrimination raciale. Elle se défend en réfutant absolument être raciste, ce qui est parfaitement vrai, en *one to one,* elle l'a suffisamment prouvé auprès des Gitans, des Indiens, des Brésiliens, de toutes les couleurs, de tous ceux qu'elle a côtoyés directement. Le problème, toutefois, ce sont les mots, même s'ils dépassent sa pensée et ne sont jamais suivis d'actes, la généralisation, l'amalgame, sa notoriété, sa popularité, qui leur donnent une force qui a valeur d'accusation, de répulsion, de stigmatisation, d'incitation, justement, à... autre chose que la tolérance, la compassion et l'humanité, même si d'année en année, et qu'on le réprouve n'y change rien, ses idées excluantes seront de plus en plus partagées au sein de la population française, sous l'effet de la crise économique, de la montée du chômage, des débats sur le code de la nationalité, du 11 septembre 2001, du terrorisme, de l'islamophobie, de la qatarisation, de l'incapacité de l'État à juguler la violence et les dérives du marché de la drogue dans les banlieues de Paris, de Lyon, de Grenoble, et dans les quartiers de Marseille, de la peur.

Cette ire, ce ressentiment, comme on dirait dans le théâtre classique, vont inévitablement déraper très au-delà de l'hypersensibilité saignée par la pâque musulmane et le laxisme qui l'autoriserait. Dans *Le Carré de Pluton,* second volume de ses mémoires, consacré aux années post-cinéma, à propos de ses gardiens qu'elle licencie à La Madrague, elle fustige « les syndicats, le socialisme, tout l'arsenal de la médiocrité qui mène la France à sa chute spectaculaire, tirée vers le bas », ce qui est son droit, bien qu'elle en recommande une utilisation inédite : « Vous pouvez vous les foutre au cul. » Elle est tantôt grossière, nunuche, blessée, provocatrice, petite fille, angélique, agressive, fleur bleue, radine, mesquine, égoïste, généreuse, cul-cul, amère, revancharde, capricieuse, persécutée, fait des calembours dignes de *l'Almanach Vermot* ou du *Hérisson*. Exaltée souvent, polémiste toujours. Comme souvent les artistes quand ils sortent de leur domaine d'excellence, comme son ami Alain Delon, elle se croit drôle et se retrouve blessante ou navrante, quand ce n'est pas franchement insultante ou infamante. En 2000, cela lui coûtera 30 000 francs supplémentaires, toujours pour les mêmes motifs.

Certes, comme toutes les icônes mondiales du XXe siècle et plus encore que la plupart, Marilyn, les Kennedy, Elvis Presley, les Beatles, Bob Dylan, Michael Jackson et Hitler exceptés, Brigitte Bardot a été – est encore – l'objet non seulement de millions de conversations, de vénération, mais aussi le sujet d'innombrables publications, réflexions, ruminations, spéculations, conclusions. Les moins intéressantes, et pertinentes, révélatrices, n'étant pas, au final, les siennes propres. Déjà, en novembre 1976, elle confie à Laurence Masurel, dans *Paris-Match* : « J'écris tout doucement mes mémoires. Je les écrirai seule. Je ne veux personne pour m'aider. Tant pis s'il y a des fautes de style, tant pis si c'est mal écrit. Il n'y a que moi qui puisse raconter tout ce qui m'est arrivé. On a tellement raconté d'âneries. »

Ça n'est pourtant que dix-huit ans plus tard, à l'été 1994, qu'elle se décide à les publier. L'annonce de la parution imminente chez Simon & Schuster d'une biographie non autorisée signée par l'éminent journaliste et essayiste Jeffrey Robinson, qui a interrogé nombre de ses proches et de ses ex, l'inquiète, et elle tient à médiatiser sa version de ses tribulations. (Cette inquiétude est attestée par le compte rendu que fait Brigitte de leur rencontre dans *Le Carré de*

Pluton, et son emportement contre les inexactitudes et les erreurs « scandaleuses » qu'elle y détecte.)

Pour ce faire, elle contacte le rédacteur en chef de *Match,* Patrick Mahé, qui l'a souvent interviewée pour « le poids des mots, le choc des photos ». Il l'a même accompagnée, ainsi qu'Allain Bougrain-Dubourg, dans plusieurs manifestations contre la chasse, et ils ont selon le journaliste vannetais « un excellent contact ». Il est d'ailleurs à ses côtés, en reportage pour *Match,* le 2 mars 1991, lorsque après avoir visité un élevage de loups dans le Jura elle apprend par un appel téléphonique au moment de remonter dans son avion privé la mort de Serge Gainsbourg, dans ce 5 bis, rue de Verneuil qu'il avait initialement acheté pour eux deux, Bonnie and Clyde de l'amour. Bouleversée, elle restera muette pendant tout le vol.

Elle a donc confiance en Mahé et lui remet son manuscrit, constitué de trois volumes rédigés à la main, reliés par des spirales, mille cinq cents feuillets manuscrits entamés le 28 septembre 1974, jour de ses quarante ans. Le 30 août, via son avocat tropézien Jean-Michel Baloup, elle lui donne mandat pour en négocier les droits avec les éditeurs intéressés, français et étrangers. « Conseiller littéraire et agent exclusif » ainsi désigné, le très consciencieux Mahé, qui a obtenu de Roger Thérond – le patron de *Match* et des Éditions Filipacchi – l'autorisation d'effectuer cette mission, recueille les propositions des éditeurs français (Grasset, les Presses de la Cité, Hachette, Robert Laffont, Fixot, Albin Michel, Fayard), puis s'envole pour New York faire la tournée des éditeurs américains. Harper-Collins, St. Martin Press, Crowne Publishing, Putnam's sont sollicités. Random House, en particulier, se montre très intéressé et des contrats sont préparés par les avocats. Tout le monde se donne rendez-vous mi-octobre au salon de Francfort, le plus important au monde, où *Libération* comme le journal de la foire titrent sur l'événement de l'année : « *The fair's biggest bid* ». À l'Intercontinental où Mahé séjourne, Gustav Lübbe propose aussitôt 500 000 dollars pour l'Allemagne, Grasset 1 million pour la France, surenchérissant par rapport aux offres de Fayard et des Presses de la Cité. Pendant les quatre jours qu'il passe sur les bords du Main, Mahé est harcelé par un agent américain qui lui montre une énorme poignée de dollars en lui proposant plusieurs fois par jour de devenir son sous-agent pour l'Amérique. Il n'en a pas besoin. Président de Random House, l'Anglais Harold Evans offre 2 millions de dollars, mais exige une maîtrise absolue sur le manuscrit, estimant qu'en l'état celui-ci comporte « cinquante pour cent de trop ». C'est cette exigence qui fera naître la rumeur paradoxale qui se répand aussitôt selon laquelle « y a rien dedans », alors que personne n'a eu accès au texte. À Francfort, Patrick passe finalement deux accords : avec Lübbe pour l'Allemagne (400 000 Deutsche Mark), et avec Jean-Claude Fasquelle pour la France (5 millions de francs avancés par Grasset).

Il rapporte la proposition de Random House à Brigitte, à Bazoches. En fin de matinée, elle porte une robe estivale malgré l'automne, et adopte une pose de ballerine. Soudain, elle le stupéfie : « Tu ne crois quand même pas que je vais signer avec des Américains après ce qu'ils m'ont fait ? » Décontenancé, il ne voit pas, en effet, ce qu'ils auraient bien pu lui faire, sinon un triomphe. « J'ai failli perdre un œil lorsqu'un caméraman m'a heurtée au visage pendant la promotion de *Viva Maria !* » Voyant que son explication ne produit pas l'effet escompté sur son représentant, elle rajoute, sur le ton cinglant, buté et définitif des stars : « Ils n'avaient qu'à pas exécuter les Rosenberg. »

Comme Sacco et Vanzetti pour John Dos Passos, H.G. Wells, George Bernard Shaw, Dorothy Parker et Joan Baez qui les a chantés avec succès (« Here's To You ») ou Michael Blanc pour Thierry Ardisson, les Rosenberg sont la cause célèbre défendue par Brigitte Bardot. Le 19 juin 1953, Julius et Ethel Rosenberg, membres du parti communiste américain comme l'ont été un temps Bertold Brecht, Woody Guthrie et Pete Seeger, sont exécutés sur la chaise électrique de la prison de Sing Sing. Accusés d'espionnage au profit de l'URSS, soupçonnés d'avoir livré le secret de la bombe atomique américaine au consul soviétique à New York. Brigitte, dix-neuf ans, signe la pétition mondiale en leur faveur, se rend à Orly en compagnie de Vadim avec des petits papiers clamant leur innocence qu'elle répand autour d'elle et, déjà, se mobilise contre l'injustice des hommes.

Julius Rosenberg, ingénieur juif new-yorkais d'origine polonaise aux lunettes rondes et à la fine moustache, avait été arrêté le 17 juillet 1950 sur dénonciation de son beau-frère David Greenglass, lui-même arrêté alors qu'il travaille comme mécanicien aux usines atomiques de Los Alamos, Nouveau-Mexique. La femme de Julius, Ethel, est arrêtée à son tour le 11 août. Ils sont jugés le 5 avril 1951 après avoir été poursuivis par la tristement célèbre House Of Un-American Activities Commitee instaurée par le sinistre sénateur républicain Joseph McCarthy, qui donne son nom à cette chasse aux sorcières rouges qui fera tant de dégâts à Hollywood et ailleurs (que chanteront Richard et Mimi Farina et que Dylan vilipendera dans « Talkin'John Birch Society Blues »). Edgar Hoover, glaçant patron du FBI, jette alors l'anathème sur « les cent mille communistes américains ».

Harry Truman lui-même prononce en 1947 « l'endiguement du communisme », immense peur d'une génération élevée dans la terreur de la bombe H.

C'est dans cette atmosphère délétère de guerre froide qu'inculpé le 6 juillet 1950 Harry Gold accuse Greenglass, qui vend alors Julius, d'entente avec l'URSS, causant l'arrestation du couple, et la réaction en sa faveur en Europe. Dans son édition du 11 décembre 1952, *Le Monde* souligne qu'« aucune condamnation à mort n'avait jusqu'alors été prononcée aux États-Unis pour crime d'espionnage, même en temps de guerre ». Le savant Klaus Fuchs, confondu de faits beaucoup plus graves, ne prend lui que quatorze ans de détention. Greenglass est condamné à quinze ans, réduits à dix grâce à sa collaboration (un joli mot). Le 3 décembre, un comité de défense des Rosenberg s'est constitué à Paris, notamment composé d'Aragon, Maurice Druon, Fernand Léger, Yves Montand, Picasso, Simone Signoret et Hervé Bazin. Ils seront épaulés par les articles et les déclarations de dizaines de personnalités, de Marguerite Duras à Colette, de Camus à Sartre, de Cocteau à Jean Dutourd, de Simone de Beauvoir à Brigitte Bardot qui n'en est pourtant pas encore une !

Dans ses mémoires, *Confession d'un agent soviétique*, publiées en France en 1999, Alexandre Feklissov atteste, comme certains documents du FBI, de l'URSS disparue entre-temps et jusqu'aux mémoires de Nikita Krouchtchev, de la culpabilité de Julius Rosenberg, « petit agent sans grande importance » qu'il a recruté, mais auquel Eisenhower, triomphalement élu quelques mois plus tôt, refuse la grâce présidentielle. Ethel, également exécutée, était innocente. Et mère de deux enfants. Dégoûtée, la jeune Brigitte tire les conséquences de sa déception : elle déchire en représailles le contrat de sept ans que lui offrait à Hollywood le studio Warner.

Elle s'indignera aussi de la condamnation à mort de Caryl Chessman, et écrira pour demander sa grâce au président Eisenhower en 1960, alors qu'il vient de passer onze ans dans le couloir de la mort pour kidnapping, viol, braquage et une dizaine d'autres chefs d'accusation, qu'il conteste tous. Lui aussi devient une cause célèbre lorsque Aldous Huxley, Ray Bradbury, Norman Mailer, Robert Frost et Dominique Lapierre se portent à sa rescousse (il sera chanté par Nicolas Peyrac, Phil Ochs, Ronnie Hawkins et Neil Diamond), ce qui n'empêchera pas son exécution, le 2 mai 1960. Plus tard Brigitte, dont la relation avec l'Amérique souffrira éternellement de ces combats perdus, sera la desperada Bonnie Parker, donnant la réplique à Clyde Barrow/Gainsbourg… et apprendra que le pervers et redoutable J. Edgar Hoover, directeur du FBI, scandalisé par l'immoralité de *And God Created Woman,* avait ouvert un dossier à son nom, mobilisé ses contacts français et l'argent des contribuables américains pour la faire surveiller comme il l'avait fait pour Charlie Chaplin, Jean Seberg, Martin Luther King, les frères Kennedy, John Lennon, Phil Ochs et Jim Morrison.

Le 12 novembre 1961, Brigitte connaît une nouvelle raison, plus proche, plus personnelle, de s'engager. Elle est directement impliquée, cette fois : elle reçoit une lettre de menace de l'OAS qui exige 50 000 francs pour soutenir son action qui « lutte contre le pouvoir de fait de monsieur de Gaulle » : « L'inexécution de cet ordre amène l'entrée en action des sections spéciales de l'OAS. » Elle refuse la protection de la police, mais publie le 30 novembre une lettre ouverte dans *L'Express,* formaliste comme le veut son éducation. « Je vous informe que j'ai porté plainte par l'entremise de mes avocats pour tentative de chantage et d'extorsion de fonds. Je suis persuadée en effet que les auteurs et les inspirateurs de ce genre de lettre seront rapidement mis hors d'état de nuire s'ils se heurtent partout à un refus net et public de la part des gens qu'ils cherchent à terroriser par leurs menaces et leurs attentats... Je ne marche pas parce que je n'ai pas envie de vivre dans un pays nazi. »

Françoise Giroud, elle-même menacée et dont le domicile a été plastiqué par les militants de l'Algérie française, la défend dans son éditorial de *L'Express* du 7 décembre 1961 : « En refusant d'y prêter la main, Brigitte Bardot a rendu un grand service à ses compatriotes, en même temps qu'elle devenait, en quelques jours, symbole de santé dans un pays menacé par une maladie infecte : la peur. » Son avocat Robert Badinter la défend, De Gaulle lui rend hommage et fait garder sa porte deux années durant ; elle ne cède pas, faisant preuve de ce caractère trempé, voire entêté, inflexible, qui constitue sa marque de fabrique et qui ne la quittera jamais, pour le meilleur – alors – et pour le moins bon – plus tard. Plus qu'une femme de tête, Bardot est une femme de cœur, très intelligente mais souvent débordée par ses émotions, avec parfois des conséquences désastreuses. Mais pas toujours. Farley Charles Machet, un Afro-Américain accusé d'avoir tué sept personnes sous crack en 1991, lui écrit pour tenter d'obtenir grâce. Elle sollicite Badinter, George Bush qui ne lui répond pas. Exécuté le 13 septembre 2006, il remercie Brigitte pour son soutien et ses efforts dans un ultime courrier.

Intitulées *Initiales BB,* les mémoires de Brigitte Bardot, publiées par Grasset le 14 mai 1996 (et sous le titre *Memoiren* par Lübbe en allemand en septembre 1998), seront un immense succès de librairie, vendues à près de deux millions d'exemplaires et traduites en trente langues. Rédigées dans un très joli français, très précis, extrêmement élégant, ces souvenirs – d'enfance, de tournages, d'amours, de Saint-Tropez – comme souvent destinés à un subtil mélange de confesse, de remords, de remerciements, de redressements de torts, mais surtout à donner sa propre version de faits disputés – lui vaudront le succès, la fortune (elle a obtenu 20 % de redevances) l'admiration de la plupart, mais aussi la condamnation à verser 150 000 francs à son ex-mari Jacques Charrier et 100 000 à leur fils Nicolas (ils demandaient 6 millions à Bardot et 5 à Grasset, le retrait de quatre-vingts pages, de photos, et l'interdiction de publication en Scandinavie), qui ne parvient pas à en faire retirer les passages le concernant, ayant signé à La Madrague une décharge après que sa mère lui en eut fait lire le manuscrit. Son père, réagissant illico dans *Ma réponse à Brigitte Bardot,* dont il écoulera quand même soixante-dix mille exemplaires, devra lui en reverser le tiers pour la même raison : dommages et intérêts.

« Hélas, je ne peux empêcher les uns et les autres d'écrire des biographies. Aucune n'est l'absolue vérité, sauf ce que j'ai écrit moi-même dans mes mémoires », assure-t-elle au *Point,* et on aimerait la croire, surtout qu'elle est connue pour avoir été chicanière et a connu sa période « je veux redevenir anonyme, attaquez ceux qui parlent de moi », pressée par son avocat Gilles Dreyfus.

Elle a ainsi poursuivi *Brigitte Bardot, un mythe français* de Catherine Rihoit, paru en 1986, joliment écrit et documenté, qui chronique avec le talent de la romancière la transformation intérieure, quoique sous l'effet de pressions externes, de la petite fille riche en icône sexuelle involontairement révolutionnaire, analysant sa place dans l'histoire des femmes, comme dans celle du cinéma, domaines que maîtrise remarquablement l'auteur, dont on sent toutefois l'irritation arrivées les années soixante-dix, au point qu'elle s'en tient là, ou à peu près. Dreyfus l'attaque en janvier 1987 sous prétexte que sa cliente serait choquée de se voir traitée de « mythe » et obtient 60 000 francs de dommages et intérêts. Après, on admire les biographes américains ou anglais et on se demande pourquoi ils sont aussi bons : il y a des raisons culturelles (les Anglo-Saxons, majoritairement protestants, n'ont souvent rien à cacher, voire se repaissent d'exhibitionnisme et de pornographie des sentiments), mais aussi juridiques (pas d'hypocrite et bien catholique « atteinte à la vie privée » de personnages publics, qui la plupart l'exposent et la monnayent par ailleurs à leur avantage).

Brigitte assure la promotion de *Initiales BB* dans « Bouillon de culture » auprès de Bernard Pivot, un admirateur de longue date, qui accepte ses conditions : tête à tête, sans public. Le 4 octobre 1996, tout de noir vêtue, une fleur en tissu dans les cheveux, elle assume ses vacheries et son égoïsme ontologique avec la volonté d'un véritable auteur : « Il faut avoir le courage de tout dire, sinon autant ne rien dire. »

La gloire de l'écrivain, du journaliste, en effet, mais pas nécessairement la vertu de l'être humain. « La sincérité n'a pas de limite », professe-t-elle, avant d'ajouter un bardotisme quasi attendu : « La vérité sort toute nue de son puits. Comme moi. » Comme si, comme à confesse, tout péché verbalisé était aussitôt pardonné par l'entremise d'un prêtre, de deux « Notre Père » et de trois « Ave Maria ». « J'ai choisi de me donner en pâture, se vante-t-elle masochistement. Je préfère qu'on me juge mal, mais au moins on sait qui je suis. » Quelques-uns déjà le regretteront : ils n'imaginent pas ce qui les attend. Marie-Dominique Lelièvre se demandera, dans sa récente biographie *Bardot, plein la vue,* si Brigitte n'a pas rédigé ces souvenirs parfois amers sous l'emprise de l'alcool. Bernard d'Ormale réfute cette supputation : « Un jour, elle m'a donné à lire un grand nombre de pages manuscrites, de sa large écriture, c'était impressionnant. Je lui ai demandé de quoi il s'agissait, elle m'a répondu : "Mes mémoires, que j'avais commencés quand j'étais plus jeune." Je l'ai encouragée à les poursuivre, ce à quoi elle s'est attelée comme à tout ce qu'elle entreprend, avec détermination. On peut d'ailleurs retracer le changement non pas de style mais de vocabulaire entre les deux périodes dans l'ouvrage terminé. Elle s'amusait beaucoup, possède une mémoire phénoménale et ne buvait rien de plus qu'une coupe de champagne de temps à autre. »

Jacques Charrier, lui, tente de réparer les dégâts dans *Ma réponse à Brigitte Bardot* (Michel Lafon). « Brigitte se commettait dans le mensonge le plus vil avec inconscience ou cruauté. » Il estime qu'il s'agit d'« une vaste entreprise de dénigrement par laquelle une star maniaque de son image cherche à imposer la légende de sa vie ». Il va jusqu'à comparer *Initiales BB* aux *Confessions* de Jean-Jacques Rousseau, pareillement destinées à justifier l'abandon de ses cinq enfants à l'Assistance publique. Et d'en conclure que Bardot, elle aussi, s'adresse avant tout à ses futurs biographes. Avec comme légitimité son franc-parler, que Pierre Assouline qualifie autrement dans *Lire* : « Bardot croit qu'elle dit la vérité parce qu'elle dit ce qu'elle pense. » Amer, indigné, dégoûté, Charrier tient – légitimement – à rétablir la vérité – sa vérité, en tout cas. Et accable Bri-Bri, comme elle se nomme elle-même, accusée de mensonges éhontés, de révisionnisme, de manipulations, visant à le diminuer, l'humilier, le minorer, profitant de son silence, qu'elle prendrait pour de la faiblesse, pour en rajouter comme jamais sur leur relation et sa personnalité. Mais surtout il l'accuse d'avoir sciemment développé une théorie machiavélique destinée à justifier l'abandon de leur fils Nicolas et la non-relation maternelle qui s'en est suivie.

Charrier est certainement blessé considérablement, ulcéré, révolté ; tient à rétablir son honneur et à relater la réalité des rapports Brigitte-Nicolas. Il est convaincant sur le fond, naïf dans certaines de ses analyses. Certes, les reproches qu'il adresse à son ex-femme sont logiques dès lors qu'ils paraissent globalement fondés, et rien n'exonère celle-ci de son comportement, notamment vis-à-vis de son enfant unique, ne serait-ce son propre désarroi. Là où il fait fausse route, c'est en considérant Bardot comme femme comme une autre, ou même actrice comme une autre : on ne saurait comparer le mode de vie, l'enfer quotidien de BB ces années-là, où elle est comme les Beatles selon l'expression controversée de John Lennon, « plus célèbre que le Christ », à ceux d'aucune autre femme au monde, depuis l'origine de celui-ci, peut-être, qu'elle a tant fait admirer. Et lui demander, en conséquence, de se comporter normalement.

C'est ce que tentera de plaider son nouvel avocat que lui conseille d'Ormale, Wallerand de Saint-Just, trésorier du FN et avocat de Jean-Marie Le Pen, spécialiste du droit de la presse, le 23 juillet 1997 : « Elle fait partie de l'histoire de notre pays, elle a écrit ses mémoires et son droit est supérieur à celui des Charrier. » Alors, là, pardon, mais non. Son droit, non, celui de personne n'est supérieur à celui de quiconque. Ce que l'histoire en retiendra ou lui pardonnera, sûrement – mais ce n'est pas la même chose, même si ses circonstances sont exceptionnelles, si elle trouve du coup des soutiens qui la comprennent, lui octroient des excuses. « Il lui est arrivé de dire, sur la cruauté des hommes, des phrases politiquement dangereuses. Comment ne pas lui pardonner, à elle qui a tant donné dans sa vie », prononcera Michel Rocard, il est vrai lui aussi ami des animaux. Bernadette Lafont, à laquelle on a un temps cherché à l'opposer, l'absolvait dans une interview à Sabrina Champenois de *Libération* en décembre 2012 : « J'adore Bardot. Ce qu'elle écrit, c'est nul, mais elle a été d'une beauté incroyable, un miracle, et elle laisse sa gueule se défaire et accepte de regarder ce qui se passe. Ça m'intéresse, moi, ce processus ; comme les fruits sèchent et se fripent, deviennent des sortes de sculptures. Et puis elle fait chier Bardot, mais elle a été précipitée dans tout ça, et n'a pas forcément été bien entourée. »

L'un de ses innombrables paradoxes réside effectivement dans ce besoin essentiel qu'elle a d'être entourée en permanence mais qu'on lui foute la paix, de gloire et d'anonymat réconciliés. C'est – hélas – impossible, et ses compagnons successifs, Vadim, Trintignant, Gustavo Rojo, Bécaud, Ralf Vallone, Distel, Charrier, Frey, Zagury, Sachs, Gainsbourg, Rizzi, Nino Ferrer, Bougrain-Dubourg et les autres, en auront fait les frais. Cette notoriété, ce désir, cette gloire, irréels, surnaturels, sont déjà virtuellement impossibles à gérer pour des hommes, dans leur vie personnelle bien plus encore que dans leur activité professionnelle, avec les conséquences souvent dramatiques que l'on sait (les assassinats de Lennon et de Marvin Gaye, les suicides de Kurt Cobain et de Patrick Dewaere, les morts à vingt-sept ans de Brian Jones, Jimi Hendrix, Jim Morrison, celle d'Elvis « empoisonné par les banana splits », selon l'expression imagée de Tom

Robbins, de Michael Jackson, de Jean-Luc Delarue), on imagine ce qu'il en fut des femmes, tout juste au début de leur émancipation, à laquelle Brigitte abondera peut-être plus que toute autre. Marilyn en est morte, Janis Joplin aussi, Romy Schneider, Jean Seberg, Whitney Houston, Amy Winehouse plus tard. Qui peut vraiment les juger ? Qui peut comprendre ce qu'a vécu BB pendant la Bardotmania ? George Harrison, « le troisième Beatles », celui qui aura eu le plus de mal avec leur gloire globale, exprimera l'épuisement mental, moral, spirituel que lui a fait subir la Beatlemania, en expliquant que pour lui le plus grand bonheur était de « ne plus se voir en permanence dans les journaux », affirmera que « les Beatles ont donné au monde leurs systèmes nerveux ». Cette phrase ne prend tout son sens que si l'on en pèse la totalité, les conséquences neurologiques et psychologiques, désastreuses.

« Ça m'a dépassée un peu brusquement, comme lorsqu'on se noie », disait Brigitte pour sa part le 11 juin 1960 à François Chalais, qu'elle remercie de lui donner la parole (« J'ai rarement l'occasion de pouvoir dire directement ce que je pense ») dans « Cinépanorama » sur le tournage de *La Vérité*, tout en trop grand : immense bouche (avant Mick Jagger), énorme choucroute, yeux interminables, concentration maximale, et intimidation qui n'a pourtant rien de la timidité, mais plutôt d'une détermination impressionnée. Lorsque mon futur voisin de bureau à Europe 1 la compare à Rudolph Valentino, elle lui rétorque vivement : « Il en est mort. » Et enchaîne sur son calvaire personnel : « Ma vie ressemble à une grande prison, très agréable, mais une prison tout de même. Je ne souhaite qu'une chose, c'est qu'on parle moins de moi. » À l'instar de Harrison – et de Bob Dylan, qui profitera d'un accident de moto à l'été 1966 pour se planquer à Woodstock pendant trois années –, elle décrète : « J'appartiens à tout le monde. Je ferai tout au monde pour qu'on ne parle pas de moi. Quand les journalistes n'ont rien à dire sur moi, ils inventent. On me fait dire des choses que je ne dis pas, faire des choses que je ne fais pas. Je suis obligée de vivre les volets fermés parce qu'il y a toujours un téléobjectif posté sur le toit d'en face de chez moi. On ne se rend pas compte à quel point mon existence est insupportable. »

Déjà en juillet 1960 elle avait menacé son secrétaire particulier et cuisinier, Alain Carré, ancien acteur à son service depuis le début de sa liaison avec Trintignant, lorsqu'il avait annoncé vouloir publier ses indiscrétions. « C'est la plus grave trahison que j'ai subie de ma vie, expliquera-t-elle, car elle venait de celui auquel je faisais une totale et entière confiance. » Du coup, il se trouve réduit à reformater son histoire en une série de dix articles pour la presse. Carré affirmera les avoir soumis à Brigitte et à Charrier et avoir obtenu leur accord. Il ne comprend donc pas pourquoi elle s'insurge a posteriori. Le montant de ses piges inspirera un certain Guido Albert, maître d'hôtel, qui écrira à son tour un article décrivant les orgies auxquelles il aurait prétendument assisté à La Madrague. À *Paris-Jour*, Carré se défend : « Je ne comprends pas pourquoi Brigitte veut m'attaquer à cause de ce livre. Le texte n'a rien de diffamatoire. Mon manuscrit est anodin. » Elle sera déboutée… mais pas débottée. Lorsqu'il publie en feuilleton dans *France-Dimanch*e (numéros 726 à 735), du 21 juillet au 28 septembre, date de l'anniversaire de la star, dont on découvre la pingrerie et le malaise face à la maternité, le mal de vivre, la feuille d'imposition, les factures de boucherie, le nombre de petites cuillères en argent, la composition de sa « mafia féminine » (Olga

Horstig, Christine Gouze-Raynal, Odette Berroyer, Laurence Clerbal, son habilleuse), etc., elle shoote : « Quelle détresse, après. Cet homme, c'était ma vie, ma famille. Je lui ai dit : "Alain, avez-vous écrit toute ma vie ? Oui ou merde ? [...] Tournez-vous, Alain." Je lui ai filé mon pied dans le cul, je lui ai repris les clefs et je ne l'ai jamais revu. »

Arletty confiera à Chalais : « C'est trop pour cette petite. » De fait, il est vrai qu'on lui en a fait voir : « On m'a traitée de poupée qui n'a rien dans la tête, de petite fille et même... de pékinois ! On a même dit que je passais mes journées allongée sur un sofa à manger des chocolats, à fumer des cigarettes et à écouter de la musique. Mais en réalité je n'ai pas une minute à moi, même quand je ne tourne pas. Ma maison où je viens tout juste d'emménager, me prend beaucoup de temps. Je m'occupe de mes affaires aussi. J'ai tout un dossier. Je ne le connais pas par cœur, mais je me tiens au courant en lisant les journaux financiers. Question business, je suis plutôt avisée. Je discute mes contrats, paragraphe par paragraphe. Même mon agent est surpris. » C'est que bien avant Mick Jagger, élève de la London School Of Economics, première rock star à négocier elle-même ses contrats, elle prend en main son business, coproduisant ses films, et plaçant ses millions en compulsant tous les soirs *La Vie financière* et le *Journal de la Bourse* pour savoir où en sont ses actions. Si elle est économe comme sa mère était radine, si elle est avisée en bonne fille et petite-fille d'industriels, cela n'empêche pas une grande générosité, versant de grosses sommes à des œuvres de charité, ainsi qu'à tous ceux qui l'appellent, même les menteurs, les profiteurs et les affabulateurs. (Elle aura également lancé un vibrant appel à la télévision pour sauver les Milandes, l'orphelinat de Joséphine Baker, et versé elle-même les deux tiers de la somme due le 19 juin 1964, s'attirant sa reconnaissance éternelle, comme elle donne 1 million de francs en 1959 pour les familles des victimes de la tragédie de Malpasset.)

Le siège de son être a débuté dès 1957 avec la déferlante *Et Dieu créa la femme,* déclenchant ses célèbres (dans le milieu) poussées d'herpès. « Mon visage est ma prison », se lamente-t-elle alors même qu'il est aussi son accès au paradis – terrestre, certes, mais quand même. « Je n'ai rien cherché. Ça m'est juste tombé dessus et ça a fini par me dévorer. » Dès le tournage de *La Femme et le pantin,* elle se plaignait, sans doute encore un peu faussement, peut-être pas : « Je crois que j'ai raté ma vie. Je n'aurais jamais dû faire de cinéma. Mais maintenant je suis prise au piège. Peut-être qu'à dix-huit ans j'aurais dû épouser quelqu'un de stable, un véritable compagnon. Peut-être aurais-je dû avoir des enfants, une villa à Arcachon, une vie équilibrée sans tous ces drames. » Le piège s'est effectivement refermé sur la plus belle des proies : « Je ne sors plus, je ne vais plus nulle part, ni au restaurant, ni au théâtre, ni au cinéma. Si vous croyez qu'il n'y a pas de quoi devenir folle. Parfois, le soir, chez moi, quand je pense à tout cela, je me prends à hurler toute seule et à pleurer, tellement j'en ai assez de cette vie et de la méchanceté. » Dans « Telle Quelle », elle affirmait : « C'était inhumain, les gens m'ont traitée comme des sauvages. » Quand elle songeait abandonner le cinéma, déjà, elle soufflait : « Je ne peux plus. Je ne peux plus. Je veux qu'on m'oublie. Il n'y a que comme cela que je pourrai commencer à vivre. » À France Roche, dans « Cinq colonnes à la une », elle l'assure : « Je suis la plus acharnée des anti-Bardot. »

« Les femmes s'arrêtaient dans la rue et la traitaient

de salope », confirme Jean-Max Rivière. « À chaque fois que j'apparais en public, tous les regards se posent sur moi. Les gens observent ma coiffure, comment je suis habillée. Si je porte juste un foulard sur la tête et un simple manteau, je les entends dire : "Avec tout l'argent qu'elle a, elle pourrait quand même mieux s'habiller. Regarde ces cheveux !" Mais si je sors bien habillée, maquillée, coiffée, les ongles faits, les mêmes personnes disent que je fais ma coquette. Il y a toujours des gens qui prennent un malin plaisir à chuchoter à voix basse : "Je croyais qu'elle était mieux que ça. Si c'est ça une star..." Peut-être éprouvent-ils le besoin de me blesser. »

Serge Gainsbourg, qui a étudié le phénomène en ornithologue, témoignait de la hargne dont elle était aussi l'objet : « Les gens avaient pour elle une espèce de haine. Je l'ai vue agressée dans la rue, les gens dire : "Vous êtes dégueulasse." Elle n'a jamais pris personne à personne, elle a vécu sa vie, elle a choisi ses hommes... Quand on se promenait dans la rue, elle avait une sorte de sixième sens, elle repérait les photographes. Moi, je ne voyais rien, mais elle avait toujours raison, comme un animal qui sent le chasseur. » Le phénomène des paparazzis est né pour elle, d'elle – à cause d'elle, de sa beauté, de sa nudité, comme de sa scandaleuse notoriété. La fille la plus photographiée du monde est à Capri, où elle débarque le 17 mai 1963 sur le tournage du *Mépris,* le sujet de l'étonnant documentaire de Jacques Rozier, *Paparazzi,* commenté en voix off par Michel Piccoli : ils ne la lâcheront plus de leurs téléobjectifs braqués sur elle comme des armes (ou des sexes ?), jalousant son photographe officiel, Jicky Dussart. « Espionnée, c'est trop doux. Traquée, oui. » À Clouzot, elle confie : « Je n'ai aucune vie privée. Je suis une femme pourchassée. Je ne peux pas mettre le nez dehors sans être constamment entourée, questionnée. C'est une torture. » Henry Pessar a fait partie des chasseurs de prime : « Elle était allergique aux photographes, à l'exception de sa bande de copains de *Paris-Match*. À tel point qu'un jour, à La Madrague, mon ami Jacques-Henri Lartigue l'a vue piquer une crise de larmes parce que son propre père la prenait innocemment en photo, certain de son immunité de géniteur. Elle les a tellement détestés, redoutés, conchiés qu'un jour ils sont allés jusqu'à faire grève avec des pancartes en bas de chez elle pour protester contre ses imprécations et son manque de coopération. » Lui-même a tenté le diable, mandaté pour prendre en son absence des photos de l'appartement avenue Paul-Doumer : « Je parviens au cinquième, où se trouve une trappe poursuivie d'une échelle, que j'escalade, et pose mon pied sur ce qui se révèle n'être qu'une toile de tente, donnant sur le vide. Je m'en suis sorti par miracle, mais j'aurais pu y laisser ma vie. C'est dire quels risques nous étions prêts à prendre pour donner au monde quelque chose de Bardot. »

Inévitablement, pareille icône sexuelle, pareille étoile érotique, ne peut qu'attirer les dingues. À Bazoches, un de ses gardiens tourne du porno avec sa femme et tente de l'y embaucher de force ; à La Madrague, un autre engage des Marseillaises pour faire des passes dans la chambre de BB, habillées de ses robes.

« Il n'y a personne qui déteste Bardot autant que moi, conclut-elle. J'ai été très heureuse, très riche, très belle, très adulée, très célèbre et très malheureuse, expliquait-elle au *London Times* le 28 septembre 1984 pour ses cinquante ans. J'ai été littéralement écrasée par la célébrité. Personne ne peut imaginer à quel point c'était épouvantable. Un calvaire. » Chemin de croix quotidien que personne ne peut comprendre, que chacun envie en réalité, problèmes de riche qui sentent l'auto-apitoiement, le bovarysme pour beaucoup. Elle l'admet : « Vue de l'extérieur, il y a une star. Mais en réalité, cette star est complètement seule et minée par le doute. Connaître cette solitude de l'âme est l'une des choses les plus dures qui soient. »

Malheureusement, en conséquence et en retour, elle n'en conçoit de compassion que pour les animaux comme elle le disait déjà à *L'Express* du 18 février 1973 : « Je déteste l'humanité. J'y suis allergique. Je ne sors pas. J'ai créé mon propre univers, qui est tel que je le veux, et c'est celui de mon enfance. Je retrouve l'équilibre dans la nature, avec les animaux. » Elle a toujours été cyclothymique et souffre depuis sa gloire d'un puissant complexe de persécution, que le comportement de l'humanité ne fera rien pour arranger : « Le nombre de gens qui m'ont trahie pour du pognon ! Je n'avais plus confiance en personne. » Et toute à sa renommée sans limite cède parfois à la tentation démiurge, comme le laisseront penser les moins raisonnées de ses saillies : « Je voudrais être Dieu », écrit-elle un soir de cafard, à Bazoches, cernée par les tirs des chasseurs alentour, entourée de ses deux poules, d'une vingtaine de chats et d'une dizaine de chiennes, mais pas de chaleur humaine. « J'ai toujours caché ma vulnérabilité, ma fragilité, sous des dehors impertinents, insolents. Ce manque de confiance en moi m'a poursuivie toute ma vie », avouera-t-elle au *Nouvel Observateur*.

La justice a donc tranché le différend éditorial Bardot-Charrier, second divorce bien plus acariâtre que le premier. L'histoire, elle, le mettra en perspective, ne les considérant pas avec le même regard que le droit, mais avec toute l'injustice qui prévaut en faveur de ceux qui ont fait basculer un paradigme, aussi rares soient-ils : Brigitte Bardot en est. Cela ne l'autorise pas à tout. Mais cela en minimise sacrément les conséquences au regard du reste, sans rien atténuer des douleurs de ceux qui en ont souffert.

Entre-temps donc, le *Brigitte Bardot : Two Lives* (en français, simplement *Bardot*) du très estimable New-Yorkais Jeffrey Robinson est bien publié en 1994 chez Simon & Schuster (en France à L'Archipel). Il commence bien et bénéficie effectivement de très nombreuses entrevues avec des proches, de Mijanou à Bernard d'Ormale, avec les anciens maris, Vadim, Charrier et Sachs, ainsi qu'un certain nombre de Tropéziens, un grand nombre de personnalités du cinéma et de la télévision, sans compter son lot de Britanniques et d'Américains. Romancier et biographe abrasif, spectaculaire analyste et dénonciateur des dérives bancaires internationales, longtemps installé dans le Midi, Robinson a été reçu par Brigitte à La Madrague et partage clairement son combat pour la cause animale. « J'attaque tous ceux qui écrivent sur moi sans mon autorisation », le prévient-elle. Cela entache malheureusement la seconde partie de son récit, qui ressemble plus à un catalogue de ce combat et de ses vicissitudes qu'à une analyse de ses motivations et de ses conséquences. Pour le reste, il fait assez remarquablement le boulot, à l'américaine, recoupant, recueillant témoignages de première et seconde main, écartant légendes et approximations répétées d'articles en articles, d'ouvrages en ouvrages. Il ne souffre que de deux plaies contre lesquelles il ne peut pas grand-chose. La première est liée à sa nationalité : il ne connaît pas Saint-Tropez, et son histoire plus que superficiellement, et néglige complètement la carrière de BB chanteuse et muse de Gainsbourg, dont il ne reconnaît pas l'importance, et oublie tout ce qui peut approcher le rock, ce qui est d'autant plus surprenant qu'il cosignera plus tard l'autobiographie de Ron Wood, l'autre guitariste des Rolling Stones (autre que Keith, Brian et même Mick Taylor). Enfin, et on ne saurait le lui reprocher, son livre est paru avant les mémoires de Brigitte, notamment la polémique qu'ils déclencheront avec son fils Nicolas et le père de celui-ci, Jacques Charrier. Du coup, il accrédite la fiction – entretenue par Brigitte – de la bonne entente tardive entre cette famille qui n'en a jamais été une.

Pour le reste, son analyse psychologique, adossée aux témoignages directs des témoins de l'ascension de BB et de son retrait de la vie artistique, est excellente, et précieuse en ce qu'elle s'appuie sur des conversations avec des personnes désormais disparues, d'autant plus ouvertes, comme c'est toujours le cas, que leur interlocuteur est étranger. On la dira « de référence » pour les faits liés à la famille, aux mariages et à la carrière cinématographique, plus faible en ce qui concerne le contexte culturel français, depuis le milieu familial jusqu'à l'environnement artistique parisien.

Brigitte, elle, portée par le succès faramineux de *Initiales BB,* publie dans la foulée, en 1999, « mon testament », *Le Carré de Pluton,* suite de ses mémoires qui s'arrêtaient à la fin de sa carrière cinématographique. Cette partie de sa vie captive nettement moins le public, et chronique lourdement sa descente aux enfers, son martyre au service de la cause animale, et dévoile ses penchants misanthropes qui l'entraînent peu à peu dans l'enfermement et la dérive nationaliste et homophobe. Son écriture élégante et précise se caviarde çà et là de vulgarité crasse, et dévide une longue plainte, litanie de trahisons amoureuses, de personnels malhonnêtes, de frustrations militantes et de décès animaux, dont aucun détail n'est épargné au lecteur, du traitement à l'agonie et au désespoir consécutif. Lecture déprimante, désolante, fastidieuse, mais essentielle pourtant pour comprendre le chemin de croix que s'est infligé une des plus grandes figures françaises, punition masochiste comme si elle s'était sentie obligée de payer le prix pourtant non réclamé de sa beauté, de sa gloire, de sa richesse. Culpabilité féminine, judéo-chrétienne, syndrome d'imposture, nécessité d'expier ses péchés libertaires ?

Le Carré de Pluton, malédiction astrale, est l'expression d'une longue souffrance, d'un sacerdoce dédié à la cause animale, douloureux bizutage permanent face à un monde globalement indifférent et médiatiquement ironique, blessure d'autant plus cuisante que rien ne justifie en vérité qu'on s'en gausse, et que tous les arguments de Brigitte et de ses quelques ami(e)s sont tous évidents, légitimes, humains. Le public, qui ne s'intéresse dans sa très grande majorité qu'au corps et à la fronde érotique de l'icône, se détournera de ce pensum morbide, sincère et dépressif, qu'elle ne promeut pas.

Symptomatiquement, elle y invoque la mort de Franco : « Avec papa, c'était une génération qui s'éteignait. »

Madeleine, qui aide Brigitte à La Madrague, est une adhérente des premiers jours du Front national. Le 31 juillet 1992, Brigitte déjeune dans le port de Saint-Tropez sur un bateau avec Jean-Marie Le Pen. Des photographes sont inévitablement présents, et enclenchent la diabolisation de BB à laquelle s'accolent désormais deux autres initiales moins glamour : FN. Ils se sont déjà rencontrés – fortuitement – en 1958 dans un hôpital où ils visitaient tous les deux des soldats blessés au cours de la guerre d'Algérie. Désormais, sous l'influence de son nouveau compagnon, Bernard d'Ormale, elle va baigner dans les idées, et le langage, frontistes, qui vont imprégner ses déclarations et, pire, ses publications. « Je ne cherche pas à être comprise. Je dis, je raconte des événements qui jalonnent mon existence. Un point c'est tout », prévenait-elle dans *Le Carré de Pluton*. Ça se gâtera plus encore ensuite.

Un cri dans le silence (« révolte et nostalgie », soulignent les éditions du Rocher sur la couverture), la voit esquisser un début de repentir dans son avant-propos de dernière minute, consécutif au déclenchement de la guerre en Irak. Pacifiste, elle se réjouit (pour une fois) de la position défendue par la France à travers le fameux discours de Dominique de Villepin à l'ONU. Et y exécute un salto arrière en lui-même réussi, stigmatisant les religieux musulmans mais compatissant avec les populations irakiennes comme avec les GI américains, pour conclure par une affirmation assez visionnaire à l'époque (2003) : « Les Américains gagneront la guerre mais le monde perdra la paix. »

Cet avant-propos éclairé et modérateur vole malheureusement en éclats dès qu'on aborde le premier chapitre, où sont aussitôt dénoncés dans une même gerbe « sperme verbal », sexe oral, pornographie, Thierry Ardisson, pédophilie, tourisme sexuel et zoophilie. Puis elle alterne, tout au long de l'ouvrage, les chapitres dénonçant – selon elle – toutes les dérives et les turpitudes de la société (après pareille entrée en matière, elle se met à manquer de consensus, s'attaquant à l'Éducation nationale, aux femmes de carrière, à la télévision, etc.) et d'autres, plus poétiques, vaguement oniriques parfois, sous l'influence croisée de son père poète et de Colette qui chanta pareillement (quoique plus brillamment) ces prémices tropéziennes et ses animaux, où elle se met en scène à la troisième personne dans un rôle de princesse protectrice des bêtes, des bonnes mœurs, faisant de La Madrague son arche de Noé immergée dans un océan de décadence et de vulgarité. « France, ta liberté fout le camp », conclut-elle, se plaignant qu'il ne soit plus interdit d'interdire tout en fustigeant « mai 1968 », tenu pour responsable de la déliquescence de l'époque, livrée aux syndicats, à l'islamisation, à Bruxelles et au socialo-communisme ! Dans ce désir de s'exprimer en singeant la grossièreté qu'elle attribue à l'époque, y en a vraiment pour tout le monde : Jack Lang (qu'elle appelle « Monsieur L. »), Bertrand Delanoë, Michèle Alliot-Marie, Noël Mamère, Dominique Voynet, Roselyne Bachelot (charitablement baptisée « Cachalot »), mais aussi Pierre Boulez, Béla Bartók, Carole Bouquet (« rasée de frais » !), le Viagra (« si on ne bande plus, on ne bande plus »). Sa paranoïa la conduit finalement à affirmer : « J'en profite, pendant que j'ai, pour la dernière fois peut-être, le droit de m'exprimer ! » Elle n'épargne que les extrêmes (Arlette Laguiller et Jean-Marie Le Pen), qui partagent effectivement une monomanie de foutre en l'air le système qui peut passer pour de la droiture morale, et ceux qui l'ont écoutée et entendue (Philippe Vasseur). Et termine sur une petite crise mystique, à la recherche de la charité ultime incarnée par Mère Teresa et Sœur Emmanuelle, comme de la dissolution zen dans la nature, au son du *Concerto pour deux violons* de Bach. Sa productrice, Christine Gouze-Rénal, avait de longue date constaté « sa franchise, sa spontanéité, sa sincérité jusque dans la cruauté ».

Sa promotion dans « On ne peut pas plaire à tout le monde », sur France 3 le 12 mai 2003, où elle s'empaille avec Marc-Olivier Fogiel après avoir rejoué la scène chaude du *Mépris* avec Alain Delon, déchaîne les polémiques, l'ostracise, et la fait passer définitivement du statut d'icône à celui de pestiférée, poète maudite vociférant contre les pédés, les Arabes, la gauche, etc. Ce qui ne l'empêche pas de remporter un très beau succès d'édition, dépassant les trois cent mille exemplaires vendus. (Mais lui vaudra une nouvelle condamnation en justice, le 10 juin 2004, 5 000 euros. Dans ses attendus, le tribunal note qu'elle « présente les musulmans comme des envahisseurs barbares et cruels, responsables d'actes terroristes, désireux de soumettre les Français au point de vouloir les exterminer ». Elle sera condamnée une cinquième fois le 3 juin 2008 à verser 15 000 euros à la suite d'une lettre à Nicolas Sarkozy publiée dans l'*Info Journal* de sa fondation (46 000 abonnés), toujours pour incitation à la haine raciale, à la demande du MRAP, de la LDH et de la Licra).

Encouragée par ses prises de position radicales qui segmentent son image entre ceux qui sont outrés ou affligés (les bobos, les bien-pensants, la presse, nombre de ses propres amis) et ceux qui la remercient de dire tout haut ce qu'eux-mêmes pensent tout bas (les polémistes, les extrémistes, beaucoup de braves gens qui considèrent eux aussi que les pouvoirs publics ne le sont guère – publics), comme par les ventes spectaculaires (trois cent quatre-vingt mille exemplaires), elle enchaîne avec *Pourquoi ?*, qui combine les caractéristiques du *Carré de Pluton* et de *Un cri dans le silence*. Quelques têtes de chapitre suffisent à donner le ton : « Notre gouvernement baisse sa culotte », « J'accuse », « On est gouvernés par des cons », « L'argent : nouvelle religion diabolique », « Monsieur le ministre est sourd », etc. Le style a totalement disparu au profit d'un simple catalogue de ses actions en faveur des animaux, de ses souffrances et de sa frustration : comme pour ses deux ouvrages précédents, la lecture en est éprouvante, pénible, n'offre aucune espèce de répit ou de salut. Bâti sous forme de Q & A (questions-réponses), l'ouvrage est rempli de photos, de notes superfétatoires en bas de page, qui toutes apparaissent comme une forme de justification qui n'a pourtant aucun besoin d'être : le statut de Bardot est incontestable, la justesse de son combat pour les animaux est irréfutable. Malheureusement, le reste est fatigant, même s'il est nettement moins offensant que ne l'était l'insoutenable – impardonnable ? – *Un cri dans le silence*.

« Je l'ai trouvée nette, brutale dans sa netteté. Elle crée le scandale par la vérité, parce qu'il y a quelque chose de brutal dans sa façon d'asséner la vérité... C'est incroyable d'ailleurs qu'une pareille honnêteté provoque des scandales : ça en dit long sur le monde », l'excuse son ancienne scénariste et productrice Nina Companeez auprès de Catherine Rihoit. « Si certaines de ses paroles sont, sans ambiguïté, à réprouver, écrit Servat, que peuvent-elles peser face au combat, courageux et généreux, jusqu'au-boutiste, d'une vie entière ? Que valent-elles face aux actes d'une femme qui a vendu ses bijoux, ses biens et ses souvenirs à l'encan afin de réunir l'argent nécessaire à la création d'une fondation reconnue d'utilité publique ? »

« Le cœur est bon, le fond est bon », assure également son ami, le producteur de « SOS animaux » Jean-Louis Remilleux. Il a certainement raison, et tout le monde en est persuadé : Brigitte a bon cœur, elle est généreuse et en a longtemps apporté la preuve, le montre toujours à travers son combat épuisant en faveur des animaux et l'attention qu'elle continue de porter aux anciens et aux nécessiteux, aides patentes dont la discrétion l'honore. Comment peut-elle dès lors pareillement vilipender pêle-mêle les uns et les autres, attaquer les musulmans, les homosexuels, la gauche, les syndicats, tout ce qui lui tombe sous la langue ou sous la plume ? Des concepts, vidés de sens et d'humanité, tant il est vrai que seuls ses mots sont blessants, et qu'aucune action de quelque sorte n'est jamais venue les matérialiser. « Ce qu'elle dit m'importe moins que ce qu'elle fait », affirme sur son blog Jean-Marie Périer le 30 décembre 2013, en écho à Henry-Jean : « Brigitte pense ce qu'elle dit mais elle ne fait pas ce qu'elle pense. » Il est encore plus véhément dans sa défense lors d'un brunch d'Épiphanie chez Élisabeth Quin début 2014, s'emportant contre ceux qui la critiquent sans la connaître. « Brigitte est en guerre, martèle Servat sur M6, et quand on est en guerre, il arrive qu'il y ait des éclats intempestifs, mais c'est ainsi qu'il faut la comprendre. »

Pourtant les mots ont un sens, et ceux des stars plus encore que les autres. Sa grande intelligence devrait lui permettre de le comprendre, de l'intégrer, et l'empêcher de souiller son image, sa réputation, ainsi que de blesser et d'embarrasser ses amis, parmi lesquels grand nombre d'homosexuels, mais aussi de socialistes et, certainement, de musulmans et de Maghrébins (l'éditorialiste franco-algérien de TV5 Monde Slimane Zéghidour est un fan).

Lorsque son rewriter s'inquiète de son homophobie, lui assurant : « Mais moi aussi, tu sais, je suis pédé », elle lui répond : « Mais toi, ça ne compte pas, tu es mon ami », rhétorique basique et vaine de tous ceux qui ont donc, *malgré tout*, un ami juif, noir, arabe ou gay, misanthropie qui déteste les groupes, immatériels, et n'accepte que les individus, proches, identifiés. Quoi, alors ? L'influence de Bernard, certainement, qui ne fait pas que « très bien embrasser » comme elle le fanfaronne, mais commente volontiers l'actualité, en miroir d'un père peut-être un peu plus ambigu en privé que ce qu'on en dit généralement. Ses amis qui reçoivent régulièrement des lettres de reproches scabreuses ont pour elle l'indulgence réservée aux grands blessés de la vie, et lui répondent généralement qu'ils préfèrent ignorer le courrier en question pour ne pas avoir à abîmer leur relation et devoir la rayer de leur répertoire. « Elle avait sans doute un coup dans le nez », préfère se désoler l'un d'eux, dupe de rien, qui imagine la plume influencée par le discours de son compagnon autant que par l'alcool.

Le plaisir de transgresser, en creux, à rebours, en inversant la marche qu'elle avait imprimée à la société ? « Je ne cultive pas la haine, j'ai juste des convictions », martèle d'ailleurs Bardot, que le FN n'a de cesse de tout faire pour récupérer, contrairement au parti anglais Ukip, qui se défie, lui, de Morrissey, végétarien et grand défenseur de la cause animale (son manifeste « Meat Is Murder »), qui porte aussi exagérément à droite : « BB soutient Catherine Mégret à Vitrolles », prétendent des tracts. En 2006, elle affirme à Servat : « Je pourrais avoir avec ce parti les mêmes rapports qu'avec tous les autres partis qui peuvent, à un moment ou à un autre, m'aider dans mon combat. Si on ne comprend pas ça, on ne me comprendra jamais. Ceci dit, quand je regarde les débats politiques, je trouve que Marine Le Pen est une femme intelligente et courageuse. » Plus rassurante que son père, dont elle assure en 2012 à *Nice-Matin* qu'il « disait des choses vraiment scandaleuses », trouvant « sa façon de s'exprimer terrifiante ».

Après de nombreuses dénégations, elle finira par se rallier officiellement à elle à l'occasion de la campagne présidentielle de 2012, sans doute séduite par ce « second Front national », effectivement plus féminin, au programme plus social, qui minore son antisémitisme fondateur pour d'autres boucs émissaires, et surfant sur la souffrance des gens dont plus personne ne se préoccupe, revendique le passé comme panacée, et réfute finalement se situer à l'extrême droite, tout en en cultivant tous les codes, les amitiés, les partisans – et les relents. (Brigitte, libre de ses idées comme partout, reste irrédente : elle est opposée à la peine de mort, et favorable à l'avortement.)

« Oui, je déteste l'époque actuelle. Il y a un total manque de liberté, on n'a le droit de rien faire, de rien dire, on est sous la dictature du politiquement correct. On n'a plus de droit de fumer, on doit conduire saucissonnés dans des ceintures et surtout ne pas dépasser la vitesse autorisée. À moto, on est loin d'avoir les cheveux dans le vent. On ressemble tous à des insectes caparaçonnés. Quant au romantisme de l'amour, il en prend un sacré coup avec “attends que je mette un préservatif”. Quelle horreur. Oui, j'ai la nostalgie de mes années bonheur, mais j'ai eu la chance de les vivre », déclare-t-elle au *Point* en octobre 2011 et là, on croirait entendre Patrick Sébastien, qui tient lui le racisme, l'exclusion et l'élitisme en horreur, ami de François Hollande comme il l'était de Jacques Chirac, et pas uniquement par tropisme corrézien. Le romancier italien Elio Vittorini disait justement à *L'Express,* en février 1959 : « Les capacités de résistance des Français au fascisme sont symbolisées par Brigitte Bardot. Ce qu'elle représente comme liberté des mœurs. De ces libertés découlent d'autres libertés. » Malheureusement, comme elle, le monde et les temps ont changé à rebours.

« Le modèle français est en crise et, plus le temps passe, plus on s'en éloigne et plus on l'idéalise. Pendant ce temps, le rang de la France dans le concert des nations continue à régresser, notamment en termes de revenu par habitant. Dans le même temps, avec la mondialisation, l'État voit diminuer fortement sa faculté de corriger et de contrôler comme autrefois.

Et sans doute la France est-elle un pays qui attend davantage que d'autres des formes de protection et de régulation de la part de l'État. Le fait de constater que l'État ne peut plus remplir ce rôle engendre un sentiment de perte de contrôle, une grande frustration. La réaction à cette angoisse se transforme en pessimisme chronique, un pessimisme défensif », expliquait à l'été 2013 l'économiste Claudia Senik dans *L'Express,* résumant cette angoisse très française devant les changements tectoniques et géostratégiques du XXIe siècle, dont Bardot sera peut-être un jour vue comme l'une des Cassandre, ou des visionnaires si, comme le redoute dans le même hebdomadaire peu après le philosophe taulard Bernard Stiegler, « le Front national sera majoritaire ».

Marie-Dominique Lelièvre, qui l'a étudiée, en est consciente, interrogée par *L'Express* : « Bardot joue avec la part inavouable des pulsions françaises. Le sexe hier, l'intolérance aujourd'hui. » Mais elle rajoute : « De tous les personnages dont j'ai retracé le parcours, Bardot est la plus complexe. J'ai choisi de ne pas la rencontrer car elle aurait exigé de relire. » La journaliste, qui a consacré des biographies à Serge Gainsbourg et à Yves Saint-Laurent, souligne « la témérité et le courage » de cette icône « enfermée dans le vide vertigineux de son propre reflet », qui « dit et fait ce qu'elle pense, sans comptes à rendre à personne, emmurée en elle-même », pour conclure : « Je la comprends, toute sa vie, elle a été trahie. » C'est ce qui ressort de la conclusion de BB à Biography.com : « J'ai un peu de mépris pour l'humanité en général. Je trouve que les êtres humains sont devenus inhumains. Ils deviennent comme des robots... Je me méfie beaucoup de ce manque d'humanité qui m'effraie et me blesse profondément. » Dans le climat social, culturel et politique actuel extrêmement tendu, elle ne parvient pas à transformer cette souffrance en empathie universelle, réservant sa générosité à ceux qui ne peuvent pas ne pas être d'accord avec elle, et subit en retour la tempête médiatique d'un vent qu'elle sème sans en réaliser les conséquences. Il est sûr que, si Brigitte Bardot était disparue en 1968, sa réputation serait inaltérée, et partant son mythe tellement plus immense encore.

« Je remercie ceux qui m'ont aimée sincèrement et profondément, étant peu nombreux, ils se reconnaîtront. » Si ça ne suffisait pas, Bardot ajoute dans le préambule à *Initiales BB* : « Je remercie ceux qui m'ont appris à vivre à coups de pied dans le cul, qui en me trahissant et en profitant de ma naïveté m'ont entraînée au bord d'un gouffre de désespérance d'où je suis sortie miraculeusement. »

On aimerait rester sur ce qu'écrivait d'elle sa « sœur jumelle » Françoise Sagan dans sa préface du livre qu'elle partage avec les photos de Jicky Dussart : « En 1954, il s'agissait d'être vertueuse et Bardot ne l'était pas. En 1975, il s'agit d'être licencieuse, et Bardot ne l'est toujours pas. Elle ignore ces deux termes. Comme tout animal doué de raison, elle n'a rien à voir avec la civilisation chrétienne et ses tabous, et en même temps rien à voir avec la destruction de ses tabous. Brigitte Bardot était une femme qui se sentait bien dans l'eau tiède de la Méditerranée, il y a vingt ans, et qui s'y trouve toujours bien. C'est aussi une femme qui aime encore que les hommes trouvés et les chiens perdus posent leur tête sur son épaule. » Seulement voilà, elle n'en est pas restée là. « Je n'ai jamais été sage », avouait la plus belle et la plus scandaleuse femme au monde, belle à jamais et scandaleuse jusqu'au bout, qui sera toujours restée la Sophie de son adolescence amoureuse, avec ses rêves immenses de perfection, de bonheur et de liberté, mais qui n'aura effectivement jamais atteint la sagesse avec l'âge, ni avec le temps, et aura connu à la place les malheurs de son modèle enfantin, véritable misanthrope qui, comme le définissait Aristote, ne sait pas si elle est un monstre ou une déesse.

Remerciements

Brigitte Bardot et Bernard d'Ormale.
Julie Jacob, mon avocate et amie.
Stéphanie Chevrier, Aurélie Michel, mes éditrices et amies.

Il m'aurait évidemment été impossible de rédiger cet essai critique en forme de biographie rubriquée sans lire, relire et citer Brigitte Bardot elle-même, et ses deux volumes de Mémoires, *Initiales BB* et *Le Carré de Pluton*. Qu'elle en soit remerciée, ainsi que les Éditions Grasset.

Les trois volumes de souvenirs de Roger Vadim, *Les Mémoires du diable*, *Le Goût du bonheur* et *D'une étoile l'autre*, m'ont été précieux, bien plus que l'unique interview de lui que j'avais réalisée dans les années quatre-vingt.

Ma réponse à Brigitte Bardot, de Jacques Charrier (Michel Lafon, 1997), était indispensable pour équilibrer leur désaccord.

Je suis tout aussi reconnaissant aux principaux biographes de BB, qui m'ont nécessairement éclairé et inspiré : Catherine Rihoit, Jeffrey Robinson, Marie-Dominique Lelièvre.

J'ai bien sûr compulsé les différents ouvrages auxquels Brigitte Bardot a elle-même collaboré, avec Henry-Jean Servat, Christian et Marc Brincourt, Alain Wodrascka et François Bagnaud notamment.

Pour leurs témoignages incontournables et le temps qu'ils m'ont accordé au cours de la rédaction de cet ouvrage, je tiens à remercier très chaleureusement :

François Bernheim
Jean Bouquin
Michel Drucker
Patrick Mahé
Henry Pessar
Jean-Max Rivière
France Roche
Henry-Jean Servat
Olivier Stroh
Gilles Verlant

Pour ce qu'ils m'ont dit qu'ils savaient ou pensaient de BB à l'occasion d'interviews, de dîners ou de tournages à travers les années, je remercie également avec gratitude :

Woody Allen
Antoine
Hugues Aufray
Brian Auger
Germaine Aziz
Tonino Baliardo
Eddie Barclay
Jane Birkin
Ennio Bonamini
Pierre Bonnet
Chico Bouchiki
Philippe Bouvard
Jean-Paul Brossard
François Chalais
Jacques Chancel
Michel Colombier
Georges Cravenne
Claude Dejacques
Sacha Distel
Nino Ferrer
William Flageollet
Serge Gainsbourg
Jean-Pierre Foucault
David Gilmour
Isabelle Giordano
Murray Head
Linda McCartney
Paul McCartney
Édouard Molinaro
Jean-Marie Périer
Roger Vadim Plémiannikov
André Pousse
Jean-Louis Remilleux
Nicolas Reyes
Gonzague Saint-Bris
Maria Schneider
Patrick Sébastien
Andy Summers
Pierrot Testanière
Sylvie Vartan
Angus Young

Pour leurs éclairages et leurs apports dans ma tentative de mieux comprendre et cerner Brigitte Bardot et son époque au-delà du mythe, des évidences, des rumeurs, des mensonges et des contrevérités de tous bords, leurs souvenirs et anecdotes, je tiens à remercier ceux qui ont bien voulu partager avec moi leurs anecdotes et leurs analyses :

Kevin Ayers
Olivier Barrot
Bayon
Jean-Patrick Capdevielle
Laurent Chalumeau
Antoni Clavé
Isabelle Collin Dufresne (Ultra Violet)
George Harrison
Ivan Hor
Mick Jagger
Elton John
Nick Kent
Jean-Jacques Lebel
Keith Richards
Lionel Rotcage
Tony Scotti
Alain Trampoglieri
Slimane Zéghidour

Pour l'aide qu'ils m'ont apportée d'une manière ou d'une autre au cours de mes recherches et de mes réflexions, je tiens à remercier également :

Philippe Alain
Thierry Ardisson
Stéphane Bern
Félix Bigot
Virginie Borgeaud
Jean-François Da Silva
Dominique Dreyfus
Marie Drucker
Frédéric de Goldschmidt
Véronique de Goldschmidt
Christine Haas
Jean-Pierre Pasqualini
Patricia Philippe
Valérie Pons
Patrick Simonin
Isabelle Siri
Fabienne Vande Meerssche

Bibliographie

Les ouvrages de Brigitte Bardot elle-même

Pourquoi ? (Éditions du Rocher, 2006)
Un cri dans le silence (Éditions du Rocher, 2003)
Le Carré de Pluton (Grasset, 1999)
Initiales BB, mémoires (Grasset, 1996)

Ceux auxquels elle a collaboré

Christian et Marc Brincourt, *Brigitte Bardot, la petite fiancée de* Paris-Match (Glénat, 2013)
François Bagnaud et Alain Wodrascka, *Bardot l'indomptable* (Hugo & Cie, 2011)
Brigitte Bardot, *Vies privées, entretien avec Henry-Jean Servat* (Albin Michel, 2006)
René Barjavel et Mirko Brozek, *Brigitte Bardot, amie des animaux* (Fernand Nathan, 1976)

Les nombreuses biographies et essais précédents

Ginette Vincendeau, *Brigitte Bardot* (British Film Institute, 2013)
Oriane Oringer, *Brigitte Bardot, à la rencontre de BB* (Collection Privée, Exclusif, 2012)

Marie-Dominique Lelièvre : *Brigitte Bardot, plein la vue* Flammarion, 2012)
Suzanne Lander, *Brigitte Bardot, un hommage photographique* (Hors Collection, 2011)
Henry-Jean Servat, *Bardot, la légende* (Hors Collection, 2009)
Dominique Choulant, *Brigitte Bardot, le mythe éternel* (Autres Temps éditions, 2009)
Florence Guionneau-Joie et Henry-Jean Servat, *Brigitte Bardot, les années « insouciance »* (Beaux Arts éditions, 2009)
Barnett Singer, *Brigitte Bardot : A Biography* (McFarland, 2006)
Dominique Choulant et Jean Dérot, *La Vérité sur Brigitte Bardot* (Les Chemins de l'espérance, 1995)
Sean French, *Bardot* (Pavillion, 1994)
Jeffrey Robinson, *Bardot* (L'Archipel, 1994)
Raymond Boyer, Ghislain Dussart et Isabelle Salmon, *Brigitte Bardot* (Vade Retro, 1994)
Ghislain Dussart et Françoise Sagan, *Brigitte Bardot racontée par Françoise Sagan et vue par Ghislain Dussart* (Flammarion, 1992)
Catherine Rihoit, *Brigitte Bardot, un mythe français* (Oliver Orban, 1986)
Glenys Roberts : *Bardot : A Personal Biography Of the Sex Symbol* (St Martin's Press, 1984)
Peter Haining, *The Legend Of Brigitte Bardot* (WH Allen, 1983)
Joëlle Montserrat, *Brigitte Bardot* (PAC, 1983)
Will Frischauer, *Bardot : An Intimate Biography* (Michael Joseph, 1978)
Tony Crawley, *Bébé : The Films Of Brigitte Bardot* (Citadel Press, 1977)
Nina Companeez, *Le Livre de Brigitte Bardot* (Éditions Frontières, 1971)
Simone de Beauvoir, *Brigitte Bardot and the Lolita*

Syndrome (First Four Square Book, English Library Ltd, 1962)
Georges Carpozi Junior, *The Brigitte Bardot Story* (Belmont Books, 1961)
François Nourissier, *Brigitte Bardot* (Grasset, 1960)

Ceux de ses maris et compagnons

Allain Bougrain-Dubourg, *Dictionnaire passionné des animaux* (Delachaux et Niestlé, 2013)
Luigi Rizzi, *Io, BB e l'altro '68* (Carte Scoperte, Milan, 2010)
Sacha Distel, *Les Pendules à l'heure* (Michel Lafon, 2001)
Jacques Charrier, *Ma réponse à Brigitte Bardot* (Michel Lafon, 1997)
Roger Vadim, *Le Goût du bonheur, souvenirs 1940-1958* (Éditions Fixot, 1994)
Roger Vadim, *D'une étoile l'autre* (Éditions n° 1, 1986)
Roger Vadim, *Mémoires du diable* (Stock, 1974)

Autres ouvrages consultés avec profit et/ou cités dans le texte

Alain Froment, *Anatomie impertinente* (Odile Jacob, 2013)
Tom Rogan, *Les Droits des animaux* (Herman, 2013)
Franz de Waal, *Le Bonobo, Dieu et nous* (Les Liens qui libèrent, 2013)
Boris Cyrulnik, Élisabeth de Fontenay et Peter Singer, *Les animaux aussi ont des droits* (Le Seuil, 2013)
Isabelle Sorente, *180 jours* (Lattès, 2013)
Joy Sorman, *Comme une bête* (Gallimard, 2012)

Vincent Perrot, *Une réplique sexy par jour* (Chêne, 2012)

Henry-Jean Servat, *Marilyn, la légende* (Hors Collection, 2012)

Peter Singer, *La Libération animale* (Payot, 2012)

Jean-Claude Lamy, *Et Dieu créa les femmes* (Albin Michel, 2011)

Philip Norman, *John Lennon, une vie* (Robert Laffont, 2010)

Yves Christen, *L'animal est-il une personne ?* (Flammarion, 2009)

Yves Christen, *Les Surdoués du monde animal* (Éditions du Rocher, 2009)

Clinton Heylin, *Revolution In the Air, The Songs Of Bob Dylan 1957-73* (Constable, London, 2009)

Charles Cross, *Room Full Of Mirrors* (Hyperion Books, 2008)

Simone Duckstein, *Hôtel de la Ponche, un autre regard sur Saint-Tropez* (Cherche-Midi, 2008)

Cynthia Lennon, *John* (Crown Publishing, 2006)

Bob Dylan, *Chroniques, vol. 1* (Fayard, 2005)

Annette Stroyberg, *Les Liaisons scandaleuses* (Le Pré aux clercs, 2004)

Jean-Marie Périer, *Le Temps d'apprendre à vivre* (XO Éditions, 2004)

Howard Souness, *Down the Highway, the Life Of Bob Dylan* (Doubleday, New York, 2001)

Geneviève Dreyfus-Armand, Antoine de Baecque et Maryvonne Le Puloch, *Les Années 1968, le temps de la contestation* (Éditions Complexes, 2000)

Évelyne Reymond, *Colette et la Côte d'Azur* (Édisud, 2000)

Gilles Verlant, *Gainsbourg* (Albin Michel, 2000)

Alexandre Feklissof, Sergeï Kostin et Pierre Lorrain, *Confession d'un agent soviétique* (Éditions du Rocher, 1999)

Yves Bigot, *La Folle et Véridique Histoire de Saint-Tropez* (Grasset, 1998)
David Engel, *Just Like Bob Zimmerman's Blues, Dylan In Minnesota* (River City Memoirs-Mesabi, Rudolph, Wisconsin, 1997)
Paul McCartney et Barry Miles, *Many Years From Now* (Seeker & Warburg, Londres, 1997)
Jean-Dominique Bauby, *Raoul Lévy, un aventurier du cinéma* (Jean-Claude Lattès, 1995)
Marguerite Yourcenar, *Lettres à ses amis et à quelques autres* (Folio, 1995)
Claude Dejacques, *Piégée la chanson* (Éditions Entente, 1994)
Camille Paglia, *Vamps and Tramps* (Vintage, New York, 1994)
Isabelle Salmon et Gilles Verlant, *Gainsbourg et caetera* (Vade Retro, 1994)
Franz de Waal, *La Politique du chimpanzé* (Éditions du Rocher, 1992)
Madonna, *Sex* (Vade Retro, 1992)
Bayon, *Les Animals* (Grasset, 1990, Prix Interallié)
Mama Olga, *Moi, j'aime les acteurs* (1990)
Cynthia Powell, *A Twist Of Lennon* (Avon Books, 1990)
John Lennon, *Skywriting By Hand Of Mouth* (Harper and Row, New York, 1986)
Rebecca Hall, *Voiceless Victims* (Wildwood House, 1984)
Nicolas Schaffner et Pete Shotton, *John Lennon In My Life* (Coronet Books, 1983)
Andy Warhol, *Popism* (Harcourt, Brace, Jovanovic, 1980)
Jeanne Witta-Montrobert, *La Lanterne magique, mémoires d'une scripte* (Calmann-Lévy, 1980)
Michel Piccoli, *Dialogues égoïstes* (Olivier Orban, 1976)
Andy Warhol, *The Philosophy Of Andy Warhol (From A*

To B and Back Again) (Harcourt, Brace, Jovanovic, 1975)
Guy de Maupassant, *Sur l'eau* (Gallimard, 1974)
Pete Evans, *Bardot : Eternal Sex Goddess* (Drake, 1973)
Edgar Morin, *Les Stars* (Le Seuil, 1972)
José-Luis de Villalonga, *Gold Gotha* (Le Seuil, 1972)
Jean-Louis Bory, *Des yeux pour voir* (10/18, 1971)
Roland Barthes, *Mythologies* (Seuil, 1957)

Revues, magazines, catalogues et journaux consultés avec profit

20 minutes
American Weekly
Arte magazine
Arts
Aurore (l')
Cahiers du cinéma (les)
Canard enchaîné (le)
Candide
Ciné Revue
Ciné Télé Revue
Cinéma 62
Ciné-Miroir
Cinémonde
Cinérévélations
Combat
Daily Express (the)
Daily Mirror (the)
Daily Sketch (the)
Écran français (l')
El Universal
Elle
Esquire
Evening Standard (the)
Express (l')
Femme
Figaro (le)
Figaro littéraire (le)
Figaro madame (le)
Film français (le)
France-Dimanche
France-Observateur
France-Soir
Gala
Guardian (the)
Humanité (l')
Info Journal de la Fondation Brigitte Bardot (l')
Jardin des modes (le)
Jours de France
Lettres françaises (les)
Libération
Libération : 1968-1988, l'album de nos vingt ans (hors série, 1988)
Life
Lire

London Time
Look
Lui
Marie-Claire
Marie-France
Matin de Paris (le)
Melody Maker
Modes et Travaux
Monde (le)
New York Post (the)
New York Times (the)
New Yorker (the)
Newsweek
Nice-Matin
Nouvel Observateur (le)
Nouvelles littéraires (les)
Observer (the)
Officiel Homme (l')
Osservatore romano (l')
Paris Obs
Parisien (le)
Paris-Jour
Paris-Match
Paris-Normandie
Paris-Presse
Photo
Platine
Playboy
Point (le)
Positif
Présent
Samedi-Soir
Seventeen
Soir magazine (le)
Sonorama
Studio magazine
Sunday Times
Télérama
Témoignage chrétien
Time
TV Ciné Actualités
TV Magazine
Var-Matin
Veillées chaumières (les)
Vie catholique (la)
Vogue International

Documentaires

David Teboul, *Bardot, la méprise* (Gaumont Télévision, 2013)

Jean-Louis Remilleux, *Et Brigitte créa Bardot,* réalisé par Benjamin Roussel (Société Européenne de Production, 2010)

Lindy Saville, *Brigitte Bardot, une icône française* (3DD Entertainment, 2009)

Jacques Rozier, *Paparazzi* (1963)

Émissions de télévision

« Vivement dimanche » (France 2), Michel Drucker
« Un jour, un destin » (France 2), Laurent Delahousse
« Telle quelle » (Antenne 2), Allain Bougrain-Dubourg
« Cinq colonnes à la une » (RTF), Pierre Desgraupes

Émissions de radio

« Radioscopie » (France Inter), Jacques Chancel
« Les Essentiels » (RTL), Marie Drucker
« Europe Midi » (Europe 1)
« Les grosses têtes » (RTL), Philippe Bouvard

Du même auteur

Le Nouveau Dictionnaire du rock,
collectif (Bouquins, 2014)
Quelque chose en nous de Michel Berger
(Don Quichotte, 2012)
Rock Critics, collectif (Don Quichotte, 2010)
Paris By Night, l'intégrale de la musique de Paris-Dernière, les textes (Naïve, 2009)
Plus célèbres que le Christ, vol. 1 et 2
(Flammarion, 2004 et 2009)
Le Dictionnaire du rock, collectif (Bouquins, 2002)
La Folle et Véridique Histoire de Saint-Tropez
(Grasset, 1998)
Football (Grasset, 1996)
Au nom du rock (Stock, 1995)
Stop 50, la chronique des tubes de Libération
(La Sirène, 1993)

RÉALISATION : NORD COMPO À VILLENEUVE-D'ASCQ
IMPRESSION : NORMANDIE ROTO IMPRESSION S.A.S. À LONRAI
DÉPÔT LÉGAL : AVRIL 2014. N° 102655 (1401199)
Imprimé en France